蘇聯政策中的新疆

U0152449

蘇聯政策中的新疆

斯大林與東突厥斯坦的穆斯林運動（1931–1949）

賈米里·哈桑雷（Jamil Hasanli）著

楊 恕 譯

香港中文大學出版社

《蘇聯政策中的新疆：斯大林與東突厥斯坦的穆斯林運動 (1931–1949)》
賈米里‧哈桑雷 (Jamil Hasanli) 著
楊　恕 譯

© 香港中文大學 2021

國際統一書號 (ISBN)：978-988-237-204-7

出版：香港中文大學出版社
　　　香港 新界 沙田‧香港中文大學
　　　傳真：+852 2603 7355
　　　電郵：cup@cuhk.edu.hk
　　　網址：cup.cuhk.edu.hk

Soviet Policy in Xinjiang: Stalin and the Muslim Movement in Eastern Turkistan (in Chinese)
By Jamil Hasanli
Translated by Shu Yang

© The Chinese University of Hong Kong 2021
All Rights Reserved.

ISBN: 978-988-237-204-7

Published by The Chinese University of Hong Kong Press
　　　　The Chinese University of Hong Kong
　　　　Sha Tin, N.T., Hong Kong
　　　　Fax: +852 2603 7355
　　　　Email: cup@cuhk.edu.hk
　　　　Website: cup.cuhk.edu.hk

Printed in Hong Kong

目　錄

引言

　　二戰期間盟友之間的合作關係最終都是不長久的。在取得對德國勝利的同時，發生在蘇聯南部邊境一帶的地方性衝突，就使曾並肩禦敵的美蘇兩國對合作政策萌生疑慮。戰勝法西斯取得的歷史性勝利，促使莫斯科對中國新疆省、伊朗阿塞拜疆地區及土耳其東部州採取擴張政策。1945年春上述三個地區出現的衝突事件出乎各盟國意料之外。戰爭期間美、英、蘇三大國以及諸盟國之間經多次會議與磋商已就各種問題達成共識，而此時各國驚異地發現：除東歐、巴爾幹地區之外，蘇聯還對近東、中東邊境附近的三個地區抱有覬覦之心。正是由於令西方如今都還感到困惑的這些衝突事件，盟國關係才出現了最早的裂隙，而戰時合作關係也逐漸演變為對抗。很快，後來被定性為「冷戰」的東西對立，在蘇聯計劃單方面控制邊界以南地區時開始出現了早期迹象。

　　前蘇聯檔案的解密闡明了部分以前無法解釋的問題，而冷戰歷史的某些篇章也不得不重寫。隨着眾多罕見檔案文獻的面世，以前基於偏見的那些看法得到修正，甚至東西對抗之說也已帶有新的色彩。蘇聯檔案文獻再次使已遺忘的東方冷戰時期的歷史成為亟待研究的任務。這些文獻資料扎實充分，足以讓人相信以前曾長期認為冷戰從西向東蔓延是肇始於希臘、土耳其及伊朗三條戰線的説法是不正確的，而以新疆、伊朗與土耳其衝突事件為背景，我們可認為最為正確的觀點應該是冷戰是從東向西開始的。[1]

　　冷戰時期的伊朗及土耳其事件已留下了深刻的歷史記憶，諸多研究成果也都反映了蘇聯當時對兩國施壓的情況。英美盟國與蘇聯在該地區開始的對抗，在冷戰第一個階段以莫斯科的失敗而告終，這是二戰勝利後蘇聯政權在地區性對抗的首次受挫。近些年來，出現了一些令人關注的、從伊朗阿塞拜疆地區危機角度研究冷戰歷史的史學書籍，[2]以及研究當時土耳其危機的書籍。[3]但是，由蘇聯導演、1944至1949年間在穆斯林生活的中國東突厥斯坦省(新疆)發生的類似事件，目前卻還沒有從冷戰視角進行研究。從莫斯科為達到自身目的及任務所用手段來看，伊朗阿塞拜疆地區事件與東突厥斯坦事件別無二致，而蘇聯對土耳其的野心則也類似新疆發生之事件。俄羅斯聯邦國家檔案館館藏檔案文獻詳細記載了所有上述三個地區發生的那些事件。該套館藏資料名為「1941至1953年的新疆、伊朗阿塞拜疆、土耳其」。這種對蘇聯南部國境附近三個地區的現實性劃分並不是偶然的，它反映了此歷史時期蘇聯為達到自身目標而採取了同一政策及相同方案。大部分館藏卷宗都涉及到蘇聯在新疆的政策。

　　1945年6月至7月間蘇聯領導層就東突厥斯坦及伊朗阿塞拜疆地區通過的那些秘密決議，同樣繼續着這種政策，如1945年6月10日蘇聯人民委員會通過了《關於在伊朗北部地方組建蘇聯工業企業的決議》。[4]6月21日，國家國防委員會通過《關於在伊朗北部地方進行石油地質勘探工作的決議》。[5]7月6日，蘇聯共產黨中央政治局通過《關於在南部阿塞拜疆及其他伊朗北部省份籌劃分離運動措施的決議》。[6]1945年10月8日，考慮到當時伊朗阿塞拜疆地區政局嚴峻，政治局重新審查7月通過的決議，修改了其中的某些條款。這些變更的重點就是以在伊朗內部獲取自治權的要求取代分離主義的意向。[7]

　　實際上，在伊朗事件發生的同時，蘇聯也於1945年6月至8月間籌謀並向土耳其提出了自己的要求。6月7日，外交人民委員維·莫洛托夫在克里姆林宮接見土耳其大使夏帕爾，當面對他提出一系列要

求：將土耳其東部一些土地割讓給蘇聯，允許蘇聯在海灣地區建設軍事基地，由蘇土兩國共同管制博斯普魯斯海峽和達達尼爾海峽。[8]十天後的6月18日，莫洛托夫再次會見夏帕爾。此次會面時，莫洛托夫在對有關土耳其共和國與蘇聯簽署聯盟條約建議作答時聲稱：蘇方不會放棄對（土方）東部省份的領土訴求，且兩個蘇聯加盟共和國——即格魯吉亞及亞美尼亞，似乎都提出了這一要求。[9]而再到8月18日，莫洛托夫不僅明確了蘇方要求領土的面積，而且還正式宣布這些領土將是亞美利亞及格魯吉亞蘇維埃共和國的組成部分。因戰勝德國而欣喜十分的蘇聯政府，此時已經不願費神去研究國際法準則，也不為自己在計劃侵佔地區籌組地方共產黨委員會以及挑選候選人任職的那些行為感到羞恥。據蘇方估算，這一行動應該能讓亞美尼亞共和國的領土增加80%，使格魯吉亞領土增加8%。[10]

早在對伊朗及土耳其決策通過之前，蘇聯共產黨中央政治局已多次就中國東突厥斯坦省（新疆）作出印有「絕密」字樣的決定。1943年春莫斯科通過一份針對新疆的決議，而當時二次世界大戰的蘇德戰場還在進行艱苦的戰鬥。[11]1945年6月22日，蘇聯共產黨中央政治局指示發起東突厥斯坦的穆斯林分離運動，通過了關於組建邊區（省）政府問題的決議。[12]1945年9月15日，政治局再次研究東突厥斯坦問題並通過關於新疆形勢的新決定。[13]1946年中，在蘇聯協助下建立起來的聯合政府當時已有負各方所望，莫斯科出於加強自己在新疆北部地位的目的，1947年2月通過了推動新疆分裂主義活動的秘密決議。[14]蘇聯領導集團還在1947年9月通過秘密決議在新疆挑起新一輪民族解放運動。[15]注意到上述情況以及當時中國周邊的緊張態勢，俄羅斯中國學專家A·M·列多夫斯基和P·A·米羅維茨卡婭寫道：「『冷戰』亞洲戰場的主要舞台在中國。」[16]在這一點上，澳大利亞國立大學研究者王大剛曾寫到：「美國人於1945至49年間在新疆的積極活動反映了蘇美冷戰的總動向……。1947年，為阻止蘇聯擴大其影響力，杜魯門啟動『遏制蘇聯』的政策，核軍備競

賽也很快成為冷戰的一個重要特徵。而另一個『鐵幕』此時在亞洲落下，它從土耳其開始，經中央亞細亞（伊朗、新疆、蒙古）向滿洲地區、北朝鮮及西太平洋一帶蔓延。」[17]

　　實際上，蘇聯對新疆的政策早在上世紀三十年代就已開始積極運作。1931至1934年的穆斯林運動，最終以宣布建立東突厥斯坦突厥伊斯蘭共和國（在許多俄文文獻中，把「東突厥斯坦伊斯蘭共和國」稱為「東突厥斯坦突厥伊斯蘭共和國」，Тюркская Исламская республика Восточный Туркстан ——譯者註）、成立邊疆民族政府而結束。只不過由於蘇聯的干涉以及蘇聯領導層通過的幾則秘密決議，使穆斯林運動在1934年被鎮壓，民族政府也被推翻。在莫斯科協助下於1934年掌權的盛世才督辦（執政者）統治期間，東突厥斯坦更多地是處於蘇聯操縱之下，而不是由中國國民政府當局控制。這種情況在新疆持續到1944年，亦即新一波新疆突厥－穆斯林民眾獨立鬥爭爆發。用血腥手段鎮壓穆斯林起義、讓盛世才1934年上台的蘇聯政府，在1944年通過推翻盛世才的決議，支持新疆穆斯林民眾脫離中國的行動。

　　二戰結束之際與冷戰之初，在中國東突厥斯坦省或者說今天人們所稱的新疆發生了什麼？世人對那裏發生的事情知道些什麼？這又與後來被稱為「冷戰」的東西對抗有什麼關係？俄羅斯學者弗拉季斯拉夫·祖博克認為，「在戰爭結束時，蔣介石很清楚，斯大林手中握有奪取中國北方的巨大槓杆，包括蒙古、新疆的分裂主義者，更為重要的是中國共產黨人。」[18]近年來解密的蘇聯館藏檔案文件資料揭示了該問題的一些細節。當然，莫斯科與中亞地區的蘇維埃加盟共和國，早在蘇聯時期就對東突厥斯坦地區維吾爾人及其他民族的民族解放運動開展了相關研究。[19]但這些研究卻因常常要迎合蘇聯意識形態路線而採取削足適履的做法，故而不可能反映真正的現象和本質。結果，按照共產主義意識形態，新疆穆斯林運動常常被錯誤地認作全中國民族解放運動的組成部分，儘管從各自目標、任

務以及鬥爭形式來看，這是完全不同的問題。蘇聯解體後，學術界開始重視對東突厥斯坦維吾爾人及其他民族在1944至1949年間反抗中國國民政府的民族鬥爭歷史的研究，一系列關於當時東突厥斯坦發生事件的回憶錄與學術研究成果問世。[20]這些書籍及研究成果披露了穆斯林運動在戰後中國蔓延的各個方面，以及蘇聯在其中的作用。

西方同樣也對脫離中國的東突厥斯坦穆斯林運動進行了一系列研究，並出版了相關著作。這些著作以美、英文獻資料為依據，而讓西方感到不解的部分，包括蘇聯對這場新疆分離運動的支援或實際上的組織，也是構建在諸多臆測之上。在東突厥斯坦於1931至1949年間發生的事件，西方文獻有時會接近真相，但其對真相的揭示卻不是依據那些曝光莫斯科在新疆活動的文件資料，而是從蘇維埃國家性質本身出發的。[21]這種情況同樣適用於土耳其、印度、阿富汗、澳大利亞、中國等其他國家出版的研究戰後時期新疆事件的學術著作。[22]

東突厥斯坦民族鬥爭參與者、民族政府成員及一些知名人士撰寫的書籍和回憶錄，對研究此場運動具有十分重要的意義。在民族政府受挫之後，部分與蘇聯沒有關係的領導人紛紛移居土耳其等國，而他們的書籍及回憶錄最終也在新疆以外出版了。[23]

東突厥斯坦在1931至1934年及1944至1949年間的歷史是十分複雜的。本著作的主要目的是以蘇聯政策為背景依次深入分析這些複雜事件，揭示斯大林政策導致新疆地區各民族命運出現冰火兩重天的原因。在第一個時期，東突厥斯坦的維吾爾人及其他少數民族還是蘇聯軍隊進攻的目標；而在第二個時期，欲擴大本國疆域的莫斯科則已將此地變為一個試驗場。

註 釋

1　Bruce Robellet Kuniholm, *The Origins of the Cold War in the Near East: Great Power Conflict and Diplomacy in Iran, Turkey, and Greece* (Princeton: Princeton University Press, 1980); Geoffrey Roberts, "Moscow's Cold War on the Periphery: Soviet Policy in Greece, Iran, and Turkey, 1943–48," *Journal of Contemporary History,* vol. 46 (1): 58–81; Artiom A. Ulunian, "Soviet Cold War Perceptions of Turkey and Greece, 1945–58," *Cold War History*, vol. 3, no. 2 (Jan. 2003): 35–52.

2　Louise L'Estrange Fawcett, *Iran and the Cold War: The Azerbaijan Crisis of 1946* (Cambridge: Cambridge University Press, 1992); Natalia I. Yegorova, "The 'Iran Crisis' of 1945–46: A View from the Russian Archives," Cold War Internatonal History Project Working Paper No. 15, Washington D.C., May 1996; Fernande S. Raine, "The Iranian Crisis of 1946 and the Origins of the Cold War," in Melvyn P. Leffler and David S. Painter, eds., *The Origins of the Cold War: An International History–Second Edition* (New York, London: Routledge, 2005), pp. 93–111; Jamil Hasanli, *At the Dawn of the Cold War: The Soviet-American Crisis over Iranian Azerbaijan, 1941–1946* (Lanham, MD: Rowman & Littlefield, 2006); Kristen Blake, *The U.S.-Soviet Confrontation in Iran, 1945–1962: A Case in the Annals of the Cold War* (Lanham, MD: University Press of American, 2009); 賈米里‧哈桑雷:《蘇聯與伊朗:阿塞拜疆危機與冷戰的開端(1941–1946)》(莫斯科,2006)。

3　Ekavi Athanassopoulou, *Turkey: Anglo-American Security Interests, 1945–1952* (London: Frank Cass Publishers, 1999); Eduard Mark, "The War Scare of 1946 and Its Consequences," *Diplomatic History*, vol. 21, no. 3 (Summer 1997): 383–415; Melvyn P. Leffler and David S. Painter, eds., *The Origins of the Cold War*, pp. 112–33; Jamil Hasanli, *Stalin and the Turkish Crisis of the Cold War, 1945–1953* (Lanham, MD: Lexington Books, 2011); 艾莎古麗‧色伊維爾:《冷戰包圍中的土耳其、西方與中東(1945–1958)》(伊斯坦布爾,1997);Н‧В‧科齊金:〈蘇、英、美及1945–1947年的「土耳其危機」〉,《近代及現代史》,2003年第3期;Н‧И‧葉戈洛娃:〈1944–1945年蘇美在伊朗及土耳其對抗的根源〉,《美國年刊》,1997年,莫斯科,頁132–144;賈米里‧哈桑雷:《蘇聯和土耳其——從不干涉走向冷戰(1939–1953)》(莫斯科,2008)。

4 蘇聯人民委員會：《關於在伊朗北部地方組建蘇聯工業企業的決議》（1945年6月10日），阿塞拜疆共和國總統事務管理局政治檔案館，全宗1，目錄89，案卷106，頁8–10。

5 國家國防委員會：《關於在伊朗北部地方進行石油地質勘探工作的決議》（1945年6月21日），俄羅斯社會政治歷史國家檔案館，全宗644，目錄2，案卷507，頁144–46。

6 聯共（布）中央政治局：《關於在南部阿塞拜疆及其他伊朗北部省份籌劃分離運動措施的決議》（1945年7月6日），俄羅斯社會政治歷史國家檔案館，全宗17，目錄162，案卷37，頁147–48。

7 聯共（布）中央：《關於南部阿塞拜疆地區及北部庫爾德斯坦地區的決議》（1945年10月8日），俄羅斯社會政治歷史國家檔案館，全宗17，目錄162，案卷37，頁152–53。

8 〈莫洛托夫日記摘抄——1945年6月7日接見土耳其共和國大使夏帕爾〉，俄羅斯聯邦對外政策檔案館，全宗6，目錄7，第2部，案卷31，頁1–11。

9 〈莫洛托夫日記摘抄——1945年6月18日接見土耳其共和國大使夏帕爾〉，俄羅斯聯邦對外政策檔案館，全宗6，目錄7，第2部，案卷31，頁30–31。

10 〈就蘇土關係的論述〉（1945年8月18日），俄羅斯聯邦對外政策檔案館，全宗6，目錄7，第47部，案卷762，頁13–18。

11 聯共（布）中央：《關於新疆的決議》（1943年5月4日），俄羅斯社會政治歷史國家檔案館，全宗17，目錄162，案卷37，頁76–77。

12 同上，頁145–46。

13 聯共（布）中央：《關於新疆形勢的決議》（1945年9月15日），俄羅斯社會政治歷史國家檔案館，全宗17，目錄162，案卷37，頁150–51。

14 聯共（布）中央：《關於新疆的決議》（1947年2月24日），俄羅斯社會政治歷史國檔頁案館，全宗17，目錄162，案卷38，頁154–55。

15 聯共（布）中央：《關於新疆的決議》（1947年9月10日），俄羅斯社會政治歷史國檔頁案館，全宗17，目錄162，案卷38，頁190–91。

16 А·М·列多夫斯基、Р·А·米羅維茨卡婭：〈1946-1950年間的蘇中關係〉，《20世紀的俄中關係：文件及材料》，第5卷第1部（莫斯科，2005），頁8。

17 David D. Wang, "The Xinjiang Question of the 1940s: The Story Behind the Sino-Soviet Treaty of August 1945," *Asian Studies Review*, vol. 21, no. 1 (1997): 98–99.

18 弗拉季斯拉夫‧祖博克:《失敗的帝國:冷戰時期的蘇聯——從斯大林
    到戈爾巴喬夫》(莫斯科,2011),頁64。

19 А‧Г‧雅科夫列夫:〈論1944–1949年新疆民族的民族解放運動〉,《蘇
    聯科學院東方學研究所學術論文匯編》,中國選集,第11卷,1955;
    М‧庫特盧科夫:〈1944–1949年新疆民族解放運動是中國人民民主革
    命的組成部分〉,歷史學副博士論文提綱,1963;Н‧Н‧敏古洛夫:
    〈新疆人民民族解放運動(1944–1949)是全中國革命的組成部分〉,《哈
    薩克蘇維埃社會主義共和國科學院Ч‧Ч‧瓦里漢諾夫歷史、考古及
    民族學研究所作品集》,第15卷(阿拉木圖,1962);А‧А‧哈基姆別
    科夫:〈二十世紀三十至四十年代新疆本土人民的民族解放運動〉,蘇
    聯科學院東方學研究所,第4(120)期專輯通報,莫斯科,1971;А‧
    А‧哈基姆別科夫:〈新疆1931–1949年的民族解放運動〉(上、下),蘇
    聯科學院東方學研究所,第5(156)期及6(157)期專輯通報,莫斯科,
    1974;В‧А‧波戈斯洛夫斯基、В‧А‧莫斯卡列夫:《中國的民族問
    題(1911–1949)》(莫斯科,1984);В‧А‧莫伊塞耶夫:《蘇中關係中
    的新疆(1917–1987)》(阿拉木圖,1988)。

20 Ю‧М‧加連諾維奇:《蘇中關係中的「空白點」及「難點」》,兩卷本
    (莫斯科,1992);А‧М‧列多夫斯基:〈米高揚前往中國的秘密使命
    (1949年1–2月)〉,《遠東問題》,第2–3期(1995):96–111;А‧М‧列
    多夫斯基:《中國命運之中的蘇聯和斯大林——相關文件及1937–1952
    年事件參與者的證詞》(莫斯科,1999);В‧А‧巴爾明:《1941–1949
    年蘇中關係中的新疆》(巴爾瑙爾,1999);В‧А‧巴爾明:〈抉擇政
    策——東突厥斯坦共和國解散後蘇聯和新疆之間關係(1946–1947)〉,
    《比較政治學》,2011年,第4(6)期:89–97;К‧Т‧塔里波夫:〈二十
    世紀三十至四十年代東突厥斯坦的泛突厥主義〉,「維吾爾學研究:語
    言學、歷史、經濟,著名突厥學家Т.Т.塔里波夫75壽誕慶祝會」致
    辭,阿拉木圖,2000年;В‧И‧彼得羅夫:《亞洲動盪的「心臟」:
    新疆——民族運動簡史及回憶》(莫斯科,2003);К‧Л‧西羅耶日
    金:《中國民族分裂活動的神話與現實以及中亞的安全》(阿拉木圖,
    2003);А‧卡馬羅夫:〈在東突厥斯坦的美國外交官:道格拉斯‧塞‧
    馬克南(1913–1950)〉,俄羅斯、西伯利亞及中亞——各民族與文化的
    相互關係,第三屆國際科學實踐大會材料(巴爾瑙爾,2001);А‧卡
    馬羅夫:〈關於美國駐烏魯木齊領事包懋勳:1947年的伊寧及塔爾巴哈
    台之行〉,《哈薩克阿里‧法拉比民族大學學報》,「國際關係及國際法」

系列，第 2 (8) 期，阿拉木圖，2003；Ю·П·關：〈盛世才政治面目
特徵〉，《阿勒泰東方學研究》，阿勒泰國立大學，第 4 輯，巴爾瑙爾，
2004，頁 117–32；В·克拉西里尼科夫：《新疆的誘惑：俄羅斯在中國
西北——被遺忘的歷史 (1850–1950)》(莫斯科，2007)；В·Г·奧布
霍夫：《六個帝國的交鋒——爭奪新疆之戰》(莫斯科，2007)；Е·Н·
納澤姆采娃：《新疆的俄羅斯移民 (二十世紀二十至三十年代)》(巴爾
瑙爾，2010)；В·В·索柯洛夫：〈1942 年 В·Г·傑坎諾佐夫赴烏魯
木齊 (新疆) 的秘密使命〉，《近代及現代史》，2011 年第 3 期；Е·Н·
科米薩洛娃：〈1920–1935 年間的新疆白衞軍移民〉，歷史學副博士論
文提綱，巴爾瑙爾，2004；К·В·巴爾明：〈1918–1949 年大國在新
疆的政策〉，歷史學副博士論文提綱，巴爾瑙爾，2005；И·А·波利
卡爾波夫：〈1944–45 年新疆的民族解放運動〉，載 А·В·斯塔爾采夫
主編：《中亞的國際關係——歷史及現實》，國際學術會議資料，第 2
輯 (巴爾瑙爾，2010)，頁 269–75；И·А·波利卡爾波夫：〈二十世紀
三十至四十年代蘇聯對新疆當地人民民族運動的態度〉，歷史學副博士
論文提綱，巴爾瑙爾，2012。

21 David J. Dallin, *Soviet Russia and the Far East* (New Haven: Yale University Press, 1948); Ian Morrison, "Some Notes on the Kazakhs of Sinkiang," *Journal of the Royal Central Asian Society,* no. 36 (1948–49): 67–71; Owen Lattimore, *Pivot of Asia: Sinkiang and the Inner Asian Frontiers of China and Russia* (Boston: Little, Brown and Company, 1950); Nathan Miller, *Soviet Imperialism and Sinkiang* (University of Maryland, 1951); Li Chang, *"The Soviet Grip on Sinkiang,"* Foreign Affairs, no. 3 (April 1954); Allen S. Whiting and General Sheng Shih-ts'ai, *Sinkiang: Pawn or Pivot?* (East Lansing: Michigan State University Press, 1958); Jack A. Dabbs, *History of the Discovery and Exploration of Chinese Turkestan* (The Hague: Mouton & Co., 1963); Harry Schwartz, *Tsars, Mandarins, and Commissars: A History of Chinese-Russian Relations* (Philadelphia and New York: J. B. Lippincott Company, 1964); George Moseley, *"A Sino-Soviet Cultural Frontier: The Ili Kazakh Autonomous Chou,"* Harvard East Asian Monographs, no. 22, East Asian Research Center, Harvard University, 1966; Jack W. Chen, *The Sinkiang Stories* (New York and London: Macmillan, 1977); Donald H. McMillen, *Chinese Communist Power and Policy in Xinjiang, 1949–1977* (Boulder, Colo.: Westview Press, 1979); F. Gilbert Chan, *"Regionalism and Central*

Power: Sheng Shih-ts'ai in Sinkiang, 1933–1944," in F. Gilbert Chan, ed., *China at the Crossroads: Nationalists and Communists, 1927–1949* (Boulder: Westview Press, 1980); Andrew D. W. Forbes, *Warlords and Muslims in Chinese Central Asia: A Political History of Republican Sinkiang 1911–1949* (Cambridge: Cambridge University Press, 1986); Arthur C. Hasiotis, *Soviet Political, Economic, and Military Involvement in Sinkiang from 1928 to 1949* (New York: Garland, 1987); Linda Benson, *The Ili Rebellion: The Moslem Challenge to Chinese Authority in Xinjiang, 1944–1949* (Armonk, NY: East Gate of M. E. Sharpe. 1990); S. Frederick Starr, ed., *Xinjiang: China's Muslim Borderland* (Armonk, NY: M. E. Sharpe, 2004). 本書付排時，作者對參考文獻做了如下補充：James A. Millward, *Eurasian Crossroads: A History of Xinjiang* (New York: Columbia University Press, 2007); Sergei Radchenko, "Choibalsan's Great Mongolia Dream," *Inner Asia*, vol. 11, no. 2 (2009); Michael Dillon, *Xinjiang and the Expansion of Chinese Communist Power: Kashgar in the Early Twentieth Century* (London and New York: Routledge, 2014); Shen Zhihua and Xia Yafeng, *Mao and the Sino-Soviet Partnership, 1945–1959: A New History* (Lanham, MD: Lexington Books, 2015); Justin M. Jacobs, *Xinjiang and the Modern Chinese State* (Seattle and London: University of Washington Press, 2016); David Brophy, *Uyghur Nation: Reform and Revolution on the Russia-China Frontier* (Cambridge, MA: Harvard University Press, 2016).

22   巴伊米爾扎‧哈伊特：《俄國與中國之間的突厥斯坦》（伊斯坦布爾，1975）；布格拉‧穆罕默德‧伊敏：《東突厥斯坦歷史》（安卡拉，1987）；巴伊米爾扎‧哈伊特：《突厥斯坦國家的民族鬥爭史》（安卡拉，1995）；賽福鼎‧艾則孜：《生命的史詩》（北京，1991）；Ahmed Khan, *"Islam and Muslims in Eastern Turkistan,"* *Central Asia* (University of Peshawar), no. 30 (1992): 55–73; David D. Wang, *"The Xinjiang Question of the 1940s: The Story Behind the Sino-Soviet Treaty of August 1945,"* *Asian Studies Review*, vol. 21, no. 1 (1997): 83–105; David D. Wang, *Under the Soviet Shadow: The Yining Incident, Ethnic Conflicts and International Rivalry in Xinjiang, 1944–1949* (Hong Kong: The Chinese University Press, 1999); 安迪詹‧阿哈特：《從革新到獨立——境外突厥斯坦的奮鬥》（伊斯坦布爾，2003）；Mahesh Ranjan Debata, *China's Minorities: Ethnic-Religious Separatism in Xinjiang* (New Delhi: Pentagon Press, 2007).

23 艾沙‧優素福‧阿爾普特金:〈鐵幕之後的東突厥斯坦〉,《人民的突厥
    斯坦》,72期、73期、74期(1951);艾沙‧優素福‧阿爾普特金:《東
    突厥斯坦渴望得到人類的幫助》(伊斯坦布爾,1974);艾沙‧尤素福‧
    阿爾普特金:《為被奴役的東突厥斯坦而鬥爭:回憶錄》(伊斯坦布爾,
    1985);穆哈邁德‧伊敏‧布格拉:《東突厥斯坦的自由訴求與中國政
    治》(伊斯坦布爾,1954);穆罕默德‧凱西姆‧突厥斯坦尼:《東突厥
    斯坦民族革命史》(伊斯坦布爾、卡拉奇,1971);Linda Benson, "Uygur
    Politicians of the 1940s: Mehmet Emin Bugra, Isa Yusuf Alptekin and Mesut
    Sabri," *Central Asian Survey*, vol. 10, no. 4 (1991): 87–113; 阿納特‧哈
    吉‧亞庫布:《東突厥斯坦的民族主義運動》(安卡拉,2005)。

譯者序

本書的俄文名稱是 Синьцзян в орбита Советской политики: Сталин и мусульманское движение в Восточном Туркестане (1931–1949)。其中 орбите 這個詞有兩個意思，一是天體在引力作用下運行的軌道；二是影響、作用的範圍。因此，如果直譯，書名的主標題可以譯作「蘇聯政策軌道上的新疆」或「蘇聯政策範圍內的新疆」。幾經斟酌，採用了現在的譯名，或不失原意，作為書名也簡捷一些。

本書論述蘇聯與新疆關係的時間是 1931 至 1949 年，這 19 年是民國時期蘇聯－新疆關係（以下簡稱蘇新關係）最重要、最複雜且存疑最多的時期，而民國時期的蘇新關係，又是其時中蘇關係中極特殊的領域。譯者認為，民國時期的中蘇關係是中國近代以來對外關係史中最複雜的，表現出多主體、多層次的特點。第一個層次是蘇聯政府對中國政府的關係。1924 年 5 月，蘇聯與北洋政府正式建立外交關係，此關係後被南京國民政府繼承。第二個層次是蘇聯政府與中國地方政權的關係，這種關係突出表現在東北和新疆（及廣州革命政府治下的廣東，時間很短）；第三個層次是蘇聯共產黨與中國共產黨的關係。整體而言，蘇聯作為社會主義國家，其對華政策有無產階級國際主義的內容，但是更核心的是蘇聯的國家利益。這既是這一時期中蘇關係的主要背景，也是蘇聯制定和實施新疆政策的基本出發點。

上述時段中，影響最大、不明問題和爭議最多者，無疑是 1944

年至1949年期間的「東突厥斯坦共和國」及其與蘇聯的關係，這也是本書篇幅最多、最重要的一章第四章，最需關注的原因。這裏簡單介紹一下「東突厥斯坦共和國」：1944年11月7日，新疆伊寧發生了多民族參與的武裝暴動，參與者與入境作戰的蘇聯紅軍一起迅速控制了伊寧市區，清除了政府機構及軍隊、警察，11月12日宣佈成立「東突厥斯坦共和國」。1945年1月5日，「東突厥斯坦共和國」臨時政府發布宣言稱，「中國對東突厥斯坦領土的佔領已經被清除，……已建成的東突厥斯坦共和國證明，自己是自由、獨立的國家。」顯然，這是一個明顯具有分裂目的的政權。1945年4月，該政權的武裝力量民族軍正式成立，之後於5月開始向阿勒泰－塔城（北線）、烏魯木齊（中線）、阿克蘇（南線）三個方向進行軍事攻擊，即三線攻勢。民族軍很快攻取了主要為伊寧、塔城、阿勒泰三個專區的廣大地區。其中，中線部隊達到瑪納斯河西岸，離烏魯木齊不遠了。這期間，考慮到對日作戰和戰後國際局勢以及中蘇關係，蘇聯與中華民國政府於1945年8月14日簽訂了《中蘇友好同盟條約》，一個月後的9月15日，蘇聯駐華大使彼得洛夫向南京政府遞交了備忘錄，稱應伊寧起義民眾的請求，蘇聯願意在起義者與新疆政府之間充當調解人，停止雙方的武裝衝突，這表明蘇聯改變了其新疆政策。此後，民族軍逐漸停止了對政府軍隊的進攻。在蘇聯駐新領事館的直接參與下，1946年1月2日「三區」代表與新疆政府簽訂和平條款及附文，7月1日新疆聯合政府成立。1947年8月，聯合政府破裂，聯共（布）中央政治局再次作出幾個決定，向三區政府提供大量武器裝備，並派出紅軍進入阿勒泰專區作戰。由於解放戰場的迅速變化，1949年8月14日，在蘇聯的幫助下，中共代表鄧力群由莫斯科抵伊寧，與三區政權建立聯繫。1949年9月下旬，國民黨新疆軍政當局領導人通電起義，新疆和平解放，民族軍改編為中國人民解放軍第五軍，三區政權機構也作了相應的改造。這一段歷史，之後被稱為「三區革命」，但這一名稱的來歷至今尚不清楚。

對於上述歷史，特別是有關東「突厥斯坦共和國」的各種情

況，境內外學者及有關人士進行了許多研究，出版了不少成果，具有代表性的有：張大軍的《新疆風暴七十年》、[1]拉鐵摩爾 (Owen Lattimore) 的《亞洲的樞紐：新疆與中國和俄羅斯的內亞邊疆》、[2]艾倫‧惠廷 (Allen S. Whiting) 和盛世才的《新疆：籌碼還是樞紐？》、[3]安德魯‧福比斯 (Andrew D. W. Forbes) 的《中國中亞的軍閥和穆斯林：1911–1949年民國新疆政治史》、[4]楊邊琳 (Linda Benson) 的《伊犁叛亂：1944–1949年穆斯林對中國新疆主權的挑戰》、[5]王柯的《東突厥斯坦獨立運動：1930年代至1940年代》、[6]王大剛 (David D. Wang) 的《蘇聯庇護下的伊寧事變：1944–1949年新疆的民族衝突與國際競爭》、[7]米華健 (James A. Millward) 的《歐亞十字路口：新疆的歷史》等，[8]這些文獻在本書中多被引用。[9]上述成果和資料涉及到「東突厥斯坦共和國」的各方面，其中蘇聯與「東突厥斯坦共和國」關係的研究佔了相當比例。除了學術性成果，還有一些回憶錄、報道、口述史等資料，程度不同地介紹了「東突厥斯坦共和國」。但是，這些論述使用的資料，都缺少蘇聯官方文件，不少結論性的重要意見都出於推測，留下了許多爭議和疑問，最重要者，是對「東突厥斯坦共和國」的性質和蘇聯在其中作用的看法。這些看法大致可以分為兩種：一種認為「東突厥斯坦共和國」是新疆穆斯林民眾發動的民族解放運動，蘇聯雖然參與了，但不是主導因素，可以楊邊琳為代表；另一種則認為，「東突厥斯坦共和國」之所以出現，完全是蘇聯對新疆政策的結果，可以王大剛為代表（他還認為，「三區革命」不屬於民主革命的範圍）。造成這一情況的主要原因，是聯共 (布) 中央當時採取了極為嚴格的保密措施和掩護手段，這使得國民政府、新疆政府都不甚了解蘇聯在「東突厥斯坦共和國」中的真實作用，更不知道聯共 (布) 中央的決策。由於對中共也嚴格保密，所以中共也不知道蘇聯在新疆幹了什麼，甚至到1949年1月至2月米高揚在西柏坡與毛澤東會談時，也斷然否定蘇聯參與了伊寧暴動。聯共 (布) 的保密工作使得當時及之後的很長時間，沒有人了解聯共 (布) 中央

決策的內幕，直至蘇聯解體後開放了部分檔案，由此，自然不難理
解學術界存在不同意見了。對歷史事實了解不足，造成看法之間的
分歧是常見的事。在此順便提一點：葉利欽總統時期開放的檔案，
許多後來又關閉了。在本書交稿時，譯者看到了日本學者寺山恭輔
寫的《斯大林與新疆：1931–1949》一書（社會評論社，2015年），該
書在敘述時段上與本書相同，研究重點在盛世才主政新疆時期蘇聯
與新疆的政治和經濟關係。作者使用了許多相關俄文文獻，包括一
些檔案資料。寺山曾去過俄羅斯的有關檔案館，希望能查閱「東突厥
斯坦共和國」等問題的檔案但未果。因此，他認為目前對蘇聯在盛世
才時期對新疆的軍事參與以及「東突厥斯坦共和國」等問題還不能做
詳細研究。雖然如此，寺山的書對盛世才時期蘇新關係特別是1930
年代日本對新疆關注的研究，還是很有價值的。

近20年來，獨聯體國家、主要是俄羅斯和哈薩克斯坦的學者
使用解密的蘇聯官方檔案，對上述研究作了重要補充。其中，巴
爾明的《1941–1949年蘇中關係中的新疆》可被視為使用蘇聯檔案論
述「東突厥斯坦共和國」的第一部著作。[10]作者用檔案材料揭示了諸
多以前不為人知的重要史實，由此他認為蘇聯在「東突厥斯坦共和
國」中起了重要作用，但不認為蘇聯要吞併新疆或使新疆獨立（幾
位俄羅斯學者持此觀點）。之後，克拉西里尼科夫的專著《新疆的誘
惑：俄羅斯在中國西北 —— 被遺忘的歷史 (1850–1950)》也以解密
的蘇聯檔案為主要文獻，[11]論述了蘇聯在新疆的活動，而且他引用
了多份聯共 (布) 中央關於新疆的決議。他認為，聯共 (布) 中央在
組織起義中發揮了領導作用，同時向起義者提供了物資和軍事技術
援助。而且，莫斯科的影響左右了「東突厥斯坦共和國」政府；在內
務人民委員部組建特別任務處以負責相關行動，就足以說明一切。
2015年5月，由賈米里 · 哈桑雷 (Джамиль Гасанлы) 撰寫的本書在
莫斯科出版。需要特別指出的是，本書引用的蘇聯檔案文獻超過百
份，明顯超過了其他同類著作，僅引用的聯共 (布) 中央政治局關

於新疆的決議就有45個。作者詳細論證了蘇聯與「東突厥斯坦共和國」的關係，明確指出這是一個分裂政權，是蘇聯維護自己在新疆利益的工具。本書披露的聯共(布)中央政治局1943年5月4日關於新疆的決定實質上是全面干預新疆的綱領，包括了領導、宣傳、組織等各方面的工作。同時，他認為蘇聯對新疆的干預是二戰後期及戰後蘇聯對南部周邊政策的一部分，與蘇聯當時對土耳其和伊朗的干涉都是同一政策的組成部分。哈桑雷的觀點很值得關注。在本書之前，他已出版了《蘇聯與伊朗：阿塞拜疆危機與冷戰的開端(1941–1946)》、《蘇聯與土耳其：從中立到冷戰(1939–1953)》等書，[12]構成一個系列，提出了冷戰是由蘇聯挑起並從東方開始，而不是西方挑起從歐洲開始的觀點(在本書中亦有論述)。本書引用了大量蘇聯檔案，尤其是聯共(布)中央政治局關於新疆的決定，對「東突厥斯坦共和國」的性質和它與蘇聯的關係作出了頗有説服力的結論，同時對新疆局勢與冷戰的關係提出了新穎的看法，無疑是其獨特的學術貢獻。除此以外，本書還引用了1947年2月和1947年9月聯共(布)中央政治局決定再次向「東突厥斯坦共和國」提供大批武器裝備等重要檔案和史料，為進一步研究提供了可貴的資料。本書之外，哈薩克斯坦學者奧布霍夫連續出版了《六個帝國的交鋒 ── 爭奪新疆之戰》、《貝利亞的鈾》等六本專著，[13]其中有很多內容涉及到「東突厥斯坦共和國」的各方面。特別值得注意的是，他認為，蘇聯干預新疆、建立「東突厥斯坦共和國」的原因是為了開採塔城等地的鈾，以保證蘇聯當時正加緊進行的原子彈計劃。奧布霍夫的這一觀點與其他學者明顯不同，他的書中資料不僅豐富，而且具體。遺憾的是，所用資料都沒有注明來源。另一位哈薩克斯坦學者西羅葉日金在其著作《中國民族分裂主義的神話和現實與中亞安全》中，[14]以相當篇幅敘述了「東突厥斯坦共和國」與蘇聯的關係。他的看法是：「沒有蘇聯方面的積極支持，『三區革命』根本就不會發生。……每一次，當起義者無力前行時，紅軍部隊都會越過邊界前來，幹完事情後就撤走。」此外，還有多位俄羅斯

學者的著作以大量文字論述了「東突厥斯坦共和國」的有關情況，如
《亞洲動盪的「心臟」：新疆——民族運動簡史與回憶》等。[15]著作之
外，還有不少論文論述了「東突厥斯坦共和國」及相關問題，篇幅所
限，在此就不作介紹了。總之，獨聯體國家學者對蘇聯與新疆的關係
做了許多研究，一方面，他們大都認為聯共(布)主導了新疆的局勢，
另一方面，也指出政府的低效統治和社會——民族矛盾是多次少數民
族暴動的重要原因，也為蘇聯的干預提供了條件。

　　獨聯體國家學者的研究使用的大量官方檔案，特別是聯共(布)
中央政治局的決議，有很高的史學價值和權威性，填補了不少原有
研究中的空白，澄清了許多疑問，使得對「東突厥斯坦共和國」和蘇
聯與新疆的關係研究大大推進了一步。他們的研究使我們了解到新
疆在蘇聯對外政策中的特殊地位，以及聯共(布)中央和斯大林本人
對新疆問題的關注達到了什麼程度。斯大林的英文翻譯別列日科夫
在其回憶錄《我怎樣成為斯大林的翻譯》中寫道：[16]「起初我很驚奇：
在外交人民委員部的文件中，新疆被劃分為一個特殊地區並由副外
交人民委員傑坎諾佐夫負責(傑坎諾佐夫是格魯吉亞人，與貝利亞
關係密切，曾任蘇聯內務人民委員部國家安全總局副局長，是大清
洗的主要參與者之一。在貝利亞被處決後不久，也被執行死刑——
譯者註)。但我很快就明白了，中國的這個省事實上是由莫斯科在管
理。」別列日科夫的看法準確地描述了新疆和蘇聯的關係，或許讀者
在閱讀本書後會贊同他的意見。

　　從本書所述可以看出，蘇聯新疆政策的目標是把新疆納入其勢力
範圍。政策實施的主要特點是：培植代理人，建立親蘇組織和團體，
進行經濟、文化、意識形態擴張和軍事干預。「東突厥斯坦共和國」就
是這一政策的產物。學術界常以「雙重原則」來評述蘇聯的對外政策，
即一方面遵循無產階級國際主義，支持世界各國民眾反對帝國主義、
資本主義制度的鬥爭，乃至直接輸出革命；另一方面又以國家利益為
主導，拋開國際主義和意識形態。筆者認為，在蘇俄(聯)政權建立

初期，其對外政策較多地考慮了無產階級國際主義，在上世紀二十年代中後期，轉變為以國家利益為核心，這在其對華、對新疆的政策中表現得非常明顯。蘇聯建立「東突厥斯坦共和國」不僅違背了無產階級國際主義，甚至連起碼的國際關係準則都不顧及，在反法西斯同盟國內製造了一個代理人政權！正因為如此，斯大林和聯共（布）中央對建立「東突厥斯坦共和國」一事嚴格保密，並極力否認自己的參與。

以上對本書的學術價值及相關研究信息作了簡要介紹。相信讀者在了解這些內容後，會豐富對其他一些重要史實的認識和理解，例如蔣介石在 1945 年中蘇兩國就同盟條約一事談判時，幾經努力無果，最後在斯大林的壓力下，不得不同意在外蒙古進行獨立公投以換取蘇聯停止干預新疆，即一般所說「蒙古換新疆」，本書為此作出有分量的解釋；再如，聯共（布）中央政治局提出建立「東突厥斯坦共和國」的計劃，對如此重要的事情，中共竟然毫不知情，這為準確定位當時的兩黨關係提供了參考；更具現實意義的是，多年來，新疆分裂主義的多個組織都在宣傳繼承「東突厥斯坦共和國」的「革命傳統」，本書的論述表明，「東突厥斯坦共和國」並不是一次自主的民族解放運動，而是蘇聯實現自身利益的工具。俄羅斯學者克拉西里尼科夫的總結是很有意義的，他說：「蘇聯領導人在組織『三區革命』中的主導作用是毫無疑問的。同樣的是，起義運動直接依賴於莫斯科的立場，取決於蘇聯方面幫助的程度和規模，這些對取得最終勝利發揮了主導作用。總之，新疆民眾在蘇聯領導進行的一場與中國的政治大博弈中，只是一張可以用來交換的牌。」

本書基於蘇聯官方檔案（也使用了一些美國檔案）、特別是聯共（布）中央政治局關於新疆的決定，對上世紀三十至四十年代蘇聯與新疆的關係作了頗有深度的論述，提供了很多有價值的史料，澄清了不少問題，推進了該領域、尤其是對「東突厥斯坦共和國」的研究，很值得稱道。但尚有一些重要問題有待進一步發掘，如在二戰結束之際，蘇聯改變對華政策及新疆政策的思考和過程，蘇軍和情

報部門在「東突厥斯坦共和國」中的具體活動,「東突厥斯坦共和國」
及民族軍主要領導人的真實身份及其與蘇聯的關係,蘇聯駐新疆各
領事館和貿易代表處的情報活動,蘇聯在新疆勘探和開採礦產的情
況,傑坎諾佐夫秘密訪問新疆的具體活動等。這些問題,關乎到中
蘇關係史、中共與蘇(聯)共關係史、中共黨史、蘇聯史、民國史、
新疆史等,有待今後做更多研究。

　　本書內容廣泛,涉及不少人名地名,特別是新疆的一些小地
名,翻譯起來頗感吃力。北疆的地名不少有蒙文、維文、哈文等幾
種,又有不少變動,書中所用又不明其來源,譯者找了1949年前
的新疆地圖,也難以找出對應者,此類地名只好採用音譯。雖知去
原地調查或許可以找到答案,但限於各種條件,無力為之,十分遺
憾。另外,凡是由中文譯為俄文的,都盡量找到原文;一些人名已
有多種譯法的,採用較普遍的譯法。對某些一般讀者可能不易理解
的內容或原文有誤之處,做了簡單的註釋。譯者雖主觀上盡了力,
對譯文作了多次修改,但難免仍有謬誤,望讀者指出。

楊恕

2021年2月

註 釋

1　張大軍:《新疆風暴七十年》(台北:蘭溪出版有限公司,1980)。

2　Owen Lattimore, *Pivot of Asia: Sinkiang and the Inner Asian Frontiers of China and Russia* (Boston: Little, Brown and Company, 1950).

3　Allen S. Whiting and General Sheng Shih-ts'ai, *Sinkiang: Pawn or Pivot?* (East Lansing, Michigan: Michigan State University Press, 1958).

4　Andrew D. W. Forbes, *Warlords and Muslims in Chinese Central Asia: A Political History of Republican Sinkiang 1911–1949* (Cambridge, England: CUP Archive, 1986).

5　　Linda Benson, *The Ili Rebellion: The Moslem Challenge to Chinese Authority in Xinjiang, 1944–1949* (Armonk, New York: M. E. Sharpe, 1990).

6　　王柯：《東突厥斯坦獨立運動：1930年代至1940年代》(東京：東京大學出版會，1995)。

7　　David D. Wang, *Under the Soviet Shadow: The Yining Incident Ethnic Conflicts and International Rivalry in Xinjiang, 1944–1949* (Hong Kong: The Chinese University Press, 1999).

8　　James A. Millward, *Eurasian Crossroads: A History of Xinjiang* (New York: Columbia University Press, 2007).

9　　有關上列書籍的介紹，可見吳啟訥：〈新疆現代史研究述評〉，《中央研究院近代史研究所集刊》，第67期，頁149–84；文志勇：〈我國大陸地區「三區革命」史研究概述〉，《西域研究》，2015年第3期，頁131–38；馬合木提‧阿不都外力：〈新疆「三區革命」研究綜述〉，《新疆社會科學》，2009年第6期，頁131–36。

10　В. А. Бармин, *Синьцзян в советско-китайских отношениях 1941–1949 гг* (Барнаул: Изд-во БГПУ, 1999).

11　В. Д. Красильников, *Синьцзянское притяжение: забытые страницы истории российского присутствия в Северо-Западном Китае, 1850–1950* (Москва: Дипакадемия, 2007).

12　Д. Гасанлы, *СССР-ИРАН: Азербайджанский кризис и начало холодной войны, 1941–1946 гг* (Москва: Герои Отечества, 2006); Д. Гасанлы, *СССР–Турция: от нейтралитета к холодной войне, 1939–1953* (Москва: Центр Пропаганды, 2008).

13　В. Г. Обухов, *Схватка шести империй: битва за Синьцзян* (Москва: Вече, 2007); В. Г. Обухов, *Уран для Берии: Восточный Туркестан в Атомном проекте Кремля* (Москва: Вече, 2010).

14　К. Л. Сыроежкин, *Мифы и реальность этнического сепаратизма в Китае и безопасность Центральной Азии* (Алматы: Дайк-Пресс, 2003).

15　В. И. Петров, *Мятежное "сердце" Азии: Синьцзян, краткая история народных движений и воспоминания* (Москва: Крафт+, 2003).

16　В. Бережков, *Как я стал переводчиком Сталина* (Москва: ДЭМ, 1992).

第一章

東突厥斯坦穆斯林運動及莫斯科在新疆影響力的加強（1931–1934）

　　與伊朗阿塞拜疆地區及土耳其發生的事件相比，蘇聯開始對新疆表現出關注則要早得多。當地人口民族—族群構成與對穆斯林宗教的虔誠，以及維吾爾人與中亞地區諸民族的民族淵源，使東突厥斯坦地區大部分區域早在二十世紀三十年代的時候就已成為蘇聯關注的目標。C·羅斯托夫斯基在三十年代中期根據共產國際提議進行的一次考察活動，曾指出東突厥斯坦地區的面積為142.5萬平方公里，達中國國土的三分一（原文如此—譯者註）。他寫道：此區域面積接近伊朗疆域，比土耳其版圖大一倍，面積與法國、德國、英國三國領土之和相當。[1]新疆與蘇聯接壤邊界超過1,000英里。[2]當時在中亞地區諸蘇聯加盟共和國生活着80萬至90萬維吾爾人，他們與新疆地區的維吾爾人之間存在緊密的聯繫。[3]自治運動前夕東突厥斯坦人口數量如何？其民族—族群結構又是怎樣？有關這些問題有各種不同的數據。據蘇聯由多條新疆來源管道而得到的資料顯示，二戰前新疆生活着390萬人，其中250萬維吾爾人，23.5萬哈薩克人，23萬漢族人，20萬東幹人（東幹人是操漢語的穆斯林——作者），13萬滿族人，12萬柯爾克孜人，8.5萬土爾扈特人，其餘有察哈爾人、刀郎人、塔吉克人、烏茲別克人、韃靼人、印度人、俄羅斯人、藏族人及其他民族。[4]這些數據大致符合新疆督辦盛世才提交的1941年新疆人口數量的數據。兩者細微區別在於維吾爾人及哈薩克人的人

口數量。根據盛世才的數據，373萬新疆總人口之中，維吾爾人有298.4萬，哈薩克人有32.6萬人。[5]但在東突厥斯坦革命者烏馬爾‧伊斯拉莫夫1934年為共產國際撰寫的呈文中則堅信這些數據沒有一個是正確的，並報告說：新疆生活着1,400萬至1,500萬人，其中70%是維吾爾人，7%是蒙古─卡爾梅克人，6%是東幹人，5%是漢人，4%是哈薩克人，4%是柯爾克孜人，而2%則為其他民族。[6]事實上，若比照當前東突厥斯坦地區人口數量，上述這些數據看起來更為真實可信。在新疆事件結束的1949年，毛澤東在其發言中指出在東突厥斯坦地區有900萬突厥穆斯林人口。顯然，穆斯林人口減少是與1944至1949年間新疆的反抗運動有關。至於這裏生活的漢人，在蘇聯專家撰寫的情報資料中則指明，漢人「不是新疆的原住民，而是一些來自中國內地以及因各種違反中國地主的法規行為從內地流放至此的人」。[7]

在新疆390萬人口之中，286.8萬人（72%）住在農村，48.7萬人（12.5%）棲身在城市，而60.45萬人（15.5%）則過着遊牧生活。[8]

蘇聯在1931至1934年間公開干涉東突厥斯坦發生的事件，時間上也正值穆斯林運動擴大之際。但在此之前新疆各個地方就已發生了反抗中國國民政府的起義活動，維吾爾人參與獨立鬥爭的活動當時就曾受到關注，如1912年哈密的托穆爾‧哈利發、1915年吐魯番的阿赫邁德、1917年庫車的穆哈邁德‧阿力汗、1923年喀什的薩利丁等。鑒於這些事件，為防止維吾爾知識分子叛亂，1928年獲任命為新疆省政府主席的金樹仁藉口布爾什維克黨威脅，開始拘捕這些人。他將大量漢族移民安置在這裏，允許他們利用維吾爾人為自己謀取利益。[9]

新一階段局勢的發端始於1931年初的一起家事衝突。1931年2月，一位保護漢族移民的漢族軍官意欲強娶哈密城名人薩利赫‧達爾尕的女兒。這種做法被認為是羞辱穆斯林。達爾尕於是採取了一種策略性做法：同意他們結婚並邀請了約50名漢人出席婚禮，把這

些人灌醉後統統射殺。[10]事件成為哈密暴動的起因。4月份，不滿情緒業已席捲哈密地區其他居民點，而到5月份哈密城已被暴動民眾控制，暴動活動在極短時間內蔓延到穆斯林生活的各個區域。由維吾爾族首領和加·尼牙孜·阿吉及哈密前任參事堯樂博斯汗之孫堯樂博斯·卡孜領導的這場反對國民政府當局的運動，帶有民族解放性質。在打敗政府軍隊之後，和加·尼牙孜·阿吉被推舉為伊斯蘭軍總司令，各地暴動武裝也轉而接受他的指揮。[11]在取得伊寧著名宗教人士沙比提大毛拉的同意後，哈密暴動開始由吐魯番的馬可蘇德、和田的穆哈邁德·伊敏·布格拉統率，當時有七個居民點同時起事。暴動民眾的主要口號是「建立穆斯林人民共和國」。1931年5月31日，維吾爾革命委員會及暴動軍隊頭目和加·尼牙孜，以新疆穆斯林人民的名義向當時正在進行反對中國國民政府制度活動的蒙古革命委員會發密函，請求軍事援助，毫不掩飾地闡述暴動的原因。他寫道：「我們穆斯林民眾已經向漢人繳納了數百年的稅，像狗、驢一樣為他們工作。最近一二十年來，漢人的壓迫更是加大了。（他們）不僅沒收我們的土地和財產，還到處任命那些搶掠我們糧食、木材等東西的官員，這讓我們深受折磨。所有這些我們一直都在忍受，也沒有採取任何行動。但他們並未停止這些劫掠，又開始欺侮我們普通人家。我們穆斯林民眾不能再忍下去，決定與其就這樣死在他們手中，不如起來與他們鬥爭並消滅他們，如果真主相助的話，我們想成為自己的主人」。[12]為了與蒙古領導人建立關係，和加·尼牙孜派遣以伊斯馬伊爾阿訇、伊敏·庫爾馬爾、祖列特丁阿訇等人代表他前往蒙古。他在信中還講述了與吐魯番、喀什、和田及阿斯坦納（在吐魯番市東南——譯者註）等地穆斯林建立聯繫的情況，講述了喀什的土爾扈特人正在等待他們（蒙古人——譯者註）的到來。和加·尼牙孜強調：我們穆斯林民眾現在做的這件事不僅為自己，還為了所有受漢人剝削的人，我們正是為了這個目的而獻身。[13]與和加·尼牙孜一起在這封信上簽名的還有其助手堯樂博

斯‧卡孜、庫爾班‧達爾嘎、薩利赫‧達爾嘎、巴吉‧尼牙孜‧達
爾嘎、薩迪克‧庫爾馬爾及毛拉帖木兒‧尼牙孜。

　　由於1928年蔣介石領導的國民黨統治還不穩固，各省的離心傾
向此時日益增強。利用當前局勢實現自己目的的不僅有穆斯林，還
有意圖鞏固自己實力及建立私人統治政權的各地政府。長期主政新
疆（1912–1928）的楊增新於1928年7月7日遇害後，金樹仁獲任命為
新疆省主席（督辦）（1928–1933）。儘管金樹仁曾任新疆政務廳廳長，
但在東突厥斯坦地區相對而言還是個新人，因此他側重延續楊增新
統治時期的政策方針，不願冒險改變新疆與蘇聯的關係。[14] 不過，
金樹仁卻徵收牲畜屠宰稅，並禁止穆斯林到實地朝覲。[15] 當時，從
1920年代後期開始，東突厥斯坦地區的穆斯林常常穿過蘇聯領土前
往麥加朝覲。[16] 喀什的英國總領事曾報告稱，許多中國漢人阻礙喀
什穆斯林越過蘇聯領土前去朝覲。[17] 曾任喀什道尹的馬紹武將軍，
發現各省政權孱弱，早在穆斯林民眾暴動開始前就已與新疆的蘇聯
外交官發展關係，請求他們幫助自己策動政變並將喀什變成一個獨
立邊地。為換取軍事援助，馬紹武許諾將喀什納入蘇聯的勢力範
圍，聲稱：「你們會在這裏得到日本人在滿洲所擁有的。」[18] 但是，
考慮到新疆是蘇聯工業的原料基地，蘇聯沿東突厥斯坦一線邊境維
護困難，以及位於該地區的阿富汗、印度與中國因素等，駐新疆的
蘇聯機構處理與馬紹武的關係時更偏向保持謹慎，拒絕向這位喀什
行政長官提供軍援。蘇聯外交人民委員部駐烏茲別克特派員 M‧斯
拉烏茨基曾給副外交人民委員 Л‧M‧加拉罕這樣寫道：「這一時期
馬及他這樣人物出現，實際上是一場上層人物的權力鬥爭，並不能
改變新疆的社會制度。」[19] 此外，蘇聯機構認為馬紹武及其親信是日
本方面的間諜，而日本一直關注新疆的局勢。[20]

　　哈密起義開始之後，在甘肅的回族首領馬仲英向和加‧尼牙孜
及其他維族領袖給予幫助並提出建議。儘管伊斯蘭軍隊司令部中有
很多人對回民持懷疑態度並反對引入他們的幫助，但和加‧尼牙孜

還是接受了馬仲英的建議。早在1928年，馬仲英就領導了甘肅的回民起義，以一系列果斷行動引起了各界關注。與起義軍聯合之後，馬仲英計劃利用這一有利局面來削弱並最終推翻金樹仁政權。帶着這些打算，他派出一支由1,000名騎手組成的騎兵部隊前去幫助哈密的起義軍。此時和加‧尼牙孜的軍隊人數已達1,000人。[21]然而，當國民政府當局軍隊向起義軍進攻的時候，馬仲英的回族騎兵部隊在奪取政府軍一些武器為戰利品後卻回到甘肅。[22]由於和加‧尼牙孜與堯樂博斯‧卡孜發生分歧，後者也帶着自己由170人組成的部隊和回民一起離開了戰場，導致起義軍的狀況變得極其困難。[23]由和加‧尼牙孜領導與中國政府軍進行殊死之戰的200人維族部隊，最後不得不向山區撤退，1930年代維吾爾起義的第一階段也就這樣結束了。[24]

在東突厥斯坦起義剛開始的1931年，起義者曾寄望蘇聯的幫助。這種期望是出於蘇維埃政權從1917年起就一直是世界革命的宣導者，尤其是1920年代反對國際資本主義的鬥爭中心已從歐洲轉到了亞洲，但這些幻想在三十年代已經過時。雖說當時的莫斯科布爾什維克領導人理論上對民族解放革命活動還持讚賞態度，但實際上卻是從蘇聯利益的角度去解讀這些活動，並以此來評價旨在反對中國國民黨政權的東突厥斯坦穆斯林民眾暴動。儘管起義者代表向喀什蘇聯領事館提出要求購買武器，但卻遭到拒絕。甚至連蘇共中亞局書記 К‧Я‧鮑曼就突厥斯坦蘇聯維吾爾族共產黨員在新疆起義民眾中開展工作提出建議，也從政治局議事日程中取消，而且一直沒有被審議。[25]在如何看待新疆起義這個問題上，共產國際東方書記處與蘇聯領導人的觀點存在重大分歧。關於東突厥斯坦地區，對蘇聯來說起決定性作用的是經濟因素。在1930年代初，蘇聯佔新疆對外貿易額的80%以及出口量的90%。[26]1931年10月1日，雙方在烏魯木齊簽署了《新疆省政府與蘇聯經濟關係協議》（即《新蘇臨時通商協定》──譯者註），協議規定要加強與蘇聯的經濟聯繫。[27]

蘇聯領導人認為在東突厥斯坦的國民政府當局被推翻後，英國和日本的特工機關可能會利用新疆地區來反對蘇聯，箇中原因首先是因為英國、日本、土耳其以及一些穆斯林國家對維族人起義抱以同情態度。當時英國駐新疆領事 M·湯普森在 1931 年給外交大臣約翰·西蒙撰寫的報告曾指出：「穆斯林起義是由蘇聯挑唆起來的。」[28]而由莫斯科獲得的一些情報顯示：新疆起義勝利後，似乎要借助日本幫助成立「圖蘭帝國」，把新疆、蒙古、幾個中亞蘇維埃加盟共和國及哈薩克斯坦包括在內。據推測，該計劃來自打入回族領袖馬仲英內部親信的幾名日本間諜。[29]這些傳聞是合乎情理的，因為「被預言要在新疆登上王位的土耳其蘇丹後裔阿卜杜·克里木當時就在日本，而且日本還發行鼓吹將新疆從中國分離出來並在那裏建立伊斯蘭國的泛突厥主義報紙」。[30]考慮到這些情況，蘇聯外交人民委員會人員認為蘇聯向新疆開始的這場穆斯林運動提供保護並不適宜。一些蘇聯同事經常問自己這樣的問題 ——「這場運動是什麼性質？是反動的還是革命的？」在中亞的蘇聯工作人員認為，「這是一場資產階級民主運動，但卻沒有提到土地問題；是一場民族解放運動，但卻沒有反帝國主義鬥爭，也沒有與蘇聯結盟的目標。」[31]不過，共產國際東方書記處及其駐中亞的代表則建議對東突厥斯坦開始的這場穆斯林運動提供保護。共產國際駐塔什干代表 Д·Я·多爾夫就向東方書記處通報説：「（蘇聯）外交人民委員會的論據歪曲了事情的真相，並有意對運動作出不正確的評價。」[32]聯共（布）中亞局負責人將新疆開始的這場起義定性為民族解放運動，而同處該地區的蘇聯國家政治保衞局的軍人和工作人員，在論證這些事件革命性質的同時，還認為在鎮壓起義問題上不應該向新疆中國政府提供協助。1931年 4 月共產國際東方書記處起草的一份參考資料，建議 И·皮亞特尼茨基不要向金樹仁政權提供協助及出售武器。[33] 1931 年夏，新疆政府請求蘇聯出售武器裝備及航空設備，共產國際東方書記處給聯共（布）中央政治局撰寫的建議書就指出：「此次起義應結合甘肅、

陝西、雲南等中國其他省份發生的穆斯林民族解放運動去研究。運
動首腦是一些地主的事實，根本改變不了其民族解放的性質。所有
這些都讓我們去特別關注新疆發生的事情。在任何情況下，新疆典
型的軍閥反動政府無疑都會加強反蘇工作，都會存在各種新的破壞
活動、反革命行為以及企圖削弱與蘇聯關係傾向的威脅，而我方軍
事援助僅僅只是暫時延緩而已。用我們的武器鎮壓維族人的民族解
放運動以及隨後實施的血腥恐怖，不可能不給民族解放運動帶來損
失，而且基本上還會推動各種反革命力量的進一步團結與新疆反蘇
基地的擴大。面對這些問題，我們因此認為，向新疆政府提供幫助
以鎮壓維吾爾人起義是不適合的。」[34] 然而，在共產國際東方書記處
的建議到達之前，聯共（布）中央政治局已於1931年8月5日根據Л·
М·加拉罕的指示批准了關於「接受外交人民委員會關於向新疆出售
兩架飛機的建議」的決定。[35] 蘇聯政府的這一動作結束了有關對新疆
事件態度問題上的各種質疑，並在反對東突厥斯坦穆斯林民眾問題
上向中國新疆政府機構給予了支持。而且政治局在1932年通過的四
個決定又再充實了這一方針。1932年4月8日，在討論了新疆問題之
後，政治局責成Л·М·加拉罕並向克利緬特·伏羅希洛夫及И·
阿庫羅夫建議：「要商定派遣10至15架飛機，以加強中國西部邊防
機動聯隊以及從飛機上用機關槍射殺匪幫的指令問題。」[36] 這裏的
「匪幫」所指的就是維吾爾、哈薩克、柯爾克孜、回等各族起義軍，
他們在督辦金樹仁武裝力量的猛攻之下已向北方及蘇聯邊境附近山
區撤退。同年5月23日，政治局再次研究了新疆問題，責令蘇聯陸
海軍人民委員克利緬特·伏羅希洛夫及蘇聯人民委員會所轄的國家
政治保衞總局第一副局長亨里希·雅戈達，「全面徹底解決1932年4
月8日政治局決議的落實問題。」[37] 1932年6月，政治局三次把向新
疆政府出售武器問題付諸討論。6月16日，政治局在討論了羅加諾
夫斯基提交的報告之後，馬上責令伏羅希洛夫及阿庫羅夫去辦理。[38]
同一天，政治局還研究了「按照與新疆合同進行供貨」的問題，並通

過了一份決議。決議寫道：「必須履行所簽合同。」[39] 6月22日，蘇
聯政府最終完全公開了自己向新疆出售武器的意圖，而政治局也因
為向新疆政府出售總金額達200,705美元的八架飛機、航空炸彈、
子彈、汽油以及其他軍用器材的活動已在進行，而且新疆政府已向
帳戶支付了價值2,070美元的金錠（此外，要轉交給我們的、價值
46,680美元的金錠也已運抵邊境）來確認本次交易，因此通過了那份
秘密決議。[40] 蘇聯政治局上述所有就新疆作出的決議都是絕密的，
甚至在蘇聯解體後也還一直以「特別卷宗」方式保存着。

　　蘇聯出售的武器被新疆中國政府用來對付起義軍。為鎮壓維
吾爾人起義，中國政府同時還運用了在新疆生活的白俄及哥薩克僑
民。蘇聯偵察機構資料顯示，儘管該地區駐有2.5萬人的中國軍隊，
但「人數達1,000人的白衞軍部隊最有戰鬥力」。揚‧卡爾洛維奇‧
別爾津在為蘇聯領導人起草的情報這樣寫道：「但這唯一一支有戰鬥
力的隊伍在關鍵時刻卻會背叛金樹仁，因為他們知道穆斯林憎恨他
們，而且也擔憂自己及家人的生命安全。」[41] 在情報末尾別爾津提醒
道：「起義運動進一步發展可能會消滅新疆中國政權並企圖建立起一
個穆斯林國家。」[42]

　　不過金樹仁卻借助中國政府能動員的各路武裝力量成功地將起
義暫時鎮壓下去。起義軍也分成幾支小股撤退到山區，並在整個
1932年期間不斷發動局部出擊，以此來癱瘓中國行政當局的工作，
對新疆的中國軍隊進行突然打擊，但自己也遭受了重大損失。1932
年12月新一階段的維吾爾運動在哈密地區開始，並於短時間內遍及
吐魯番綠洲地區，再由此向阿克蘇一帶蔓延。此時的穆斯林，在聯
合了鄰近地區的反對武裝和當地民眾之後，已能建立起一支由3,000
名士兵組成的軍隊。穆斯林武裝在高昌打敗了政府部隊，這對其獲
取武器發揮了巨大作用。起義軍在奪取中國政府軍隊的武器作為
戰利品之後退回到吐魯番，而當時防守吐魯番的就有1,000名維族
士兵。[43]

　　1933年2月20日，「維吾爾民族革命委員會」成員為了取得起義勝利決定成立自己的政府。墨玉伊斯蘭法院法官穆哈邁德·尼牙孜·阿拉姆被任命為國家元首，沙比提大毛拉為總理，穆哈邁德·伊敏·布格拉為總司令。沙比提大毛拉在喀什接受了良好教育，是有智慧的人，熟悉政治事務。起義前他穿越俄國領土到麥加朝覲，回國途經印度。在喀什西北部（原文如此，應為西南部──譯者註）的和田組建委員會後，他開始大力推動發展獨立思想。[44]

　　1933年2月21日，回民在烏魯木齊發動起義，22日攻陷墨玉，2月28日進攻和田也以勝利告終。3月份，起義已席捲昌吉、呼圖壁、瑪納斯等地。3月底，喀什地區及首府烏魯木齊地區的大部分已落入起義軍手中。與此同時，烏斯滿統率一支由500名柯爾克孜人組成的隊伍也在阿勒泰地區起義。該部隊人數很快達到千人，於是他們就開始攻擊阿勒泰地區首府所在地承化縣城。[45]新疆的中國政府軍隊此時已處於癱瘓狀態。1933年2月至3月間，烏魯木齊周邊100公里以及該城本身已處於接近前線的地帶，其中就連督辦金樹仁的保衛工作也只能完全寄望於前不久剛組建起來的白衛軍部隊。然而，就在4月12日傍晚，由於巴維爾·巴品古特男爵、別克傑耶夫上校及統率前新疆白衛軍武裝的軍官發動政變，督辦金樹仁在頑強抵抗之後被迫逃亡，而這時接手新疆政權的則是政府軍指揮官盛世才。[46]至於蘇聯當局有否直接介入這場政變，目前還存在各種不同的說法。[47]對於擔心東突厥斯坦政權落入穆斯林手中的莫斯科來說，這種做法是有可能的。1932年底起，莫斯科東方勞動者共產主義大學就開始為東突厥斯坦地區培養布爾什維克幹部，主要目的就是要讓那些與莫斯科有密切關係的維吾爾族幹部「清除泛伊斯蘭主義及泛突厥主義思想」。但當維族起義發生時，這些幹部還沒有培養好，而且其中一些人甚至被認為是國際帝國主義派到共產主義大學的間諜。[48]

　　新疆白俄擁護成立由曾任新疆省政府教育廳廳長並曾在金樹仁政府擔任不同職務的劉文龍為首的中國政府。但同時，他們也致函

與穆斯林起義軍作戰的盛世才將軍，聲稱如果他想接掌新疆政權，白俄將會支持他。[49]盛世才知道這是決定性的時刻，於是緊急派代表接洽維族軍領袖，提議他們如果放下武器，就將天山以南地區的管理權交給他們，而天山以北地區則由中國政府控制。然而，「南方的維族人卻反對這個建議」。[50]4月12日，新政府發布了成立的消息。新政府在號召書闡述了省長金樹仁在1928年攫取政權的經過，細數了他的罪行。國民黨新疆委員會在其1933年4月28日的呼籲書也為新政府辯護。[51]不過，政權在形式上雖由劉文龍負責，卻由盛世才將軍掌握實際權力。根據新政府首腦的命令，盛世才獲任命為新疆境內所有中國軍隊的司令。[52]從1930年秋開始盛世才就在新疆任職。1931年7月，他被任命為新疆東路軍總司令，並直接指揮了針對和加‧尼牙孜領導的東突厥斯坦穆斯林民眾民族解放運動的軍事行動。[53]1932年8月，盛世才致信共產國際和斯大林，闡述了自己的觀點及對新疆未來的看法。[54]他千方百計地渴望蘇聯領導人能注意自己。他寫道：「1923至1927年我在日本學習，不斷地鑽研馬克思、列寧、斯大林及其他馬克思主義理論家的作品，因為學習了這些著作，我變成了一個共產主義的擁護者。」[55]

盛世才借助白衛軍的幫助在吐魯番與部善成功實施一系列行動之後，得到了「常勝將軍」的綽號。但新疆流行着傳言，稱當盛世才把和加‧尼牙孜的軍隊圍困在塔拉特山區時，在收取貴重禮物之後，把他放出了包圍圈。[56]盛世才把新疆的所有權力集中在自己手中，他宣布督辦金樹仁被驅逐及離職的4月12日為「四月革命」之日，並開始宣揚自己是這場「革命」的關鍵人物。很快他就完全耍起了典型的中式手腕——起用垂暮老人李昀（音譯，此處原文有誤，據記載應為朱瑞墀——譯者註）取代任政府主席一職的劉文龍，自己隨之又輕而易舉地佔據了這個職位。[57]從1933年6月12日起，盛世才已正式成為東突厥斯坦的主管總督（督辦）並緊緊掌握住各種權力。他任督辦的第一個動作是與蘇聯駐烏魯木齊總領事茲拉特金建

立關係。第一次見面，盛世才就盡力讓茲拉特金相信自己是「共產主義思想及與蘇聯友誼的擁護者」。[58]

開始掌權的盛世才幾天後就宣布了自己著名的、帶有綱領性質的「六大政策」，包括反對帝國主義、發展與蘇聯友誼、提倡種族及民族平等、打擊專橫及賄賂行為、捍衛和平、建立新經濟（即反帝、親蘇、民平、清廉、和平、建設——譯者註）等內容。同時根據政府綱要還確定了一些反映各種民族及民主改革措施的發展方向，其中包括新疆各民族一律平等，在招工及工資發放中恪守民族平等，維護集會、言論及出版自由，取締前政府的不合法決定，提高人民生活水平，為確保新疆經濟獨立對省內礦產資源進行勘探和開發，扶持農民，對外實行睦鄰政策，與中國中央政府共同建立涵蓋國民教育、教學在內的財政體系等。[59]盛世才知道，要克服危機不能僅用改革手段及軍事措施。他計劃一方面開拓與蘇聯的關係，以獲取國外的支持；另一方面，與起義軍某些領導人單獨進行談判，讓他們轉向自己以分化起義運動陣營。1933年夏天，新任督辦首先與和加·尼牙孜談判，企圖讓起義的重要基礎——維吾爾人轉向自己。1933年7月，盛世才與他簽署協議，達到了讓維吾爾人停止針對政府部隊發動軍事行動的目的。根據協定，新疆南部將計劃建立維吾爾民族自治地區，確保各民族在政府中都有代表席位，並貫徹政府綱要中聲明的那些民主改革措施等。作為交換，為確保新疆的和平及安寧，和加·尼牙孜應與新疆政府合作且要聯合起來共同打擊馬仲英及伊寧張培元武裝。根據督辦的盤算，無論是阿勒泰地區的哈薩克人，還是焉耆的蒙古人，很快就會附簽維吾爾人所簽的這份協議。[60]然而，新疆的穆斯林運動在1933年秋卻進一步擴大了，儘管與和加·尼牙孜的協議稍許穩定了政府的局面，但並沒有完全結束維吾爾人的戰鬥。在與和加·尼牙孜會面的同時，盛世才也想與回民領袖馬仲英展開談判，並儘量借此機會製造回民和維吾爾人之間的不睦。但無論答應作出多大的讓步，與馬仲英的談判始終都沒有成功。[61]

　　維吾爾人起義的同時，準噶爾地區的回民在馬仲英的領導下，
打着建立以奧斯曼王子阿卜杜·克里木為首的穆斯林國家的旗號也
展開行動。儘管思想上的差異導致回民和維吾爾人之間產生了矛
盾，但這種情況沒有長期持續。到1933年夏，以馬仲英為首的回民
就聲稱他們一直都是穆斯林民族武裝的擁護者。馬的幾位顧問是土
耳其人，他希望在中亞地區建立泛伊斯蘭國家。[62] 3月20日，部隊在
上校帖木兒的領導下佔領了伊寧，3月25日攻取阿克蘇，4月25日
拿下喀什。反抗中國行政當局的浪潮席捲了阿勒泰及塔爾巴哈台地
區。6月13日阿卜杜拉將軍的隊伍又奪取了葉爾羌。

　　穆斯林武裝取得的勝利迫使新疆政府加強與蘇聯的關係。在向
莫斯科提出請求的時候，新疆政府想讓蘇聯領導人相信新疆發生的
事件是由日本和英國操縱的。為了激怒莫斯科，盛世才寫道：「英、
日帝國主義必然會利用這種局面，目的就是為了借助穆斯林民眾在
新疆建立穆斯林國家來壓制蘇聯和中國的革命。」[63] 受這些請求的影
響，政治局成立了以 К·伏羅希洛夫為首、由 Г·Я·索科爾尼科夫
（時任蘇聯副外交人民委員——譯者註）和 Ш·З·艾利阿瓦（時任
蘇聯副外貿人民委員——譯者註）組成的委員會，進一步詳細討論
蘇聯在新疆的政策，以及商討蘇聯外交人民委員部及其他有關機構
撰寫的建議。[64] 7月，該委員會與蘇聯外交人民委員部及其他相關機
構，共同就蘇聯在新疆政策問題起草了建議並轉呈政治局審核。這
份文件由12條內容組成，認為將新疆從中國分離出去並不適宜，要
向烏魯木齊政府提供幫助，並要強化蘇聯機構中的工作紀律。在共
同會商的建議書，還建議在英、日不可能取得成功的那些地區成立
地方自治機關。文件的第三條寫道：「首先必須做的事是向烏魯木齊
政府提供積極幫助以擊潰馬仲英及回族部隊，這些人是將新疆變成
反蘇活動基地之計劃的現實基礎。」[65] 8月3日，政治局討論了委員會
起草的建議，並對新疆工作作出指示。委員會起草的建議沒有作任
何修改，就在政治局會議上獲得通過。通過的決議涵蓋蘇聯在新疆

政策的政治、外交、軍事、經濟、貿易及交通等諸多方面。[66]為了將政治局8月3日的決議落到實處，1933年下半年政治局又多次討論了新疆局勢，在9月29日、10月20日及23日和11月17日就曾先後討論了新疆當前的情況並通過了一些絕密決議。[67]比如，1932年12月，當日本侵略中國之際，為了在軍事上向新疆盛世才政府提供幫助，政治局通過了讓1萬人的中國部隊越過蘇聯邊界前往東突厥斯坦的決定。決定寫道：「允許臨時扣留的中國人撤到新疆。」[68]就在此前不久，政治局已通過了有關蘇聯境內「臨時扣留的中國人」返回中國的決定。蘇炳文將軍領導的這支軍隊當時在中國東北抗擊日軍與滿洲國政府，蘇聯政府曾促成日本政府與蘇炳文在馬齊耶夫斯卡雅車站（在滿洲里以北、蘇聯境內的後貝加爾斯克北邊——譯者註）談判。但在1932年底，日本人突然發動進攻，將這支部隊趕出了滿洲地區。1932年12月5日，蘇炳文的部隊被迫退到蘇聯境內，被臨時扣留在那裏。[69]

　　蘇聯領導人基於上述事件而改動自己的決議，成為東突厥斯坦穆斯林民眾強烈不滿的原因。維吾爾代表在3月21日向蘇聯駐塔城領事館發去抗議書，請求蘇聯政府「不要讓這些軍隊進入新疆」。[70]信函說，他們對這一舉動感到出乎意料：「我們曾經深信不疑的是，如果被壓迫民族起義反對壓迫自己的中國人，將自己民族及家園從異族手中解放出來——蘇維埃國家對此會抱以同情並保護那些被壓迫的人。」[71]在是否支持盛世才的問題上，這種呼籲並不能影響蘇聯領導人的政策。政治局在11月17日通過的決議認為：必須安排蘇聯駐新疆的交通機構進入戰時狀態，要採取必要的輔助措施在各軍事及民事機構設置政治部。決議寫道：「落實今年8月3日指示——必須要認識到，為了貫徹推廣工作紀律、改善生產情況及提高責任感，要將蘇新貿易管理局的運輸工作全面軍事化。」該決議委託內務人民委員葉若夫「負責選拔並在12月1日前派遣相應工作人員到政治部工作」。[72]

　　儘管1933年春夏期間新疆成立了四個相互交叉的地方自治政府（1931年6月在墨玉成立「民族革命委員會」；1933年2月26日伊敏改「民族革命委員會」為和田伊斯蘭共和國政府），但東突厥斯坦民族武裝通過了將其合併在「東突厥斯坦突厥伊斯蘭共和國」名下的決定。沙比提大毛拉曾給當時身在阿克蘇的和加‧尼牙孜發去密函，告知希望成立獨立國家的心願。和加‧尼牙孜表示同意，並在隨後加快了籌建獨立國家的活動。[73] 1933年11月12日，東突厥斯坦突厥伊斯蘭共和國宣布建立，當時還曾成立「東突厥斯坦全體民族大會」，主席為塔希爾，秘書是祖爾菲扎德。民族大會通過了組建政府的決議，和加‧尼牙孜獲選為總統及最高總司令，沙比提‧阿卜杜‧巴基大毛拉則被任命為總理。由13人組成的政府內閣也被選出，包括：外交部長穆哈邁德‧卡希姆‧哈吉，司法部長扎里夫‧卡里，內政部長尤尼斯‧薩伊扎德，衛生部長阿卜杜拉‧伊尚‧和加‧哈尼，國防部長蘇爾丹‧巴合提牙爾，教育部長阿卜杜‧克里木－汗‧馬合都木，財政部長阿里‧阿洪，貿易部長薩迪克‧因薩奴丁扎德，郵電部長阿卜杜拉大毛拉，行使部長職權的還有和田埃米爾努爾‧阿合麥德。另外，為掌握政府工作情況，全體民族大會的主席及秘書也以觀察員的身份進入政府內閣。[74] 政府宣布東突厥斯坦地區脫離中國獨立。

　　新成立的東突厥斯坦突厥伊斯蘭共和國認為自己內心更親近土耳其，是宗教及種族淵源將兩者聯繫在一起，只要一有機會，領導人就毫不掩飾對安卡拉的好感。[75] 不過，他們也知道，土耳其距離自己很遠，也沒有能力保護自己。因此，東突厥斯坦政府首腦沙比提大毛拉認為可以親近在該地區有利益及戰略資源的英國，尤其是因為蘇聯公開支持盛世才政府，於是他就轉向喀什的英國領事館求助並說道：「我們時刻準備與其他國家一道處於大英政府的庇蔭之下，並將堅決切斷與布爾什維克的聯繫。」[76]

　　1933年9月，和加‧尼牙孜向喀什的英國領事遞交了一份致英國國王及議會的請願信，信中簡單扼要地描述了東突厥斯坦地區穆

斯林的狀況。他特別提到：「中國官員方面對我們持鄙視態度是司空見慣的現象，其中就包括我們的信仰和宗教。中國人剝奪了我們的公民權並阻礙我們獲取科學、藝術、工業及貿易等方面的知識。他們甚至在禁止出版我們的宗教書籍的問題上也從不讓步……在通向文明及文化發展的道路上，中國暴政像惡魔的鎖鏈束縛着我們。受壓迫的東突厥斯坦穆斯林一直順從地忍受中國政權及殘暴行為造成的各種苦難，一次也沒有向世界尋求幫助。但他們仍然覺得我們的痛苦還不夠，還想霸佔我們的妻女。中國人將我們的貿易轉交給了布爾什維克，而後者的間諜則極力地向我們的生活灌輸共產主義思想……布爾什維克在東突厥斯坦屠殺了大量的穆斯林，其他懼怕死亡和空前酷刑的人則變成了無神論者。面對布爾什維克主義的死亡威脅以及再也無法忍受的中國暴政，我們奮起和平地抗爭中國人。感謝真主幫助！我們取得了很多勝利並奪取了中國人的武器。中國人的報復殘忍無度，吐魯番和鄯善兩地的穆斯林已充分親身感受過他們的暴虐。省內被屠殺民眾和被燒毀的房屋就證明了這一點。在從阿勒泰到和田之間的許多地方，知悉這種暴行的穆斯林紛紛起義……因為中國人不能抵擋我們的抗爭，布爾什維克就參與了軍事行動。穿紅襯衫的布爾什維克裝備精良，從伊犁和塔城被放了進來。他們將穆斯林居住區域毀壞並劫掠一空。布爾什維克向中國人提供裝甲車及其他武器。由於這些支持，中國人得以佔領並燒毀了14座城市。因此，我們滿懷希望地期待英國政府的幫助，將我們從可怕而又具傳染性的共產主義浪潮中拯救出來。而且，我們還請求貴政府能用武器來換取我國諸如絲綢、毛皮這樣的商品。」[77]

儘管東突厥斯坦政府處於艱難的苦戰中，而且各個方向都在進行戰鬥，但它在1933年12月3日仍把突厥伊斯蘭共和國憲法草案付諸討論。憲法由30項條款組成，第一條列明東突厥斯坦國依據《古蘭經》規定的原則，按照伊斯蘭教法管理。第二條則講到，東突厥斯坦國以共和國理念進行建設並努力實現民族的繁榮和富強。它有權

捍衛國家、民族免受外國入侵，並管理人民的宗教、民族、文化及
經濟問題。憲法草案前七條反映的是全體民族大會的職能、總統及
總理權力、政府構成，第八至第十六條涉及宗教與國防、外事、貿
易、農業、教育部及衛生部職權等問題，第十七至第十九條講的是
地方自治問題，而其餘十一條則有關法律、官員職責等問題，但蘇
聯的軍事干涉影響了憲法草案的實施。[78]

　　東突厥斯坦突厥伊斯蘭共和國剛剛宣布成立，人數多達 1,000
人的紅軍部隊以及由蘇聯國家政治保衞總局第 13 阿拉木圖團士兵組
成的阿爾泰志願軍，身穿白衞軍制服，在幾輛裝甲車及飛機的支援
下，1933 年 11 月 7 日開始對東突厥斯坦進行武裝干涉。俄羅斯外交
家、東方學家弗拉基米爾·克拉西里尼科夫寫道：「進入新疆境內
的那些部隊和小隊『偽裝』成俄羅斯人（白俄），而紅軍軍官的肩膀上
則佩戴着從國內戰爭時期就令他們憎惡的肩章。[79] 蘇聯方面與紅軍
部隊一併交給督辦調遣的還有 20 架飛機、11 輛裝甲車、30 輛坦克及
500 部汽車，而且還專門有一個紅軍團直接聽從盛世才的命令。」[80]

　　攻入新疆的紅軍部隊由蘇聯國家政治保衞總局的邊防總局局長
М·П·弗里諾夫斯基領導。[81] 不久他的職位便被 Н·К·科盧欽金取
代。那些由原白衞軍編組的分隊也同樣聽從蘇聯方面的指揮，他們
曾得到允諾，如果此次行動能成功完成，他們就會被平反並獲得蘇
聯國籍。儘管有 1 萬人來自滿洲的軍隊以及進入東突厥斯坦干涉的
7,000 人紅軍部隊，中國政府機構要想將中心城市烏魯木齊的政權保
持在自己手中還是十分吃力。[82] 一方面，與東突厥斯坦共和國聯軍
艱苦的戰鬥還在進行中，另一方面馬仲英的回民軍隊已接近烏魯木
齊周邊地區。1934 年 1 月 12 日，馬仲英開始圍攻烏魯木齊。面對複
雜局面，為了在新疆展開行動，政治局於 1 月 20 日通過了向蘇聯人
民委員會所屬國家政治保衞總局撥付 1 萬金盧布以及為新疆白衞軍
部隊發送 2,000 套便服的決議。政治局決議稱：「一、撥付 1 萬金盧
布給蘇聯人民委員會國家政治保衞總局使用，以便展開行動；二、

撥付2,000套便服給新疆的白衞軍。」[83]為了執行決議，保衞總局第一副局長Г‧雅戈達將此兩點決議要求又再發出去，第一點發給蘇聯財政人民委員格里高利‧戈林科，而第二點發給蘇聯人民委員會主席В‧莫洛托夫。同時，為了協調蘇聯在新疆的政治、軍事及外交活動，蘇聯駐烏茲別克斯坦外交人民委員部代表加列金‧阿布拉莫維奇‧阿普列索夫作為特使被派到烏魯木齊。[84]

在1934年1月的決議通過後，蘇聯各種武裝力量以白俄組成的軍隊為掩飾，穿過阿爾泰和伊犁向新疆進發，並在那裏與白衞軍部隊會合在一起。[85]俄羅斯的合成武裝尤其是空軍，開始對新疆起義軍展開積極的軍事行動。蘇聯空軍的轟炸對起義軍是出乎意料的，突然的空襲也成為起義軍騷亂的原因。該事件的參與者Ф‧Л‧波雷寧寫道：「新疆突然發生了……內訌戰爭。受日本軍國主義分子唆使的馬仲英將軍發起反對省政府的武裝暴動……，新疆省長官盛世才……請求支援，飛抵該城（即烏魯木齊——作者）的時候，我們看到城牆邊有大量的人群。在衝鋒的步兵之後是矯健的騎兵……。漸漸降低高度，我們開始將25公斤重的殺傷彈一個個投向暴動分子集中之處。我們看見，暴動分子人群向後方猛退並四散奔逃。城牆要衝處的雪地上清晰地露出一具具屍體。我們把剩下的炸彈都扔在這裏。暴動分子似乎被突如其來的空襲嚇傻了……。暴動很快就被鎮壓下去。為慶祝勝利烏魯木齊舉辦了一場盛大的招待會。新疆省長官獎勵了所有蘇聯飛行員和作戰行動的參加者。」[86]2月初，當阿爾泰志願軍向塔城接近的時候，馬仲英派出一部分回民部隊前去阻擊。2月11日，在蘇聯武裝力量的猛攻下，起義軍設置的烏魯木齊防線也被突破。紅軍與白衞軍的聯合軍事行動一直持續到1934年4月。

展開軍事行動期間，督辦盛世才以及蘇聯代表，試圖將東突厥斯坦共和國領導人與馬仲英的武裝拆散開來。早在1933年夏天，蘇聯在中亞地區的代表就已與和加‧尼牙孜建立了聯繫，而維吾爾領導人為了與蘇聯談判也在當年9月秘密派出一個小型代表團來到塔

什干。[87]當時蘇聯方面向維吾爾人交付了1,200支步槍換取了50公斤黃金，並答應近期再提供1萬支步槍。與此同時，蘇聯方面還認為可以通過蒙古向維吾爾人提供援助，並強調只要東突厥斯坦像蒙古那樣也成為一個國家就能夠得到蘇聯的援助。不過，和加・尼牙孜在最後關頭未同意與蘇聯聯合。[88]

憑藉過去的相互關係，1934年中（原文如此，應為1933年中——譯者註），蘇聯方面通過委託人告知和加・尼牙孜已準備好與其談判，而和加・尼牙孜也被秘密請到吉爾吉斯蘇維埃社會主義自治共和國境內與新疆交界的伊爾克什坦車站。[89]和加・尼牙孜沒有通知東突厥斯坦共和國政府就前往蘇聯談判。談判期間，蘇聯代表尼基紹夫遞給他一份準備好的條約文本，說道：「您接受我們的要求嗎？如果您不簽條約，我們將很快回到東突厥斯坦。多年來，政府為東突厥斯坦撥付了數百萬盧布。我們想整頓、保護東突厥斯坦。」[90]1934年2月26日，和加・尼牙孜簽署了蘇聯代表交給他的條約，並通過自己助手將此事告知了東突厥斯坦共和國總理沙比提大毛拉。

3月2日，沙比提大毛拉召開了有軍事長官參與的政府內閣會議。他通報了和加・尼牙孜這次前往蘇聯並與蘇聯政府簽署條約的情況。和加・尼牙孜寄給政府首腦的那封信介紹了條約的12項條款。信中寫道：從今以後，和加・尼牙孜將終止與南京政府的關係，東突厥斯坦將是一個受蘇聯庇護、實行內部自治的國家；東突厥斯坦將終止獨立，伊斯蘭共和國政府將解散，政府權力將交給盛世才政府；從政府首腦退職後，和加・尼牙孜將被任命為東突厥斯坦終身瓦利（省長或總督之意）；和加・尼牙孜要採取堅決措施讓東突厥斯坦民族武裝力量歸盛世才管轄；向滿洲、中國及俄羅斯士兵提供幫助；麻木提的吐魯番及哈密士兵轉由盛世才指揮；督辦盛世才與蘇聯之間關於向東突厥斯坦調派滿州籍士兵的協議繼續有效；為東突厥斯坦突厥伊斯蘭共和國服務的外國軍事參謀，要儘快被解僱並撤出東突厥斯坦地區；蘇聯政府將為東突厥斯坦的發展和繁榮

提供援助；蘇聯政府為東突厥斯坦提供保護，使之免受南京、滿洲等其他方面的攻擊和威脅；蘇聯政府協助在東突厥斯坦建立聯合軍隊，並以此為目的向該地派遣一批軍人；蘇聯及烏魯木齊政府之間將就政治、經濟合作問題簽署專門的協定。[91] 然而，該份文件卻沒有反映蘇聯方面當時交付的一個任務，就是「和加‧尼牙孜與其助手應馬上逮捕在阿克蘇的獨立政府領導人」。[92]

在3月2日的內閣部長會議上，和加‧尼牙孜被指出賣了東突厥斯坦各民族的利益，而他簽署的條約也被否決。政府決議指出，和加‧尼牙孜未經人民允許僅憑蘇聯政府邀請就前往伊爾克什坦，並與布爾什維克簽署不合法且不符合人民要求的條約，這種行為被認為是背叛了東突厥斯坦人民。決議宣布和加‧尼牙孜與蘇聯政府簽署由12項條款組成的條約為非法；東突厥斯坦穆斯林準備採取各種形式的鬥爭來捍衛自己的民族獨立，堅決不接受蘇聯的控制，由此引發的民間抗議已通過喀什蘇聯領事館傳達給蘇聯政府；蘇聯軍隊佔領東突厥斯坦地區背離國際法準則，歷史上前所未聞，是對東突厥斯坦的紅色帝國主義侵略。政府決議還計劃動員穆斯林民眾反對蘇聯的武裝干涉，提高軍隊戰鬥力，建議部隊總司令及外交部採取必要的措施。為了防止來自滿洲從蘇聯境內向塔城調派來的軍隊進行武裝干涉，會議還通過了關於向阿勒泰地區長官沙里夫－汗下達相關任務的決定。內閣部長會議還通過了3月10日召開全民族大會的決定，並建議大會討論與蘇聯簽署的那份條約。決議的第11條寫道：「如果和加‧尼牙孜不接受內閣的意見並拒絕放棄自己的看法，就將委託全民族大會研究停止和加‧尼牙孜總統及總司令職權的問題。」決議的最後一條指出：「為了捍衛我們的權利，我們需要去找南京的中國政府、日本以及國際聯盟。」[93]

和加‧尼牙孜已獲悉政府此份決議，但他卻寧願與俄羅斯人及中國人一道反對東突厥斯坦政府。與蘇聯簽約媾和以及與督辦盛世才勢力聯合，他已將東突厥斯坦政府逼到了絕境。4月初，紅軍部隊

佔領喀什，而東突厥斯坦政府也垮台了。4月16日，民族政府成員被捕並被移送到甘肅的中國當局。[94]

由於東突厥斯坦政府的命運已被終結，莫斯科決定將阿爾泰志願軍撤出新疆，僅留下少數軍事參謀聽從督辦調遣。1934年4月1日舉行的政治局會議廣泛討論了新疆局勢，並通過蘇聯駐烏茲別克斯坦外交人民委員部代表加列金‧阿布拉莫維奇‧阿普列索夫及督辦的軍事顧問尼古拉‧科盧欽金向盛世才傳達了以下信息：「我們始終堅持自己的觀點，認為阿爾泰軍不適宜繼續留在新疆，但考慮到督辦的堅決請求以及其欲盡快鞏固勝利成果，使馬仲英喪失長期在阿克蘇－烏什地區盤踞可能的願望，我們同意將總人數350人、配有炮兵的阿爾泰軍騎兵隊留在新疆三至四個月，以便省政府能堅實地鞏固阿克蘇－烏什地區，並以這種方式構築起防止回民部隊從喀什地區向北疆滲透的屏障。在其他地區，在規定時限（4月1日至10日）內撤出阿爾泰軍的命令依然有效，而且阿爾泰軍（除留下的部隊外）應在4月7日至8日前離開烏魯木齊並向瑪納斯方向撤出。」[95]

會議決議第二條責成阿普列索夫與科盧欽金，「向督辦闡明利用我方留給烏魯木齊政府調用的技術專家骨幹及物資，儘快着手組建自己具有全面戰鬥力、編制齊全的部隊的必要性；同時要確保在俄羅斯部隊中挑選出忠誠人員並嚴明紀律。告訴督辦，只要他利用留給他的那些教官和物資，就完全有可能建立起一支忠誠而有戰鬥力的軍隊。」[96]新疆撤走紅軍後留下的物資器械資源可供督辦使用半年到一年，而且還有50人的軍事教官骨幹（八名飛行員和機師、18名裝甲車駕駛員、六名炮兵、三名機槍手及15名諸兵種的軍官）。決議第四條指出，指揮人員及騎兵戰士要基於以下幾個方面留給烏魯木齊政府調度使用：

一、根據與每位指揮人員簽署的個人專門協議，安排指揮人員到烏魯木齊政府工作；

二、阿爾泰騎兵部隊要作為獨立的軍隊編制，以「白俄移民組成
　　的俄羅斯騎兵團」為掩飾留下來，並保留每人所獲得的相應
　　軍銜以及各種徽章等。所留部隊由烏魯木齊政府提供全面
　　的物質保障。責成阿普列索夫與科盧欽金兩位同志，從具
　　體條件及資源情況出發，確定阿爾泰部隊擬保持的人員編
　　制規模及教官個人的薪資額度。[97]

　　決議中還有莫斯科向盛世才以及三名政府成員寄送貴重禮物，
獎勵在東突厥斯坦與穆斯林戰鬥中表現優異的蘇聯官兵以及他們得
到督辦獎金的情況等內容。

　　政治局決議説：「基於在新疆的行動已成功結束，現須對參與行
動的部隊官兵予以表彰：向每位士兵頒發300盧布；初級指揮官每
人500盧布；中級、高級、最高指揮人員每人兩個月的工資；表現尤
其突出的士兵及軍官上報授予『紅旗』及『紅星』勳章……。由於督辦
堅決要求，現允許接受烏魯木齊政府指定授給阿爾泰軍的獎金。」[98]
政治局決議摘要分送給克利緬特・伏羅希洛夫、蘇聯副外交人民委
員格里高利・索科爾尼科夫以及亨里希・雅戈達等人。根據該決
議，伏龍芝軍事學院的一些畢業生作為軍事顧問曾被派到新疆。實
際上，他們在烏魯木齊卻常常履行廳長級別的一些職能。受到獎勵
的還有那些參加過戰鬥的白衛軍與哥薩克。烏魯木齊政府成立了一
個專門的小組來調查這些人的需求。每一位從中國軍隊復員的哥薩
克都分到十公頃的水澆地，向犧牲士兵家庭同樣發放撫恤金。在與
穆斯林民眾之戰取得勝利的背景下，對那些曾因俄國國內戰爭及蘇
維埃化而來新疆的白衛軍來説，有很多條件能讓他們富起來。[99]

　　在東突厥斯坦民族政府垮台之後，馬仲英領導的回民聯軍就成
了盛世才政府的主要目標。回民聯軍已於5月佔領喀什並在那裏建
立了自己的管制。在新疆行動結束之後，政治局很快就在1934年5
月31日通過了《關於新疆的補充決議》，指出解放喀什是蘇聯駐新疆

部隊的首要戰略方針。在名為「基本措施」的決議第一部分，闡述了征服新疆及加強現有盛世才政府的必要性。決議寫道：「消除馬仲英方面的威脅，尤其是要讓他遠離喀什；建立一支烏魯木齊政府常備軍；改善新疆經濟，特別是要改善蘇新貿易關係。」[100]決議第二部分被稱為「在喀什地區的措施」，其中有盛世才就如何應對馬仲英和平建議而提出的建議。盛世才所提內容是，如果馬仲英對自身想法有誠意的話，就應離開巴楚－喀什－葉爾羌－塔什庫爾干地區，將其控制的武裝向和田及其以東方向撤離。烏魯木齊政府應將此條件作為談判的重要條件提出來，如果該條件能夠履行，就應暫緩軍事行動，並轉入和平談判。此情況下，在開始談判的同時，烏魯木齊政府應向喀什民眾發布馬仲英歸附新疆政府的消息以及那些柯爾克孜人、維吾爾人、漢人、回民已轉向政府之事，讓民眾知悉新疆政府南疆軍隊裝備精良並已做好反擊侵犯活動的準備，要赦免馬仲英的官兵，但嚴懲那些阻擋此次行動順利完成之人。建議還寫道：鑒於已知馬仲英也在同時與英國人展開談判，需利用現有各種機會在英國領事館及各國政府面前揭露他使之名譽掃地。當前還要關注馬仲英與日本人接觸的情況。[101]在馬仲英不履行這些要求的情況下，南疆軍隊所屬各部則應向巴楚方向移動。政治局甚至將具體哪些分支部隊以及向哪個方向移動都寫進了決議。向巴楚方向移動的第一梯隊之中應為和加・尼牙孜部、蒙古及柯爾克孜部隊、中國第一騎兵團；第二梯隊之中有第一、第二及第五俄羅斯團；第三梯隊之中則是第三俄羅斯團及第六阿爾泰團，還計劃在軍事行動中使用阿克蘇的機場。根據政治局決議，以新疆政府名義採取的任何軍事行動都要聽從弗里諾夫斯基的指揮。政治局向盛世才建議：「在馬仲英退出喀什之後，應任命馬紹武為地方長官，從南疆駐軍中抽調一支中國騎兵及一支和加・尼牙孜部隊到喀什駐防衛戍，同時南疆駐軍其餘部隊要繼續駐守在巴楚－阿克蘇地區，不要允許任何白俄部隊進入喀什。」[102]政治局決議第三部分涉及新疆政府常備軍的組建問題。決

議計劃建立一支四千人的烏魯木齊政府常備軍隊，這裏不包括當地自己組建的蒙古、哈薩克、維吾爾等其他地方武裝民團。政治局委託蘇聯陸海軍人民委員部準備一份烏魯木齊政府軍組建方案，並就為落實方案而向那裏派遣教官事宜提出建議，同時責令相關蘇聯機構研究烏魯木齊政府軍對武器、彈藥的需求情況並就該問題單獨討論。決議文件還指出：「答應省政府關於儘快派出教官以便在新疆開展偵察與反偵察工作的請求。」[103]決議第四部分涉及的是一些生產管理事務。決議擬定緊急調運40噸航空汽油、25輛汽車以滿足南疆駐軍之需要，向烏魯木齊派遣一個權威經濟小組與阿普列索夫一起編訂和落實新疆經濟恢復計劃，在該小組出發之前向烏魯木齊派遣一名主管財政的工作人員擔任烏魯木齊政府有關財政問題顧問，擴大與烏魯木齊的貿易關係等內容。相關機構也被責令在三至五天內向政治局提交派往新疆的經濟及財政貿易問題專家名單。

6月8日的政治局會議再次研究了幾條決議的內容，並更詳細地討論了某些問題。6月8日的決議認為，將參與抗擊馬仲英戰鬥的白衞軍士兵及其家庭向鄯善—七克台、藍城、焉耆—庫爾勒地區以及部分人往塔爾巴哈台與伊犁地區安置是恰當的。決議委託阿普列索夫總領事，在徵得督辦同意的基礎上通過烏魯木齊俄羅斯人安置委員會提出白衞軍在新疆的安置問題。根據決議第二條，在當前政治情勢之下，在新疆開設新的領事機構被認為是不適宜的，但按1931年的協定，則認為必須要以蘇新貿易管理局代表身份向哈密、吐魯番及阿克蘇地區派遣非正式領事代辦。實際上，為了實行計劃中的工作，當時應以領事代辦機構秘書的身份向新疆派遣蘇新貿易管理局商務人員。根據政治局決議，這些領事機構同樣也應履行情報中心的功能，並派出三名偵察員（為了在哈密、吐魯番及阿克蘇工作）去擔任蘇新貿易管理局代表的助手。決議還寫道：「為加強在新疆的省以及地方行政管理機關，（我們）認為從蘇聯派遣十名中國人及15名烏茲別克人、哈薩克人及回民去擔任官員的做法是必須的。」[104]政治局

責令阿普列索夫總領事加快蘇新貿易管理局與新疆政府之間的協定簽署工作，並就三年內償還軍事行動期間以武器形式向新疆政府提供的100萬金盧布債務問題達成協議。在該數額之中，購買軍事裝備用了42.5萬，22.5萬花在軍事裝備運輸上，30萬用於燃料、子彈等其他作戰裝備，另外還有交給新疆軍隊使用的那25輛汽車。決議最後第五條寫道：因為不希望近期將外國人從新疆放出去，故此認為必須要最大程度地收緊外國人離開新疆的簽證發放工作。[105] 在6月8日決議的第二天，政治局將「關於與新疆的貿易」這一問題提交討論，並責令輕工業、外貿及重工業等人民委員部在6月25前向新疆計劃外劃撥30車皮棉布，6月15日前劃撥500噸糖、配有零備件的30輛「吉斯」汽車。為了在期限內將這些貨物運抵交貨地點，政治局還向鐵路、河運等其他負責運輸的人民委員部下達了相應的指令。[106]

　　6月，在收到蘇聯方面的軍事援助以及做好了各種必要準備工作之後，政府武裝開始發起奪取喀什的戰鬥。由於兩軍實力存在差距，回民部隊的失敗無可避免。考慮到這些情況，馬仲英在6月份就開始與喀什的蘇聯領事馬科斯·杜姆皮斯展開談判。據一些資料記載，馬仲英及其幾位高級軍官在蘇聯領事館人員伴護下經伊爾克什坦的邊境聯絡站被押送到了蘇聯。以馬虎山為首的馬仲英部隊餘黨隨後也向山區撤退。[107] 儘管盛世才一直想將馬仲英弄到手，但蘇聯政府卻沒有滿足督辦的這個願望。政治局以決定形式向駐新疆蘇聯各外交機構下達了以下指示：「要委婉地告知督辦，馬仲英已被扣押，但依據我國憲法我們無權將他交給督辦。」[108] 蘇聯為了保留向盛世才施壓的砝碼，最終還是沒有把馬仲英交給督辦。馬仲英提出在蘇聯政治避難的請求，起初他被押解到阿拉木圖，而後又被送往莫斯科。直到1938年斯大林吐露了自己心中對馬仲英的想法，世人才得以知曉：若對日戰事開啟，他需要一個可靠的人，而對斯大林來說馬仲英就是這個人。[109] 但馬的用處一直都沒出現，而三十年代末他卻在莫斯科因一些未明情況死亡。

　　到1934年8月，東突厥斯坦地區所有居民點的起義活動已被平息。起義被鎮壓之後，東突厥斯坦共和國政府的三位部長及幾位高官逃亡國外，穆哈邁德·伊敏·布格拉也移民到了印度。根據盛世才命令，1934年7月在阿克蘇處死了東突總理沙比提大毛拉、司法部長扎里夫·卡里，貿易部長則在塔什庫爾干被處決。據生活在德國的烏孜別克族歷史學家貝米爾濟·海特教授考證，為爭取東突厥斯坦獨立進行的鬥爭，僅在與紅軍的戰鬥中就有20多萬穆斯林被打死。[110]但我們認為該數據被誇大了，因為它並沒有以正式的文件資料為基礎，而是依據那些回憶錄性質的書籍。身為諸事件中心人物之一的和加·尼牙孜·阿吉，在烏魯木齊被任命為副督辦。然而，他慶祝「勝利」的時間並不長，當阿卜杜·尼牙孜將軍1937年5月在東突厥斯坦發動起義的時候，和加·尼牙孜也被逮捕，並於1942年4月被害死在毒氣室裏。[111]總之，正如美國中央情報局「秘密報告」所寫的那樣，「1934年8月新疆出現了一種與蘇聯政策有關的新情況。」[112]終於，借助蘇聯的援助，此外還有歸化軍（白俄軍）及滿洲籍志願軍（即東北義勇軍——譯者註），盛世才成功戰勝了其新疆的對手。[113]

　　盛世才對借助蘇聯幫助取得打擊穆斯林之戰的勝利感到高興。1934年6月，精神愉悅的盛世才通過阿普列索夫向斯大林、莫洛托夫、伏羅希洛夫發去一封長信。首先他對蘇聯政府在鎮壓起義方面給予的幫助表示感謝。盛世才這樣寫道：「我認為對貴方在平定新疆及消滅馬仲英匪徒之事中所給予的巨大幫助表示誠摯感謝是我的職責。」[114]接着盛世才講述了自己學習共產主義學說、閱讀馬克思主義著作、忠於列寧及斯大林思想的情況，稱自己是一名「共產主義思想的堅定擁護者」、憎恨南京政府，認為能夠拯救新疆乃至全中國的就是共產國際領導下的蘇維埃進程。他寫道：「要拯救中國和新疆只剩下一條道路——在共產國際的領導下推翻殘暴、腐朽的南京政府，建立蘇維埃政權，並與蘇聯結成統一陣線與帝國主義作鬥爭……，

我要堅決與新疆一切帝國主義勢力鬥爭到底，為將我省建成共產國際後盾而奮鬥。」[115] 他力圖要讓蘇聯領導人相信——「新疆在國際形勢之中不僅對蘇聯具有重大的影響，而且在未來世界大戰及世界革命之中也必將是十分重要的因素。」[116] 盛世才在信中向蘇聯領導人表達了想前往莫斯科與斯大林會面，並加入聯共 (布) 的願望。他寫道：「我是共產主義思想的堅定追隨者，希望加入共產黨……，我認為，實現我入黨願望的好機會現在已經到來，我一定能實現我的這個畢生心願……，如果莫斯科的革命領導人認為我有資格入黨的話，那麼我就請求接受我入黨。」[117]

信的末尾，在涉及接受莫斯科指示的問題上，盛世才指出自己當前提出建立「反帝同盟」的構想，並表示準備為建立該同盟傾其所能。在他看來，這個同盟應不僅僅反對帝國主義，同時還要研究管理、教育、文化、工業等問題，而在解決新疆其他問題方面也應發揮領導機構的功能。他就蘇聯派來的25名黨務工作者及財政問題專家向莫斯科領導人表示感謝，並隨信附上了同盟章程。盛世才寫道：「我聽從所收到的指示並竭力將同盟的領導置於應有高度，同盟管理將通過莫斯科的領導以及聯盟大多數成員所通過的委員會決議來進行，而且同盟的工作還將徵求全權代表阿普列索夫的意見。」[118] 但盛世才認為，在開展這些工作的問題上，唯一的障礙就是他還不是黨員，為了成功解決與同盟工作有關的問題，他請求讓他入黨。

盛世才的信，尤其是他就新疆蘇維埃化方面提出的建議，引起了斯大林的強烈不滿，他於6月27日給督辦顧問阿普列索夫發去一封信，在信中斯大林特別指出：「盛世才的信給我方同志留下令人不快的印象，能寫這封信的或者是個挑撥者，或者是位對馬克思主義沒有認識、不可救藥的『左傾分子』，怎麼能這樣呢？擁有您這樣一位顧問的盛世才怎麼會給我們 (斯大林、莫洛托夫和伏羅希洛夫) 寫這樣的信呢？」[119] 斯大林告知阿普列索夫，他、莫洛托夫、伏羅希洛夫三人給盛世才的回信將通過斯瓦尼澤轉交，而阿普列索夫則應向

督辦解釋清楚回信中所列各個問題的意思。他警告説：如果不考慮我們的建議，我們就將被迫放棄援助盛世才。[120]

在1934年7月的同一天，即7月27日，有斯大林、莫洛托夫、伏羅希洛夫三人署名的回信經斯瓦尼澤發到了新疆。首先，克里姆林宮領導人感謝督辦對蘇聯的熱情祝福，極高地評價了盛世才在穩定新疆政局方面發揮的作用。他們寫道：「我們習慣當面説實話，現在想就您信函內容對您講出所有實話……，我們認為，必須在新疆儘快實施共產主義的觀點是不正確的……，我們同樣認為新疆應推翻南京政府的看法是不正確的，無論南京政府有什麼樣的錯誤，它都依然還處在與中國的外國帝國主義敵人做鬥爭的道路上……。我們也不同意讓您現在加入共產黨。我們不同意是因為：首先，這會損害您與南京的關係；其次，這會使新疆那些帝國主義間諜以及各類分裂分子更容易實施針對您的行動。想成為共產黨員的人，即使形式上沒有登記入黨，他也永遠可以成為那樣的人。如果形勢和需要要求您放棄入黨，那麼您就應該為了中國解放事業服從要求，要知道並不是一張黨員證就能把一個人變成共產黨員，而是他對共產主義思想真正而又實際的忠誠。」[121]

關於對盛世才的信任問題，蘇聯領導人認為給督辦的援助及建議就是對其信任的顯著證明。他們這樣寫道：「對幾個月前我們在給您所發電報中表達的立場，我們依然徹底而全面地堅持，並請您在自己實際工作中考慮電報中提出的要求。」[122]蘇聯領導人提醒盛世才，如果他能接受這封信的批評意見，那麼將來莫斯科還會給予督辦支持。儘管斯大林以及其他蘇聯領導人稱讚盛世才寄來的綱要草案，但也指出綱要第五條——有關婦女平權問題——與新疆情況不符。他們在信中寫道：「我們認為，在新疆穆斯林人口佔絕大多數、發展落後的條件下，這一條顯得超前了。」[123]接着，他們在信中告知盛世才，前來烏魯木齊的斯瓦尼澤會向其闡明克里姆林宮在其他問題上的立場。

斯大林、莫洛托夫、伏羅希洛夫在寄出這封信的同時，也給阿普列索夫發去一封帶着自己意見和要求的電報。與斯大林7月27日寄給領事用以表明態度的簡短信件不同，三巨頭的電報內容更為詳盡。他們在電報中寫道：「您關於盛世才有個『紅角』（原文為 красный угол，直譯為紅色角落。俄羅斯東正教徒習俗，在房內離開門而又採光較好的牆角懸掛聖像並擺放蠟燭，進門後先要在此劃十字，是在戶內做祈禱的地方。其功能類似於佛龕，但沒有龕。盛世才也照此在家中一處懸掛馬列領袖像，擺放馬列著作──譯者註）的電報以及有關新疆蘇維埃化可能性的傳話，我們認為是令人憂慮的。」[124] 這份電報由八條組成，帶有建議及指示性質，其中第四條直接涉及新疆蘇維埃化的問題。該條寫道：「無論何種形式的新疆蘇維埃化都不在我方計劃之中，而且我方也認為任何有關新疆蘇維埃化以及將新疆納入中國蘇區的想法都是危險的。」[125] 電報第一條指出：蘇聯堅定並毫不動搖地支持中國的領土完整，蘇聯對中國沒有任何──無論是直接的還是間接的──領土要求；第二條寫道：蘇聯領導人之所以向盛世才提供幫助，是因為中國領土的完整不僅從中國立場來看，而且從蘇聯立場來看，都是適當的、符合利益的；第三條詳細闡明，無論日本、英國及其他帝國主義國家如何玩弄陰謀，蘇聯都在保護並將繼續保護中國；第五和第六條涉及雙方經濟關係；第七條指出了將來繼續從莫斯科獲取這些指示並予以準確執行的必要性；最後的第八條則責令阿普列索夫逐條將此電報講給盛世才督辦聽。[126]

1934年夏，以亞歷山大 · 斯瓦尼澤（格魯吉亞人，斯大林第一任妻子 [斯大林兒子雅可夫的生母] 的弟弟，曾在對外貿易人民委員會、國家銀行等部門擔任領導職務，1938年因葉若夫案被捕，1941年被處死──譯者註）為首的蘇聯小組動身前往新疆。該小組的主要職責就是籌備新疆的經濟、財政與行政事務改革。與改革綱要一起，斯瓦尼澤還帶來了斯大林給盛世才的一封信以及斯大林所交付

的特殊任務。因為斯瓦尼澤是斯大林的私友及親戚，故此盛世才一方面對待此人的態度小心謹慎，另一方面認為任命此人為赴新疆小組組長標誌着蘇聯對自己的信任。而斯瓦尼澤作為禮物帶來的斯大林、莫洛托夫及伏羅希洛夫的照片，更是讓盛世才「深受鼓舞」。

　　亞歷山大·斯瓦尼澤帶着1934年7月21日通過的《新疆經濟恢復措施綱要》來到了新疆。根據這份文件，蘇聯向新疆政府撥付500萬金盧布貸款用以健全新疆財政體系、復蘇工業生產等。利息為4%的這筆貸款應在五年內還清。綱要對擴大與新疆的貿易關係尤為關注，擬議由新疆向蘇聯出口毛料、棉花、牲畜、生絲、蠶繭、茶葉、乾果等物，而蘇聯計劃向新疆出口石油、石油製品、工業品。綱要有關運輸問題的那一部分規定，1934至35年間要在新疆建設幾條疆內的公路，其中也包括從蘇聯通向東突厥斯坦的伏龍芝－土爾尕特幹道。為此，從人民委員會保險基金中還劃撥了900萬盧布。在該文件中，有斯瓦尼澤小組在工業建設方面所肩負的諸多責任。尤其是，小組應與新疆政府就錫礦、金礦開採問題達成協議並儘快開始工作。為此，蘇聯重工業人民委員奧爾忠尼啟澤被責令要不遲於1934年9月15日確保各種必需技術設備供應到位，並在8月10日前將七部無線電台交給對外貿易人民委員部使用，一台「少先隊員」牌及三台「美國婦女」牌印刷設備也發往新疆。綱要還指派斯瓦尼澤小組就烏魯木齊及伊寧發電廠、喀什絲織廠的建設展開工作。綱要最後一條以落實新疆農業發展措施為主題，責成斯瓦尼澤小組採用一切辦法幫助新疆政府發展農業及畜牧業，責令蘇聯農業人民委員部在9月1日前向新疆派遣兩位農藝師、兩位畜牧專家、兩位獸醫以及幾位灌溉系統方面的工程師。與此同時，斯瓦尼澤小組成員還應編寫新疆政府1935年的預算，實施緊急貨幣改革，啟動信貸系統，確保商品交換有足夠的硬通貨保障。[127]在與斯瓦尼澤討論蘇聯這一經濟恢復綱要的時候，盛世才對此綱要包羅萬象的特點讚歎不已。

　　盛世才在知悉蘇聯領導人1934年7月寫給他的信函內容以及經斯瓦尼澤轉來的專門意見之後，11月1日給斯大林、莫洛托夫、伏羅希洛夫回信，承認自己在6月信函中所犯的錯誤。他寫道：「我感到很幸福，因為世界革命的領袖沒有推辭向我提建議，這些建議我認為是自己必須要履行的，並將其視作指示和訓令。」[128] 現在他已確信數月前自己所提論點的錯誤，並接受了蘇聯領導人將新疆定為「文化及工業落後、屬封建社會的地區」，以及這種地方不可能建設社會主義的看法。他同意莫斯科對推翻南京政府是不適當的觀點所提出的意見。督辦聲稱，如果南京政府將來不轉向帝國主義陣營，他也就會聽命於它。盛世才認為在他加入共產黨問題上莫斯科的意見是正確的。他寫道：「我認識到當前政治局勢不允許這麼做，但我相信自己，也請貴方相信，我是一位忠誠而又堅定的馬克思列寧主義擁護者。」[129] 盛世才感謝蘇聯領導人的大力援助，並將新疆局勢的穩定直接與蘇聯援助聯繫在一起。他承認，如果沒有以斯瓦尼澤為首的蘇聯小組與諸多蘇聯專家的說明，新疆的情況必將無藥可救，作為「堅定的共產主義者」，他請求莫斯科「永遠指導自己」。[130] 這封信的末尾，他請求能允許自己與總領事阿普列索夫一起前往莫斯科治病。盛世才寫道：「我想實現自己的這個願望，雖不帶有受教育之行的目的，但希望能親自出現在您面前，親自從您那裏得到必要的指示並能了解蘇聯建設取得的成就。」[131] 在信的最後，盛世才感謝蘇聯領導人派遣斯瓦尼澤到新疆，並強調斯瓦尼澤身為東方人，極為清楚各地的情況。盛世才還指出，斯瓦尼澤小組起草的計劃在鞏固新疆政府方面發揮了重要作用。他在給莫斯科領導人的信也沒有忘記談及阿普列索夫：「我尤其認為必須要看到阿普列索夫的作用，作為您忠實學生的阿普列索夫，也是我們不可替代的一位朋友、顧問及同志。我們不會忘記他對安定、統一及實現新疆全面和平所作的貢獻。與他一起齊心協力工作，我希望能全面落實您所有的指示。」[132]

　　早在盛世才的信到達莫斯科之前，為了賦予斯瓦尼澤小組靈活處事之權，政治局於1934年11月2日通過了《關於新疆的決議》。從依據斯瓦尼澤小組建議而起草的會議文件就能清楚看到，蘇聯代表可以就某些問題和盛世才的對手展開談判，並為調和其與新疆政府的關係準備一定的建議。決議第一條認為必須要與喀什駐防軍司令劉斌的代表及馬仲英軍隊的代表進行談判，建議盛世才要針對這些武裝改變協定條件。根據政治局決議，烏魯木齊政府與36師應該結束相互敵視，努力恢復新疆和平並為捍衛新疆人民利益共同奮鬥，聯合對抗新疆的內外威脅。決議建議處於36師控制下的和田行政區像新疆其他地方一樣建立民政管理機構，烏魯木齊政府任何與和田有關的命令和指示要直接下達給和田的軍事及民政管理機構，恢復和田與相鄰區縣之間的郵電聯繫，妥當管理人口自由移動及貨物的運輸，和田各政府機構要落實地區內的邊境防務並繼續打擊匪患，而新疆政府則應使和田有足夠財政資源保障。在決議最後一條，即第三條寫道：「建議盛世才在簽署此和平協定的同時，公布新疆小組所撰寫的呼籲信並予以廣泛傳播。」[133]

　　鑒於1934年底新疆境內有大量蘇聯工作人員，政治局於12月25日通過了關於調整其薪資的決議。根據這份決議，蘇聯教官及顧問從新疆國庫所領取的每月工資金額，不應超過新疆官員工資的最高金額。對於蘇聯專家在此決議生效之後被削減的工資金額，計劃由莫斯科負責補償。決議寫道：「現在所領薪資與被下調後薪資之間的差額，由蘇聯用外匯券或者外匯向蘇聯教官及顧問予以補償。」[134]

　　1934年11月7日，蘇聯總領事阿普列索夫致函斯大林，介紹新疆正在進行的各項工作，並就斯大林及其他莫斯科領導人曾針對他的那些批評意見作出解釋。首先，阿普列索夫解釋了引起斯大林不滿的盛世才6月信函之事。總領事講到，在向莫斯科寄信之前，盛世才早已將信交給了自己，阿普列索夫當時就認為此信不符合要求，而督辦在稍微刪減之後，答應會聽取阿普列索夫的意見。阿普列索

夫寫道:「使我們產生分歧的唯一問題,就是他渴望入黨以及要不要
給您寄這封惹禍信件的問題。信件遲遲不發讓督辦焦急不安。他認
為這證明我們不信任他。了解他特別多疑、對所有人和所有事都疑
心重重的性格,為了避免將來我們雙方關係惡化,我不得已將沒作
任何修改的信還給了他,他又新添加了幾條之後將信發給了您。」[135]
阿普列索夫在給斯大林的信中也誇獎了盛世才,稱讚他的個人素
養、對蘇聯的態度、對馬克思經典著作的「醉心」。他在信中指出:
「盛督辦不是糊塗人,他覺悟高、精明能幹並對時局有着清楚的認
識。就在我對您的回信翹首期盼之時,您以及莫洛托夫、伏羅希洛
夫同志寄給他的相片對他產生了應有的影響,於是他安靜了下來,
開始工作,還對我說不會放棄將來入黨的希望。他現在正努力完善
自己,仔細閱讀馬克思主義經典作品,而我也親眼看到這個人在一
天天成長起來。他究竟是一個什麼樣的人呢?斯瓦尼澤同志還會向
您詳細講述。」[136]阿普列索夫認為必須使盛世才堅持擁護蘇聯,並強
調中國領導人已更加關注盛世才。阿普列索夫向斯大林保證,如果
盛世才能以治病為藉口前往莫斯科,不會有什麼不好的事情發生。
他寫道:「特別是要務必考慮蔣介石等其他中國領袖人物、各界人士
都在為將盛世才拉到自己一方做最後努力,且近來在此方面表現得
十分積極。我想,為了共產主義事業,答應他的請求、允許他託辭
治病前往莫斯科是不無益處的,而且從身體情況來看,他也必須要
做一個小手術。」[137]信中令人關注的一個情況是,阿普列索夫不僅
論證了新疆對蘇聯的政治戰略價值,而且還論證了其經濟價值。蘇
聯駐烏魯木齊總領事給蘇聯領導人寫道:「新疆除了其重要的政治戰
略意義,還是極其富有的地區,可以成為我們的原料及肉食基地。
開發取之不盡、神話般的各種資源,必將注定新疆有十分富庶的發
展前景。在必要之時,我們用新疆的煤炭和石油不僅能滿足突厥斯
坦—西伯利亞鐵路沿線地區,而且能滿足中亞加盟共和國及西西伯
利亞地區的需要。新疆目前已知有25個地區出產金礦。開採錫、鐳

等其他我們需要的貴重及稀有礦產，將可收回我們現在規劃的那些投入，並能補償我們給予新疆政府的那些援助。」[138] 在信尾追加的補充內容，阿普列索夫抱怨政治局關於恢復新疆經濟的決議履行遲緩，呼籲説：「我們的政治成果因拖延現象不僅不會得到鞏固，還會功虧一簣。」[139]

　　就這樣，第一波東突厥斯坦維吾爾及其他穆斯林民族反抗中國政府當局的解放運動最終失敗了。由於蘇聯在鎮壓起義方面所起的決定性作用，中國新疆省落入蘇聯勢力範圍之中。由於蘇聯的幫助，盛世才將新疆政權控制在自己手中，並且在一直到1944年的長達十年間建立了獨裁制度。在此期間，在中國政府機構名義上維持管治的情況下，盛世才直接借助莫斯科的援助，使新疆當地穆斯林民眾屈從於其個人統治制度和蘇聯利益。

註　釋

1　C‧羅斯托夫斯基：〈新疆戰前歷史簡述〉，俄羅斯社會政治歷史國家檔案館，全宗532，目錄4，案卷328，頁5。另一份上世紀中期編纂指出東突厥斯坦的面積為142.6萬平方公里，詳見：〈新疆疆域與人口〉，俄羅斯社會政治歷史國家檔案館，全宗532，目錄4，案卷330，頁3。

2　Li Chang, "The Soviet Grip on Sinkiang," *Foreign Affairs*, no. 3 (April 1954): 491.

3　〈中國西域－東突厥斯坦（中國稱新疆）革命者伊斯拉莫夫‧烏瑪律的報告〉（1934年3月15日），俄羅斯社會政治歷史國家檔案館，全宗514，目錄1，案卷1075，頁44。

4　〈新疆疆域與人口〉，俄羅斯社會政治歷史國家檔案館，全宗532，目錄4，案卷330，第17檔。

5　Chang Chih-Yi, "Land Utilization and Settlement Possibilities in Sinkiang," *Geographical Review*, vol. 39, no. 1 (Jan 1949): 62; S. Frederick Starr, ed., *Xinjiang: China's Muslim Borderland* (Armonk, NY: M. E. Sharpe, 2004), p. 245.

6   〈中國西域－東突厥斯坦（中國稱新疆）革命者伊斯拉莫夫‧烏瑪律的報
    告〉（1934年3月15日），俄羅斯社會政治歷史國家檔案館，全宗514，
    目錄1，案卷1075，頁42。

7   〈新疆疆域與人口〉，俄羅斯社會政治歷史國家檔案館，全宗532，目錄
    4，案卷330，頁24。

8   同上。

9   〈軍事情報：1931–1937年新疆的叛亂——新疆獨立運動史〉，1946年
    12月5日情報報告，美國國家檔案與文件署，中央情報局第82情報
    集，頁1。

10 巴伊米爾扎‧哈伊特：《突厥斯坦國家的民族鬥爭史》，頁308；В‧
    И‧彼得羅夫：《亞洲動盪的「心臟」：新疆——民族運動簡史及回憶》
    （莫斯科，2003），頁344；〈軍事情報：1931–1937年新疆的叛亂——
    新疆獨立運動史〉，中央情報組，1946年12月5日情報報告，美國國家
    檔案與文件署，中央情報局第82情報集，頁2。

11 〈軍事情報：1931–1937年新疆的叛亂——新疆獨立運動史〉，中央情
    報組，1946年12月5日情報報告，美國國家檔案與文件署，中央情報
    局第82情報集，頁2。

12 〈和加‧尼牙孜1931年5月15日寫給蒙古革命委員會的信〉，俄羅斯社
    會政治歷史國家檔案館，全宗514，目錄1，案卷1022，頁3。從維吾
    爾語翻譯為俄語之時，穆斯林紀年方面出現了錯誤。信的結尾處標的
    是穆斯林曆1350年2月25日，翻譯將這個日子記為1931年2月，實際
    上，按西曆算應為1931年5月15日。

13 同上。

14 Li Chang, "The Soviet Grip on Sinkiang," *Foreign Affairs*, no. 3 (April 1954):
    491. 關於楊增新的新疆政策的更詳細論述，見Michael Share, "The
    Russian Civil War in Chinese Turkestan (Xinjiang), 1918–1921: A Little Known
    and Explored Front," *Europe-Asia Studies*, issue 62, no. 3 (2010): 389–426.

15 Andrew D. W. Forbes, *Warlords and Muslims in Chinese Central Asia: A
    Political History of Republican Sinkiang 1911–1949* (Cambridge: Cambridge
    University Press, 1986), p. 40–42.

16 詳見〈關於1927–1928年中國西部朝覲者出行情況〉，俄羅斯聯邦國家
    檔案館，全宗p5446，目錄9a，案卷553，頁1。

17 Charles Shaw, "Friendship under Lock and Key: The Soviet Central Asian
    Border, 1918–1934," *Central Asian Survey*, vol. 30, issue 3–4 (2011): 338.

18　B‧克拉西里尼科夫：《新疆的誘惑：俄羅斯在中國西北——被遺忘的
歷史（1850–1950）》（莫斯科：2007），頁157。

19　M‧斯拉烏茨基給：〈Л‧M‧加拉罕的報告（1930年）〉，俄羅斯社會
政治歷史國家檔案館，全宗62，目錄2，案卷2209，頁9。

20　C‧羅斯托夫斯基：〈新疆1931–1934年事件〉，俄羅斯社會政治歷史
國家檔案館，全宗532，目錄4，案卷328，頁212。

21　〈軍事情報：1931–1937年新疆的叛亂——新疆獨立運動史〉，中央情
報組，1946年12月5日情報報告，美國國家檔案與文件署，中央情報
局第82情報集，頁2。

22　〈和加‧尼牙孜1931年5月15日寫給蒙古革命委員會的信〉，俄羅斯社
會政治歷史國家檔案館，全宗514，目錄1，案卷1022，頁3。

23　詳見B‧И‧彼得羅夫：《亞洲動盪的「心臟」：新疆——民族運動簡史
及回憶》，頁349；〈軍事情報：1931–1937年新疆的叛亂——新疆獨立
運動史〉，中央情報組，1946年12月5日情報報告，美國國家檔案與文
件署，中央情報局第82情報集，頁2。

24　C‧羅斯托夫斯基：〈新疆1931–1934年事件〉，俄羅斯社會政治歷史國
家檔案館，全宗532，目錄4，案卷328，頁212–13。

25　B‧克拉西里尼科夫：《新疆的誘惑》，頁164–65。

26　共產國際東方書記處：〈1931年4月3日向И‧皮亞特尼茨基提供的
資料〉，俄羅斯社會政治歷史國家檔案館，全宗495，目錄154，案卷
457，頁7。

27　B‧克拉西里尼科夫：《新疆的誘惑》，頁155。

28　*British Documents on Foreign Affairs: Reports and Papers from the Foreign
Office Confidential Print. Part II, From the First to the Second World War,
Series E: Asia, 1914–1939, vol. 20: China, 1927–1939* (Bethesda, Maryland:
University Publications of America, 1994), p. 398.

29　B‧И‧彼得羅夫：《亞洲動盪的「心臟」：新疆——民族運動簡史及回
憶》，頁34。

30　У‧烏索夫：《二十世紀三十年代蘇聯在中國的諜報機關》（莫斯科：
2007），頁358。俄羅斯歷史學界對此說法沒有進行闡釋，但奧斯曼王
子阿卜杜‧克里木在新疆建立伊斯蘭國家的圖謀，與十年前被推翻的
土耳其蘇丹同時身為伊斯蘭哈里發有關。然而該問題是蘇聯宣傳鼓吹
起來的，被用來作為干涉新疆事務的藉口。1934年初，日本外務省宣
布關於阿卜杜‧克里木王子欲在東突厥斯坦建立伊斯蘭國家的聲明是

假的。詳見巴伊米爾扎·哈伊特：《突厥斯坦國家的民族鬥爭史》，頁318（譯者註：原書無標註出版地）。

31 〈1931年8月24日拉赫馬托夫·薩比爾與巴拉托夫·扎里爾會談記錄〉，俄羅斯社會政治歷史國家檔案館，全宗514，目錄1，案卷1022，頁22。

32 〈Я·Д·多爾夫向共產國際東方書記處提交的通報〉（1931年9月），俄羅斯社會政治歷史國家檔案館，全宗495，目錄154，案卷457，頁38。

33 共產國際東方書記處：〈1931年4月3日向И·皮亞特尼茨基提供的資料〉，俄羅斯社會政治歷史國家檔案館，全宗495，目錄154，案卷457，頁2–8；順便要說的是，早在金樹仁1928年當政之後就向莫斯科提出了購買武器及彈藥的要求，但蘇聯領導人根據共產國際決議予以拒絕。詳見共產國際東方書記處：〈1931年4月3日向И·皮亞特尼茨基提供的資料〉，俄羅斯社會政治歷史國家檔案館，全宗495，目錄154，案卷457，頁1。

34 〈聯共（布）中央政治局1931年9月13日會議〉，俄羅斯社會政治歷史國家檔案館，全宗495，目錄154，案卷457，頁30。

35 〈聯共（布）中央政治局1931年8月5日「關於新疆」的決議〉，俄羅斯社會政治歷史國家檔案館，全宗17，目錄162，案卷10，頁140。

36 〈聯共（布）中央政治局1932年4月8日「關於新疆」的決議〉，俄羅斯社會政治歷史國家檔案館，全宗17，目錄162，案卷10，頁81。

37 〈聯共（布）中央政治局1932年5月23日「關於新疆」的決議〉，俄羅斯社會政治歷史國家檔案館，全宗17，目錄162，案卷10，頁148。

38 〈聯共（布）中央政治局1932年6月6日「關於新疆」的決議〉，俄羅斯社會政治歷史國家檔案館，全宗17，目錄162，案卷10，頁180。

39 〈聯共（布）中央政治局1932年6月16日「關於新疆」的決議〉，俄羅斯社會政治歷史國家檔案館，全宗17，目錄162，案卷10，頁184。

40 〈聯共（布）中央政治局1932年6月22日「關於新疆」的決議〉，俄羅斯社會政治歷史國家檔案館，全宗17，目錄162，案卷10，頁195。

41 〈工農紅軍情報總局局長Я·К·別爾津1931年提供的情報〉，俄羅斯聯邦對外政策檔案館，全宗08，目錄16，162欄，案卷117，頁3。

42 同上，頁9。

43 詳見〈軍事情報：1931–1937年新疆的叛亂——新疆獨立運動史〉，中央情報組，1946年12月5日情報報告，美國國家檔案與文件署，中央情報局第82情報集，頁3。

44 同上，頁5。

45　同上，頁6。

46　C‧羅斯托夫斯基：〈新疆1931–1934年事件〉，俄羅斯社會政治歷史國家檔案館，全宗532，目錄4，案卷328，頁219–21；B‧克拉西里尼科夫：《新疆的誘惑》，第166頁；巴伊米爾扎‧哈伊特：《突厥斯坦國家的民族鬥爭史》，頁310；David D. Wang, "The Xinjiang Question of the 1940s: The Story Behind the Sino-Soviet Treaty of August 1945," *Asian Studies Review*, vol. 21, no. 1 (1997): 85.

47　B‧A‧巴爾明：《1941–1949年蘇中關係中的新疆》，頁5。

48　詳見阿赫馬托夫：〈共產國際執行委員會東方書記處1934年3月25日的報告〉，俄羅斯社會政治歷史國家檔案館，全宗514，目錄1，案卷1075，頁54–55。

49　艾沙‧尤素福‧阿爾普特金：《東突厥斯坦的訴求》（伊斯坦布爾，1973），頁158。

50　〈軍事情報：1931–1937年新疆的叛亂——新疆獨立運動史〉，中央情報組，1946年12月5日情報報告，美國國家檔案與文件署，中央情報局第82情報集，頁4。

51　C‧羅斯托夫斯基：〈新疆1931–1934年事件〉，俄羅斯社會政治歷史國家檔案館，全宗532，目錄4，案卷328，頁221–24。

52　Li Chang, "The Soviet Grip on Sinkiang," 492.

53　Ю‧П‧關：〈盛世才政治面目特徵〉，《阿勒泰東方學研究》，阿勒泰國立大學，第4輯，巴爾瑙爾，2004，頁118。

54　〈盛世才督辦寫給斯大林、莫洛托夫、伏羅希洛夫的信〉（1934年6月），俄羅斯社會政治歷史國家檔案館，全宗558，目錄11，案卷323，頁3。

55　同上，頁7。

56　Ю‧П‧關：〈盛世才政治面目特徵〉，頁118–19；巴伊米爾扎‧哈伊特：《突厥斯坦國家的民族鬥爭史》，頁312。

57　B‧克拉西里尼科夫：《新疆的誘惑》，頁166。

58　〈盛世才督辦寫給斯大林、莫洛托夫、伏羅希洛夫的信〉（1934年6月），俄羅斯社會政治歷史國家檔案館，全宗558，目錄11，案卷323，頁7。

59　詳見B‧A‧巴爾明：《1941–1949年蘇中關係中的新疆》，頁120–21。

60　B‧克拉西里尼科夫：《新疆的誘惑》，頁168–69。

61　同上，頁172。

62　Li Chang, "The Soviet Grip on Sinkiang," 492.

63 〈盛世才督辦寫給斯大林、莫洛托夫、伏羅希洛夫的信〉(1934年6月)，俄羅斯社會政治歷史國家檔案館，全宗558，目錄11，案卷323，頁7。

64 B・克拉西里尼科夫：《新疆的誘惑》，頁173。

65 〈聯共(布)中央政治局聯席會議關於蘇聯在新疆政策的建議〉(1933年7月)，俄羅斯聯邦對外政策檔案館，全宗08，目錄16，162欄，案卷117，頁21。

66 〈聯共(布)中央政治局1933年8月3日「關於新疆」的決議〉，俄羅斯社會政治歷史國家檔案館，全宗17，目錄162，案卷15，頁32–33。

67 詳見《俄共(布)—聯共(布)中央政治局會議日誌》，第2卷(1930–1939)(莫斯科，2001)，頁463、474–75、482。

68 〈聯共(布)中央政治局1933年9月29日「關於新疆」的決議〉，俄羅斯社會政治歷史國家檔案館，全宗17，目錄162，案卷15，頁117。

69 詳見《蘇聯對外政策文件》，第15卷(莫斯科，1969)，頁614–18。

70 〈Л・М・加拉罕簽發的工農紅軍情報局情報〉，俄羅斯聯邦對外政策檔案館，全宗08，目錄16，162欄，案卷117，頁8。

71 〈維吾爾商人團體寫給蘇聯政府的信〉(1933年3月21日)，俄羅斯聯邦對外政策檔案館，全宗08，目錄16，162欄，案卷117，頁11。

72 〈聯共(布)中央政治局1933年11月17日「關於蘇新貿易公司」的決議〉，俄羅斯社會政治歷史國家檔案館，全宗17，目錄162，案卷15，頁143。

73 詳見〈軍事情報：1931–1937年新疆的叛亂——新疆獨立運動史〉，中央情報組，1946年12月5日情報報告，美國國家檔案與文件署，中央情報局第82情報集，頁7。

74 詳見巴伊米爾扎・哈伊特：〈東突厥斯坦，中俄之間的權力鬥爭〉，議會文件，波恩B28，1963，頁341；〈軍事情報：1931–1937年新疆的叛亂——新疆獨立運動史〉，中央情報組，1946年12月5日情報報告，美國國家檔案與文件署，中央情報局第82情報集，頁8。

75 詳見B・C・庫茲涅佐夫：〈中國的泛伊斯蘭主義〉，第24屆「中國的社會與國家組織」學術會議，報告提綱，第一部，莫斯科，1993，頁131。

76 沙比提大毛拉寫給喀什英國領事湯姆森・格羅威爾的信(1933年)，俄羅斯社會政治歷史國家檔案館，全宗17，目錄2，案卷3037，頁71。

77 Joy R. Lee, "The Islamic Republic of Eastern Turkestan and the Formation of Modern Uyghur Identity in Xinjiang," B.S., United States Air Force Academy, 2005, 91–92.

78　憲法全本詳見《青年突厥斯坦》，1934年，第53期，頁31–36；第54
　　期，頁32–35；第55期，頁29–32。

79　Б‧克拉西里尼科夫：《新疆的誘惑》，頁174。

80　詳見巴伊米爾扎‧哈伊特：〈東突厥斯坦，中俄之間的權力鬥爭〉，議
　　會文件，波恩B28，1963，頁340。

81　弗里諾夫斯基‧米哈伊爾‧彼得洛維奇，1930至1933年間任阿塞拜疆
　　蘇維埃社會主義共和國國家保衛局局長。

82　詳見Б‧克拉西里尼科夫：《新疆的誘惑》，頁174；Li Chang, "The
　　Soviet Grip on Sinkiang," 494.

83　〈聯共(布)中央政治局1934年1月20日「關於新疆」的決議〉，俄羅斯社
　　會政治歷史國家檔案館，全宗17，目錄162，案卷16，頁168。

84　加列金‧阿布拉莫維奇‧阿普列索夫1890年生於巴庫省的庫薩雷，1923
　　至24年間在波斯任蘇聯代辦，1929年任蘇聯外交人民委員部駐阿塞拜疆
　　蘇維埃共和國人民委員會的代表，1930年任蘇聯外交人民委員部駐烏茲
　　別克蘇維埃共和國人民委員會的代表，1934年獲任命為蘇聯駐烏魯木齊
　　總領事，配合盛世才督辦，為後者與莫斯科的聯繫提供保障。

85　詳見〈軍事情報：1931–1937年新疆的叛亂——新疆獨立運動史〉，中
　　央情報組，1946年12月5日情報報告，美國國家檔案與文件署，中央
　　情報局第82情報集，頁9。

86　Ф‧П‧波雷寧：〈履行國際主義義務〉，《在中國天空》(1937–1940)（莫
　　斯科：1986），頁18–21。應當指出的是，國家政治保衛總局部隊的人
　　員被嚴令不得承認自己是蘇聯人，簽署了50年不洩露新疆行動細節的
　　保證書，因此，那些活下來的目擊者的回憶錄在二十世紀八十年代中
　　期才開始出現。

87　詳見〈軍事情報：1931–1937年新疆的叛亂——新疆獨立運動史〉，中
　　央情報組，1946年12月5日情報報告，美國國家檔案與文件署，中央
　　情報局第82情報集，頁9。

88　詳見巴伊米爾扎‧哈伊特：《突厥斯坦國家的民族鬥爭史》，頁3。

89　詳見〈軍事情報：1931–1937年新疆的叛亂——新疆獨立運動史〉，中
　　央情報組，1946年12月5日情報報告，美國國家檔案與文件署，中央
　　情報局第82情報集，頁9–10。

90　巴伊米爾扎‧哈伊特：〈東突厥斯坦與俄國〉，《人民的突厥斯坦》，
　　1950年，第68期，頁26。

91　《青年突厥斯坦》，1935年，第71期，頁19–21。

92 〈軍事情報：1931–1937年新疆的叛亂——新疆獨立運動史〉，中央情報組，1946年12月5日情報報告，美國國家檔案與文件署，中央情報局第82情報集，頁10。

93 《青年突厥斯坦》，1935年，第71期，頁22–25。

94 詳見巴伊米爾扎・哈伊特：《突厥斯坦國家的民族鬥爭史》，頁321。

95 〈聯共(布)中央政治局1934年4月1日「關於新疆」的決議〉，俄羅斯社會政治歷史國家檔案館，全宗17，目錄162，案卷16，頁32；各位學者在援引政治局這份「關於新疆」決議的時候，都寫到決議是在4月15日通過的，然而此決議卻是在4月1日召開的政治局會議上通過的。詳見《俄共(布)—聯共(布)政治局會議日誌》，第2卷(1930–1939)(莫斯科，2001)，頁522。

96 〈聯共(布)中央政治局1934年4月1日「關於新疆」的決議〉，俄羅斯社會政治歷史國家檔案館，全宗17，目錄162，案卷16，頁32。

97 同上。

98 同上，頁33。

99 詳見B・克拉西里尼科夫：《新疆的誘惑》，頁178–79。

100 〈聯共(布)中央政治局1934年5月31日「關於新疆」的決議〉，俄羅斯社會政治歷史國家檔案館，全宗17，目錄162，案卷16，頁96。

101 同上。

102 同上，頁97。

103 同上。

104 〈聯共(布)中央政治局1934年6月8日「關於新疆」的決議〉，俄羅斯社會政治歷史國家檔案館，全宗17，目錄162，案卷16，頁90。

105 同上。

106 〈聯共(布)中央政治局1934年6月9日「關於與新疆貿易」的決議〉，俄羅斯社會政治歷史國家檔案館，全宗17，目錄162，案卷16，頁93。

107 〈軍事情報：1931–1937年新疆的叛亂——新疆獨立運動史〉，中央情報組，1946年12月5日情報報告，美國國家檔案與文件署，中央情報局第82情報集，頁10。

108 〈聯共(布)中央政治局1934年7月15日「關於新疆」的決議〉，俄羅斯社會政治歷史國家檔案館，全宗17，目錄162，案卷16，頁123。

109 〈斯大林、莫洛托夫和伏羅希洛夫同志在克里姆林宮與督辦的會談〉，1938年9月2日，俄羅斯社會政治歷史國家檔案館，全宗558，目錄11，案卷323，頁39。

110 詳見尼古拉斯‧瓦卡爾：〈中國突厥斯坦地區的兼併〉，《斯拉夫觀察》，1935年，第14輯，第40期，頁121。

111 詳見巴伊米爾扎‧哈伊特：《突厥斯坦國家的民族鬥爭史》，頁322。

112 〈軍事情報：1931–1937年新疆的叛亂——新疆獨立運動史〉，中央情報組，1946年12月5日情報報告，美國國家檔案與文件署，中央情報局第82情報集，頁10。

113 David D. Wang, "The Xinjiang Question of the 1940s: The Story Behind the Sino-Soviet Treaty of August 1945," 86.

114 〈盛世才督辦寫給斯大林、莫洛托夫和伏羅希洛夫同志的信〉（1934年6月），俄羅斯社會政治歷史國家檔案館，全宗558，目錄11，案卷323，頁3。

115 同上，頁4–5。

116 同上，頁5。

117 同上，頁5–9。

118 同上，頁10。

119 〈斯大林寫給阿普列索夫的信〉（1934年7月27日），俄羅斯社會政治歷史國家檔案館，全宗558，目錄11，案卷323，頁22。

120 同上，頁22。

121 〈斯大林、莫洛托夫和伏羅希洛夫寫給盛世才的信〉（1934年7月27日），俄羅斯社會政治歷史國家檔案館，全宗558，目錄11，案卷323，頁12–13。

122 同上，頁13。

123 同上，頁14。

124 同上，頁1。

125 同上。

126 同上，頁1–2。

127 詳見〈聯共（布）中央政治局1934年7月21日「關於恢復新疆經濟措施」的決議〉，俄羅斯社會政治歷史國家檔案館，全宗17，目錄162，案卷16，頁153–81。

128 盛世才：〈我最忠實的導師：斯大林、莫洛托夫和伏羅希洛夫〉（1934年11月1日），俄羅斯社會政治歷史國家檔案館，全宗558，目錄11，案卷323，頁26。

129 同上。

130 同上，頁27。

131 同上。

132 同上，頁28。

133 〈聯共(布)中央政治局1934年11月2日「關於新疆」的決議〉，俄羅斯社會政治歷史國家檔案館，全宗17，目錄162，案卷16，頁74。

134 〈聯共(布)中央政治局1934年12月25日「關於新疆蘇聯工作人員薪資」的決議〉，俄羅斯社會政治歷史國家檔案館，全宗17，目錄162，案卷17，頁95。

135 〈阿普列索夫寫給斯大林的信〉(1934年11月7日)，俄羅斯社會政治歷史國家檔案館，全宗558，目錄11，案卷323，頁29。

136 同上，頁29。

137 同上，頁30。

138 同上。

139 同上，頁31。

第二章

蘇聯對東突厥斯坦控制的加強
(1934–1939)

　　儘管有一些論點受到批評，政治局還是於1934年8月5日依據
Γ·Α·阿普列索夫的呈文同意在新疆建立「反帝同盟」。這個主要
由蘇聯情報機關管理人員組成的同盟須要接受督辦盛世才的領導，
而同盟領導機構則應讓盛世才主導執行蘇聯的區域性政策。與此
同時，建立這樣一個受莫斯科監督的同盟也應強化蘇聯在新疆的地
位。[1]一方面，蘇聯(這種行為)可操控新疆廣泛開展的經濟改革活
動；但另一方面，莫斯科對新疆省實行政治控制，被國外尤其是英
國及日本的媒體視作蘇聯意圖在亞洲「建立另一個蒙古國」。中國報
紙甚至這樣寫道：「新疆現已完全落入俄國人手中，且很快還會成
為蘇聯的一部分。」[2]國外駐新疆領事機構也因此密切關注當地事態
發展情況。在英國駐喀什領事1935年發給本國外交部的一份報告寫
道，蘇聯對該省(新疆)關鍵是對民眾的影響日益加強。[3]為了查明
這些傳言的可信度，蘇聯在新疆的影響達到什麼程度以及新疆蘇維
埃化威脅的前景，中國政府派遣了一個特別小組前往烏魯木齊。但
小組得出的結論是：蘇聯的援助是友好的，與以前蘇聯對新疆省的
援助是相當的。[4]在此之後，新疆、中國和蘇聯三方政府還很快發布
公開聲明，稱東突厥斯坦將來可能併入蘇聯的報道與現實不符。毫
無疑問，對於中國政府作出的這個結論，督辦盛世才及其安插在新
疆各處的「可靠之人」是發揮了獨特作用。發布上述共同聲明後，蘇

聯感到在對新疆政策上更無拘束了。1935年，政治局通過了幾個有關加強蘇聯在該地區影響力的決議。根據當年3月19日政治局的一份決議，來自東西伯利亞及中亞地區的一些重要人物被派遣到新疆工作。政治局的決議指出：「需要派遣以下同志到新疆工作，包括：一、來自東西伯利亞地區的張儀豐（音，化名卡生）、鄭友（音，化名克里斯塔爾）、卡斯皮娜‧塔季亞娜、甄逸軍（音，化名阿列耶夫）；二、來自中亞地區的西拉傑特季諾夫‧阿卜杜拉、阿米諾夫‧薩義德‧霍扎耶維奇（化名阿米諾夫‧卡利紐）、盧濟耶夫‧馬舒爾、拉希莫夫‧阿合麥德（化名卡布羅夫）、安瓦洛夫‧尤蘇普‧伊布拉基莫維奇（化名伊布拉基莫夫‧尤蘇普）」，[5]並責令雅戈達‧阿戈拉諾夫（時任蘇聯國家安全人民委員——譯者註）、李維諾夫（時任蘇聯外交人民委員——譯者註）、科列斯津斯基（時任蘇聯司法人民委員——譯者註）和安德列耶夫（時任聯共政治局成員——譯者註），要確保政治局決議中列出姓名及化名的人士新疆之行能夠順利完成。

聯共（布）中央政治局還成立了以中央委員會書記、剛獲任命為勞動和國防委員會成員的拉扎爾‧卡岡諾維奇為首的小組，研究與新疆的合作方向。該小組起草的一些建議被提交到1935年3月22日的政治局會議上討論，並獲得批准。[6]卡岡諾維奇小組提交的建議，第一部分主要講述與新疆的貿易問題，預計1935年與新疆的貿易額為975萬盧布，其中進口應佔500萬盧布，剩下的475萬盧布則為出口。根據蘇聯工業發展需要，（蘇聯）從新疆所購物品主要是棉花、毛料、皮貨、牲畜及其他原料類產品。文件還規定向新疆商人提供一系列的優惠政策和發放低息貸款，責成中亞及哈薩克斯坦各自治共和國（譯者註：應為加盟共和國）的人民委員會提高出口到新疆的商品質量，同時還指示哈薩克斯坦、吉爾吉斯及中亞地區諸共和國每年在齋桑、巴克圖、霍爾果斯、卡爾卡拉等與新疆交界地區的城市舉辦秋季交易會。該小組向外交人民委員部的建議主張降低赴蘇新疆公民的簽證費用：一次性簽證費為2至5盧布，出入境簽證

費為4至10盧布，多次往返簽證費則是10至30盧布。[7]蘇聯領導人也一直關注此次建議提到關於擴大與新疆貿易關係的問題，但是因為卡岡諾維奇小組的建議有關貿易額的數據結果被證實為不正確，故此政治局在1936年6月17日討論此問題時通過了「關於與新疆貿易」的決議，並被迫縮減蘇聯從新疆的進口總量。決議削減從新疆進口的貨物數量：棉花從2,000噸減少到1,000噸；羊從35萬頭降到25萬頭；毛料從5,475噸減到4,675噸。與此同時，政治局還通過了對新疆的出口商品規模以及對新疆貸款發放額度皆不縮減的決定。[8]1936年8月，政治局還通過了關於增加在新疆蘇聯貿易工作人員人數的決定，以作為對1934年6月8日決議的補充。根據補充決定，在哈密貿易代表機構的工作人員將達到五人，在阿克蘇也將增加到三人，而且還允許蘇新貿易管理局出資在這些代辦機構開設小型商品倉庫。[9]卡岡諾維奇小組建議的第二部分以財政問題為主。為了健全新疆經濟的財政部門以及鞏固新疆貨幣的地位，此部分提出的首要任務是要實現預算平衡。基於這個目的，建議計劃減少在行政管理及軍事領域的花費，統一開支和稅務，用統一的省稅取代各種稅目，禁止偽鈔發行，重組省銀行等。建議第三部分涉及農業問題，第四部分則是研究交通運輸問題。在第四部分，計劃修建一條連接新疆和蘇聯的幹線公路，擴大伊犁河及額爾齊斯河上游河段的貨運等一些其他措施。這些工程後來又進一步得到擴展。1937年10月開始鋪設長達2,925公里的薩雷—奧澤克—烏魯木齊—蘭州公路，其中230公里在蘇聯境內，新疆省內有1,530公里，另外1,165公里則在甘肅省境內。數千蘇聯公民參加建設該條公路。[10]卡岡諾維奇小組建議的第五部分則重視調控商品信貸問題。這部分規定，蘇聯供給新疆用於工業企業建設與改造的機器和設備應辦理商品貸款手續。與新疆地質勘探工作開展相關的部分這樣寫道：「新疆礦產，首先是錫礦勘探工作的開展由蘇聯承擔費用，為此責成重工業人民委員部於1935年向該地派遣一個地質考察隊。」[11]最引人關注的是嚴格

規定幹部問題的文件第六部分，其中指出：「考慮到蘇聯機構在新疆經濟及政治生活中佔較高比重，建議向新疆派遣顧問、教官的主管機構需特別重視赴新人員的素質選拔。上述人員的挑選與委派由機構領導承擔個人責任。」[12] 卡岡諾維奇小組認為，派往新疆的顧問和教官人數，包括軍事顧問及教練在內，不應超過50人。最後，政治局通過的建議還責令財政人民委員部擴建駐烏魯木齊的蘇聯總領事館，劃撥10萬金盧布給總領事館用於建設供總領事館和其他機構人員使用的新建築。[13]

1935年9月11日政治局再次討論赴新疆顧問及教官人數的問題，並就3月22日的決議通過了一份補充決定，指明上述人數不包括各個領域的蘇方專家。[14] 而在9月13日，根據卡岡諾維奇小組的建議，政治局又通過了關於派遣卡利姆‧穆薩耶夫、納茲奴爾雷‧盧斯塔莫夫、祖農‧薩迪科夫、伊利亞斯‧法齊洛夫、阿卜杜拉‧瓦里謝夫、加桑‧布拉托夫、阿爾濟拜‧朱穆巴巴耶夫及里亞諾夫等人前往新疆的決定，由葉若夫（時任聯共（布）中央委員會組織部領導成員——譯者註）、阿加拉諾夫（內務部負責人之一——譯者註）與斯托莫尼亞科夫（時任副外交人民委員，負責遠東事務——譯者註）負責執行決定。[15] 1935年9月11日真正稱得上是政治局的「新疆日」。這一天，蘇聯政權最高領導機構連續通過了五份有關新疆的決議。其中的第二份政治局決議修改了卡岡諾維奇小組的一條建議，認為在新疆創建易貨貿易公司（股份公司）並不合適，並決定成立蘇聯貿易辦事處取而代之。[16] 緊隨其後，政治局討論了「關於新疆石油」的問題，也通過了一份決議。決議提及：「一、決定先以新疆政府公司的名義開採靠近我國邊境的石油；二、在地質小組從新疆歸來後，由重工業人民委員部會同外交人民委員部提交具體建議草案。」[17]

按照此決議所開展的地質勘探工作在1938年有了結果：在烏蘇附近發現了產油區塊。蘇新合營公司「新疆石油」也在同一年成立。在關注石油的同時，對蘇聯來說，錫礦、鎢礦及鉬礦的尋找也具有

重大意義。1936年3月17日，關於該問題的討論提上了政治局的
議事日程，而且為了開展此方面的地質勘探工作還從人民委員會儲
備基金劃撥了7.5萬金盧布及2,000蘇聯盧布。在政治局的決議中，
Д·彼普金被任命為勘探隊隊長，並批准了由20人組成的勘探隊。
決議還提到：「專家人員圍繞勘探工作以及與此相關的活動應儘量避
免聲張。」[18]

　　1937年2月，蘇聯領導更具體地説明了這方面要開展的工作，
並責令蘇聯重工業人民委員部確保這支特派勘探隊能在新疆完成以
下任務：「一、對蘇爾塔斯（在霍爾果斯附近 —— 譯者註）錫鎢礦床
進行詳勘；二、組織試驗性開採以擬訂蘇爾塔斯礦產洗礦技術工藝
流程；三、在伊犁地區開展地質勘探以擴大錫礦主礦床的儲量。」[19]
為了這些目的，還給特派勘探隊撥付了4萬美元及2,000蘇聯盧布作
為1937年的經費。決議第三條還寫道：「國家計劃委員會應討論在
新疆境內建一處礦場以及在熱爾肯建一家洗礦廠，用公路或者窄軌
鐵路將兩家企業連接在一起的問題。」[20]政治局關注的中心問題，是
繼續進行與勘探相關的工作並在以後生產貴重金屬。

　　為了協調在新疆的大規模工作以及指導蘇聯機構在該省的政
策，政治局於9月11日賦予烏魯木齊總領事阿普列索夫一些額外權
力。在政治局「關於我國在新疆代表」的決議寫道：「任命阿普列索
夫同志為中央委員會對我國各部門的全權代表，賦予他對我國所有
駐新疆機構代表的政治領導權。各部門代表（其中包括內務人民委員
部和國防人民委員部）沒有阿普列索夫同志事先許可，無權施行任何
對蘇聯來説具有或者可能具有政治意義或者觸及我國在新疆所推行
路線的行為。」[21]該決議的第二條禁止蘇聯駐新疆所有領事從事任何
間諜業務活動，不允許內務人民委員部駐新疆人員干預領事職權之
內的事情，賦予總領事阿普列索夫立即解除在外國表現不良的蘇聯
人員職務並將其遣送回國的權力。該決議通過兩天後，9月13日政
治局授予阿普列索夫列寧勳章。政治局關於此次授勳的決議寫道：

「授予阿普列索夫同志列寧勳章以表彰其在新疆卓有成效的工作 (不作公開報道)。」[22]

　　除了涉及經濟方面的種種決定，政治局在1935年9月11日也通過了關於為新疆青年提供在蘇聯接受教育的決議。根據該決議，位於哈薩克斯坦及烏茲別克斯坦的農業院校應為新疆青年預留15個學習名額，並責成哈薩克斯坦地區委員會書記列翁‧米爾佐揚和烏茲別克斯坦共產黨中央委員會第一書記阿克馬爾‧伊科拉莫夫「確保體面地安頓學員」。[23] 1936年6月，政治局又允許來自新疆的100名青年從當年秋季開始在中亞地區各大學的管理－法律系就學。[24] 隨後一段時期，這種做法進一步擴大，而根據蘇聯領導在此方面通過的決定，三十年代多達3萬名新疆人在蘇聯接受了各種專業教育，其中就有盛世才督辦之三弟盛世騏。盛世騏秘密地以中國中央政府的名義被盛世才派到莫斯科伏龍芝軍事學院接受教育，在學習期間娶了一名俄羅斯姑娘為妻，後來帶着家人又一起回到了新疆。[25] 政治局不僅借助普通院校，而且還借助內務人民委員部秘密地培養幹部。1935年8月5日，政治局通過了關於向內務人民委員部撥付120萬盧布，用於從新疆來的某些人生活及開支的決議。[26] 以後幾年此類工作一直在繼續。例如，1936年3月，根據外交人民委員部的呈請，政治局給相應機構下達了關於向內務人民委員部撥付1,206,243蘇聯本位盧布和20,700外匯 (原文無貨幣單位 —— 譯者註)，用於新疆某些人生活和服務開支的指示。[27] 但在選擇接受培訓的幹部之時，無論是軍事院校、還是普通院校或者安全機構，總是偏好來自新疆的年輕漢族學生。

　　政治局在9月13日通過的決議，還涉及重組新疆軍隊這個十分重要的問題。決議建議督辦要從新疆軍隊不應超過1萬人的角度去考慮。至於新疆軍隊中的蘇聯教官問題，決議指出：「駐新疆軍事教官人數確定為31人，他們的薪資遵照政治局1934年12月25日的決議支付。」[28] 大約三周之後，政治局再次討論了該問題，並通過了在劃撥

給新疆500萬貸款的項目下向烏魯木齊政府發送價值50萬金盧布軍事裝備的決定。根據此決定，蘇聯應向新疆軍隊提供四架伊爾-2飛機，1936年5月1日前應向烏魯木齊發送飛機、步槍、衝鋒槍、大炮修理廠所用設備，單兵制服及用品，兩架輕型客機，八台飛機發動機以及其他軍用設備。[29]作為此類業務的後續，在鎮壓穆斯林運動之後，蘇聯又於1935年在新疆開辦了幾所航空學校，並由蘇聯飛行員在此任教。曾積極參與對穆斯林起義軍作戰的Ф·波雷寧就是其中一所學校的教官。在中日戰爭爆發之後，這些學校的作用更日顯重要，按兩國間的「君子協定」，一些蘇聯專家更是被邀請到了伊寧的航空學校。而在1939年中，根據蘇中之間的相互協議，一家飛機裝配廠也開始在距離烏魯木齊40公里處修建，用以滿足中國軍隊對戰鬥機的需要。為了保密，官方協議把這家工廠的修建明文寫成建設「農業設備工廠」（此飛機裝配廠代號600，裝配了И-16戰鬥機100餘架，全部運往蘇聯，該廠也於1944撤回蘇聯——譯者註）。[30]

新疆軍隊的改組直接由督辦的首席軍事顧問實施，而實際工作則是由擔任烏魯木齊軍隊司令部參謀長一職的著名情報人員哈迪·馬利克夫，以及後來的蘇軍元帥巴維爾·雷巴爾科、切爾諾夫上校、白衛軍團長別克傑耶夫及其他俄羅斯軍官進行。馬利克夫當時被任命為負責安全問題的盛世才顧問（1934–36），雷巴爾科則是新疆軍隊的軍事顧問。[31]在1917年革命之後，俄羅斯的「紅軍」與「白軍」，就這樣穿着同樣的軍服並肩在同一戰線戰鬥。盛世才不同意蘇方將軍隊人數減少到1萬人的建議。他認為通過把年過35歲的軍人和吸食鴉片者復員，使軍隊人數減少到2萬人的做法更為合理。在鎮壓穆斯林叛亂之後，盛世才的主要憂慮與退守到和田的第36回民師密切相關。一方面，該師師長馬仲英已找到蘇聯為避難所，而且儘管督辦堅決要求，但馬仲英卻一直沒有被交回來；另一方面，這支6,000人的武裝部隊現在依然保持着戰鬥力，只要條件成熟，就可能起兵對抗烏魯木齊政府。雖然目前還在與該師司令部談判，但回

民領袖在任何問題上始終都不願作出讓步。在維吾爾人獨立思潮日益加強之際，省內駐有這樣的一股武裝對烏魯木齊政府來說是不希望看到的。中亞軍區情報部在1935年12月這樣寫道：「獨立維吾爾斯坦的想法仍然在眾多維吾爾領袖心中處於重要的位置。」[32]情報資料指出：為提高軍隊戰鬥力，督辦從工農紅軍及內務人民委員部邀請了28位指揮官。

但蘇聯此時卻對完全清除第36回民師的問題猶豫不決。而且，政治局1935年10月3日的秘密決議還反映了這樣的一些情況：借助馬仲英的幫助將一些回民指揮官送到蘇聯，將那些在蘇聯找到棲身之地的回民指揮官派到和田，與第36師建立貿易關係等。決議寫道：「一、在馬仲英協助下努力讓那些與新疆政府為敵的該師軍官前往蘇聯，其中包括馬虎山、白濟立(音譯)等人，答應馬生貴等人提出的讓馬仲英回國並回到和田的請求。同時允許馬仲英親信之中的一至兩名回民軍官從蘇聯回到和田，人選由內務人民委員部與外交人民委員部協商確定；二、不必等待第36師與新疆政府簽署和平協議，應儘快與36師建立貿易聯繫。」[33]蘇聯代表與馬仲英曾就36師命運問題談判，這位回民將軍也基於此在1936年初向蘇聯領導人提交了自己的建議。莫斯科領導人在討論了馬仲英的建議之後，決定予以接受並「要勸說烏魯木齊政府在與36師談判中作出讓步」。[34]政治局的這份秘密決議，清楚表明蘇聯政府打算將第36師保留下來作為對抗盛世才的備用方案。不過在鎮壓1937年4月再次爆發的穆斯林叛亂之後，中亞軍區情報部門向蘇聯領導人提交了一份呈文，稱「與回民不該聯合，而應一刀兩斷」。[35]

基於斯瓦尼澤及卡岡諾維奇兩個小組建議所通過的那些決議，強化了盛督辦在新疆的地位；而蘇聯提供的低息貸款、各種經濟援助、往東突厥斯坦地區派遣大量顧問和專家等措施，也鞏固了當地的中國政府機構。鑒於這些情況，1936年10月4日盛世才向蘇聯人民委員會主席維亞切斯拉夫·莫洛托夫發去一封長達兩頁的感謝

信。盛世才首先代表400萬「新疆人民」向蘇聯國家領導人莫洛托夫致意，對「友邦」近來所給予的精神及物質援助，尤其是新疆歷史上前所未有的500萬金盧布低息貸款向領導人表達感謝。盛世才寫道：「您派到我們這裏的軍事教官、顧問、工程師、醫生及其他工作人員，他們忘我而又熱忱的工作，這在中國以前聘請外國專家的經歷中還沒有出現過……。目前我們正在集中所有精力將新疆建成全中國政治、軍事、經濟及文化方面的樣板……。我們如今感到幸福，是因為與我們新疆建立最緊密關係的鄰國不是侵略弱小民族的帝國主義國家，而是幫助弱小民族的蘇聯。」[36]在信的結尾盛世才再次訴説了自己想前往蘇聯，親自與蘇聯領導人會面並直接獲得其指示的願望。但他又補充説：「深感遺憾的是，我今年還無法實現自己的這個願望。」[37]他寫道，現在托付很快就要動身回莫斯科的駐烏魯木齊總領事阿普列索夫給莫洛托夫帶一件「極其微薄之禮」，請蘇聯政府領導人接受。

　　依靠蘇聯支持的盛世才，越來越多地把自己放在中國中心人物之一的角色上。只要一有可能，他就高興地加入各種為反對蔣介石而成立的聯盟組織，還試圖説服蘇聯領導人的支持。儘管1934年他關於推翻蔣介石政府的意見沒有得到莫斯科的同意，但當1936年12月張學良在西安發動事變並把蔣介石扣押時，督辦卻完全站在張學良一方，並告知輿論説準備宣布起事者現在受到新疆政府的保護。然而，蘇聯政府對西安事變持批評態度並稱之為挑撥離間之舉，迫使盛世才放棄了這種打算。蘇聯領導人清楚地認識到：「盛世才不是第二個蔣介石」，而且也不可能取代他。[38]蘇聯政府聲明説：「張學良反對中國政府的暴動行為以及拘捕中國人民領袖蔣介石，可能只會對日本侵略有利，將打擊全中國的利益。」[39]因為西安事變，莫斯科緊急給督辦下達指示：「對向您求助的張學良應答覆説：您不贊成他的做法，且不會與他聯合。」[40]在蘇聯政府一再堅決要求下，盛世才放棄了支持張學良反中國中央政府起事的想法。

　　盛世才在給莫洛托夫信中講到要在新疆實現穩定以及「各民族友好」盛況的説法，結果證明是不誠實的。1936年的阿勒泰地區，當地穆斯林民族分子在尤尼斯‧哈吉帶領下建立了「民族保衛協會」。一些有影響的人士，如卡詹德（音譯）的薩塔爾汗，烏魯木齊的阿里‧阿克巴爾，塔爾巴哈台地區的優素福‧阿庫爾拜、奧馬爾‧薩林、奴爾特澤、米爾扎‧薩利利，伊犁地區的扎伊爾及卡納特等，都紛紛加入了該協會。盛世才多次收到該團體籌劃大型抗議活動的情報，但卻沒有能力依靠自身武力鎮壓此次活動。[41]很快喀什也發生了類似1936年12月西安事變的事件。1937年4月，維吾爾人及其他穆斯林民族掀起了新一輪反對中國政府以及盛督辦鎮壓當地居民政策的抗議浪潮。為了讓穆斯林民眾服從管轄，盛世才與俄羅斯顧問一起發明了125種刑訊手段及28種殺人方式。[42]這些做法引起了東突厥斯坦當地穆斯林民眾的強烈不滿。此次領導穆斯林運動的是喀什突厥斯坦聯軍總司令麻木提。從1936年中開始，麻木提及其追隨者就着手宣傳建立「獨立維吾爾國家」的思想，並獲得東突厥斯坦地區穆斯林宗教界人士及有影響力人物的支持。在1934年曾出賣突厥斯坦民族政府、倒向中國當局一方的和加‧尼牙孜，此時已識破盛世才的反穆斯林政策，也加入了支持獨立的鬥爭。麻木提甚至打算在與駐喀什蘇聯領事斯米爾諾夫取得聯繫後，通過烏魯木齊政府首腦想辦法獲得蘇聯方面提供的武器，但他的請求遭到拒絕。當時，在與自己以前的對手——回民建立關係後，麻木提得以在1937年4月初發動反對中國當局的起義。然而部署在喀什附近的第六維吾爾師之中只有兩個團願意支持他，剩下的兩個團則宣布效忠烏魯木齊政府。4月4日，政治局廣泛討論新疆目前局勢及已開始的反中國政府起事，討論後通過總結性決議建議督辦：「呼籲麻木提回到喀什，並就和平解決所有麻木提那裏出現的問題展開談判，督辦要以此為目的籌備派出專門的代表團赴喀什。應向麻木提聲明，他所收到關於烏魯木齊政府似乎有意以他為敵的那些信息是

敵對勢力的謠言，敵對勢力竭力在新疆引發一場新內戰，目的就是
要奴役各民族人民。要採取措施讓督辦的這次呼籲盡可能在更大範
圍內讓維吾爾師官兵知道。」[43]決議第二條讓駐喀什領事斯米爾諾夫
奉命以蘇聯政府名義接見麻木提，勸說他必須回到喀什，以和平方
式解決與烏魯木齊的所有爭端，允許斯米爾諾夫領事以蘇聯政府名
義向麻木提保證：「烏魯木齊政府不會採取任何反對他的措施，並
會十分懇切地對待他所有的意見和不滿。」[44]決議第三條，政治局責
令內務人民委員部第一副人民委員米哈伊爾‧弗里諾夫斯基「與馬
仲英商談，讓他給回民師代理師長馬虎山發電報，建議馬虎山擋住
並解除任何向該師轄地轉移的維吾爾師部隊的武裝」。[45]最後，政治
局還指示米‧弗里諾夫斯基及謝‧烏盧茨基（時任蘇聯情報總局局
長——譯者註）「制訂打擊維吾爾部隊的軍事行動計劃，以防麻木提
轉而對烏魯木齊政府採取軍事行動」。[46]按照這些指示，烏魯木齊於
4月6日至8日向喀什派出調解小組，以期用「和平方式」解決衝突。
但談判還未開始，蘇聯領導層就通過了借助回民師解除麻木提及其
部隊武裝的決議。4月8日政治局通過秘密決議，責令弗里諾夫斯
基「建議馬仲英給馬虎山師長發封電報，讓其截住向南移動的麻木
提並解除其武裝」，「同時還指示該師部隊在必要情況下可以離開和
田地區，行動結束後再返回和田地區。」[47]此決議由外交人民委員部
副人民委員鮑‧斯托莫尼亞科夫及內務人民委員部第一副人民委員
米‧弗里諾夫斯基負責執行。但麻木提帶着17名親信最後還是逃到
了印度。[48]在他離開新疆之後，那些在突厥部隊中任職的民族分子
及滿懷建國思想的軍官讓阿卜杜‧尼牙孜接替了職務，並授予其將
軍稱號。1937年4月，在葉爾羌站穩腳跟的阿卜杜‧尼牙孜準備向
喀什方向移動。當喀什被攻佔之時，康蘇（鎮名，在烏恰縣西——
譯者註）地區也發生了抗議活動，很快兩地運動就合併在一起。[49]阿
卜杜‧尼牙孜取得的軍事勝利，不僅讓烏魯木齊而且也讓莫斯科感
到不安。儘管4月19日政治局提交了13個問題在會上討論，但主要

的爭論都與新疆有關。就該問題通過的一份決議這樣寫道:「會議認為必須解除麻木提留下而盤踞在葉爾羌的第六師部隊武裝,不允許其有計劃地向喀什方向推進。對敵視烏魯木齊政府的領導人務必逮捕。為恢復葉爾羌與周邊地區的秩序以及解除那裏的第六師部隊的武裝,應尋求36師副師長馬虎山予以協助,已通過馬仲英要求馬虎山暫時將一個團部署在葉爾羌並根據與烏魯木齊達成的協議實施上述措施。為組建葉爾羌政府,需從喀什派遣一批多經考驗、精力充沛的漢人和維族人。在派往葉爾羌的維族人中,最好有第六師官兵熟知的人士。」[50]

雖然中蘇武裝部隊加強還擊,阿卜杜·尼牙孜還是向其領導的第六維吾爾師發布了奪取喀什以及開始往卡拉謝希爾(音)方向運動的命令。一路上,都有維族農民和工匠保護起義部隊並提供幫助。儘管烏魯木齊下達指示,讓一位麻木提軍隊頭目分化維族武裝,並起用在塔什干接受軍事教育的軍官庫爾班,但該指示還是未能及時阻止阿卜杜·尼牙孜的擴張行動。[51]為了共同應對漢族和俄羅斯部隊,5月15日阿卜杜·尼牙孜也與回民將軍馬虎山簽署了秘密協議,決定「保守回民及維族人聯合的秘密,共同奪取喀什」。

根據他們商定的結果,一支千人的回民部隊與共計有兩千人的維族軍隊在5月26日匯合,連同歸附他們的一千名沒有武器的維族士兵,這支合共四千人的軍隊在阿卜杜·尼牙孜率領下於5月30日及6月1日打響了爭奪喀什的戰鬥。[52]歸附起義軍的還有甘肅省(原文如此,疑為新疆省—譯者註)的一些著名人士,如伊利亞斯汗、謝里夫·圖米蘇丹、侯賽因·泰齊及努爾·阿里等人。[53]起義向所有東突厥斯坦地區蔓延的威脅此時業已顯現。6月6日,整個喀什地區已處於阿卜杜·尼牙孜的控制下。雖然駐喀什蘇聯領事為雙方和解居間奔跑努力,阿卜杜·尼牙孜還是輕鬆擊潰了從烏魯木齊派來的一支兩千人政府軍,並經歷20天的戰鬥奪得了四輛汽車,擊落了兩架飛機。烏魯木齊軍隊的殘餘逃向了阿克蘇。在奪取喀什之後,

馬虎山帶着三千人的軍隊進城。也正是在此期間，開始發生回民軍隊向當地民眾強行徵收捐贈的事件。[54]

　　一些俄羅斯學者在探索東突厥斯坦地區穆斯林民眾——其中首要是佔新疆省居民絕大多數的維吾爾人——有關「建立獨立穆斯林國家」的志向根源之時，通常都將目光投向新疆之外，試圖將1931至34年間及1937年當地民眾大規模反抗中國政府的活動，或歸因於英國欲在新疆建立穆斯林國家的企圖，或日本圖謀經過蒙古進入東突厥斯坦並在此建立親日政權的政策。[55]然而在兩次事件中，東突厥斯坦穆斯林都首先向蘇聯代表尋求幫助。無論是1931至34年間還是1937年，蘇聯都明顯不願接受東突厥斯坦地區日益加強的穆斯林獨立運動，對此一些著作作者解釋：對從屬於莫斯科的中亞地區蘇聯加盟共和國來說，那種獨立會成為一個「惡劣的」實例。正如土耳其歷史學家艾沙‧優素福‧阿爾普特金所寫的那樣：「如果東突厥斯坦地區建立起獨立於中國的民族政府，並得到世界各國的承認，那麼這種情況可能就會成為西突厥斯坦地區的先例。西突厥斯坦地區的突厥人可以東突厥斯坦為榜樣，進行擺脫俄羅斯壓迫、獲取自由的運動。」[56]

　　一直關注這些事件尤其是烏魯木齊軍隊戰況失利的蘇聯軍事顧問，最後得出督辦軍隊尤其是高級指揮人員糟糕無用的結論。蘇聯顧問認為，烏魯木齊軍隊指揮人員都是一些文盲，懦弱、膽小，將自己的士兵勒索一空，「自然地，經常吃不飽、一貫受自己軍官盤剝的軍隊就會從民眾那裏尋找自給的辦法，從而幹起洗劫、投機倒把及掠奪的勾當。」[57]

　　看到中國武裝部隊對叛亂者束手無策以及考慮到督辦的請求，蘇聯領導層決定向其提供更多軍事援助。5月19日政治局會議通過的決議寫道：「鑒於喀什地區局勢進一步加劇，會議認為援助督辦六架配有我方飛行員的新飛機及六輛裝甲車是適當的。幾架飛機直接飛到喀什。如果出現督辦部隊不能鎮壓叛軍起義及馬虎山的情況，

在極其必要之時才能根據莫斯科的指示調用我方飛行員。派遣督辦身邊的我方軍事顧問費迪諾夫同志儘快前往喀什以協助中方領導，指揮鎮壓叛軍。」[58]會議責令鮑‧斯托莫尼亞科夫、克‧伏羅希洛夫、尼‧葉若夫及謝‧烏盧茨基立即執行該決議。

維族部隊在喀什地區一個接一個地攻佔城市及其他一些居民點，讓盛世才極其不安。面對起義軍束手無策的督辦，被迫再次找到莫斯科，請求蘇聯領導給予緊急軍事援助。為安撫督辦以及在關鍵時刻給予其有效援助，政治局決定：「將工農紅軍一個烏茲別克團及一個哈薩克團、內務人民委員部第19奧什團及第13阿拉木圖團、一個飛行中隊，調集在蘇聯與新疆邊境上。」[59]

為事先能獲得蘇聯領導的支持，盛世才以迎合蘇聯利益的方式，把新疆的起義描述成是「托洛茨基分子幹的事情」。他認為，在省內爆發抗議督辦活動期間，托洛茨基分子想要奪取政權並廢除親蘇反帝的政策，尤其是要廢止那些根據他在1933年4月所頒布六大政策進行的改革。盛世才還提出，如果叛亂者取得勝利，近期在新疆日漸活躍的日本和德國間諜就會利用這個機會在這裏建立自己的基地，而蘇中兩國利益也會因此受損。督辦給蘇聯領導人寫信說，新疆的托洛茨基組織由蘇聯總領事加列金‧阿布拉莫維奇‧阿普列索夫領導，此人似乎「企圖挑撥新疆與俄羅斯的關係」。[60]

在給莫斯科寫的密信中，盛世才巧妙地將新疆發生的事件與蘇聯模式結合在一起。他聲稱，「托派陰謀家」的主要目標就是督辦——這位蘇聯的親密朋友。他甚至請求克里姆林宮派一名有經驗的偵察員來調查此事。政治局答應了盛世才的請求，1937年9月24日通過決議：「滿足督辦關於秘密派遣一名偵察員的請求，以調查密謀反對他的問題。」[61]

根據督辦的委托，關於「托派陰謀」問題的密信由其弟盛世騏帶到了莫斯科，而在收到此小報告之後的1937年6月13日，加‧阿‧阿普列索夫就被解除在外交人民委員部擔任的職務，並因「反蘇活

動」被判處十年監禁，到1941年9月11日被槍斃。斯大林死後，蘇
共在舉行二十大後開始為三十年代的鎮壓受害者平反，阿納斯塔
斯·米高揚寫道，槍斃阿普列索夫的命令是由斯大林親自下達，原
因是他對蘇聯在新疆政策知道的太多。[62]反新疆托派分子運動以嚴
厲的鎮壓方式進行，期間逾400人被處死，其中包括被盛世才視為
自己對手的一些著名省領導人及中國共產黨員。在新疆出生並曾積
極參與上世紀三四十年代省內諸多事件的俄羅斯作者瓦西里·彼得
羅夫，在其回憶錄指出：「1937年新疆鎮壓運動期間也有許多俄羅斯
移民被捕。」[63]因「托派分子陰謀」一事，盛世才曾給莫洛托夫寫道：
「不久前在烏魯木齊破獲了一起陰謀活動，包括托派分子在內的那些
陰謀家已幾乎全部被捕。省內各民族民眾熱烈歡迎政府對陰謀家採
取措施，六大政策的影響及省內的和平如今已更為牢固。」[64]

　　盛世才堅決反對托派分子的行為得到了莫斯科領導人的讚許，
而且與1931至34年間事件不同的是，這次關於向督辦提供援助的問
題很快就得到了正面回應。由於被解除武裝、生活在蘇聯監督之下
的馬仲英將軍的參與，蘇聯最終成功使36師脫離了起義軍。在駐喀
什領事斯米爾諾夫與36師副師長馬虎山秘密談判之後，馬虎山於6
月4日以書面形式向蘇聯政府表示自己願意為新疆政府效力，6月6
日又親口對蘇聯領事講了此事。政治局在討論其請求之後，向領事
下達了指示：「關於佔據喀什地區的問題，36師司令部應找新疆政府
予以調解，並根據馬虎山向斯米爾諾夫同志提出的那些條件與政府
簽訂協議。36師司令部應確保新疆南部絕對和平，並應以此為目的
讓36師部隊停止往喀什以北及以東方向繼續移動。」[65]只有在履行上
述條件的情況下，蘇聯政府才能向新疆政府提出以下「友好建議」：
「為了新疆的和平，不採取任何針對36師的行動，並與該師簽署類
似1936年7月15日的和平協議，讓其部隊留在喀什地區。」政治局
決議還指出，否則的話，「蘇聯不會漠視在蘇聯邊界旁邊的新疆出現
軍事行動和內戰。」[66]與此同時，政治局也向督辦建議，如果第36回

民師司令部帶着這樣的建議來找他,「只要接受將自己部隊從喀什地區北撤的條件,就與其簽署協議,將1936年7月15日烏魯木齊與和田的和平協議從和田地區再擴大到整個喀什地區。」[67] 在與馬虎山的協議還提到釋放馬仲英讓其返回新疆的問題,而政治局也認為這是可以做到的。政治局還打算與軟禁在蘇聯的馬仲英將軍進行類似內容的談判,並得到他的保證。政治局決議寫道:「會議認為在斯米爾諾夫同志與馬虎山談判的同時,在這裏也與馬仲英進行類似談判是恰當的。在外交人民委員部同意的情況下,委託科盧欽金同志進行談判。」[68]

　　在做好各項軍事準備措施後,1937年7月20日,十架蘇聯軍用飛機降落在伊寧附近。蘇聯及烏魯木齊政府部隊也乘坐蘇聯汽車隊向喀什進發。從蘇聯飛來的那些飛機,日夜從烏魯木齊往作戰地區運送軍用物資。7月23日,運送到作戰地區的蘇聯部隊向烏恰方面的維族聯軍展開進攻。在紅軍及內務部隊基礎上組建起來的兩個團(臨時稱號為奧什團和納倫團)(按前文所說應是四個團——譯者註),按照國防人民委員部的命令在東突厥斯坦為奪取喀什的前線陣地作戰。為了保密,還給兩個團的官兵加工了專門的服裝。(另據資料,蘇聯派出的武裝是各相當於一個旅的「奧什部隊」和「納倫部隊」,見曹偉、楊恕:〈二十世紀三十年代蘇聯紅軍兩次出兵新疆及其原因〉,載《西域研究》2014年第4期,頁38。)除了紅軍黑色軍靴之外,軍服沒有任何蘇聯軍隊的痕迹,也沒有區別標誌。中亞軍區司令部給入疆蘇聯軍隊各部下達的主要戰略任務,就是清除喀什城的叛亂者。看到喀什之戰正在向中蘇軍隊佔優勢的方向發展,蘇聯領導人此時變更之前的命令和指示。政治局1937年7月29日的決議指出:「一、不放馬仲英;二、建議督辦回避與馬虎山簽署協議;三、在新疆巴楚防線以南投入兩個配有飛機和坦克的團,以阻止36師向北移動;四、邊防總局負責將新任軍事顧問費丁同志及一小隊軍官送達合適位置。伏羅希洛夫及弗里諾夫斯基兩位同志負責協商

新疆境內我國其他軍事教官的相關事宜；五、允許1937年秋新招收的50名新疆青年到中亞大學就學。」[69]

　　9月1日，在蘇聯空軍配合下，烏魯木齊政府部隊、奧什及納倫團往巴楚方向展開了軍事行動。由於「吉爾吉斯民族軍隊」——該部隊根據蘇聯政府決定於9月進入新疆——進行的多次軍事行動，叛亂的維族及回民部隊被打垮。[70]9月6日，蘇中聯軍又讓阿克蘇維族軍隊遭受了重大失敗。9月10日，馬虎山只得帶着100名士兵逃往印度。而另一支在和田被打垮的回民軍隊，則由馬福全帶着800人的殘餘逃到了青海。[71]9月12日，蘇聯軍隊佔領了葉爾羌，在三星期內攻取了喀什、英吉沙、和田等地，第36師最終被殲滅。到10月中，南疆已歸於督辦的政權。運用獨裁手段，盛世才對革命軍隊的領導人作出有罪判決，而且他的鎮壓運動很快就席捲了整個南疆。被俘、被殺的有六千名回民部隊士兵及八千維族部隊士兵。[72]而在蘇中聯軍採取共同軍事行動的時候，由於蘇聯空軍對眾多城市及其他居民點的轟炸，普通民眾也蒙受了巨大損失。一些維吾爾作者認為，有八萬多突厥斯坦人死於這場戰爭。[73]嚴厲的鎮壓運動這時開始了。正如著名研究者貝米爾濟·海特教授所寫的那樣：「蘇聯公民、喀什警察局長馬弗蘭諾夫僅在一天內就下令槍決六千人。」此外，在東突厥斯坦地區還有30多萬突厥斯坦人被捕，一萬多戶家庭財產被沒收。[74]當時來自印度的報道還說，和加·尼牙孜被發現與十個秘密團體有聯繫，他也於1938年被捕並被判刑。[75]

　　由於莫斯科的直接參與，維吾爾人在三十年代反對中國政府的民族抗爭第二次被淹沒在血泊中。鎮壓起義後，一部分派到新疆的內務人民委員部武裝部隊及蘇聯空軍撤出新疆，但另一部分部隊則以各種名義留下來由督辦調用。蘇聯當時曾向內務人民委員部下達指示，將上校諾列科的騎兵部隊以及空軍撤出新疆，各部隊返回其長期駐地，但經中華民國政府或者督辦的同意，蘇聯認為把蘇軍轉交的15架И-15飛機轉為騎兵團指揮的航空隊，以加強蘇軍在哈密的

駐防是適合的。政治局就該問題通過的決議指出:「該團和汽車連列
入邊防部隊編制,其數量分別增加到1,570人和1,025匹馬。新疆境
內的官兵應穿烏魯木齊政府部隊的軍服。」[76]為組建該團及交通運輸
隊,從1938年開始,蘇聯領導層責令內務人民委員部在計劃外向新
疆配發五輛T-38坦克、十輛БТ-7坦克、55輛吉斯-5載重汽車,每
月120噸燃料與潤滑油以及其他的一些技術設備。在決議中,政治局
還建議督辦:「委派烏魯木齊政府核心部門中政治可靠的官員去加強
南疆的政府機關;加強南疆的中國軍隊,方法是以目前在烏魯木齊的
中國紅軍(指撤退到新疆的紅西路軍——譯者註)部隊的人員充任這
些部隊的指揮人員;把對督辦忠誠的優秀士兵及守紀律的軍官補充到
南疆中國部隊之中;在大城市所有警察局與警察分局及匪患最猖獗的
縣,組建人數為30到100人的警察隊伍。」[77]一年後,當上述內務人
民委員部部隊組建之後,這些部隊交由國防人民委員部管轄。政治
局1939年1月10日的決議指出:「新疆軍隊的組建以及軍中蘇聯指揮
官工作的管理,轉由國防人民委員部負責。」[78]拉夫連季·貝利亞及
克利緬特·伏羅希洛夫負責執行此決議。在派駐自己部隊的同時,
蘇聯領導層也力求讓1937年維族起義期間中國中央政府派來的軍隊
留在東突厥斯坦,為此向盛世才下達了指示:「請電告蔣介石,按其
安排,督辦精心訓練和武裝了一個團,已在12月底調往二里子河(即
額濟納旗,當時屬寧夏省。據查,此時國民政府並未向新疆派兵,
盛世才的軍隊也未在二里子河駐防——譯者註)一帶,故而他認為讓
部隊再返回是不適合的,並因此請求蔣介石允許將部隊派駐到該地
點。」[79]

　　盛世才對蘇聯在鎮壓維族起義時提供的援助深感滿意。他知
道,就是因為得到了蘇聯的軍事、政治及外交支持,才得以保住自
己在東突厥斯坦地區的政權。故而事情一結束,他就在1937年11月
10日給蘇聯人民委員會主席莫洛托夫發去簡短感謝信,親自向蘇聯
政府表達自己感激之情。盛世才寫道:「新疆南部發生的事件幾乎毀

掉了近幾年來持續的和平。想破壞和平的就是那些帝國主義分子。多虧貴方全面友好的幫助，多虧有專門部隊的支援，新疆的和平才得以再次恢復。目前新疆南部的36師已被全部殲滅。帝國主義分子的陰謀破產了，新疆各民族人民也重新獲得了和平及平靜生活的機會，得以繼續進行和平建設。所有這一切我本人對您深表感謝，但在此更要代表新疆14個民族400萬民眾，代表他們向您表示感謝……。新疆各民族人民將永遠深刻銘記過去和現在蘇聯給予他們的友好援助……。您是全世界的革命先行者，是偉大蘇聯政府的領導人。我真誠請求您給我提一些建議，它們將有益於我以後的實際工作。」[80] 但在信的結尾，盛世才卻以世界領導人特有的派頭向莫洛托夫表示：「特將我的照片及一副刺繡掛飾寄給您。」斯大林在1937年11月接見中國駐蘇聯大使楊杰，也承認蘇聯為中國新疆政府提供了援助。斯大林對大使聲明：「我們會不吝惜錢財、不吝惜武器地幫助你們。您甚至可能還不知道，我們曾派遣穿扮成中國人的我方部隊到新疆幫助過你們……。有人想在那裏建立一個受英國保護、反對中國和蘇聯的穆斯林國家。」[81] 在接見孫中山之子、1938年2月訪問蘇聯的中國立法院院長孫科時，斯大林也講到，蘇聯的援助不以奪取土地為目的。他指出，蘇聯自己的國土已足夠多，「被迫幫助新疆是因為中國目前太弱，還難以應付這件事。」[82]

在新疆局勢穩定後，為討論蘇聯向烏魯木齊政府提供的軍事、經濟及技術援助問題，盛世才將軍獲邀非正式訪問莫斯科。1938年8月，督辦抵達蘇聯首都，終於實現這個由來已久的夢想。8月底，盛世才在莫斯科下榻處與蘇聯外交人民委員馬克西姆·李維諾夫作簡短會面，並與國防人民委員伏羅希洛夫舉行了數小時的會談。數小時會晤期間，督辦對斯大林、伏羅希洛夫、紅軍、蘇聯的軍事實力等大為頌揚。會談紀錄寫道，為感謝蘇聯給予新疆的所有軍事援助，盛世才「站起身，緊緊擁抱伏羅希洛夫同志並親吻其額頭。」[83]

　　此行最引人關注的，是盛督辦在9月2日於克里姆林宮獲莫洛托夫和伏羅希洛夫的接見。但讓督辦沒想到的是斯大林也來到了現場，對他來說這是真正的意外之喜。開始交談的時候，他首先對蘇聯給予新疆的所有援助再次向領導人表達感謝。雙方的討論從斯大林提出「新疆有沒有軍隊」這個問題正式開始。盛世才答覆稱「有一些軍隊」，但人數不多，解釋這是因為新疆糟糕的財政狀況，並強調沒有能力養活一支龐大軍隊。此時斯大林說：「沒有一支優良軍隊怎麼可以生存，到時候依靠誰呢？」並補充道要同時擁有硬通貨和一支優良軍隊是辦不到的，需要二擇其一。[84]督辦提到新疆漢人很少，因此「難以找到人組建起一支可靠部隊」。當伏羅希洛夫問到新疆漢人人口的時候，盛世才答道：漢人佔總人口的一成，也就是說有40萬人。但在1941年盛世才寫的另一封信，他卻說新疆生活着23萬名漢人。[85]同時，俄羅斯作者瓦西里·彼得羅夫也說：1942年新疆生活着5,315,246人，其中80%是維吾爾人，4%為漢人，而其他各民族人口佔16%。[86]督辦說的數字提得太高，儘管當時東突厥斯坦地區的漢人人口有所增長，但漢人人口還遠未達到盛世才所稱的比例。這是因為在1938年夏，在蘇聯尤其遠東地區生活的無國籍漢人，「自願」被遷移到新疆。內務人民委員尼·葉若夫在1938年6月3日簽署的一份命令指示：「將既沒有蘇聯護照也沒有中國護照，但聲稱自己是中國國民的中國人遷到新疆……，將中國國民的蘇聯女性配偶與其丈夫一起送到新疆。」[87]6月10日政治局根據內務人民委員部的呈文通過了將蘇聯境內中國人遷往新疆的決議，決議在短期內得到執行。[88]

　　顯然，新疆的漢化靠的不僅是生活在蘇聯的那些中國人，而且還有他們的俄羅斯配偶。瓦西里·彼得羅夫這樣寫道，「眾所周知，1937年從蘇聯外遷的所有中國人主要都去了新疆。因此，一些城市的街道上出現了不少俄羅斯婦女，因為中國人是帶着家庭離開的。」[89]盛督辦開始領導「反帝同盟」之後，蘇聯境內的中國共產黨員被大量派到東突厥斯坦地區，這也在新疆漢人人口增長方面起到了一定作

用。但不管如何，對於督辦稱東突厥斯坦漢人人口達40萬，蘇聯領導人認為這足夠組建立一支兩萬人的機動部隊。斯大林及伏羅希洛夫在交談時説：「這個人數足以從中挑選出兩萬多名年輕漢人，讓他們在軍事學校好好接受教育，從而建立一支優秀可靠的軍隊。」[90]稍後盛世才又回答了蘇聯領導人關於新疆是否有工業企業、木材、石油、錫礦及金礦等問題。他們問督辦知不知道蘇聯和中國中央政府商量在烏魯木齊建設大型飛機場及軍事學校，盛世才回應稱已從在莫斯科期間拜訪他的中國大使楊杰那裏知悉此事。[91]交談期間，斯大林對新疆漢人從事的工作感興趣，督辦説道：「有商人，有匠人，也有農民。」斯大林又問哪些商人更強，是維族商人還是漢族商人？督辦承認，「在新疆維族商人更強一些。」但又補充道，新疆那些著名維族商人和大型中國公司實際上都是日本的代理人。他們在交談中還向督辦提問：「新疆有沒有托派分子？」督辦回答：以前有，但現在都被督辦逮捕了。斯大林此時補充説：「除了托派分子，督辦那裏還有民族分子，這些民族分子受我國境內烏茲別克人的領導。」[92]當談起前任總領事阿普列索夫的時候，斯大林問：「阿普列索夫是不是真的威脅過督辦？」盛世才説：「阿普列索夫第二次回到烏魯木齊之後，其行為有顯著變化，他將一些壞人聚集在自己身邊，斷然拒絕督辦將這些人派到其他城市的要求，並聲稱：『督辦不信任這些人，就是對他的不信任；而不信任他，就是不信任蘇聯政府，這種做法會對自己（督辦）帶來巨大危害。』」此時莫洛托夫插話進來，結束了對阿普列索夫相關問題的討論。他説：「阿普列索夫已追隨36師遠去，他未必會很快醒悟，而且也許完全不會醒悟。」[93]

　　當會晤接近尾聲，莫洛托夫問督辦有沒有什麼願望。盛世才稱他的宿願就是入黨，已多次向阿普列索夫提過這個請求。[94]他解釋這是因為自己深愛馬克思－恩格斯－列寧－斯大林學説，親眼看到世界上唯一的無產階級專政國家，不是口頭上而是事實上幫助那些被壓迫民族，他對此的信念堅定不移。督辦稱他現在有機會與世界

無產階級領導人斯大林同志會談,「如果斯大林同志認為他可以入黨,那麼他將會感到十分幸福。」[95]

盛世才這一番話引起了斯大林的好感,蘇聯領導人稱:「如果督辦非要堅持這樣做的話,那麼他不會反對。」但伏羅希洛夫卻表示反對,説這會對督辦工作帶來危害,而且「蔣介石及楊大使知道了這件事,將會很不高興」。督辦説,對此事可嚴守秘密,這樣無論蔣介石還是楊杰就不會知道。斯大林稱,這樣的事很難嚴守秘密,而且還需要一個黨組織對盛世才進行登記,又補充,毫無疑問,這件事只能讓幾個人知道。他問到:「蔣介石會不會認為這是我們強行恐嚇,迫使督辦入黨的呢?」盛世才再次開始努力説服蘇聯領導人蔣介石不會知道這件事。幾位蘇聯領導人在會晤期間再商量了一會兒,最終同意讓督辦入黨。而後,莫洛托夫説:「入黨後的督辦即會有一些新的權利,也會有一些新的義務。」[96]督辦聲稱他不會怕任何義務,並發誓會很高興地履行所有義務。會談之後,莫洛托夫以蘇聯政府的名義邀請盛世才及其家人赴9月6日的晚宴。督辦稱,能見到斯大林同志與其他蘇聯領導人,他的夫人將會萬分高興。他對莫洛托夫説,當他夫人流露出這種願望時,他曾「讓她提都不要提這件事,因為領袖人物不是她能見到的」。斯大林聽到這些話後稱,督辦「對我們這樣想是沒有根據的,我們是些很普通的人,所有人都是可以接近的」。在會晤結束時,督辦説,他給斯大林同志與其他蘇聯領導人帶來了禮物,想將禮物親手交給他們。斯大林稱,督辦沒必要這樣做,「如果蔣介石知道,就會認為這是督辦想收買他們。」督辦表示反對,指「送禮做紀念是中國的習俗」。[97]最後,「世界無產階級領導人」同意接受禮物,盛世才對此十分高興。

在克里姆林宮會見督辦期間,馬仲英被蘇聯政府關押在蘇聯這個秘密也被曝光了。直到1938年,回民將軍馬仲英就一直被軟禁在蘇聯某處,此事有可能會讓盛世才找蘇聯的麻煩。[98]斯大林問督辦對馬仲英有什麼看法,並補充説:「如果我們要與日本開戰,我們會馬

上建議南京政府推舉一人擔任滿洲地區的領導。」蘇聯領導人理解盛世才經常因馬仲英而感到不安，想以此向盛世才暗示：決再不會啟用被解除武裝並被軟禁在蘇聯的回民將軍來反對他。當督辦對自己這位老對手作出簡短而又膚淺的評價之後，斯大林又問道，在督辦看來，可以推舉誰去擔任滿洲地區領導職務。明顯想讓斯大林高興的盛世才稱，可以從中國共產黨及八路軍隊伍之中選拔這樣的人選，但斯大林卻反對，他說：「這樣的人並不適合，因為他不可能讓所有人心悅誠服，這裏需要一個像孫中山那樣讓所有人莫不追隨的人。」[99]

　　9月7日，督辦在下榻處與副外交人民委員弗·波焦姆金詳談；9月11日又會見了外交人民委員部第二東方處負責人謝·米羅諾夫。這些會談討論的是政治、外交、經濟及軍事類問題。在新疆代表團離開蘇聯之前，工農紅軍情報總局副局長在9月29日將編號為N-1859118的黨證及共產黨章程交到盛世才手中。[100]就這樣，盛世才在克里姆林宮被吸收為蘇聯共產黨黨員，並為自己在新疆的政權取得了莫斯科的「布爾什維克保證」。

　　盛世才身處莫斯科期間，新疆省的管理工作主要交給了一些傑出的中國共產黨人，甚至連毛澤東的胞弟毛澤民也在新疆安下家來。阿克蘇及和田兩地的最高行政官員，分別是黃火青和潘同。由中國共產黨中央委員會成員領導的八路軍代表處此時在省內展開活動，而烏魯木齊政府則向這支部隊提供幫助，定期供應糧食、軍需品及軍服等物。去莫斯科前夕，盛督辦還交給中國共產黨五萬件粗呢短大衣、50萬墨西哥元、六挺高射機槍、十挺輕型機槍等物資。[101]那時，在哈密部署有紅八團，烏魯木齊周邊也部署着蘇聯空軍的一個飛行中隊，而當二戰於1939至1941年間開始後，蘇新關係依然在按照以前的軌道發展。[102]在1938–39學年，東突厥斯坦地區學校將馬克思主義列寧主義理論、斯大林主義列為教學工作的基本原則。主要由穆斯林構成的各種學員，要強制學習俄語和漢語。蘇聯「志願者」及中國政府對宣傳民族思想價值觀的各類著作予以沒收。[103]

　　但是，在莫斯科得到黨證之後，作為新疆省「第一位共產主義者」的盛世才卻開始實施針對中國共產黨員的陰謀。回到新疆四個月後的1939年1月4日，他於凌晨2時給斯大林、莫洛托夫、伏羅希洛夫發去一封七頁的長信。他在此信指出，他本人及其夫人至今仍對莫斯科之行印象深刻，而加入「光榮的共產黨」更是賦予其額外的力量。盛世才寫道，「多年以來我就一直是馬克思主義的追隨者，最忠誠的列寧主義和斯大林主義的擁護者。作為共產主義信徒，我在1933年新疆四月革命之後就推出了新疆六大政策⋯⋯。在經濟、文化落後的新疆封建社會條件下，這六大政策是對馬克思主義、列寧主義、斯大林主義靈活而又生動的運用。去了莫斯科並得到加入蘇聯共產黨的機會，我實現了許多心願，因此心裏十分高興。」[104]

　　在寫給蘇聯領導人的信中，盛世才指出在回到新疆後，他內心對方林（鄧發）以及其他被派到新疆並在這裏工作的中國共產黨負責人產生了不滿。化名「方林」在新疆工作的鄧發是八路軍駐新疆的代表，受共產國際的邀請從1936年6月到1937年9月在蘇聯工作，又在莫斯科的推薦下以八路軍代表身份被派到了新疆。顯然，對與蘇聯走得更近的中國共產黨領導人在新疆的活動，盛世才一直心存提防。他告知蘇聯領導人，鄧發似乎表現出對蘇聯領導人的不忠誠，那就是在蘇聯之行前夕為他解答疑問時，不建議他在「馬克思主義列寧主義」的句式後再加上「斯大林主義」。盛世才寫道，早在莫斯科同意他前往蘇聯之前，他曾寫過一封給斯大林的信。方林在該信中看到有馬克思主義、列寧主義、斯大林主義這些詞彙時就曾說不需要寫「斯大林主義」，指斯大林沒有什麼別的思想，斯大林還沒有成為「主義」。「方林不讓我講『斯大林主義』，對我來說很奇怪。中共領袖毛澤東寫了一本關於唯物辯證法的書。方林有一天對我說，『毛澤東關於唯物辯證法的著作有十分之八是對的，十分之二不正確。』令我感到奇怪的是，方林評論毛澤東的著作時大談書中的錯誤。」[105]

　　在給蘇聯領導人的信中，盛世才並不僅僅針對鄧發一人，他還向克里姆林宮提交了有關毛澤東親密戰友林彪的揭發材料。林彪在1934至36年間指揮過國民黨部隊（原文如此——譯者註），從1937年開始在抗日戰爭指揮八路軍115師，1937年秋被譽為「平型關大捷」的抗日英雄。督辦寫道：「林彪與方林一起以中國共產黨領導人的名義讓我加入中國共產黨，並『開始過黨的生活』。我問他們共產國際和蘇聯政府知不知道這件事？林彪說共產國際和蘇聯不知道此事。」督辦繼續寫道，當時他以如下方式答覆——「不向共產國際和蘇聯報告這一決定，這樣做很不好，因為最近五年以來我從來沒有向蘇聯和斯大林隱瞞任何事，而且我這邊也不應有任何斯大林、莫洛托夫和伏羅希洛夫不知道的秘密。」[106]盛世才還寫道，他向這兩人講了在新疆當前情況下自己加入烏魯木齊中國共產黨組織而不告知蘇聯領導人及共產國際的做法是錯誤的，並作了解釋，「這件事有讓蔣介石及帝國主義分子知道的危險，且會對中國抗日戰爭產生影響。我這樣講，不是因為我不接受中國共產黨的命令，而是因為我還沒正式做好加入中國共產黨的準備。」[107]盛世才向莫斯科領導人報告稱，他還告知林彪和鄧發兩人他不會向共產國際及蘇聯政府隱瞞收到該提議的事情。此外，督辦強調他已加入了蘇聯共產黨，並不想再秘密加入中國共產黨。同時，他還補充說：「迄今為止，我從來沒有對任何人講過自己加入蘇聯共產黨一事。」[108]現實方面，督辦與中國共產黨員的關係在1938年秋急劇惡化。1938年12月9日，在與蘇聯駐烏魯木齊代理總領事伊・奧夫季延科的會談中，督辦對林彪、方林在新疆創辦非法共產黨基層組織及傳播共產黨書籍的行為表達不滿。12月12日盛世才再次告知伊・奧夫季延科，他收到了讓他加入中國共產黨的建議並已予以拒絕。[109]

　　在講完所有這些針對中國共產黨人的「揭發」材料之後，盛督辦對斯大林、莫洛托夫和伏羅希洛夫所提出的請求引起了學術界極大的關注。首先，他請求蘇聯共產黨緊急派一位政治上有經驗的負責

人到烏魯木齊,「商談我的黨性培養、黨性教育問題。」同時,督辦
也想和此人探討與新疆相關的各種政治及其他方面的重要問題。其
次,盛世才請求答應他有關「讓共產國際命令新疆中國共產黨工作人
員撤銷黨組織、取消基層組織秘密集會」的請求。他請求不要將這
個請求視作是針對中國共產黨在新疆的活動,也不是要反對共產主
義建設,並解釋自己這樣想是因為目前似乎有蔣介石及帝國主義分
子知道共產黨員在新疆活動的危險。他寫道,「因為新疆有中國共產
黨組織的存在,那麼中共黨員在工作中就會更多地考慮黨的命令,
而不是新疆政府的命令。再次,盛世才力圖要讓蘇聯領導人相信,
中國共產黨組織在新疆的存在不僅會使新疆政局變得複雜,不僅會
削弱新疆政府的領導力,還會造成新疆政治權力不團結。」最後,盛
世才還寫道,「如果允許中國共產黨組織在新疆存在,那麼這種優勢
(特權——作者)也應屬於蘇聯共產黨組織。為何不讓中國共產黨組
織在新疆存在呢?理由就是新疆領袖盛世才是蘇聯共產黨員。」不知
道自己這些建議會否被接受的盛世才在信的結尾強調,此信是他在
匆忙中完成的,若信裏有錯誤,「那就請您原諒我,給予我指示,對
我糾正和批評。」[110]

　　奧夫季延科就上述所有問題於1939年1月29日給外交人民委員
部發去一份詳盡的報告。他指出,盛世才打算以進行共產主義宣傳
活動為理由把在反帝同盟中工作的那些中國共產黨員予以解職。奧
夫季延科報告稱,督辦公開斥責幾位在新疆工作的中共黨員為「游
牧人」,並在媒體上宣布了此事。他寫道:「『游牧人』已出現要離開
新疆的情緒,方林本人已經提出『關於解除他們在疆工作』的問題。」
當時剛獲任命為副外交人民委員的弗‧傑坎諾佐夫在1939年6月23
日發給內務人民委員拉夫連季‧貝利亞的信,就提到所有這些糾紛
以及盛世才與中共黨員之間的不滿情緒。[111]儘管蘇聯領導人試圖調
解督辦與共產國際所派中共黨員之間的分歧,但在莫斯科獲得黨證
後的盛世才此時行事更有信心。「狡猾且讓人總猜不透的督辦」,正

如奧夫季延科對其評價的那樣，在1939年7月10日甚至提議蘇聯總領事抓捕74名疑似從事間諜活動的德國傳教士。不過，蘇德條約在1939年8月23日簽訂後，督辦本人很快也贊成該條約，才使新疆的德國傳教士免陷囹圄。[112]

　　由此可見，在1934年鎮壓穆斯林運動之後，盛世才認識到其政權的生存保障就是蘇聯的支持。上世紀三十年代中期，東突厥斯坦地區在政治、軍事、經濟和意識形態上，已轉為處於莫斯科控制之下。這些年間，督辦多次發言提倡在新疆建設蒙古式的社會主義，建立蘇聯那樣的共產主義國家或者將本省併入蘇聯。但莫斯科此時對新疆「布爾什維克督辦」的這些提議持謹慎態度，儘管它還繼續把東突厥斯坦變成中國大門口的「蘇聯衛城」。

註　釋

1　〈聯共（布）中央政治局1934年8月5日「關於新疆」的決議〉，俄羅斯社會政治歷史國家檔案館，全宗17，目錄162，案卷16，頁140。

2　В·克拉西里尼科夫：《新疆的誘惑：俄羅斯在中國西北 —— 被遺忘的歷史（1850–1950）》（莫斯科：2007），頁185。

3　Jack A. Dabbs, *History of the Discovery and Exploration of Chinese Turkestan* (The Hague: Mouton & Co., 1963), p. 171.

4　Р·А·米羅維茨卡婭：《國民黨二十至三十年代戰略中的蘇聯》（莫斯科，1990），頁161–62。

5　〈聯共（布）中央政治局1935年3月19日「關於新疆」的決議〉，俄羅斯社會政治歷史國家檔案館，全宗17，目錄162，案卷17，頁151。

6　〈聯共（布）中央政治局1935年3月22日「關於新疆」的決議〉，俄羅斯社會政治歷史國家檔案館，全宗17，目錄162，案卷17，頁156。

7　同上，頁174-75。

8　〈聯共（布）中央政治局1936年6月17日「關於與新疆貿易」的決議〉，俄羅斯社會政治歷史國家檔案館，全宗17，目錄162，案卷19，頁195。

9　〈聯共（布）中央政治局1936年8月16日「關於新疆」的決議〉，俄羅斯社會政治歷史國家檔案館，全宗17，目錄162，案卷19，頁49。

10 В‧克拉西里尼科夫：《新疆的誘惑》，頁198。

11 〈聯共(布)中央政治局1935年3月22日「關於新疆」的決議〉，俄羅斯社會政治歷史國家檔案館，全宗17，目錄162，案卷17，頁179。

12 同上。

13 同上，頁180。

14 〈聯共(布)中央政治局1935年9月11日「關於在新疆的顧問及教官」的決議〉，俄羅斯社會政治歷史國家檔案館，全宗17，目錄162，案卷18，頁140。

15 〈聯共(布)中央政治局1935年9月13日「關於新疆」的決議〉，俄羅斯社會政治歷史國家檔案館，全宗17，目錄162，案卷18，頁142。

16 〈聯共(布)中央政治局1935年9月11日「關於蘇聯貿易辦事處」的決議〉，俄羅斯社會政治歷史國家檔案館，全宗17，目錄162，案卷18，頁140。

17 〈聯共(布)中央政治局1935年9月11日「關於新疆石油公司」的決議〉，俄羅斯社會政治歷史國家檔案館，全宗17，目錄162，案卷18，頁141。

18 〈聯共(布)中央政治局1936年3月17日「關於新疆」的決議〉，俄羅斯社會政治歷史國家檔案館，全宗17，目錄162，案卷19，頁122。

19 〈聯共(布)中央政治局1937年2月16日「關於新疆」的決議〉，俄羅斯社會政治歷史國家檔案館，全宗17，目錄162，案卷20，頁181。

20 同上。

21 〈聯共(布)中央政治局1935年9月11日「關於我方代表在新疆工作」的決議〉，俄羅斯社會政治歷史國家檔案館，全宗17，目錄162，案卷18，頁141。

22 〈聯共(布)中央政治局1935年9月13日「關於獎勵阿普列索夫同志」的決議〉，俄羅斯社會政治歷史國家檔案館，全宗17，目錄162，案卷18，頁141。

23 〈聯共(布)中央政治局1935年9月11日「關於新疆青年在蘇聯接受教育」的決議〉，俄羅斯社會政治歷史國家檔案館，全宗17，目錄162，案卷18，頁141。

24 〈聯共(布)中央政治局1936年6月17日「關於新疆青年在蘇聯接受教育」的決議〉，俄羅斯社會政治歷史國家檔案館，全宗17，目錄162，案卷19，頁195。

25 В‧И‧彼得羅夫：《亞洲動蕩的「心臟」：新疆——民族運動簡史及回憶》(莫斯科，2003)，頁434；В‧克拉西里尼科夫：《新疆的誘惑》，頁182、208。

26 〈聯共（布）中央政治局1935年8月5日「關於內務人民委員部資金劃撥」的決議〉，俄羅斯社會政治歷史國家檔案館，全宗17，目錄162，案卷18，頁105。

27 〈聯共（布）中央政治局1936年3月29日「外交人民委員部問題」的決議〉，俄羅斯社會政治歷史國家檔案館，全宗17，目錄162，案卷19，頁127。

28 〈聯共（布）中央政治局1935年9月13日「關於新疆」的決議〉，俄羅斯社會政治歷史國家檔案館，全宗17，目錄162，案卷18，頁141。

29 〈聯共（布）中央政治局1935年10月1日「關於新疆」的決議〉，俄羅斯社會政治歷史國家檔案館，全宗17，目錄162，案卷18，頁170。

30 B·克拉西里尼科夫：《新疆的誘惑》，頁203–207。

31 〈軍事情報：1931–1937年新疆的叛亂——新疆獨立運動史〉，1946年12月5日情報報告，美國國家檔案與文件署，中央情報局第82情報集，頁11。

32 B·Г·奧布霍夫：《六個帝國的交鋒——爭奪新疆之戰》（莫斯科，2007），頁211。

33 〈聯共（布）中央政治局1935年10月3日「關於新疆」的決議〉，俄羅斯社會政治歷史國家檔案館，全宗17，目錄162，案卷18，頁172。

34 〈聯共（布）中央政治局1936年2月7日「關於新疆」的決議〉，俄羅斯社會政治歷史國家檔案館，全宗17，目錄162，案卷19，頁44。

35 B·克拉西里尼科夫：《新疆的誘惑》，頁194。

36 〈盛世才督辦寫給莫洛托夫的信〉（1936年10月4日），俄羅斯社會政治歷史國家檔案館，全宗82，目錄2，案卷1238，頁154–55。

37 同上，頁155。

38 Lars-Erik Nyman, "Sinkiang 1934–1943: Dark Decade for a Pivotal Puppet," *Cahiers du Monde Russe et Soviétque*, vol. 32, issue 1 (1991): 99.

39 〈莫洛托夫寫給盛世才督辦的信〉（1942年7月3日），俄羅斯社會政治歷史國家檔案館，全宗558，目錄11，案卷323，頁156。

40 同上，頁56。

41 巴伊米爾扎·哈伊特：《俄國與中國之間的突厥斯坦》（伊斯坦布爾，1975），頁324。

42 艾沙·尤素福·阿爾普特金：《東突厥斯坦的訴求》（伊斯坦布爾，1973），頁162。

43 〈聯共（布）中央政治局1937年4月4日「關於新疆」的決議〉，俄羅斯社會政治歷史國家檔案館，全宗17，目錄162，案卷20，頁11。

44 同上。

45 同上。

46 同上。

47 〈聯共(布)中央政治局1937年4月8日「關於新疆」的決議〉,俄羅斯社會政治歷史國家檔案館,全宗17,目錄162,案卷20,頁8。

48 〈軍事情報:1931–1937年新疆的叛亂——新疆獨立運動史〉,1946年12月5日情報報告,美國國家檔案與文件署,中央情報局第82情報集,頁13。

49 安迪詹‧阿哈特:《從革新到獨立——境外突厥斯坦的奮鬥》(伊斯坦布爾,2003),頁386。

50 〈聯共(布)中央政治局1937年4月19日「關於新疆」的決議〉,俄羅斯社會政治歷史國家檔案館,全宗17,目錄162,案卷20,頁26。

51 〈軍事情報:1931–1937年新疆的叛亂——新疆獨立運動史〉,1946年12月5日情報報告,美國國家檔案與文件署,中央情報局第82情報集,頁14。

52 同上。

53 巴伊米爾扎‧哈伊特:《俄國與中國之間的突厥斯坦》,頁323。

54 〈軍事情報:1931–1937年新疆的叛亂——新疆獨立運動史〉,1946年12月5日情報報告,美國國家檔案與文件署,中央情報局第82情報集,頁15。

55 В‧В‧索科羅夫:〈1942年В‧Г‧傑坎諾佐夫赴烏魯木齊(新疆)的秘密使命〉,《近代及現代史》,2011年第3期,頁165;《蘇中關係》,第四卷(1937–1945),第一冊(1937–1944)(莫斯科,2000),頁153。

56 艾沙‧尤素福‧阿爾普特金:《東突厥斯坦的訴求》(伊斯坦布爾,1973),頁164。

57 В‧克拉西里尼科夫:《新疆的誘惑》,頁194。

58 〈聯共(布)中央政治局1937年5月17日「關於新疆」的決議〉,俄羅斯社會政治歷史國家檔案館,全宗17,目錄162,案卷20,頁43。

59 〈聯共(布)中央政治局1937年6月14日「外交人民委員部問題」的決議〉,俄羅斯社會政治歷史國家檔案館,全宗17,目錄162,案卷20,頁33。

60 同上,頁190。

61 〈聯共(布)中央政治局1937年9月24日「關於新疆」的決議〉,俄羅斯社會政治歷史國家檔案館,全宗17,目錄162,案卷20,頁12。

62　В·別列日科夫：《與斯大林在一起》(莫斯科，1999年)，頁381–85。

63　В·И·彼得羅夫：《亞洲動盪的「心臟」：新疆——民族運動簡史及回憶》，頁411。

64　〈盛世才寫給莫洛托夫的信〉(1937年11月10日)，俄羅斯社會政治歷史國家檔案館，全宗82，目錄2，案卷1238，頁162。

65　〈聯共(布)中央政治局1937年6月14日「關於新疆」的決議〉，俄羅斯社會政治歷史國家檔案館，全宗17，目錄162，案卷20，頁62。

66　同上。

67　同上。

68　同上，頁63。

69　〈聯共(布)中央政治局1937年7月29日「關於新疆」的決議〉，俄羅斯社會政治歷史國家檔案館，全宗17，目錄162，案卷20，頁115。

70　А·Д·沃斯克列辛斯基：《俄羅斯與中國：國際關係理論與歷史》(莫斯科：1999)，頁213–14。

71　〈軍事情報：1931–1937年新疆的叛亂——新疆獨立運動史〉，1946年12月5日情報報告，美國國家檔案與文件署，中央情報局第82情報集，頁16。

72　В·克拉西里尼科夫：《新疆的誘惑》，頁190–95。

73　阿馬赤·卡拉霍扎：《東突厥斯坦：中國的殖民地》(伊斯坦布爾：1960)，頁16。

74　巴伊米爾·扎哈伊特：《俄國與中國之間的突厥斯坦》，頁323–24。

75　〈軍事情報：1931–1937年新疆的叛亂——新疆獨立運動史〉，1946年12月5日情報報告，美國國家檔案與文件署，中央情報局第82情報集，頁16；Lars-Erik Nyman, "Sinkiang 1934–1943: Dark Decade for a Pivotal Puppet," 100.

76　〈聯共(布)中央政治局1938年1月10日「關於新疆」的決議〉，俄羅斯社會政治歷史國家檔案館，全宗17，目錄162，案卷21，頁101–102。

77　同上。

78　同上，頁82。

79　同上，頁101。

80　〈盛世才寫給莫洛托夫的信〉(1937年11月10日)，俄羅斯社會政治歷史國家檔案館，全宗82，目錄2，案卷1238，頁162。

81　《蘇中關係》，第四卷(1937–1945)，第一冊(1937–1944)(莫斯科，2000)，頁153。

82 В‧В‧索科羅夫：〈1942年В‧Г‧傑坎諾佐夫赴烏魯木齊（新疆）秘密的
    使命〉，《近代及現代史》，2011年第3期，頁167。

83 П‧阿普捷卡里：〈新疆灼日〉，《祖國》，1998年第1期，頁82。

84 〈斯大林、莫洛托夫和伏羅希洛夫同志在克里姆林宮與督辦的會談〉
    （1938年9月2日），俄羅斯社會政治歷史國家檔案館，全宗558，目錄
    11，案卷323，頁32。

85 Chang Chih-Yi, "Land Utilization and Settlement Possibilities in Sinkiang,"
    Geographical Review, vol. 39, no. 1 (Jan 1949): 62; S. Frederick Starr, ed.,
    Xinjiang: China's Muslim Borderland (Armonk, NY: M.E. Sharpe, 2004), p. 245.

86 В‧И‧彼得羅夫：《亞洲動蕩的「心臟」：新疆──民族運動簡史及回
    憶》，頁397。

87 А‧Н‧亞科夫列夫編：《斯大林時期的驅逐行為（1928–1953）》（莫斯
    科，2005），頁102。

88 《聯共（布）政治局會議日誌》，第2卷（1930–1939）（莫斯科：2001），
    頁980。

89 В‧И‧彼得羅夫：《亞洲動蕩的「心臟」：新疆──民族運動簡史及回
    憶》，頁401。

90 〈斯大林、莫洛托夫和伏羅希洛夫同志在克里姆林宮與督辦的會談〉
    （1938年9月2日），俄羅斯社會政治歷史國家檔案館，全宗558，目錄
    11，案卷323，頁32。

91 同上，頁33–34。

92 同上，頁35。

93 同上，頁36。

94 同上，頁37。

95 同上。

96 同上，頁38。

97 同上，頁38–41。

98 Lars-Erik Nyman, "Sinkiang 1934–1943: Dark Decade for a Pivotal
    Puppet," 98.

99 〈斯大林、莫洛托夫和伏羅希洛夫同志在克里姆林宮與督辦的會談〉
    （1938年9月2日），俄羅斯社會政治歷史國家檔案館，全宗558，目錄
    11，案卷323，頁39。

100 В‧克拉西里尼科夫：《新疆的誘惑》，頁212；Li Chang, "The Soviet
    Grip on Sinkiang," *Foreign Affairs*, no. 3 (April 1954): 498.

101 〈盛世才督辦寫給斯大林、莫洛托夫、伏羅希洛夫同志信件的譯文〉
　　(1939年1月4日),俄羅斯社會政治歷史國家檔案館,全宗82,目錄
　　2,案卷1238,頁176。

102 B·克拉西里尼科夫:《新疆的誘惑》,頁213–14。

103 〈盛世才督辦寫給斯大林、莫洛托夫、伏羅希洛夫同志信件的譯文〉
　　(1939年1月4日),俄羅斯社會政治歷史國家檔案館,全宗82,目錄
　　2,案卷1238,頁176。

104 同上。

105 同上,頁178。

106 同上,頁179。

107 同上,頁180。

108 同上,頁181。

109 B·B·索科羅夫:〈1942年B·Г·傑坎諾佐夫赴烏魯木齊(新疆)的秘密
　　使命〉,《近代及現代史》,2011年第3期,頁169。

110 〈盛世才督辦寫給斯大林、莫洛托夫、伏羅希洛夫同志信件的譯文〉
　　(1939年1月4日),俄羅斯社會政治歷史國家檔案館,全宗82,目錄
　　2,案卷1238,頁181–82。

111 B·B·索科羅夫:〈1942年B·Г·傑坎諾佐夫赴烏魯木齊(新疆)的秘密
　　使命〉,《近代及現代史》,2011年第3期,頁169。

112 《蘇聯對外政策文件》,第22卷,第二冊(莫斯科:1992),頁660。

第三章

蘇新關係的急劇惡化及盛世才政府的垮台（1939–1944）

　　1939年9月第二次世界大戰爆發，無可避免地給新疆留下了印記。蔣介石與其他中國領導人想利用這些事件，讓蘇聯捲入抗日戰爭之中。同時，盛世才也試圖在新的情況下找到保住自己政權的機會。1939年10月20日，他為以奧夫季延科為首的蘇聯駐烏魯木齊總領事館人員舉辦招待會。招待會期間，督辦又發言談及蘇聯給予新疆人民的巨大幫助，並舉杯為蘇聯領導人祝福。10月25日，總領事館也為新疆省社會活動人士舉辦了招待會。其間，雙方談論蘇聯援助取得的初期成果以及東突厥斯坦對中國的戰略意義。所有這些做法都以試探盛世才的立場為目的。

　　二戰爆發沒有使蘇新關係出現大變化。的確，許多早前開始的項目已進入最後完工階段，蘇聯地質學家仍在繼續工作，蘇聯經新疆向中國政府提供的援助也趨於常態化。但由於戰爭原因，蘇聯與外國的聯繫此時已交由內務人民委員部負責。1939年12月28日，政治局通過「關於管制各類國際交流」的決定。該決定說：「無論是外國使館還是外國記者的所有國際會談，一概通過錄音及速記方式進行監督。私人國際交流予以禁止。」[1] 儘管該決定首先涉及的是英、法兩國，但它對國際社會諸成員同樣有效，其中也包括新疆。為執行政治局決定，外交人民委員部向所有使領館下達了賦予各自所屬機要密碼部門充分自主性的命令。針對新疆的相對命令則由政治局

1940年3月14日決定核准通過。決定指出：「把駐烏魯木齊蘇聯總領事館及商務代表處的聯合機要密碼部門，劃分成幾個獨立的機要密碼單位。」[2]

　　剛跨入1940年，與蘇聯及蒙古接壤、主要生活着哈薩克人的新疆阿勒泰地區開始再次出現動亂。盛世才決定以陰謀手段鎮壓。1940年初，他邀請350位有名望的人士赴烏魯木齊探討阿勒泰地區的情況，但這些人剛一抵達就被拘捕了。地方領袖強烈不滿督辦這種做法，他們以諾蓋拜為首於2月初發動了武裝起義。蘇聯協助鎮壓此次起義，1940年3月16日蘇中蒙三國聯軍向暴動者發動進攻。起義的哈薩克人在這場力量懸殊的戰鬥中損失慘重，戰死者之中就有諾蓋拜，但起義並沒有停下來。諾蓋拜生前名號由其子伊里斯汗取代。[3] 1940年4月20日，一支八千人的中國軍隊在六架蘇聯飛機的支援下向伊里斯汗的追隨者發起攻擊。但沒有山地戰鬥經驗的政府部隊，最終在遭受重大損失後被迫撤離。面對這種情況，盛世才決定釋放被捕的哈薩克領導人。為了就停止戰事達成協議，他派自己最親密的戰友、曾經主管財政問題的蘇沁楊（音譯）前往起義地區。蘇沁楊在會談期間轉告伊里斯汗：如果起義軍交出武器，督辦會同意接受他們的條件。起義軍領袖於是提出了以下條件：

一、釋放關押在烏魯木齊的阿勒泰及新疆其他地區的人士；
二、任命哈薩克代表為阿勒泰地區的領導人；
三、禁止蘇聯專家開採阿勒泰金礦；
四、不迫害解除武裝的哈薩克人。[4]

　　以這些條件為基礎，盛世才與伊里斯汗兩方代表在1940年5月15日簽署了停火協議。但在此之後伊里斯汗卻沒活多久，很快死於鼠疫。而後，起義領導人之一、僅次於伊里斯汗的二號人物——烏斯滿·伊斯蘭（即後文中知名的烏斯滿），不承認協議條件並不准自己的支持者交出武器。他們退到與蒙古交界的北塔山地區一帶繼續

戰鬥。1940年7月5日，當督辦違反協議、再次將金礦開採權交給蘇聯專家的時候，起義運動也以新的勢頭高漲起來。領導這場武裝運動的烏斯滿，將領導機構中的七位戰友團結在自己周圍，並提出了「我們為自由而死」的口號。起義軍武裝分成一些小規模的游擊隊，常常突襲給政府軍造成重大損失。這些成果使他們獲得了巨大聲望，越來越多的新疆哈薩克居民不斷加入起義隊伍。1940年間，起義軍還曾一度打敗政府軍並解放了可可托海一帶。但此後不久政府軍就奪回了對此地的控制權，還開始屠殺穆斯林民眾。比如，烏斯滿的11個子女有八人被殺，其妻子麥美和剩下活着的孩子跳入河中，靠泅水得救。烏斯滿的同伴蘇萊曼巴圖魯則在戰鬥中失去了全家。[5]然而，儘管有重大傷亡，起義軍依然沒有停止反抗。1941年5月，許多在中國阿勒泰地區工作的蘇聯專家被烏斯滿下令處死。雖然蘇中兩國軍隊加大攻勢，但還是沒能將起義鎮壓下去。1941年10月，為了與起義軍展開談判，督辦派遣談判隊伍到起義軍所在地，其中就有東突厥斯坦本地人賈尼木汗·哈吉。鑒於新疆政府常常不履行協議，烏斯滿拒絕談判。但這次賈尼木汗成功說服起義軍領袖相信新疆政府不會再違反協議，烏斯滿最終相信了督辦代表，並派遣由17人組成的代表團前往烏魯木齊，然而他們剛抵達機場立刻又被逮捕。[6]但此事沒有使烏斯滿停止積極反抗。1942年間，他繼續對中國政府軍發動攻擊。這場抗爭大大提升了他在可可托海、青河、布倫特海地區的影響力，令他在穆斯林民眾之間的名望不斷增強，許多人把他視作東突厥斯坦穆斯林民眾擺脫中國壓迫者抗爭運動的標誌。[7]很快，為了保全自己的部隊，烏斯滿決定撤退到山區，直到1944年他都一直成功。

　　蘇聯衛國戰爭開始之前，（駐新疆）蘇聯經濟貿易機構始終沒有停止大規模活動。1940年1月9日，外交人民委員部副人民委員謝爾蓋·拉佐夫斯基在莫斯科與中國大使楊杰會談的時候，向其通報蘇聯領導人同意在烏魯木齊建設一間年產300架的飛機組裝廠。1940

年2月27日，外貿人民委員部已責令駐中國商務代表伊萬‧巴庫林
與重慶政府協商建廠問題，並告訴巴庫林「該協議具有『極其機密的
性質』」。[8]儘管在疆蘇聯機構工作範圍內開展的許多行動都帶有機密
性，但這些機構的工作始終都處於西方外交官及傳教組織成員的密
切關注之下。烏魯木齊的美國傳教士海沃特博士在1940年1月曾報
告稱：「蘇聯的控制扎實深入，但掩飾得很好，反宗教宣傳僅在學校
裏進行，私營貿易也沒有受到干擾。」海沃特博士還說：「蘇聯在中
國的影響已很普遍，而日本印迹目前在新疆還看不到。」[9]

　　1940年秋，蘇聯領導人決定重新討論在新疆尋找及開採錫礦的
問題。因此，蘇聯人民委員會及聯共(布)中央委員會在10月26日
根據有色冶金人民委員部的呈文，通過了關於開採新疆錫礦的特別
決定，並責成有色冶金部「與新疆省政府簽署為期50年，有權在新
疆境內尋找、勘查與開發錫礦及其伴生礦藏的租讓合同」。[10]按照
該決定，費多爾‧卡爾邊科被任命為該租賃企業的主管，副主管為
彼得‧什巴耶夫，總工程師是康斯坦丁‧什馬諾夫，而首席地質學
家則是米哈依爾‧羅熱奇金。卡爾邊科還獲授權與駐烏魯木齊蘇聯
總領事巴庫林一起，就簽署租讓合同事宜與新疆政府談判。與此同
時，人民委員會下屬經濟委員會還受命在1940年第四季度之前，向
有色冶金人民委員部劃撥此事所需的各種材料、設備及資金。有色
冶金部則應在1940年12月之前準備1941年度租賃工作計劃，以提交
蘇聯人民委員會及聯共(布)中央委員會審核。1941年3月7日，蘇聯
黨和政府領導審核了有色冶金人民委員部制訂的工作計劃。需要指
出的是，為及時將計劃提交人民委員會及政治局審核，有色冶金部
從1941年1月開始為編製計劃緊張工作。[11]計劃講到，「鎳錫開採管
理總局特派考察隊在中國西部(新疆)已開展的地質普查工作查明了
砂礦以及基岩中的含錫特徵，然而具有工業開發意義的礦床還沒有出
現。在所有已發現的錫礦礦床之中，博爾塔拉河地區錫鎢礦的指標
最為可靠。」[12]計劃責成新疆錫業公司繼續在博爾塔拉和未考察過的

新疆其他地區尋找錫礦及類似的礦產，並啟動「詳細勘察阿勒泰地區綠柱石礦以及在阿勒泰組織試採綠柱石礦」的工作。[13]根據該工作計劃，新疆錫業公司應負責在博爾塔拉河流域和與其毗鄰的科茹爾迪、烏爾塔克薩雷、莫特塔、澤興孔德地區、圖爾貢河沿岸、朔方村一帶，以及傑科爾迪、喬岡科爾濟、庫斯台等地，繼續尋找勘察錫、鎢礦的工作（以上相關地名為音譯——譯者註）。尋找阿勒泰地區綠柱石的地質勘察工作應於5月1日開始，阿勒泰地質勘察隊工程技術人員班組要於4月1日前離開莫斯科。[14]計劃還打算在伊寧、喀什、和田地區尋找錫、鎢礦，在可可托海一帶進行尋找綠柱石礦的地質勘察工作。以此為目的，可可托海地質小組應在5月15日開始野外勘察，而和田、葉爾羌、喀什及精河幾個小組要在6月1日開始工作，前一小組的工程技術人員也要在4月25日前從莫斯科出發前往指定地區。按照工作計劃，博爾塔拉河流域的地貌勘察應於4月15日開始。該小隊的工程技術人員要在1941年3月20日動身前往目的地。[15]蘇聯國防人民委員部駐新疆武官處將協助上述各考察隊進行地形測繪工作。根據國防人民委員部呈文，政治局在1941年4月19日以決議方式撥付525萬外匯盧布，作為可可托海地質小組與蒙古及新疆蘇聯武官處轄下其他軍事化分隊的生活費。決議說到：「撥給國防人民委員部525萬外匯盧布，用於駐蒙古國及新疆所有武官、該兩地全體指揮人員、內務部駐新疆獨立步兵營及新疆地形測繪支隊的生活。」[16]

根據決議，為實施新疆錫業公司工作計劃的各種措施，政治局責令：蘇聯工業銀行不用提交預算計劃資料而在1941年財政年度列支新疆錫業公司撥款；民航管理總局在4月15日前向新疆錫業租賃公司分撥一架 P II-5 型飛機（一種輕型多用途飛機，可用於偵察、運輸、轟炸等，上世紀三十年代蘇聯曾大量生產——譯者註），並配齊全套備件；國防人民委員部在4月1日之前向租賃公司配撥兩台 M-17Ф 型新航空發動機；允許有色金屬人民委員部通過外貿人民委員部，向租賃公司撥發燃料及潤滑油；電子工業人民委員部在1941

年5月1日前，向租賃公司調撥三台配有全套備件的11AK「拉達」型
無線電台；內河航運人民委員部優先運輸沿額爾齊斯河運輸的租賃
公司的貨物；內務人民委員部為有色金屬部抽調到租賃公司的260
名工程技術、行政管理及其他工作人員準備證件。決議第七條說，
「為滿足新疆錫業租賃公司的需要，給從蘇聯出口的武器、彈藥及爆
破材料發放許可證。所需武器及彈藥的數量，由蘇聯內務人民委員
部與有色金屬人民委員部決定。」[17]鑒於蘇聯有向新疆進行廣泛經濟
滲透的計劃，1941年夏，蘇聯開始就在新疆境內設立氣象機構問題
談判，並起草了一部協議草案以協調蘇聯和新疆政府在此領域的關
係。[18]1941年秋，蘇聯協助在中國西部建立氣象機構的各項具體措
施開始落實。[19]蘇聯各相關部門在1941年8月又接受了中方關於擴
大新疆省中心城市烏魯木齊的電力供應的要求。[20]由於新疆畜牧業
受到口蹄疫的突襲，蘇聯還通過了向新疆提供獸醫援助的決議。[21]

　　蘇聯地質學家在新疆尋找石油的工作在三十年代末也取得了成
果。此時已經查明，在距離霍爾果斯—烏魯木齊公路八至九公里的
烏蘇地區，有估計不少於5,000萬噸的豐富石油礦藏。從1941年1
月到6月，蘇聯地質學家繼續緊張地在新疆開展尋找石油的工作。[22]
1942年，獨山子石油加工廠開工投產，該廠是在蘇聯的技術幫助
下於1938年開始建設。投產第一年，獨山子工廠就生產了7,830噸
石油產品。蘇聯地質學家很快又在霍爾果斯和阿克蘇地區發現了油
田。[23]1942年2月7日，人民委員會討論了獨山子石油加工聯合企業
的工作問題，並將通過的相關決議提交政治局審核。[24]該決議在3月
20日得到核准。根據決議內容，蘇聯駐烏魯木齊總領事伊萬·巴庫
林獲授權與聯合企業負責人Д·涅列東一起，與新疆政府簽署「關於
建立蘇新合股公司」的協議。莫斯科的意見是，石油聯合公司的負
責人及總工程師應由蘇聯方面任命，新疆方面則任命副職。協議還
規定在聯合公司內成立由兩人組成的監察委員會(雙方各出一人)，
雙方等額投資聯合公司的建設(各佔50%)。蘇聯向新疆方面提供期

限三年（從1942年1月到1945年1月）、年利息為4.5%的美元貸款，以填補這些開支。與此同時，蘇聯方面獲得在新疆採購黃金、牲畜及毛料的權利，這些物資的出口也免除關稅並計入工廠經營利潤及新疆方面貸款支付金的項目下。協議第七條稱：新疆政府應為石油勘察、工業開採及科研劃出必要的土地。[25]聯合公司安全問題由蘇聯石油工業人民委員部負責。最後一條規定協議期限為25年，新疆方面只有在協議到期後才有權贖回企業，且不能將贖回權轉賣或者轉讓給任何外國一方。但此時的烏魯木齊已揭露了一起「共產主義陰謀」案，並由於蘇聯衛國戰爭前線形勢嚴峻，盛世才已在開始尋找疏遠蘇聯的藉口。出於這個目的，他在1942年5月4日給斯大林、莫洛托夫、伏羅希洛夫和鐵木辛哥發去一封密信。督辦在信中提議，「對獨山子石油礦藏實行三方經營，因為蘇聯似乎有所拖延，而且還沒有與新疆簽署雙方協議。」[26]

　　應當指出，蘇聯當時在新疆的存在，已經擴大到甚至讓盛世才也將自己視作蘇聯加盟共和國領導人般並以此為榮的程度。比如，詹姆斯·米爾沃德與納比江·吐爾遜共同撰寫的東突厥斯坦問題研究著作就公道地寫到，「從1934年到1941年，新疆已像外蒙那樣成為蘇聯的附庸國。」[27]盛世才當然也對世界上尤其是二戰開始後東歐地區發生的政治變化瞭如指掌。烏克蘭西部及白俄羅斯西部被併入相應蘇聯加盟共和國，蘇聯吞併波羅的海沿岸諸國，北布科維納與比薩拉比亞地區被兼併等這些事件，讓盛世才深受鼓舞。1941年1月，督辦給斯大林寫了一封內容令人關注的信。盛世才在信中向斯大林提議：「應脫離中國，在新疆建立蘇維埃共和國並加入蘇聯。」他聲稱若要這樣做可「抓住現在英國帝國主義分子及蔣介石無法干預新疆事務的有利時機，且蘇維埃的新疆還能讓整個中國走上蘇維埃化的道路」。[28]但蘇聯領導人認為此建議不合時宜，也不同意將新疆變為新蘇維埃共和國的想法。很快，由於蘇聯和美國的參戰，國際局勢發生了重大變化。

　　1941年6月22日，法西斯德國對蘇聯發動進攻令二次世界大戰又出現了一條戰線。德國軍隊向莫斯科及列寧格勒快速推進，動搖了盛督辦的「布爾什維克信仰」。而日本突襲美國珍珠港海軍基地及英國新加坡海軍基地，也使中國和周邊地區出現了新的軍事戰略態勢。由於發生了諸多變化，特別是蘇聯紅軍迅速撤退，盛世才最終決定疏遠莫斯科及其控制的中國共產黨，採取措施迎合以蔣介石為首的重慶政府。他從1941年下半年開始，解除共產國際在三十年代末推選的中國共產黨黨員在新疆擔任的職務，以種種藉口禁止受蘇聯總領事館資助的各個中蘇社會組織開展活動。督辦直接下令：「不允許中國共產黨作為群眾性政治組織在新疆存在，也不許進行宣傳活動。」[29]為檢驗盛世才反蘇舉動的誠意，蔣介石於1942年3月派遣以國民黨第八戰區司令長官朱紹良率領的小組來到烏魯木齊。小組一直工作到7月，回到重慶後在報告中極高評價盛世才的反共活動。在此要強調的是，該小組此行有解決兩大重要問題的任務：在新疆建立國民黨政權以及使盛世才脫離蘇聯。[30]當斯大林正全神貫注與希特勒交戰之際，蔣介石正試圖將其影響力向新疆延伸。利用這個機會，盛世才決定借助國民黨政府擺脫蘇聯的影響。[31]

　　1942年春，當法西斯軍隊接近斯大林格勒的時候（斯大林格勒戰役日期為1942年7月至1943年2月——譯者註），盛世才也開始了「與托派分子鬥爭」的新運動。他投入所有精力在自己身邊人物之中尋找「陰謀者」，審查他們與蘇聯總領事館的關係。在他看來，蘇聯總領事館在背後支持他們那些「反新疆」的活動。盛世才認為：「維族－哈薩克－白匪陰謀」的策劃者及組織者就是蘇聯駐烏魯木齊總領事伊·奧夫季延科。[32]在自己最親信的人之中，督辦開始經常流露出列寧－斯大林學說與馬克思主義沒有任何關係，蘇聯實行「紅色帝國主義」政策的想法。然而，只是當德國法西斯軍隊接近高加索地區的時候（高加索戰役日期為1942年7月至1943年5月——譯者註），盛世才也才「認清」了這一切。正是那個時候，「盛世才決定……，鑒於

俄國有可能會失敗，與重慶加強關係將是符合利益的，並因此突然命令盛世騏將軍將俄國顧問及其他蘇聯公民趕出新疆。但他的弟弟拒絕聽從這個命令，其拒絕的做法還得到整個政府機關的支持。」[33]面對這種局面，盛世才開始構思各種能夠繞開盛世騏將軍及不服從他的政府機關的方案。盛世騏是盛世才的親弟弟，新疆軍隊司令，畢業於莫斯科軍事學院，娶了一名俄羅斯女子為妻（另有資料記載，他娶的是在莫斯科生活的中國女子陳秀英）。1942年春，新疆政府安全部門「破獲」一起「以奪取新疆省政權及殺害省長為目的」的「共產黨分子陰謀案」，使盛世才這次行動達到了最高潮。[34]

那麼，從根本上改變新疆形勢的「共產黨分子陰謀案」是怎麼回事呢？1942年3月19日，機械化部隊指揮官、被認為是蘇聯在新疆重要支柱的盛世才之弟盛世騏離奇被殺。美國駐海參崴領事於1943年11月起草的一份詳細情報這樣講道，「有關盛世騏死因的最早半官方說法（本地媒體當時似乎沒有一篇該話題的報道）稱，他是死於其五六歲兒子手中的手槍意外走火。」[35]盛世才將這起殺害事件與陳秀英聯繫起來，並借此與蘇聯駐烏魯木齊總領事館關聯在一起。盛世才的安全部門將與謀殺案稍有關係的所有人統統抓了起來。根據他的命令，四位專員中有三人、11位行政機關負責人中的七人、兩名將軍以及眾多位處重要戰略崗位的官員被捕。[36]破獲「共產黨分子陰謀案」的當晚就有140人被捕，第二天人數達到300人，極短時間內再達到2,000人。被捕者當中甚至還有一名14歲的中學生。[37]1942年10月10日，盛世才給斯大林、莫洛托夫、伏羅希洛夫與鐵木辛哥發去一封長達十頁的信，信函內容說明了「陰謀案」自始自終是由新疆省內蘇聯人士經營策劃的證據。隨信還附上偵訊材料，裏面有證人證詞，甚至烏魯木齊軍醫院外科手術日誌摘要。[38]比如，信中寫道：「根據偵訊結果，陳秀英於3月21日被捕。偵訊期間，陳秀英招認是她殺害了盛世騏。據其口供，謀殺的原因如下：作為一名聯共（布）黨員，盛世騏一直與從蘇聯派到烏魯木齊的軍事顧

問拉托夫中將有着很好的關係。陳秀英與拉托夫認識是在1941年8月，當時他們一起從蘇聯來到新疆。到達新疆後，陳秀英經常去找拉托夫打聽盛世騏的消息。拉托夫借這種機會用挑撥言辭激起了陳秀英的醋意，他說盛世騏在莫斯科似乎給自己找了一個年輕漂亮的女人，已經完全忘了陳秀英。」[39]據督辦審問人員得出的結論，拉托夫漸漸將此女人置於自己影響之下，就是為了「在四月革命（周年紀念日）前⋯⋯讓盛世騏死去」。當然，「陰謀者」的範圍並不僅限於拉托夫一人。根據獲取的證詞，領導這些行動的，「政治方面是總領事巴庫林，軍事方面是軍事顧問拉托夫，而經濟方面則是商務代辦維塞羅夫。」[40]以這種方式進行調查，自然會發現各個不同環節證人證詞之中，實際上都會提到外交、軍事及商務機構的所有蘇方工作人員，以及在那裏工作的中國人。同時，那些證詞的獲得通常也僅取自本地居民。調查這樣表述陰謀活動：「為推翻當前的新疆政府，首先要除掉機械化旅旅長盛世騏，因為他是督辦的得力助手。旅長畢業於蘇聯紅軍軍事學院，比烏魯木齊那些蘇聯教官更了解軍事。」[41]盛世才甚至還更進一步，宣布這是蘇聯政府已經知曉的一個「陰謀家組織」在烏魯木齊的活動。這樣一來，在證人證詞中常常就會出現「新疆這個組織接受總領事巴庫林的領導，蘇聯政府也知道此事」的言辭了。[42]信函結尾部分，督辦再次向蘇聯領導人通報：新疆省這起「共產黨分子陰謀案」的主要組織者，就是在蘇聯機構任職的財政顧問帕霍莫夫、貿易顧問克魯格羅夫、商務代辦維塞羅夫、教官馬拉尼切夫等人，以及按照蘇聯駐烏魯木齊總領事巴庫林及軍事顧問拉托夫的指示和領導行事，以推翻新疆政府、削弱中國抗日戰爭大後方為目的的「反革命組織」。[43]在信的最後，督辦請求莫斯科派偵察員到新疆全面調查，並懲治偵訊材料中提到的那些蘇聯工作人員。斯大林在三十年代開展的鎮壓運動是盛世才處置這場針對新疆領導人「陰謀活動」的樣板，督辦同時還要利用其進行相關鬥爭的豐富經驗，與善使陰謀詭計的東突厥斯坦地區「托派分子」展開較

量。在致信莫斯科的同時，盛世才還派遣其弟盛世驥攜帶包括31公斤黃金在內的大量禮物，與蔣介石駐新疆前任代表一起前往重慶。[44]此事之後，5月21日蘇聯駐烏魯木齊總領事館給督辦打電話，告知他拉托夫和巴庫林兩人現在要被召回莫斯科，拉托夫將被永遠召回，巴庫林則是召回「諮詢」。致電督辦的И·庫爾久科夫還稱，巴庫林回莫斯科之前想與督辦再見一面，但被盛世才最終拒絕。

　　蘇聯方面對這些事件有着不一樣的情報信息。根據蘇聯在新疆人士提供的資料，當盛世驥拒絕執行督辦將蘇聯公民趕出新疆的任務之後，「盛的岳父及其一些親信參謀讓盛世才殺了自己的弟弟。但因為在家庭會議上盛世才狠不下心做這件事，於是其岳父就和盛世驥走到院落中去，並在那裏射殺了他。」[45]事發一年後，美國駐海參崴領事提供的資料闡述了當時新疆流行的傳言，大致與蘇方說法彼此呼應。該領事稱，此次謀殺因下列其中一個原因而發生，「根據烏魯木齊的傳言，他死於：一、與其生活了八年的妻子之手，妻子不久前由蘇聯旅行歸來，卻發現丈夫在其不在期間背叛了她；二、被家中一位愛上盛世驥妻的司機（漢人）所殺；或三、因政治路線觀點存在根本分歧被國防委員盛世才（原文如此——譯者註）親自下令殺害。」[46]

　　根據獲得的情報，1942年7月3日，外交人民委員維·莫洛托夫受蘇聯政府委託給盛世才發去一封言辭相當激烈的信。其中，他說到督辦在信中有關蘇聯總領事巴庫林、首席軍事顧問拉托夫及其他蘇聯人員的表述，並沒有得到任何證據的證明，憑藉的只是些挑撥離間的流言。他寫道：「如果要相信流言的話，那根據如今在新疆及莫斯科流傳的說法，盛世驥之死的罪魁禍首就可以說是您，督辦先生。此時人們相信是您組織了謀殺盛世驥的行為，是因為您會將他當作您管理新疆大業的對手。然而蘇聯政府是不會那麼輕易受流言影響的，但顯然，您卻這樣做了，督辦先生。」[47]莫洛托夫聲稱，蘇聯政府一點兒都不相信調查該案的偵查組及其領導人。他講道，這樣的

指控也曾在相似情況下，對駐承化縣（今新疆阿勒泰）蘇聯副領事Ｘ．
Ｋ．比科姆爾任做過，但現在對巴庫林、拉托夫等其他蘇聯負責人員
的指控則帶有誣衊性質。在派遣蘇聯專家前往新疆調查一事上，蘇
聯外交人民委員講道，「蘇聯政府認為偵訊查案是新疆自身的內務，
因此沒有任何必要派蘇聯辦案人員到烏魯木齊。而且，僅憑那些明
顯具有誹謗性質的材料，蘇聯政府目前也找不到任何追究上述蘇聯工
作人員責任的理由。」[48] 而後，莫洛托夫提醒督辦不要走無休止鎮壓
活動的路線，蘇聯對此路線的正確性心存懷疑，他認為大規模地將新
疆那些著名人士撤職及逮捕極其危險。他還就此表達了以下看法，
「大部分新疆民事及軍事幹部有被這些行為消滅的危險。」[49]

　　就在二戰前，蘇聯本身已走過了同樣的鎮壓活動之路，使本國
人才資源蒙受了巨大的損失，而莫洛托夫當時作為國家領導成員也
是這些活動的組織者之一。自身是與鎮壓活動有關的人物，卻又提
醒督辦大規模消滅人才帶來的嚴重後果，這就像一個奇怪的人生諷
刺。由於「共產黨分子陰謀案」，新疆掀起了一波抓捕浪潮。被捕者
中，有近100名著名的中國共產黨人士，包括中國共產黨中央委員
會成員陳潭秋、林基路、毛澤民等人。毛澤民是中國首批共產黨員
毛澤東的幼弟，為了安全，共產國際將其派遣到新疆，[50] 但在鎮壓
活動期間他卻很快被盛世才下令槍斃。被捕者之中還有新疆省財政
廳長、教育廳長，包括喀什及哈密在內的幾處新疆地方行政長、《新
疆日報》總編等其他省內知名人士。在蘇聯接受過教育的專家，連同
蘇德戰爭開始後返回新疆的學生實際上均被逮捕。總的來說，1942
年遭到鎮壓的民眾人數達到10萬人之多。[51] 在那些被處決者之中就
有盛世才的妻子陳秀英，她被認定為謀殺案的執行人。被捕後盛世
才刑偵人員採用的審訊手段最終使陳秀英發了瘋。她被處死後，中
國媒體這樣寫道：盛世才夫人（陳秀英）是俄國人，也是蘇聯陰謀家
組織的核心人物。[52] 但最引人關注的是涉及盛世才的報道。盛世才
死後被追認為中將，官方還給他舉辦了奢華的葬禮。[53]

在寄給督辦的信中，莫洛托夫還提到盛世才做過的那些反對中央政府的行為。比如，他提到盛世才在1934年給莫斯科的信中說：「儘快在新疆實現共產主義並將其向甘肅及陝西……推進，拯救中國與新疆的唯一道路就是推翻以蔣介石為首的中國中央政府。」信件還提及在1936年張學良領導逮捕蔣介石的西安事變期間，盛世才當時就站在起義隊伍一方。最關鍵的是，他還說起盛世才在1941年1月曾提議新疆加入蘇聯並享受加盟共和國的權利。與此同時，莫洛托夫也強調，蘇聯在所有這些問題上都給他指明了正確的道路。他在信的最後寫道：「蘇聯政府認為，您，督辦先生，一定會依據所有這些作出自己必要的結論，找到解決問題、防止我們關係惡化的方法。」[54]

在將此信寄給盛督辦之後，信函文本也於7月7日發給了蘇聯駐中國大使亞歷山大・潘紐什金（即潘又新——譯者註），並指示潘紐什金緊急面謁蔣介石，向蔣介石轉達斯大林的口信以及7月3日寄給督辦的信件複印件。7月9日，大使與蔣介石會面，向其轉達了蘇聯政府及斯大林個人的口信。口信講到新疆盛督辦的行為引起蘇聯深深的疑慮，並指出前段時間督辦曾對蘇方駐新疆人士提出毫無根據的指控，莫洛托夫也因此給督辦發去說明立場的信函，提醒督辦的做法和錯誤可能會導致嚴重的後果。蘇聯大使強調：「為了讓您全面了解這些情況，蘇聯政府認為必須要讓您了解寄往新疆、交給盛世才先生的上述函件內容。」[55]莫斯科此次公開以前秘密的做法，目的就是要在重慶與烏魯木齊之間播下不睦的種子，保留蘇聯以前在新疆的地位。蘇聯大使竭力要讓蔣介石相信，蘇聯向新疆提供援助，動機是要挽救那裏的中國政體；而穆斯林則可能會摧毀它，想扶持日本傀儡、一位土耳其蘇丹的二兒子在新疆登上所謂「皇帝」的寶座。[56]蔣介石表示已知道這一切，卻並不急於就督辦問題作出決定。清楚蘇聯在外交上走多條路做法的蔣介石，打算利用當前局勢，將其作為讓新疆重歸中國政府控制的理由。因此，由莫洛托夫

提供的信息，包括有關西安事變、盛世才欲使新疆加入蘇聯、盛世才事實上是聯共（布）黨員等，都被轉交給了美國人，而關於「盛督辦想將新疆變成蘇聯一部分」的情報也發往了華盛頓。[57]

此時的盛世才也在尋求加強與重慶政府聯繫，重新歸順蔣介石。為了這個目的，他在1942年夏派自己的四弟盛世驥前往重慶。盛世驥曾留學蘇聯，在莫斯科東方學院（1920年建立，1954年撤銷——譯者註）接受教育。而且，盛世才還於1942年7月7日寫了一封講述新疆事件的長信讓其弟弟帶給蔣介石。[58]蔣介石在接見其弟的時候，要求清除新疆的共產黨分子並要擺脫蘇聯的影響。帶着這個目的，蔣介石於1942年8月在蘭州召開了西北諸省省長會議。但督辦擔心自己不在期間蘇聯會發動政變，沒有參加此次會議。在這種情況下，蔣介石夫人宋美齡只得親自前往新疆。在她抵達烏魯木齊前一天的8月28日，盛世才簽署了大規模逮捕共產黨員的命令。[59]宋美齡此行的主要目的是使新疆歸附中央政府，她在烏魯木齊受到了熱情接待。她最終實現了目的，並在烏魯木齊開設了由朱紹良領導的蔣介石國民黨政府，同時還成立了國民黨省黨部，中國外交部駐新疆代表也已開始了工作。談判期間，雙方就在省內部署支持蔣介石的部隊以及委派國民黨員擔任一些政府要職達成共識，並商定要在省內開設美國總領事館。[60]美國總領事館一事在1943年4月19日得到落實，領事哈里斯·史密斯也開始密切關注新疆省內發生的事情。後來，研究中蘇關係的專家、美國駐重慶大使館二秘柯樂博，作為美國駐新疆總領事來到迪化（烏魯木齊）。從1945年初到1946年冬，親蘇的華爾德成為駐新疆的美國總領事，但其繼任者包懋勛卻是反蘇反共人士。[61]儘管發生了這些變故，但蘇聯政府卻不打算輕易地放棄其在新疆的地位。在美國領事看來，蘇聯政府想竭盡全力在新疆維持親蘇的政體，因為從向蘇俄供應鎢、金、石油等礦產角度來看，新疆省是其將來的一個基地。而更為重要的問題是，經過新疆可以與延安中共建立直接聯繫，並便於關注蒙古及滿洲地區的事態。[62]

早在起草那封措辭激烈信函的時候，斯大林和莫洛托夫就決定，為了向盛督辦施加影響，應派遣副外交人民委員弗拉基米爾‧傑坎諾佐夫前往烏魯木齊。傑坎諾佐夫於1942年7月6日抵達烏魯木齊，一天後獲盛世才接見。新疆方面的翻譯是盛世才的四弟盛世驥，蘇聯方面負責翻譯的是使館參贊 T‧斯克沃爾佐夫。在簡短寒暄及把禮物交給督辦之後，副人民委員轉給盛世才兩封以蘇聯政府名義寫的信件。這是對5月4日和10日督辦致蘇聯領導人兩封信函的回信。第一封莫洛托夫的信是對盛世才5月4日關於獨山子石油加工廠問題信函的答覆。莫洛托夫寫道，幾年來蘇聯專家一直在尋找石油，最終發現了礦藏並建設了一家石油加工企業。蘇聯方面認為，督辦的新提議使自己面臨一個現實問題。莫洛托夫說：「如果您，督辦先生想堅持自己的意見，那麼蘇聯政府將不得不召回自己的專家，並從獨山子石油聯合企業運回機械設備。」[63]

重慶之行期間，盛世才的代表、其弟盛世驥與蔣介石討論了諸多問題，其中就包括獨山子石油加工廠的問題。蔣介石答應派代表赴新疆處理有關該工廠的事宜。當盛世才7月17日將這件事向莫洛托夫通告之後，莫洛托夫回覆電報稱：蘇聯方面不反對中國中央政府參與石油聯合企業的管理。[64]但這些交涉卻沒有結果，一段時間之後，蘇聯方面不得不從新疆召回了自己的專家。此時，美國地質學家已着手在新疆尋找石油。他們認為，如果蘇聯能夠控制天山北部及到玉門這條甘肅走廊，就可大幅增加本國的石油資源。[65]在美國方面看來，蘇聯在中央亞細亞地區實現政治和經濟控制，已使蘇新邊界理論上的重要性充滿了戰略內涵，而新疆石油財富及礦產資源就更可能引起蘇聯的注意。[66]1944年5月，美國國務院遠東司這樣評定新疆現有的礦產資源：「已知的是，在阿勒泰邊區及新疆南部有一定數量的黃金，其產量據報道可達每年1萬盎司。這裏也有石油礦藏，獨山子聯合企業現每月生產不超過100萬加侖的原油；有相當豐富的煤礦；資料顯示這裏還有鐵礦，目前正在進行開發，同

時，礦石的金屬含量在35%至43%之間。關於新疆擁有雲母、鋅、鉍、鎢等礦產的資料是確切可信的，但還沒有確定這些礦產的數量有多少。」[67]

儘管督辦已經就蘇聯問題作出了決定，但他與蘇聯人士的來往表面上還是很熱情並遵守禮儀。的確，因傑坎諾佐夫的中國之行，他還於7月17日給蘇聯領導人致函，感謝他們所送的禮物。然而，希望傑坎諾佐夫能向督辦解釋清楚問題並使之回到以前合作方式的期望卻沒有實現。在雙方接觸期間，盛世才曾稱蘇聯是侵略國家，表達了他必須退出聯共(布)的想法，並始終斷言在針對他的共產黨分子陰謀案中有蘇聯方面的痕跡。[68]傑坎諾佐夫向莫斯科轉達了有關蘇聯員工參與反盛陰謀案的談話內容。7月13日，莫洛托夫發過來一封電報，稱對那些無根據誹謗蘇聯駐新疆員工的指控，蘇聯政府目前還沒有新的、能改變自己立場的情報資料。[69]7月20日，知道與督辦談判不會有結果的弗拉基米爾‧傑坎諾佐夫向盛世才發去一份關於新疆專家遭到迫害的「簡明備忘錄」，並表達了讓督辦採取措施改善這種情況的希望。備忘錄稱，從1941年末尤其是1942年春起，新疆官員從根本上改變了自己對新疆企業工作人員的態度。[70]但督辦對此呼籲毫無回應。

傑坎諾佐夫於7月26日由烏魯木齊返回，「空手而歸」的他建議：「清理我方在新疆的各個企業(飛機裝配廠、獨山子石油聯合企業、新疆錫業托拉斯)，而其工作人員及物質技術設備則從新疆召回蘇聯；收縮蘇聯貿易機構『蘇新貿易公司』的貿易活動；將應新疆政府請求派遣去中方機構工作的所有我方顧問和教官都召回蘇聯。」[71]當時美國國務院起草的一份報告書曾這樣講道：「俄國人1942年關閉了己方在省內的絕大部分商務機構，並撤出了應中方省長邀請派遣到該省的蘇聯軍隊。但這種做法卻強化了新疆與中國國民政府的政治關係。」[72]在1942年夏天中央政府與盛世才將軍談判期間，中國政府代表極力要讓他相信：美國和英國方面的供應能夠取代因其政

治轉向而使該省失去的那些蘇聯商品。[73]盛世才1943年結束與蘇聯合作的後果，就是蘇聯最終被迫從新疆退出，並導致美國及英國在此的影響不斷擴大。[74]在蘇聯專家離開新疆以及他們所建設的工業企業停止運作後，督辦開始與美國領事就購買美國工業設備及軍事裝備問題展開秘密談判。談判期間督辦曾指出：因新疆靠近蘇聯，有關在這裏建立重工業的決定早已作出。不過，儘管中國與蘇聯之間有親密合作關係，但在國際機構中卻並沒有兩國之間未來不會出問題的保障。[75]然而，那些在中國的美國外交官卻通過重慶領導人讓督辦明白，現在做這件事十分困難，「但是，好像，未來完全有希望的是：一些中國派別會在得到美、英兩國軍事設備和裝備的幫助下與日本作戰，並可能會以『收復中國所失領土』為藉口開始對蘇聯動武。」[76]而1943年12月發行的一期美國《生活》（Life）周刊則寫道，「借助蘇俄的幫助，他（盛世才）為中國保住了新疆。」[77]

　　1943年4月12日，蘇聯有色金屬人民委員部開始清理新疆錫業公司，該機構已於4月1日關停。[78]1943年5月，蘇聯政府向重慶政府通告了自己今後將收縮駐新疆蘇聯機構活動的計劃。[79]就這樣，不僅是傑坎諾佐夫的外交使命，蘇聯在新疆實行了十年的第一階段政策最終都完全失敗了。美國駐烏魯木齊領事在評價蘇聯對新疆省援助的時候指出：從1933年直到1943年蘇聯召回專家和參謀人士，新疆的自主性及其面對中央政府的立場相當強硬。[80]烏魯木齊美國總領事館密切關注蘇新關係中出現的緊張局面，中國西北地區發生的情況還引起了美國駐海參崴領事館的重大關切。的確，美國總領事柯樂博就曾編匯了有關1942至43年間新疆政局的參考資料，並於11月1日將其發送給在重慶的美國大使高思（Clarence E. Gauss），大使自己也在1943年12月20日將該資料轉寄給了美國國務卿。儘管因情報有限並存在某些缺點，但高思仍認為柯樂博領事這份關於新疆局勢的綜合性彙報非常有價值。[81]他分析了蘇聯專家從新疆召回的結果，得出了以下結論：「中國人為撤出蘇聯軍隊所做的努力最終

使蘇聯採取了行動，顯示了中方政策所帶來的種種苦澀後果。」[82]

在向重慶政府通告欲將所有專家從新疆召回的意圖之後，聯共（布）中央政治局馬上就在1943年5月4日通過了在新疆省施行新政策的決議。決議提及，盛世才督辦在1933年執政後，借助蘇聯給予的軍事、外交及經濟援助得以鞏固自己的政權，吸引維吾爾、哈薩克、柯爾克孜、蒙古等非漢族知名人士參與新疆省的管理，「但是，新疆各民族自我意識的覺醒，卻與督辦欲確保自己及其親信集團不受限制統治該省的意圖產生了抵觸。督辦不希望少數民族幹部對各階層民眾影響日益擴大，開始實施大規模的拘捕活動，驅離該省管理機構中的民族人士，實際上已轉向了殖民壓迫政策。考慮到新疆各民族對蘇聯好感不斷上升的事實，督辦就開始宣傳：其壓迫各非漢民族的政策似乎是在蘇聯政府的首肯下才實施的。」[83]在決議引言部分還提到，蘇聯政府不可能容忍督辦這種破壞性的反蘇活動，不會支持其旨在壓迫新疆各民族的政策。因此，這份秘密決議向蘇聯駐新疆機構下達了當下要做的一些任務：向鬥爭反抗督辦殖民壓迫政策及新疆政府的新疆非漢民族提供幫助：「一、支持新疆所有民族平等；二、支持每個民族享有文化發展的自由權利，由國家支持用母語進行初級及中等教育；三、反對宗教壓迫；四、支持由受當地民眾信任的人士在各專區、縣組建政權機關；五、支持按每個民族按所佔人口數量比例，選出代表組建新疆民族政治委員會；六、反對將省、專區管理機構的軍政權力集中在一個人手中；七、支持恢復民族軍事武裝；八、支持釋放被督辦拘捕的社會活動人士及各部族權威人物；九、支持減輕各階層民眾的稅務負擔並削減大幅膨脹的軍警預算；十、擁護商界與蘇聯的自由貿易權利，並取消各類阻礙貿易的約束和限制；十一、支持取消限制價格、不符合新疆經濟秩序的措施；十二、支持在政府協助下加大灌溉水渠的建設；十三、支持取消過於繁重的勞役；十四、反對從中國其他省份向新疆遷移人口而使本省各階層民眾狀況日益惡化的措施。」[84]

從所列決議原文顯然可以看出，政治局通過的全面行動計劃就是想在東突厥斯坦組織一場穆斯林民眾分裂運動。為庇護新疆的民族運動，政治局決議第二條責令烏茲別克斯坦、哈薩克斯坦及吉爾吉斯斯坦共產黨（布）中央委員會第一書記——即烏斯曼‧尤蘇波夫、尼古拉‧斯克沃爾佐夫和阿列克謝‧瓦戈夫以及上述三國人民委員會主席（阿卜杜拉赫曼諾夫、翁達西諾夫與庫拉托夫）採取以下措施：「一、在新疆境內的維吾爾、哈薩克、柯爾克孜、蒙古等民族之中，用當地民族幹部和由蘇聯中亞加盟共和國專門培養的工作人員成立一些秘密組織（民族復興組）；二、向這些『民族復興組』提供幫助，培訓軍事和政治幹部，為此在烏茲別克、哈薩克及吉爾吉斯蘇維埃社會主義共和國建立學校，並提供必要的武器；三、安排烏茲別克、哈薩克和吉爾吉斯加盟共和國的學者、社會活動人士和學術機構，與新疆的文化啟蒙團體、知名的社會政治人士建立書面聯繫；四、籌劃以新疆各民族語言，在新疆印刷、發行關於烏茲別克斯坦、哈薩克斯坦、吉爾吉斯斯坦三國經濟及民族文化建設等成就的傳單、文藝及政治書籍；五、以蘇聯境內親屬的名義，安排向在新疆生活的蘇聯僑民發送愛國信件；六、以蘇聯穆斯林中央宗教管理總局的名義，組織出版講述穆斯林宗教在蘇聯的狀況以及穆斯林參與衛國戰爭事迹的書籍，並在新疆予以傳播。」[85]

為了使最後一條更具體化，大約一個月過後（6月10日），政治局根據國家安全人民委員部的呈文通過了以下決定：「組建中亞及哈薩克斯坦穆斯林宗教管理局。」[86]除了莫洛托夫、馬林科夫、梅爾庫羅夫之外，負責執行該決議的還有烏茲別克斯坦、哈薩克斯坦、吉爾吉斯斯坦、塔吉克斯坦及土庫曼斯坦的共產黨中央委員會。該決定的通過，其任務就是要保護在新疆省內計劃製造的民族運動，以及有必要讓東突厥斯坦的穆斯林相信蘇聯國內也有伊斯蘭教的存在。

1944年夏，為加強與法西斯主義的鬥爭，蘇聯宗教界穆斯林人士向全世界穆斯林發出了呼籲書。呼籲書印刷了5,000份，並在毗鄰

的穆斯林國家廣為散發。[87] 新疆也響應了該呼籲。儘管該文件是號召穆斯林與法西斯主義鬥爭，但其根本目的卻是要讓蘇聯周邊鄰國的穆斯林民眾相信蘇聯國內也有伊斯蘭教。政治局的 5 月 4 日決議第三條關注如何在新疆進行宣傳的問題。這一條特別強調必須要向新疆人民解釋清楚：出現召回蘇聯專家、拆除工業企業、停止雙方貿易等情況，是因為省政府一方的過錯，是由於督辦對北方鄰國那種令人不能接受的姿態。此外，同樣重要的還有向新疆廣大民眾講明督辦是想利用蘇聯企業和專家來對付維吾爾、哈薩克、柯爾克孜、蒙古等民族。決議允許過去非法遷到新疆的那些蘇聯公民返回自己的家園。決議還寫道：「為那些因參與反對民族壓迫而受到迫害的人士提供蘇聯境內的避難權，同時在蘇聯境內給予必要的協助。允許哈薩克、柯爾克孜、蒙古等民族在新疆及蘇聯兩地之間往返轉場，並為此在蘇聯邊境制定相應的便利規定。」[88] 政治局決議第七條指示外貿以及內務兩個人民委員部，和烏茲別克斯坦、哈薩克斯坦、吉爾吉斯斯坦三國共產黨中央委員會共同籌劃在邊境地區安排與新疆商人的秘密貿易。第八條內容則是給國家安全人民委員部下達的任務：「一、以口頭和書面宣傳以及本決議規定的其他活動方式，利用新疆境內現有情報網為『民族復興組』的組建提供幫助；二、以莫斯科教區的名義，安排發行對新疆東正教民眾的愛國呼籲書。」[89] 在該決議的補充決定，政治局責令外交人民委員部擴大目前蘇聯總領事館所管理的醫務點網絡，向當地人民提供醫療援助，並在烏魯木齊開設一家能夠日接納 200 名病人的診療所。在政治局決議通過之後，蘇聯人民委員會馬上就在 1943 年 5 月 30 日發布了撥付補充經費用以維持蘇聯駐新疆各醫療點運營的命令。[90] 決議最後一條指出，有關各方面決議的執行由莫洛托夫、梅爾庫羅夫、米高揚、傑坎諾佐夫、貝利亞、尤蘇波夫、斯克沃爾佐夫、瓦戈夫諸人負責。同時還規定，「馬林科夫同志負責監督本指示的落實施情況。」[91] 政治局這份決議是東突厥斯坦地區即將發生重大變化的前兆。據俄羅斯歷史

學家拉德欽科所言，斯大林更喜歡暗中行事，他不會為保護蘇聯經濟及戰略利益直接干涉新疆，也不會去除掉盛世才。[92]令人關注的是，大約兩年後，政治局又在1945年7月6日就伊朗阿塞拜疆地區問題通過了一份同樣的決議。[93]政治局通過這份新疆決議的主要想法是，蘇聯不允許在其周邊地區出現像盛世才政府這樣一個公開不友好的政體。[94]當政局發展到新階段，十年來曾一直支持盛世才成為新疆省領導人的莫斯科決定為穆斯林民眾逐漸蔓延的反中國運動大開「綠燈」。而與此同時，在通過該決議之前，蘇聯領導人卻對烏魯木齊的盛世才政府在建立以其為首的私人統治政權及壓制新疆穆斯林民眾給予全面的幫助。在當時那個時期，關於加強在新疆的地位和影響的問題，中蘇之間「強行競爭」的活動前景還不十分明朗。但此時似乎是，中國欲用一切手段恢復自己在新疆的管轄，而蘇聯則想讓新疆回到自己控制之下或者是用最小代價將其變成自己的勢力範圍。[95]在5月4日決議通過後，蘇聯就為要將獨山子石油加工聯合企業設備運回蘇聯的交通工具劃撥了燃油和潤滑油。[96]為執行政治局決議，蘇聯人民委員會於5月13日下達了提高中國西部現有蘇聯領事機構工作人員職務薪資（以硬通貨計算）的指示；[97]5月23日，又通過了擴大駐新疆蘇聯領事機構崗位編制的決定。[98]看到蘇方的這些準備活動，當地美國外交機構作出以下推斷：蘇聯剛剛完成其從該地區的撤離，便在1943年干預新疆內部事務。各種指標證明他們已改變了平時對新疆省的態度，要讓「新疆自行其是」。[99]

政治局的1943年5月4日決議通過後，盛世才又持續掌權一年多。他統治新疆期間，有七萬至八萬人被槍決，十萬多人被監禁。這些做法在其執政最後幾個月更是達到了頂峰。省內監獄對被捕者採用了一百多種折磨手段，其中就包括一些中世紀時期的刑訊方法。[100]根據詹姆斯·米爾沃德與納比江·吐爾遜兩人的資料，盛世才在其掌權期間「處決了五萬到十萬的政治犯」，[101]然而他最終還是沒能靠鎮壓手段保住政權，但蘇聯政治局支持穆斯林民眾民族運動的計劃

卻取得成效。1943年下半年，烏斯滿起義軍在阿勒泰地區的戰鬥行動更加猛烈。蘇聯駐承化領事 Φ‧米哈伊洛夫向莫斯科報告説，依靠當地民眾的支持，這位哈薩克領袖的隊伍越來越壯大，其人數到1943年11月已多達300人。[102]蘇聯相關機構從1943年秋季開始就想辦法接觸烏斯滿起義武裝。當年10月蘇聯代表帕霍莫夫與烏斯滿進行了秘密會談。此次會面後，起義軍開始得到蘇聯提供的武器和軍事裝備。比如，蘇方交給了起義軍27支步槍、2,600發子彈、十把毛瑟槍，還給烏斯滿個人贈送了一把英式自動衝鋒槍及配發1,000發子彈。雙方商定要嚴守此次會面的秘密。但為了不從屬於任何人，烏斯滿在告別之時也向蘇聯代表贈送了禮物（38匹馬、八張地毯及一些黃金製品）。[103]俄羅斯歷史學家拉德欽科這樣寫道：「烏斯滿的一生有着不同的追求，也給人留下來完全不同的印象。令哈薩克人崇拜但令漢人恐懼的烏斯滿，統率着一個反政府武裝團夥在人烟稀少的新疆東北地區活動，以為其民眾爭取自由的名義劫掠漢人的設施。隊伍人數不多，但卻嫻熟游擊戰。他們雖然實施盜匪勾當，但卻博得當地哈薩克人的敬重，只要時機成熟，就能夠領導起針對漢人的叛亂活動。作為反叛者及自我標榜的自由鬥士，烏斯滿期望他有一天能夠領導創建一個在自己統治下的阿勒泰獨立王國。」[104]

美國駐新疆總領事館密切關注哈薩克人高漲的反抗情緒。從1943年秋開始，海參崴（原文如此，應為烏魯木齊——譯者註）總領事柯樂博就向重慶美國大使館發送這方面的秘密情報。但這些情報並不是都反映了真實情況。比如，10月20日發給使館的一份情報稱起義隊伍有5,000人，但實際上起義部隊人數在12月10日也僅共計400人。領事緊急情報還説主要是蒙古在支持阿勒泰地區的起義部隊。高思大使根據自己的觀察給國務卿這樣寫道：「新疆的一些漢人大概會認為，目前這場戰爭結束之後中國就將被迫與蘇俄作戰以收復對外蒙古的控制權。」[105]11月1日，柯樂博總領事就哈薩克人及柯爾克孜人的情況致信高思大使，描述了漢人對他們的態度，稱哈薩

克人和柯爾克孜人早就是中亞地區的麻煩分子。他寫道：甘肅的漢
人常說哈薩克人喜歡殺人，但我想，歷史將證明新疆還有許多其他
人準備伺機殺死漢人。[106]

　　盛世才欲借重慶支持來對抗莫斯科，並以國民黨人取代共產黨
人，但這個企圖並未成功。而從1943年7月起，新疆省內已設立了
31個國民黨地方黨部，黨員人數不超過21,696人。[107]1944年夏，盛
世才已經感覺到新疆政權正漸漸脫離他的控制。此時的蘇德戰場也
發生了重大變化，蘇聯部隊開始向歐洲諸國邊境推進。鑒於這種情
況，督辦以委任他當新疆人民委員會主席為條件又向斯大林提出將新
疆併入蘇聯的建議。[108]然而他的倡議並沒有得到莫斯科的同意。盛
世才非常清楚，他是不可能矇騙住斯大林的。在他看來，斯大林就
像一條已吞掉一半大魚、正準備貪婪地將整個獵物吞掉的毒蛇。[109]

　　國內地位日益穩固、甚至連蔣介石也開始重視的中國共產黨，認
為督辦已落入走投無路的境地。[110]在共產黨看來，盛世才的處境現在
變得越來越艱難，不知如何走出困境。新疆境內當時有不少於100名
國民黨高官，這些人實際上決定着新疆的命運。[111]這樣一來，在蘇聯
軍隊及盟軍戰事不斷取得勝利的背景下，盛世才已成為蘇中關係改善
的一大障礙。作為本國代表、在遠東地區與中國共同抗日的美國官
方人士，也十分清楚這種情況。美國尤其是想儘快結束戰爭的羅斯
福總統，這時正努力拉近蘇聯與中國之間的關係。1944年5月，美國
副總統亨利・華萊士在訪問蘇聯期間會見了斯大林和莫洛托夫，與
他們就廣泛問題進行了磋商（有關資料中沒有關於斯大林、莫洛托夫
會見華萊士的記載——譯者註），此後又前往蘇聯中亞地區各加盟共
和國。根據貝利亞的建議，陪同華萊士的是阿馬亞克・科布洛夫。
科布洛夫在1940至41年間曾在柏林以蘇聯外交官身份為掩護，在蘇
聯情報機構負責人崗位上積累了外交經驗，並於1941至44年間任烏
茲別克斯坦內務人民委員部領導人。[112]中亞之行結束後，華萊士在6
月19日來到新疆。當然，他此次到來不是偶然的，但美國副總統訪

問新疆也成為各種流言散播的緣由。當地報紙這樣寫道：華萊士此次前來是要看一看，評估我們的需求並向中國提供幫助。[113] 華萊士到來的這一天，新疆舉行了盛大的歡迎活動。在美國副總統前往督辦住地的道路兩邊，手持中美兩國國旗的民眾在警察局安排下列隊站立。華萊士在督辦住處受到隆重的接待。所有報紙都整版報道了這次訪問，並全文刊發了華萊士、盛督辦以及蔣介石的發言（華萊士在中國西部逗留兩天後又前往重慶訪問）。[114] 敗選受挫的美國共和黨總統參選人溫代爾‧威爾基和在任副總統亨利‧華萊士，分別在1942年和1944年訪問新疆，均受到熱烈歡迎。對於這兩次訪問，盛世才曾這樣說：「新疆傳統上一直被認為是中國的後門⋯⋯，（在這些訪問過後）我們感到新疆已突然變成了中國的前門。」[115] 華萊士與中國中央政府領導人進行的談判，其中一個目的就是要在中蘇兩個大國之間建立更密切的關係。雙方在談判期間強調，盛世才是蘇中關係發展道路上的一個重大障礙。[116] 在與中國中央政府領導人會面的時候，華萊士向蔣介石轉達了羅斯福總統就開展蘇中談判以改善雙方關係所提出的建議。[117] 有關華萊士此次中國之行的通報講到：「逗留重慶期間，在與國民政府及國民黨領導人會面的時候，華萊士先生對蘇聯讚譽有加，尤其是在提到遠東和中亞地區蘇聯人民所取得成績的時候。在送行午宴上，華萊士先生再次強調，中國領導人應當考慮與蘇聯建立良好的友好關係。」[118] 儘管美國副總統在烏魯木齊受到隆重接待，但這沒有妨礙這次中國之行在解決對蘇聯領導人來說具有原則性的「盛世才問題」方面發揮重要作用。李昌（音）在一篇引人關注的關於新疆事件文章這樣寫道：「1944年春，副總統華萊士被派往蘇聯亞洲地區執行一項特殊任務。當年的報道稱，在7月份的時候，已根據華萊士建議撤掉了盛世才的省主席職位。借助向蘇聯做出的這個姿態，中國希望中蘇邊境沿線的和平能夠得以恢復。」[119]

早在華萊士訪華之前，根據政治局5月4日決定，蘇聯駐喀什總領事謝斯傑里科夫已受命收集關於新疆民族解放運動的發展潛力、

前景及其社會基礎等方面的情報。1944年4月，謝斯傑里科夫整理有關文件，並發給傑坎諾佐夫。文件講到，絕大多數受壓迫的南疆非漢族社會各階層民眾，對漢族懷有巨大的仇恨，這是由於漢族建立了以極端專制、警察恐怖手段、殖民壓迫為支柱的高壓制度，使民眾窮困潦倒。當前所有的內部矛盾都因反抗漢族殖民者的鬥爭而退居次要地位，活躍的民族解放運動將不可避免地增長，但它需要外部的推動與現實的幫助。各階層廣大民眾都對蘇聯有好感，只有以建立伊斯蘭國為目標的一些商人和宗教人士持親英態度，他們人數不多，意圖借助英國的幫助實現這個目標。當時如果沒有作為主導力量的穆斯林宗教界人士參與各個階段的鬥爭，那麼民族解放運動是不可能擴大的，因此要考慮提出一個構建國家模式的口號，以確保宗教人士能參與其中。[120] 1944年春，蘇聯其他的駐新疆領事機構也紛紛將其領事區內的社會、政治、經濟狀況以及民族關係方面的情報發送給莫斯科。阿勒泰地區領事Ф‧米哈伊洛夫寫道，烏斯滿領導的哈薩克起義軍在條件適宜的情況下，能夠在組織和發動新一場哈薩克起義運動上發揮決定性作用。與此同時，他也不排除其他民眾會在對其有利的條件下積極參與民族解放抗爭。[121] 莫斯科詳細研究了蘇聯外交官從新疆發來的情報，認為適宜從新疆北部——即阿勒泰、伊犁與塔爾巴哈台地區，發動東突厥斯坦的民族解放運動。與南疆不同，這些地區的人民不滿情緒表現得更強烈，且這些地方還與蘇聯阿爾泰地區和蒙古國直接接壤。在這裏工作的蘇聯外交官也指出此處具有發展民族解放運動的條件。[122] 蘇聯外交代表之所以得出這樣的結論，是因為在盛世才離開新疆後，烏魯木齊已失去了對新疆東北部地區的控制。[123] 選擇在與蘇聯接壤地區發動民族解放運動，還因為有幾個地下革命小組長期以來在這裏活動，這些小組成員主要是知識界人士，而且其中有大量在蘇聯受過教育的維吾爾人、哈薩克人、烏茲別克人和柯爾克孜人，甚至還有在二十至三十年代入黨的老共產黨員。比如，在1943年底於新疆成立的地

下組織「東突厥斯坦解放同盟」，成員之中就有新疆知識界、政界、宗教界及商界的知名人士，包括艾力汗‧吐烈、拉西木江‧薩比爾霍扎耶夫、阿合買提江‧哈斯木、阿不都克里木‧阿巴索夫、阿卜杜拉烏夫‧馬合蘇木、馬哈邁德江‧馬合蘇木、薩利赫讓拜‧巴巴江、原東突厥斯坦伊斯蘭共和國沙比提大毛拉之子穆希特丁‧卡納特、祖農‧太波夫‧伽努‧尤爾達紹夫、卡希姆江‧岡巴力、努爾東‧伊拉洪、奧馬爾江‧彼爾穆哈邁德等人。[124]

為執行政治局1943年5月4日決議以及為東突厥斯坦的穆斯林民族解放運動確立方向，莫斯科還成立了新疆問題協調小組。小組成員包括：人民委員會代表阿列克謝‧柯西金、內務人民委員部代表拉夫連季‧貝利亞、蘇聯工會代表尼古拉‧什維爾尼克，以及聯共(布)中央委員會代表米哈伊爾‧蘇斯洛夫。[125] 1943年5月，在拉夫連季‧貝利亞領導下，召開了內務人民委員部及國家安全人民委員部駐新疆工作人員行動會議。與中央情報機關工作人員一同被邀請參會的，還有哈薩克斯坦、吉爾吉斯斯坦、烏茲別克斯坦、塔吉克斯坦與阿爾泰邊疆區的情報部門領導，以及在新疆各中心城市和蒙古國活動的情報網負責人。會議最終通過了一份由內務人民委員部處長弗拉基米爾‧葉格納洛夫、國家安全人民委員部第一局第四處處長亞歷山大‧朗方格、國防人民委員部國家情報局負責人鮑里斯‧庫茲涅佐夫等人起草的「新疆行動計劃」。這份文件規定：強化新疆的情報工作；為各中亞共和國情報機構提供宣傳人員及政治思想人員保障；在阿拉木圖、塔什干及伏龍芝(今比什凱克——譯者註)舉辦游擊隊培訓班；加強哈薩克斯坦、吉爾吉斯斯坦安全機構與新疆反盛世才地下組織的聯繫，責令哈薩克斯坦、烏茲別克斯坦及吉爾吉斯斯坦國家安全機構組建由本國國內新疆人員組成的軍隊，教授他們進行游擊戰的形式和方法，以便以後將其派到新疆省內發動反對盛世才專制的武裝起義。[126]東突厥斯坦共和國宣布成立前夕，在阿拉木圖及邊境上的霍爾果斯成立了一個專門的機動小組，

負責協調新疆三區計劃發動的起義活動，小組組長為內務人民委員部特別任務處處長弗拉基米爾・葉格納洛夫將軍，副組長為國家安全人民委員部第一局第四處副處長亞歷山大・朗方格。[127]葉格納洛夫將軍生於1903年，1926年起長期在強力機關工作，各類公文均形容他為「無論是對情報工作還是對軍事都富有經驗的人」，並強調「葉格納洛夫對新疆的政局以及民情極為熟悉」。[128]

　　根據政治局1943年5月4日的決議，從當年秋開始在塔什干以維吾爾語出版由阿卜杜麥吉德・羅茲巴基耶夫主編的《東方真理》雜誌，而在阿拉木圖以哈薩克語出版由馬舒爾・盧吉耶夫和卡迪爾・哈桑諾夫主編的《哈薩克人的故鄉》雜誌。[129]兩種雜誌被秘密運往新疆，用於向東突厥斯坦民眾傳播民族解放思想的工作，推動民族自我意識的發展，向當地穆斯林民眾提供維吾爾人、哈薩克人、烏茲別克人及柯爾克孜人文學和文化生活方面的詳細信息。而從1944年上半年開始，在與蘇聯接壤的新疆各地也已經開始以民族自由戰士的名義散發傳單，呼籲穆斯林民眾奮起為自己的獨立及推翻新疆漢人殖民政權而鬥爭。傳單指出，鬥爭目的是要消滅東突厥斯坦地區漢人政權的所有根源，實現新疆各民族平等，發展各民族的文化。傳單宣傳說，東突厥斯坦已變成一個巨大監獄，民眾淪為囚犯，而漢人則成了劊子手。獨立戰士宣布要發起鬥爭將人們從盛世才建造的監獄中解放出來，同時也指出中斷與蘇聯的經濟貿易關係給東突厥斯坦民眾帶來的種種嚴重後果。傳單還提到必須保持信仰自由，要為取締各種言論自由限制、禁止漢人向省內遷移、反對歧視當地民眾而鬥爭。[130]在新疆北部的起義開始之後，重慶媒體的報道否定了新疆省各突厥民族（即維吾爾人、哈薩克人、柯爾克孜人、烏茲別克人、韃靼人）的本地特性，對哈薩克人甚至這樣寫道：他們屬於蘇聯境內哥薩克人（指頓河及庫班河流域的哥薩克人）那個種族；他們作為優秀的騎手聞名於世，迄今還沒法確定他們的起源。[131]美國中情局關於哈薩克人的資料也反映了這種看法。那些資料稱，該名稱

就是俄羅斯人、烏克蘭人及波蘭人同一發音所指的稱謂。不過，該詞的英語說法（Cossacks）則稍稍改變了原本的發音。[132]

聯共（布）中央政治局關於新疆問題的決議通過後隨即採取的措施，尤其是情報機構根據決議所實施的活動，徹底動搖了盛世才政權的根基，加速了其新疆省領導人生涯的終結。當督辦在1944年8月破獲一起針對自己的「陰謀案」後，他抓住時機逮捕了數百名國民黨黨員。但這一舉動也成為蔣介石決心要解除其在新疆所任職務的原因。根據重慶政府的勸告，盛世才向蔣介石提出因健康原因希望請辭的請求。[133]重慶在8月29日宣布：「因某些正當原因，新疆政府委員、省主席及督辦盛世才先生請求解除其所任職務。因此，現解除盛世才目前擔任的各種職務……，任命盛世才為農林部長。」[134]按政府的這一命令，吳忠信被任命為新疆省政府委員及省主席。在吳忠信赴新疆之前，省政府領導工作由盛世才在9月初離疆時托付的朱紹良負責。[135]動身前往重慶時，「為了運走在疆統治期間從人民身上大肆搜刮的那些財產，他需要動用三架運輸機和187輛汽車。」[136]美國新疆總領事館認為，蔣介石決定解除盛世才新疆省領導權是為了要取得三方面的成果：一、鞏固中央政府在新疆的統治；二、消除蘇中關係改善道路上的障礙；三、防止盛世才與中共之間達成協議。[137]

任命盛世才為重慶政府高官一事受到中國人的嚴厲抨擊，尤其是82名曾遭盛世才羈押的國民黨黨員。他們專門向政府致函稱：我們這些被派到新疆工作的國民黨員，在那裏生活了相當長的一段時間，「並詳細調查了他（盛世才）的種種罪行。而且，生活在這座多民族監獄之中，我們還親身體會了此人的殘暴。我們再不會對這些事實保持沉默，我們想讓全體人民都知道。怎麼能夠隱瞞過去問題並讓這個強盜和竊國賊繼續去做害人勾當呢？」[138]隨着此類訴求不斷增加，蔣介石也漸漸認識到確有必要免去盛世才的職務，並在1945年夏下達了這一命令。盛世才在武漢任行轅高參一職不久，就在1949

年隨蔣介石到台灣，擔任總統府國策顧問。曾經的「新疆王」於1970年7月3日去世，終年78歲。[139]

1944年10月吳忠信以新疆省政府主席身份開始工作，但他任內並沒有使省內各民族之間的關係發生大轉變。正如烏魯木齊美國總領事所寫的那樣，雖然盛世才將軍換成了吳忠信將軍，國民黨政策卻依然在延續與非漢族民眾對抗的做法。[140]在10月5日於烏魯木齊召開的政府官員全體會議上，吳忠信闡述了其主要的執政理念，以五條理念取代盛世才遵循十年之久的六大政策。在他看來，東突厥斯坦人民不是別的，正是中華民族的一部分，是其部族之一。諸個非漢民族與漢族之間存在語言差異，是因為他們長期在遠離漢人主體的地方生活。他認為，突厥斯坦所有人民應學習漢語，否則就不可能「恢復對漢人的兄弟情誼」；為建立和鞏固民族間的親緣關係、友愛之情，漢人也應娶突厥斯坦的姑娘為妻。他還公開聲明，東突厥斯坦是廣闊的地區，但人口不多，為增加人口應從國內其他地區向這裏遷移漢人。這樣一來，由於穆斯林民族能夠輕鬆學會漢語，漢人和當地人民彼此也就會更親近。關於與蘇聯關係的問題，吳忠信指出由於兩國邊界漫長，他將會特別重視發展偉大兼有着歷史悠久的中俄人民之間關係。[141]然而，此時提出友好口號似乎為時已晚。除了有關上述會議的情況，領事館情報科負責人還報告莫斯科：「穆斯林民眾擺脫漢族的意願十分堅定，很難說穆斯林民眾有沒有能力、會不會完成這個艱巨任務，但如果從外部給予他們幫助，解決這個任務就會容易得多。」[142]在此之前，在新疆省與蘇聯及蒙古國接壤的地區，哈薩克人反對漢族統治的行動已於1944年5月開始。根據美國國務院遠東司整理的情報，哈薩克族是新疆省排列在維吾爾人之後人口最多的民族，在新疆省北部的哈薩克人多達24.7萬人。同時，據這份資料記載，當時在整個新疆省生活的漢人不超過18.7萬人，佔全省總人口的5%左右。[143]要注意的是，根據1941年的數據，新疆哈薩克族人口達到318,716人，佔總人口的8.5%。[144]

這一年數據資料也顯示，新疆省內生活着202,239名漢人，佔人口的5.5%。[145] 根據美國人援引的1941年人口普查結果，新疆當時生活着3,730,051人，其中維吾爾人2,900,173人(佔總人口的93.1%)、[146] 回民92,146人(2.4%)、[147] 柯爾克孜人65,248人(1.75%)、[148] 蒙古人63,018人(1.69%)、[149] 烏茲別克人7,966人(0.21%)、[150] 塔吉克人8,867人(0.24%)、[151] 韃靼人4,601人(0.12)、[152] 俄羅斯人13,408人(0.47%)。[153]

如此看來，就在1944年事件發生之前的一段時期，據最近人口普查數據，新疆生活着3,730,051人，其中3,439,024人是穆斯林，且多為突厥民族(3,346,878人)。[154] 維吾爾人是新疆最主要的人口。根據美國情報機構資料，新疆省在1940年代初被分為十個專區，而「超過三分之二的人口生活在其中的喀什、和田、阿克蘇及葉爾羌四個專區」。[155] 所有這些人實際上均為突厥穆斯林。在新疆北部起義發生前夕，為了將俄羅斯人(以前的白衛軍支持者)遷到北部地區，蘇聯外交人員曾採取了一些具體措施。根據美國領事部門的觀察：「在1943年之前，留在新疆的俄羅斯人——即那些白衛軍支持者，已被迫接受了蘇聯國籍。大約1,200名生活在烏魯木齊的俄羅斯人被建議遷往北方的城市——伊寧或塔城，最後再向蘇聯境內遷移。當蘇聯工作人員與專家在1944年9月從新疆召回之後，俄羅斯人就能夠支持新疆西北部地區的起義活動，並借此將新疆伊犁、塔爾巴哈台及阿勒泰這些地區重新置於自己統治之下。」[156]

蘇聯保護中國西部和伊朗北部的起義運動，符合莫斯科在這兩個地區的石油利益。1944年春天來臨之前，斯大林就已經開始考慮加強在蘇聯在中國和伊朗的地位，沿着南部邊界建立戰後蘇聯的勢力範圍。對克里姆林宮而言，另一個非常重要的問題就是獲取新疆的自然資源和伊朗的石油。蘇聯在從中國西部找到自然資源的同時，也在伊朗北部沿裏海南岸發現了石油資源。早在1944年2月，蘇聯地質隊就在蘇聯邊界線以南20公里處臨近蘇維埃自治首府納

希切萬 (阿塞拜疆蘇維埃社會主義共和國) 以及戈爾甘、塔什－阿巴德、謝密楠發現了巨大的石油儲量，而在拉什特盆地則發現了天然氣。[157] 1944年8月，美國和英國舉辦了石油問題雙邊研討會，隨後在8月8日於華盛頓簽署了規定在石油政策領域進一步聯合行動的專門協議。與此同時，蘇聯駐伊朗的代表和情報機關紛紛報告稱，已在伊朗南部開採石油的英國石油企業對北部與蘇聯接壤地帶的石油產地表現出了興趣。[158]

1944年8月16日，貝利亞向斯大林和外交人民委員莫洛托夫發送了關於世界石油儲量和開採以及英國和美國在伊朗的石油政策的分析報告。報告指出英美兩國在伊朗石油產地上存在競爭，但同時也提請注意這兩個強國在「針對任何第三方國家」尤其是對蘇聯採取聯合行動上的一致態度。貝利亞建議「要積極着手開始與伊朗進行在伊朗北部獲得租賃權的談判」，又強調「英國人以及可能還有美國人將開展秘密工作，以阻撓伊朗北部石油產地轉交蘇聯開採」。他還認為「出於維護蘇聯在國際石油業的利益」，蘇聯參與英美石油談判是有益的。[159]

鑒於伊朗出現大國博弈的新情況，蘇聯領導人在1944年3月6日又回到了阿塞拜疆問題，並通過了《關於加強對南阿塞拜疆民眾提供文化和經濟援助的措施》的決議。[160]

1944年秋，明顯是考慮到在蘇聯對德國及其盟友作戰取得勝利的驚人速度，蘇聯領導人試圖通過外交施壓獲得開採伊朗石油的許可。1944年9月10日，一個由副外交人民委員 C · 卡夫塔拉澤 (小組組長)、H · 拜巴科夫和 Π · 庫梅金 (成員)，以及 H · 蓋達羅夫、E · 德米特里耶夫、M · 卡拉謝夫、H · 孔拉多夫等專家組成的蘇聯國家小組抵達德黑蘭。第二天，他們會見了伊朗總理穆哈邁德 · 薩義德，並建議他簽署《租賃合同》，其中指出：「政府賦予蘇聯在伊朗境內運輸石油和其他指定產品、開展提煉或者用其他方式加工或提純工作的特權，石油和指定產品既可以在伊朗境內銷售，也可以運往

境外。租賃區域是指……在雙方簽署的並作為本合同不可分離構成部分的附件地圖中劃定的區域。」合同有效期60年，且在合同執行期滿40年之前不可終止。伊朗政府不能單方面終止合同，其條款也不能以後來通過的任何法律或法令的形式進行修改。在出現矛盾情況下，應由每方兩名成員組成的專門委員會解決問題。合同應在眾議院通過並由國王簽署後立即生效。[161]

薩義德實際上面對的是一份最後通牒，他拒絕簽署，但口頭上承諾伊朗政府將維護《租賃合同》，而且將越過眾議院使文件通過。然而，蘇聯代表團獲得的消息稱，薩義德「耍弄卑鄙、不誠實的把戲，他口頭上願意提供全力支持，但事實上卻在使我們的提案通不過」。薩義德的政治敵人阿赫邁德・卡瓦姆・艾斯－薩爾塔涅（1942年任伊朗總理），秘密接見了身兼小組成員的蘇聯石油工業副人民委員H・拜巴科夫，並告知稱薩義德在欺騙他們，他不會給蘇聯石油。之後，卡瓦姆使之相信，如果他成為總理，他就踐行蘇聯的全部建議。[162]10月25日，即德黑蘭談判無果一個月後，小組成員啟程返回莫斯科，當天德黑蘭便出現了集會和遊行，26日和27日這些活動變得更多。蘇聯代表團離開兩周後，薩義德內閣垮台，他不得不向國王提出呈辭。國王批准後，眾議院在1944年11月26日至27日的會議上確認了新政府。

向德黑蘭直接施壓失敗，使阿塞拜疆問題被提到了蘇聯對伊政策的首要地位。為了摧垮薩義德，蘇聯代表和情報人員組織德黑蘭和伊朗阿塞拜疆地區的阿塞拜疆族人開展了大規模的遊行示威活動。1945年2月13日，伊朗東北部佔領區的蘇聯阿塞拜疆政治工作人員領導者賈桑・賈薩諾夫向巴吉羅夫報送了長達67頁的《關於南阿塞拜疆》便函，其中寫道：「這一點對我們休戚相關，因為南阿塞拜疆人民的解放是要把我們的同胞從最終滅亡中拯救出來，是要為整個阿塞拜疆民族的發展開創遠大前景。我們認為，國際局勢現在所處的時刻是實現這個最重要歷史任務的最佳時刻。」便函的作者還

預測，「寄希望於伊朗阿塞拜疆建立資產階級民主制度和指望眾議院
的阿塞拜疆議員，都不會得到實際結果。」賈薩諾夫指出，「目前在
南阿塞拜疆最流行的口號是：把阿塞拜疆人從波斯人的桎梏中解放
出來，建立民主制度並解決土地問題。」便函指出：「解放阿塞拜疆
並在其境內建立真正的民主制度或者將其併入蘇聯阿塞拜疆，應該
通過民族起義的方式實現，在既成事實面前應該確立起聯盟。」Г·
賈薩諾夫建議在大不里士組建一個「同志領導小組」，「這些同志應該
與被派遣到這裏的工作人員密切相關，並能獲得巴庫的直接指示。
為了這些同志能夠自由地出入巴庫匯報情況和接受必要的指示，最
好把他們從軍事單位中合理地除名。」他還建議「從德黑蘭向大不里
士調撥一批具有民主傾向的阿塞拜疆族工作人員」。[163] 這種觀點得到
了斯大林和蘇聯其他領導人的完全支持。

　　德黑蘭政府危機過後，伊朗的政治集團採取了一系列措施來改
善與蘇聯的關係。1945 年 1 月，正在德黑蘭的伊朗駐蘇聯大使 M·
阿希拜訪了蘇聯大使 M·馬克西莫夫，並宣稱薩義德在與蘇聯的關
係上犯了嚴重錯誤並不顧他的全力勸解，致使談判沒有在應有的高
度上進行。阿希保證説，他一回到莫斯科就會竭盡全力組織關於石
油問題的新一輪談判，並努力找到某種雙方都能夠接受的形式。馬
克西莫夫大使在向莫斯科匯報這次會面的情況時，推測稱阿希拜訪
他得到了伊朗政府的批准，但在談話過程中雙方均未完全攤牌。蘇
聯大使還推測，阿希通過在返回蘇聯前夕拜訪是想説明伊朗政府對
繼續開展石油談判抱有希望，而且由他來進行。[164]

　　事實上，阿希一回到莫斯科，1945 年 2 月 26 日就獲蘇聯外交人
民委員 B·莫洛托夫接見。阿希向莫洛托夫稱，他「有對蘇聯獲取伊
朗北部石油問題進行調節的政府授權」，但「在眾議院通過了一項關
於戰時不允許石油租賃的法律後，就不可能把它們批給蘇聯了」。但
是大使謹慎地説也有迂迴的辦法，例如成立蘇伊伊朗北部石油勘探
和開採聯合公司。然而，莫洛托夫斷然拒絕：「蘇聯政府只有一個建

議，就是租賃伊朗北部的建議，因為只有這麼做才能保障蘇聯的權利和利益。」[165] 對自然資源的類似態度也出現在新疆。

除蘇聯之外，蒙古國領導人也在關注新疆境內反對中國政府鬥爭的發展情況。早在1943年10月5日，蒙古國領導人喬巴山就在位處蒙古新疆邊境的阿拉克托爾戈接見了哈薩克起義軍領袖烏斯滿，與他討論了向義軍提供武器、裝備和糧食的問題。參與會談的蒙古國內務部副部長答應向起義軍指揮部派遣40至50名軍事教官。此次會面三個月之後，1944年1月21日喬巴山在莫斯科會見了斯大林，告知他中蒙邊境現已日趨緊張。據俄羅斯歷史學家謝爾蓋·拉德欽科所言，喬巴山在四十年代初借斯大林的支持變成了蒙古國的「斯大林」。[166] 交談之際，斯大林使喬巴山相信，在面臨中國的威脅時，蘇聯會保護蒙古。兩人會晤期間，喬巴山還回憶起1939年以來哈薩克人反對阿勒泰地區漢族政權的情況，稱許多哈族領導人已被殺和被捕，如今留下來的只有烏斯滿一人。誠然，哈薩克反政府武裝採取了徹頭徹尾的匪盜做法，但烏斯滿是否參與了劫掠活動？——喬巴山說他不知道。他其實是知道的，後來他也承認知道許多關於烏斯滿的事情。不過，只要繼續反對漢人，他寧願忽視烏斯滿的那些問題。「如果（烏斯滿）能肅清阿勒泰地區的漢人，這裏的哈薩克人及其他民族就可得到自由。」緊接着，他又對提到的「其他民族」補充說：「我認為在這裏生活的蒙古人也將獲得自由。」斯大林稱，蒙古人一定會自由地生活在阿勒泰地區，他也不會介意這裏出現一個獨立的哈薩克州。斯大林認為，勢力弱小的烏斯滿將令他要尋求蘇聯的支持，而他憎惡漢人意味着他將不會有任何退路，不像窮奢極欲且無法預測的盛世才。烏斯滿像新疆其他民族領導人一樣，當然也像喬巴山一樣，會下意識地服務於蘇聯在亞洲的利益，使其免受中國人和日本人的侵犯。烏斯滿不是共產黨員並不重要，意識形態對斯大林在亞洲的戰略遊戲而言無足輕重。意識形態更像是負債而不是資產，因為與其他情況相比，意識形態上的親密關係會使成員期待蘇

聯作出的承諾更為有力，提供的援助更為慷慨。讓斯大林感興趣的是，烏斯滿更像一個友好的軍閥，而不是與資本主義作全球鬥爭的戰友。[167]

　　1944年2月25日，在曼汗托勒蓋邊境地區的布爾津河岸邊，舉行了喬巴山元帥與烏斯滿之間的第二次秘密會面。參加會面的還有蘇聯駐烏蘭巴托大使伊萬·伊萬諾夫、貝加爾方面軍司令盧賓、駐蒙古蘇聯情報機構負責人朗帕尼克、蒙古內務部長薩戈伊爾讓及其蘇聯顧問格列濟耶夫。會談期間，起義軍領導人得到承諾：在擺脫漢人統治後，「使阿勒泰成為自主國家，而他本人則被任命為阿勒泰汗。」[168]在喬巴山與烏斯滿一對一交談之時，喬巴山聲稱蒙古政府已決定跨出「道義」支持哈薩克同伴的框框，向他們提供軍事裝備用於反對漢人的起義。[169]蒙古領導人告訴烏斯滿，為幫助起義軍，蒙古國內已組建了一支經過軍事訓練的隊伍，成立了以起義領導人烏斯滿為巴圖魯汗的阿勒泰哈薩克臨時獨立政府。謝爾蓋·拉德欽科這樣寫道：「此次會面更像是亞洲地區兩個汗王的會議，而不是共產主義積極分子的會談。」[170]與此同時，哈薩克義軍還得到蘇聯政府贈送的特殊禮物——395支步槍、200支衝鋒槍、六挺重機槍及30挺輕機槍、2,000枚手榴彈和40萬發子彈。[171]哈薩克人動用了105頭駱駝將這些武器和彈藥運回到烏斯滿的基地。[172]此次與烏斯滿會面後，喬巴山在1944年3月6日給斯大林拍發電報，稱這次與烏斯滿的會面取得成功，還「送出了禮物」。但喬巴山同時卻不認為烏斯滿是可信賴的人，「總的來說，這些哈薩克人口碑不好。」他最後寫道，他將「在此停留幾天，以觀察烏斯滿的後續行動。」[173]哈蒙雙方還商定將烏斯滿親屬以及那些支持起義的家庭從可可托海遷到蒙古境內。1944年3月11日，360個遭到國民黨迫害的哈薩克家庭到蒙古國避難，並獲得了住房及各種生活必需品。[174]那些面臨政府軍鎮壓威脅的哈薩克村落居民不僅向蒙古國境內遷移，還往毗鄰的蘇聯哈薩克斯坦地區搬遷。1944年8月2日，貝利亞向斯大林報告說，21個哈

薩克人家庭共87人帶着財產和家畜，已從與哈薩克斯坦毗鄰的中國地區遷移到蘇聯境內。[175] 在蘇中邊界哈薩克斯坦地段，追捕移民的中國邊防軍人遭遇激烈的反擊，而當地政府機關和民眾也熱情歡迎移民的到來。這些事件進一步加強了烏斯滿與蒙古領導人的關係，並大大促進了蘇聯與哈薩克反中國政府起義領導人之間的關係。儘管如此，蘇聯領導人還是在密切關注烏斯滿的動向。他們擔心，「烏斯滿是喬巴山設計的一個計劃，他不是蒙古人，但如果他獲得勝利且漢人被迫離開阿勒泰的話，烏斯滿就會落入蒙古國勢力範圍；阿勒泰也可能會參與某種形式的泛蒙古主義運動。」[176]

1944年夏，鑒於邊境線附近的中國軍隊進行戰備，蘇聯和蒙古當局建議起義軍首腦對督辦的部隊展開行動。烏斯滿發動攻擊，並擊潰了柳祖杭（音）空軍（基本上都是蘇聯飛機）支援下的中國軍隊。這次成功進一步增加了蘇蒙兩國政府對他的信任。備受這些勝利鼓舞的伊犁地區居民也於1944年7月發動起義，在艾力汗・吐烈領導下伊寧展開了大規模反中國的民族運動。在烏魯木齊美國領事館人員看來，哈薩克起義軍是憑藉蘇聯顧問及蒙古供應的武器發起行動的。他們指出：「如果哈薩克人暴動取得成功，可以預料的是，在新疆其他地區也命繫一線的中國政權就會像一條腐爛的繩索那樣解體。」[177] 美國領事認為，蘇聯的目的是要將富饒的吐魯番、哈密與南疆以及包括喀什、葉爾羌、和田在內的天山以南整個新疆平原隔離開來，以便在那裏建立一個半自治的回族－維吾爾國家政權機構。他還認為，成立半自治的哈薩克人國家也完全在預料之中，而且這個國家為獲得好感和支持還會求助於自己的哈薩克共和國兄弟。[178] 在美國領事館為國務院撰寫的新疆事件報告這樣講道：「無疑，中方糟糕的治理方式是起義爆發的原因，但當地中國政府也毫不掩飾對起義軍所得援助是來自毗鄰蘇維埃哈薩克斯坦共和國的懷疑。這方面和那方面的原因都還不十分確定。」[179] 上述這些結論表明，哈里斯・史密斯領事已正確把握了東突厥斯坦政局的發展趨勢。盛世才督辦在

1944年被免除職務是東突厥斯坦新一階段重大事件的發端，標誌着新一輪蘇中對抗的開始。等待當地穆斯林民眾的是更大的動蕩。

註　釋

1　〈聯共（布）中央政治局1939年12月28日「關於管制各類國際交流」的決議〉，俄羅斯社會政治歷史國家檔案館，全宗17，目錄162，案卷22，頁158。

2　〈聯共（布）中央政治局1940年3月14日「外交人民委員部問題」的決議〉，俄羅斯社會政治歷史國家檔案館，全宗17，目錄162，案卷23，頁52。

3　巴伊米爾扎·哈伊特：《俄國與中國之間的突厥斯坦》（伊斯坦布爾，1975），頁334–25。

4　巴伊米爾扎· 哈伊特：《突厥斯坦國家的民族鬥爭史》（安卡拉，1995），頁325。

5　阿里婭·吉茲爾庫洛娃：〈槍決烏斯滿巴圖魯〉，《中亞》，總第24（686）期，2007。

6　巴伊米爾扎·哈伊特：《俄國與中國之間的突厥斯坦》，頁325–26。

7　Ф·米哈伊洛夫：〈關於阿勒泰領事區情況的情報〉，1944年4月，俄聯邦對外政策檔案館，全宗0/100，目錄32a，299欄，案卷9，頁9。

8　В·В·索科羅夫：〈1942年В·Г·傑坎諾佐夫赴烏魯木齊（新疆）的秘密使命〉，《近代及現代史》，2011年，第3期，頁171。

9　〈新疆局勢，1940年1月8日〉，美國國家檔案與文件署，59分區，文件包碼5838，格式號730032，文件編碼893.00/1-840，頁3–4。

10　〈聯共（布）中央政治局1940年10月26日「關於在新疆勘查及開採錫礦」的決議〉，俄羅斯社會政治歷史國家檔案館，全宗17，目錄162，案卷23，頁142；Li Chang, "The Soviet Grip on Sinkiang," *Foreign Affairs*, no. 3 (April 1954): 498.

11　〈關於審核新疆錫業公司1941年工作計劃的情況〉（1941年1月4日–3月7日），俄聯邦國家檔案館，全宗P-5466，目錄25a，案卷2775，頁1–121。

12　〈新疆錫業公司1941年工作計劃於1941年3月7日由蘇聯人民委員會及聯共（布）中央審定〉，俄羅斯社會政治歷史國家檔案館，全宗17，目錄162，案卷24，頁150。

13　同上。

14   同上，頁151。

15   同上，頁152–53；另見Lars-Erik Nyman, "Sinkiang 1934–1943: Dark
     Decade for a Pivotal Puppet," *Cahiers du Monde Russe et Soviétque*, vol.
     32, issue 1 (1991): 100.

16   〈聯共(布)中央政治局1941年4月19日「國防人民委員部問題」的決議〉，
     俄羅斯社會政治歷史國家檔案館，全宗17，目錄162，案卷24，頁24。

17   〈聯共(布)中央政治局1941年3月7日「關於核准有色金屬人民委員會
     新疆錫業公司1941年工作計劃」的決議〉，俄羅斯社會政治歷史國家檔
     案館，全宗17，目錄162，案卷24，頁115。

18   〈關於蘇聯與新疆有關在新疆組建氣象部門的協議草案〉(1941年8月5
     日)，俄羅斯國家檔案館，全宗P-5446，目錄25a，案卷348，頁1–3。

19   〈關於在中國西部組建氣象站問題〉(1941年11月10日)，俄羅斯國家
     檔案館，全宗P-5446，目錄25a，案卷8458，頁6–10。

20   〈關於接受擴建烏魯木齊發電站訂單的情況〉(1941年8月19–23日)，
     俄羅斯國家檔案館，全宗P-5446，目錄25a，案卷563，頁1–5。

21   〈關於向新疆提供口蹄疫防疫幫助的情況〉(1941年6月14日)，俄羅斯
     國家檔案館，全宗P-5446，目錄25a，案卷7485，頁1–9。

22   〈關於1941年新疆石油產區勘查及開採工作進展情況〉(1941年1月8日
     –6月12日)，俄羅斯國家檔案館，全宗P-5446，目錄25a，案卷1266，
     頁1–59。

23   В‧В‧索科羅夫：〈1942年В‧Г‧傑坎諾佐夫赴烏魯木齊(新疆)的秘
     密使命〉，《近代及現代史》，2011年第3期，頁171。

24   〈關於新疆省獨山子石油聯合企業的情況〉(1942年2月7日)，俄羅斯
     國家檔案館，全宗P-5446，目錄25a，案卷668，頁1–13。

25   〈聯共(布)中央政治局1942年3月20日「關於與新疆政府簽署獨山子
     石油聯合企業運營問題協議」的決議〉，俄羅斯社會政治歷史國家檔案
     館，全宗17，目錄162，案卷25，頁33。

26   《蘇聯對外政策文件》，第25卷，第一冊(莫斯科：2010)，頁325。

27   S. Frederick Starr, ed., *Xinjiang: China's Muslim Borderland* (Armonk, NY:
     M.E. Sharpe, 2004), p. 79.

28   〈莫洛托夫寫給邊防督辦兼主席盛世才先生的信〉(1942年7月3日)，俄
     羅斯社會政治歷史國家檔案館，全宗558，目錄11，案卷323，頁57。

29   〈關於新疆事件的真相〉(1944年)，俄羅斯社會政治歷史國家檔案館，
     全宗17，目錄128，案卷824，頁405。

30　同上，頁406；詳細信息參閱Ｂ‧克拉西里尼科夫：《新疆的誘惑：俄羅斯在中國西北 —— 被遺忘的歷史(1850–1950)》(莫斯科：2007)，頁224。

31　David D. Wang, "The Xinjiang Question of the 1940s: The Story Behind the Sino-Soviet Treaty of August 1945," *Asian Studies Review*, vol. 21, no. 1 (1997): 87.

32　Ｂ‧Ｂ‧索科羅夫：〈1942年Ｂ‧Г‧傑坎諾佐夫赴烏魯木齊(新疆)秘密使命〉，頁174。

33　〈關於新疆事件的真相〉(1944年)，頁406。

34　Ｂ‧克拉西里尼科夫：《新疆的誘惑》，頁217。

35　〈柯樂博致高思 —— 美國駐重慶大使的函件：新疆政治發展狀況(1942–1943年)〉(1943年11月1日)，美國國家檔案及文件署，59分區，文件包碼5838，格式號730032，文件編碼893.00/11-143，頁35。

36　〈美國駐新疆迪化(烏魯木齊)領事哈里斯‧史密斯致美國國務卿的函件，蘇聯在新疆的政策可能是想建立一些半自治的地區〉(1944年7月19日)，美國國家檔案及文件署，59分區，文件包碼5844，格式號130033，文件編碼893.00/7-1944，頁43。

37　同上，頁45。

38　〈烏魯木齊軍醫院手術日誌摘要〉(1942年5月4日)，俄羅斯社會政治歷史國家檔案館，全宗558，目錄11，案卷323，頁53。

39　〈邊防督辦兼主席盛世才寫給斯大林、莫洛托夫、伏羅希洛夫及鐵木辛哥的信〉(1942年5月10日)，俄羅斯社會政治歷史國家檔案館，全宗558，目錄11，案卷323，頁43。

40　同上，頁46。

41　同上，頁47。

42　同上，頁49。

43　同上。

44　Ｂ‧Ｂ‧索科羅夫：〈1942年Ｂ‧Г‧傑坎諾佐夫赴烏魯木齊(新疆)的秘密使命〉，頁174。

45　〈關於新疆事件的真相〉(1944年)，頁406。

46　〈柯樂博致高思 —— 美國駐重慶大使的函件：新疆政治發展狀況(1942–1943年)〉，頁35。

47　〈莫洛托夫寫給邊防督辦兼主席盛世才先生的信〉(1942年7月3日)，頁54。

48　同上，頁55。

49　同上。

50　S. Frederick Starr, ed., *Xinjiang: China's Muslim Borderland*, p. 81.

51　В‧克拉西里尼科夫：《新疆的誘惑》，頁217–18。

52　〈關於新疆事件的真相〉(1944年)，頁406。某些蘇聯文件指出，陳秀英不是俄羅斯人而是中國人。但應當注意的是，陳的丈夫盛世騏還有一個俄文名字，在一些文件中被記作「Н‧彼得羅夫」。

53　同上，頁407。

54　〈莫洛托夫寫給邊防督辦兼主席盛世才先生的信〉(1942年7月3日)，頁56–57。

55　〈致駐重慶蘇聯大使〉(1942年7月7日)，俄羅斯社會政治歷史國家檔案館，全宗557，目錄11，案卷323，頁58。

56　〈美國駐新疆迪化(烏魯木齊)領事哈里斯‧史密斯致國務卿的函件，蘇聯在新疆的政策可能是想建立一些半自治的地區〉，頁44。

57　〈柯樂博致高思——美國駐重慶大使的函件：新疆政治發展狀況(1942–1943年)〉，頁36。

58　Li Chang, "The Soviet Grip on Sinkiang," 498.

59　〈關於新疆事件的真相〉(1944年)，頁407。

60　В‧克拉西里尼科夫：《新疆的誘惑》，頁226。

61　David D. Wang, "The Xinjiang Question of the 1940s: The Story Behind the Sino-Soviet Treaty of August 1945," 97.

62　〈美國駐新疆迪化(烏魯木齊)領事哈里斯‧史密斯致國務卿的函件，蘇聯在新疆的政策可能是想建立一些半自治的地區〉，頁39。

63　В‧В‧索科羅夫：〈1942年В‧Г‧傑坎諾佐夫赴烏魯木齊(新疆)秘密使命〉，頁178。

64　Li Chang, "The Soviet Grip on Sinkiang," 499.

65　〈美國駐新疆迪化(烏魯木齊)領事哈里斯‧史密斯致國務卿的函件，蘇聯在新疆的政策可能是想建立一些半自治的地區〉，頁41。

66　美國國務院：〈中國人——遠東事務分冊〉(1944年12月8日)，美國國家檔案及文件署，59分區，文件包碼5844，格式號130033，文件編碼893.00/12-844，頁1。

67　美國國務院遠東事務處：〈新疆〉(機密)(1944年5月8日)，美國國家檔案及文件署，59分區，文件包碼5843，格式號130032，文件編碼893.00/5-844，頁16。

68　B・克拉西里尼科夫：《新疆的誘惑》，頁221；B・B・索科羅夫：
　　〈1942年B・Г・傑坎諾佐夫赴烏魯木齊 (新疆) 秘密使命〉，頁178。

69　〈莫洛托夫發給傑坎諾佐夫的電報〉(1942年7月13日)，俄聯邦對外政
　　策檔案館，全宗06，目錄4，21欄，案卷222，頁27。

70　〈傑坎諾佐夫給盛世才督辦的簡明備忘錄〉(1942年7月21日)，俄聯邦
　　對外政策檔案館，全宗06，目錄4，21欄，案卷222，頁40–41。

71　B・B・索科羅夫：〈1942年B・Г・傑坎諾佐夫赴烏魯木齊 (新疆) 秘密
　　使命〉，頁180。

72　〈新疆紀要〉(1945年7月17日)，美國國家檔案及文件署，59分區，文
　　件包碼4013，格式號760090，文件編碼761.93/7-1745，頁1。

73　美國國務院遠東事務處：〈新疆〉(機密) (1944年5月8日)，頁20。

74　David D. Wang, "The Xinjiang Question of the 1940s: The Story Behind the
　　Sino-Soviet Treaty of August 1945," 84.

75　〈柯樂博致高思，美國駐重慶大使的函件：中蘇關係——某些中國官員
　　的態度〉(1943年12月9日)，美國國家檔案及文件署，59分區，文件
　　包碼5842，格式號730032，文件編碼893.00/12-943，頁47。

76　同上，頁47–48。

77　William Vandivert, "Heart of Asia," *Life*, December 6, 1943, 35.

78　〈關於清理有色金屬人民委員會「新疆錫業」租賃企業的情況〉(1943年
　　1月12日–4月1日)，俄羅斯國家檔案館，全宗P-5446，目錄44a，案
　　卷1882，頁1–23。

79　〈關於新疆事件的真相〉(1944年)，頁408。

80　〈弗里德曼致艾奇遜的信〉(1945年9月11日)，美國國家檔案及文件
　　署，59分區，文件包碼4013，格式號760090，文件編碼761.93/9-
　　1145，頁151。

81　〈高思致國務卿的函件，寄給國務院的副本〉(1943年12月20日)，美
　　國國家檔案及文件署，59分區，文件包碼5842，格式號730032，文件
　　編碼893.00/12-943，頁33。

82　〈柯樂博致高思——美國駐重慶大使的函件：新疆政局發展狀況 (1942–
　　1943年)〉，頁34。

83　〈聯共 (布) 中央政治局1943年5月4日關於新疆的決議〉，俄羅斯社會
　　政治歷史國家檔案館，全宗17，目錄162，案卷37，頁76。

84　同上，頁77。

85　同上。

86	〈聯共(布)中央政治局1943年6月10日關於國家安全人民委員部問題的決議〉，俄羅斯社會政治歷史國家檔案館，全宗17，目錄162，案卷37，頁79。

87	〈蘇聯穆斯林宗教人士致世界穆斯林的呼籲書〉(1944年)，阿塞拜疆共和國總統事務管理局政治文件檔案館，全宗1，目錄89，案卷63，頁36–38。

88	〈聯共(布)中央政治局1943年5月4日關於新疆的決議〉，頁77–78。

89	同上，頁78。

90	〈1943年5月30日關於維持新疆醫療點運營的補充開支問題〉，俄聯邦國家檔案館，全宗P-5446，目錄44a，案卷5528，頁1–2。

91	〈聯共(布)中央政治局1943年5月4日「關於新疆」的決議〉，頁78。

92	Sergey Radchenko, "Choibalsan's Great Mongolia Dream," *Inner Asia*, vol. 11, no. 2 (2009): 236.

93	〈聯共(布)中央政治局1945年7月6日關於在南部阿塞拜疆地區及伊朗北部其他省份規劃分裂運動措施的決議〉，俄羅斯社會政治歷史國家檔案館，全宗17，目錄162，案卷37，頁147–48；阿塞拜疆共和國總統事務管理局政治文件檔案館，全宗1，目錄89，案卷90，頁4。

94	〈美國駐新疆迪化(烏魯木齊)領事哈里斯‧史密斯致國務卿的函件，蘇聯在新疆的政策可能是想建立一些半自治的地區〉，頁40。

95	美國國務院遠東事務處(1945年1月11日)，美國國家檔案及文件署，59分區，文件包碼5844，格式號130033，文件編碼893.00/1-1145，頁80。

96	〈關於為確保將№ 600工廠從中國西部撤回蘇聯而劃撥車用汽油及機油的決定〉(1943年5月12–23日)，俄聯邦國家檔案館，全宗P-5446，目錄44a，案卷9028，頁1–10。

97	〈關於提高中國西部蘇聯領事機構工作人員外匯計價薪資的決定〉(1943年5月13日)，俄聯邦國家檔案館，全宗P-5446，目錄44a，案卷198，頁2–5。

98	〈關於增加中國西部蘇聯領事機構人員編制的決定〉(1943年5月23日)，俄聯邦國家檔案館，全宗P-5446，目錄44a，案卷202，頁1–3。

99	〈柯樂博致高思──美國駐重慶大使的函件：新疆政治亂象〉(1943年11月1日)，美國國家檔案及文件署，59分區，文件包碼5842，格式號730032，文件編碼893.00/11-143，頁45。

100	〈懲治黨的變節者、害蟲及劊子手盛世才〉(1945年6月5日)，俄羅斯社會政治歷史國家檔案館，全宗17，目錄128，案卷824，頁163。其他信息詳見А‧А‧哈基姆巴耶夫：〈新疆1931–1949年的民族解放運

動〉（上上篇），蘇聯科學院東方學研究所《專題通報》，第5（156）期，莫斯科，1974年，頁110。

101　S. Frederick Starr, ed., *Xinjiang: China's Muslim Borderland*, p. 80.

102　Ф · 米哈伊洛夫：〈關於阿勒泰領事區情況的情報〉，頁9。

103　阿里婭 · 吉茲爾庫洛娃：〈槍決烏斯滿巴圖魯〉，《中亞》，總第24（686）期，2007。

104　Sergey Radchenko, "Choibalsan's Great Mongolia Dream," 233.

105　〈高思致國務卿的函件——新疆的中蘇關係〉（1943年12月21日），美國國家檔案及文件署，59分區，文件包碼5842，格式號730032，文件編碼893.00/12-2143，頁2。

106　〈柯樂博致高思——美國駐重慶大使的函件：新疆政治亂象〉（1943年11月1日），美國國家檔案及文件署，59分區，文件包碼5842，格式號730032，文件編碼893.00/11-143，頁44。

107　有關新疆國民黨政權組建的詳細信息請參閱：〈國民黨第四屆大會新疆委員會報告續篇——工作進度概述〉，俄羅斯社會政治歷史國家檔案館，全宗17，目錄128，案卷824，頁155–61；〈關於1943年1月至1945年3月新疆省黨部工作情況的報告〉（1945年5月28日），俄羅斯社會政治歷史國家檔案館，全宗17，目錄128，案卷824，頁151–54。

108　Ю · П · 關：《盛世才政治面目特徵》，頁128。

109　Allen Suess Whiting, Sheng Shicai, *Sinkiang: Pawn or Pivot?* (East Lansing, MI: Michigan State University Press, 1958), p.167.

110　關於該時期中國共產黨的活動及其領導人與國民黨的關係，參閱〈最近十年的中國共產黨〉（國民黨密冊，1945年5月1日出版），1945年6月15日，俄羅斯社會政治歷史國家檔案館，全宗17，目錄128，案卷824，頁358–69。

111　〈與特區主席林祖涵同志談話記錄〉（1944年6月5日），俄羅斯社會政治歷史國家檔案館，全宗82，目錄2，案卷1239，頁32。

112　謝爾格 · 貝利亞：《我的父親貝利亞——在斯大林官場時期》（莫斯科：2002），頁134。

113　〈1944年5月–8月當地媒體概述〉，俄羅斯社會政治歷史國家檔案館，全宗17，目錄128，案卷992，頁195。

114　同上，頁194–95。俄羅斯學者弗拉基米爾 · 克拉西里尼科夫寫道，亨利 · 華萊士是1943年6月對新疆訪問。但眾所周知的是，此次訪問是在1944年6月。參見B · 克拉西里尼科夫：《新疆的誘惑》，頁331。

115 David D. Wang, "The Xinjiang Question of the 1940s: The Story Behind the Sino-Soviet Treaty of August 1945," 96.

116 F. Gilbert Chan, *China at the Crossroads: Nationalists and Communists, 1927–1949* (Boulder, Colo.: Westview Press, 1980), p. 142; David D. Wang, "The Xinjiang Question of the 1940s: The Story Behind the Sino-Soviet Treaty of August 1945," 87.

117 А · М · 列多夫斯基：〈1942–1952年在中國的外交工作〉,《近代及現代史》,1993年第6期,頁115。

118 〈與佩爾西 · 陳的談話記錄〉(1944年6月26日),俄羅斯社會政治歷史國家檔案館,全宗82,目錄2,案卷1239,頁35。

119 Li Chang, "The Soviet Grip on Sinkiang," 501.

120 謝斯特里科夫：〈關於新疆南部民族解放運動狀況及前景的資料〉(1944年4月),俄聯邦對外政策檔案館,全宗0/100,目錄32a,299欄,案卷11,頁1–18。

121 米哈伊洛夫：〈關於阿勒泰領事區情況的情報〉,頁9–11。

122 同上。1943年5月,在阿拉木圖開設了一所從共和國黨員中培訓幹部的專門學校,受訓者之後將在中國從事秘密工作。1943年9月,28名情報學員經過蒙古和蘇中邊界被派往新疆,他們在那裏以「蘇新貿易公司」中介機構工作人員的身份為掩護,招募當地人,並領導「民族復興組」的活動。詳見《哈薩克斯坦對外情報史》,網址：http://military-kz.ucoz.org/publ/sovremennyj_kazakhstan/nauka/istorija_sozdanija_sluzhby_vneshnej_razvedki_kazakhstana_syrbar/11-1-0-332。

123 S. Frederick Starr, ed., *Xinjiang: China's Muslim Borderland* (Armonk, NY: M.E. Sharpe, 2004), p. 82.

124 В · 克拉西里尼科夫：《新疆的誘惑》,頁261。

125 同上,頁258。

126 В · Г · 奧布霍夫：《六個帝國的交鋒——爭奪新疆之戰》(莫斯科：2007),頁298–99。根據國家安全人民委員部和哈薩克蘇維埃社會主義共和國的行動計劃,1944年5月至6月,在阿拉木圖由共和國的共產黨員和共青團員組成了一支名為「郵電人員」的騎兵隊,隊長是糾塞姆別克夫少校,有115人。在接受了特別培訓後,1945年夏天,騎兵隊被派往新疆參加了反對國民黨的作戰行動,直至1946年7月。騎兵隊的成員有奧巴基爾 · 阿布拉赫 · 曼諾維奇、阿爾斯坦別克夫、彼得 · 葛里高利耶維奇 · 葉夫謝耶夫、阿里 · 薩法耶維奇、穆哈麥

德申、阿赫邁德・扎吉洛維奇・阿布扎洛夫、葛里高利・葉菲莫維奇・馬爾欽科、哈吉・穆哈邁吉耶維奇・阿巴斯巴吉耶夫、阿明・奧馬洛維奇・阿米爾巴耶夫、伊萬・伊萬諾維奇・伊萬諾夫、伊萬・葛里高利耶維奇・庫茲涅佐夫等。詳見《哈薩克斯坦對外情報史》，網址：http://military-kz.ucoz.org/publ/sovremennyj_kazakhstan/nauka/istorija_sozdanija_sluzhby_vneshnej_razvedki_kazakhstana_syrbar/11-1-0-332。

127 〈貝利亞呈交斯大林的行動情報〉（1944年），俄聯邦國家檔案館，c/Ч部，全宗P-9401c/Ч部，目錄44a，案卷96，頁197-98。

128 〈費多托夫發給莫洛托夫的電報〉（1948年9月10日），俄羅斯社會政治歷史國家檔案館，全宗17，目錄162，案卷38，頁208。

129 B・克拉西里尼科夫：《新疆的誘惑》，頁261。

130 詳情參閱Linda Benson, *The Ili Rebellion: The Moslem Challenge to Chinese Authority in Xinjiang, 1944–1949* (Armonk, NY. : M. E. Sharpe, 1990), p. 200–205.

131 〈發自美國駐迪化（烏魯木齊）領事館的函件，新疆省人是土耳其人同胞嗎？〉（1944年10月14日），美國國家檔案及文件署，59分區，文件包碼7262，格式號760050，文件編碼893.00/10-1444，頁16。

132 〈新疆的哈薩克人——情報報告〉（1952年11月24日），美國國家檔案及文件署，檔案代號CIA-RDP82，頁1。按照哈薩克斯坦學者奧爾扎斯・蘇萊曼諾夫（ОЛжас СуЛейменоВ）的看法，「哈薩克人和哥薩克人有共同的歷史起源，哥薩克是草原突厥人和金帳汗國（欽察汗國）垮台時產生的東方斯拉夫人相互作用的結果。」參見蘇萊曼諾夫：《但我不向人們撒謊》（阿拉木圖：2011），頁37。

133 〈盛世才主席發給其所有下轄機構的電報〉（1944年8月29日），俄羅斯社會政治歷史國家檔案館，全宗17，目錄128，案卷992，頁136。

134 〈新疆政府的改組〉（1944年8月29日），俄羅斯社會政治歷史國家檔案館，全宗17，目錄128，案卷992，頁135。

135 〈關於1943年1月至1945年3月新疆省黨部工作情況的報告〉，頁152。

136 〈懲治黨的變節者、害蟲及劊子手盛世才〉（1945年6月5日），俄羅斯社會政治歷史國家檔案館，全宗17，目錄128，案卷824，頁163。

137 〈華爾德致國務卿的函件〉（1944年10月10日），美國國家檔案及文件署，59分區，文件包碼5844，格式號130033，文件編碼893.00/10-1044，頁2。

138 〈懲治黨的變節者、害蟲及劊子手盛世才〉頁 164。

139 Ю·П·關:《盛世才政治面目特徵》,頁 130。

140 美國國務院:〈中國人——遠東事務分冊〉(1944 年 12 月 8 日),頁 1。

141 〈情報專函〉(1944 年 10 月 16 日),俄羅斯社會政治歷史國家檔案館,
    全宗 17,目錄 128,案卷 992,頁 159;其他信息參閱艾沙·尤素福·
    阿爾普特金:《東突厥斯坦的訴求》(伊斯坦布爾:1973),頁 170–71。

142 〈情報專函〉(1944 年 10 月 16 日),頁 159 背面。

143 美國國務院遠東事務處:〈新疆〉(機密)(1944 年 5 月 8 日),頁 16。

144 有關哈薩克人的詳情,參閱〈新疆的哈薩克人——情報報告〉,美國國
    家檔案及文件署,頁 1–5。

145 同上,頁 1。

146 〈1941 年新疆人口普查〉(1953 年 3 月 21 日),美國國家檔案及文件署,
    檔案代號 CIA-RDP82,頁 1。

147 〈新疆回民——情報報告〉(1952 年 11 月 28 日),美國國家檔案及文件
    署,檔案代號 CIA-RDP82,頁 1。

148 〈新疆柯爾克孜人——情報報告〉(1952 年 12 月 18 日),美國國家檔案
    及文件署,檔案代號 CIA-RDP82,頁 1。

149 〈新疆蒙古人——情報報告〉(1953 年 1 月 19 日),美國國家檔案及文件
    署,檔案代號 CIA-RDP82,頁 1。

150 〈新疆烏茲別克人——情報報告〉(1953 年 1 月 19 日),美國國家檔案及
    文件署,檔案代號 CIA-RDP82,頁 1。

151 〈新疆塔吉克人——情報報告〉(1953 年 1 月 19 日),美國國家檔案及文
    件署,檔案代號 CIA-RDP82,頁 1。

152 〈新疆韃靼人——情報報告〉(1953 年 1 月 19 日),美國國家檔案及文
    署,檔案代號 CIA-RDP82,頁 1。

153 〈新疆俄羅斯人——情報報告〉(1953 年 1 月 22 日),美國國家檔案及文
    件署,檔案代號 CIA-RDP82,頁 1。

154 〈1941 年新疆人口普查〉(1953 年 3 月 21 日)。

155 〈新疆人口——情報報告〉(1952 年 10 月 30 日),美國國家檔案及文件
    署,檔案代號 CIA-RDP82,頁 1。

156 〈新疆俄羅斯人——情報報告〉(1953 年 1 月 22 日),頁 3。

157 〈伊朗北部(戈爾甘、馬贊達朗、吉蘭)含油量調查報告〉(1944 年 2 月
    24 日),阿塞拜疆共和國總統事務管理局政治文獻檔案,全宗 1,目錄
    89,第 77 檔,頁 28–29。

158 〈Л・貝利亞寫給斯大林和莫洛托夫的報告——關於世界上石油的儲藏和開採，關於美國的石油政治〉（1944年8月16日），俄羅斯聯邦對外政治檔案，全宗06，目錄6，案卷37，第461檔，頁16–18。

159 同上，頁18。

160 〈蘇聯人民委員會「關於加大對南阿塞拜疆人民的文化和經濟幫助」的決議〉（1944年3月6日），阿塞拜疆共和國總統事務管理機構政治文獻檔案，全宗1，目錄89，第84檔，頁3–5。

161 〈伊朗政府和伊蘇石油公司之間的租賃協議〉（1944年），阿塞拜疆共和國總統事務管理局政治文獻檔案，全宗1，目錄89，第77檔，頁30–43。

162 〈E・德米特羅夫、H・蓋達羅夫寫給M・巴基洛夫的信〉（1944年11月6日），阿塞拜疆共和國總統事務管理局政治文獻檔案，全宗1，目錄89，第77檔，頁68、70。

163 〈Г・哈桑諾夫從大不里士寫給M・巴基洛夫的信〉〈關於南阿塞拜疆的報告〉（1945年2月12日），阿塞拜疆共和國總統事務管理局政治文獻檔案，全宗1，目錄89，第108檔，頁82。

164 〈M・馬克西姆——在蘇聯外交人民委員會〉（1945年1月），俄羅斯聯邦對外政治檔案，全宗094，目錄31，案卷351a，第7檔，頁44–46。

165 〈B・莫洛托夫的日記——接待伊朗大使M・阿希〉（1945年2月26日），俄羅斯聯邦對外政治檔案，全宗06，目錄7，案卷33，第031檔，頁1–3。

166 Sergey Radchenko, "Choibalsan's Great Mongolia Dream," 233.。

167 Ibid., 236.

168 〈貝利亞寫給莫洛托夫的信〉（1945年10月15日），俄聯邦國家檔案館，全宗P-9401с/Ч部，目錄2，案卷104，第62檔。

169 Sergey Radchenko, "Choibalsan's Great Mongolia Dream," 239.

170 Ibid.

171 B・克拉西里尼科夫：《新疆的誘惑》，頁276。

172 Sergey Radchenko, "Choibalsan's Great Mongolia Dream," 239.

173 Ibid., 240.

174 阿麗婭・吉茲爾庫洛娃：〈槍決烏斯滿巴圖魯〉，《中亞》，2007年第24（686）期。

175 〈貝利亞呈交斯大林的行動情報〉（1944年），俄聯邦國家檔案館，с/Ч部，全宗P-9401с/Ч部，目錄2，案卷66，頁116。

176 Sergey Radchenko, "Choibalsan's Great Mongolia Dream," 237.

177 〈美國駐新疆迪化（烏魯木齊）領事哈里斯‧史密斯致國務卿的函件——蘇聯在新疆的政策可能是想建立一些半自治的地區〉（1944年7月19日），美國國家檔案及文件署，59分區，文件包碼5844，格式號130033，文件編碼893.00/7-1944，頁48。

178 同上，頁47。

179 〈新疆紀要〉（1945年7月17日），頁1；Sergey Radchenko, "Choibalsan's Great Mongolia Dream," 243.

第四章

東突厥斯坦共和國的建立
（1944–1945）

　　1944年11月7日，始於新疆北部三專區的抗議浪潮已發展成反對伊寧中國政府當局的起義運動。東突厥斯坦共和國此時宣告成立，並在11月7日於伊犁專區中心城市伊寧通過了起義反對中國政權的正式決議。選取這個日子在三區發動革命並不是偶然的。這一天正值蘇聯生活中的重大事件——偉大的「十月革命」27周年。11月6日，蔣介石政府最高層人員出席了蘇聯駐重慶大使館舉辦的招待會。11月7日，中國各大核心報紙刊發了蔣介石就此節日向蘇聯政府發布的賀電全文。重慶這一天出版的各大報章，還在重要位置刊登了斯大林元帥的十月革命27周年致辭。蘇聯領導人在節日致辭稱，日本身為侵略者的事實引起了中國政府機構密切關注。蔣介石的賀詞指出，中蘇友誼不僅是兩國的需要，也是反侵略戰爭事業的需要。[1]

　　蘇聯駐烏魯木齊總領事館與新疆其他蘇聯外交機構都在舉辦十月革命周年紀念日的例行慶祝活動。在總領事館舉辦的招待會上，出席的人員包括新疆省政府首腦吳忠信、新疆駐軍司令朱紹良、省政府秘書長、美英兩國領事和副領事，以及其他一些官方人士。

　　就在這一天，各大報章紛紛發布了一則消息：根據國民黨268次全體會議決議，新疆省政府首腦吳忠信被任命為該省國民黨黨部主席。此前一天，吳忠信曾在這次會議上發表長篇演說，介紹了有關新疆省教育、醫療衛生及通訊領域現狀的詳細信息。[2]

　　由於正值十月革命27周年紀念日，蘇聯駐伊寧領事館同樣為各
政府機關及社會人士組織了盛大隆重的慶祝活動。在盛典前夕直接
從伊犁 (似應為烏魯木齊——譯者註) 歸來的專區政府內務處處長鄧
翔海聲稱：「伊犁地區人民忠於政府政策，深深愛戴着新疆省政府主
席吳忠信。」[3] 儘管該聲明令人安心，但是伊寧11月初的局勢還是十
分緊張。1944年夏，為了對國民黨軍隊發動游擊戰，經蘇聯國家安
全機構培訓的「布伊噶」及「巴圖魯」特戰分隊已被派到新疆北部地
區。蘇聯方面從距伏龍芝78公里處的伊塞克阿塔山村，向中國邊境
方向秘密地實施了這次行動。[4] 應注意的是，為滿足軍隊需要，新
疆政府在10月通過決定強徵一萬匹馬，引起主要經營畜牧業的伊犁
專區人民的強烈不滿。根據此決定，每少交一匹馬就需上繳700新
疆元，而這一價格高達馬匹市場實價的兩倍。[5] 牧民稠密的尼勒克縣
首先爆發抗議，11月7日在區中心城市伊寧演變成反中國政府的起
義運動。[6] 起義者的主要口號包括：「不要向作為少數的漢人低頭。」
「要奮起！」「要自己管理自己！」[7] 雖然起義的中樞位於新疆省以外
的阿拉木圖和霍爾果斯，但其總協調中心則在伊寧蘇聯領事館之
內。據某些資料記載，一些領事館訪客尤其是以前的白衞軍軍人，
常常在這裏從領事托巴申那裏得到指示，然後就加入起義隊伍，領
導攻擊中國軍隊的軍事行動。11月7日，在伊寧活動的地下軍事革
命總部通過建立東突厥斯坦共和國的決定，並於一周後公布已秘密
成立的臨時民族政府全體成員。美國情報部門的報告提到：11月7
日在伊寧發生了蘇聯支持的起義活動，緊隨其後的武裝戰鬥最終使
新疆西北部三專區 (伊犁、塔爾巴哈台、阿勒泰) 分離了出來並建立
了東突厥斯坦人民共和國 (「東突厥斯坦共和國」一名在各種文獻中
有不同的表達，這是其中之一——譯者註)。[8]

　　按美國情報部門的觀點，1944年11月7日伊寧起義之後，蘇聯
軍人、工程師、技術專家及顧問開始大量湧入東突厥斯坦共和國。[9]
起初，北部地區事件並沒有讓重慶感到嚴重不安。中國中央政府官

方人士認為，蘇聯在新疆沒有領土訴求，但有在迪化（烏魯木齊）建立對蘇聯持友好態度政權的願望。[10]

　　根據1944年11月15日軍事革命總部散發的資料，艾力汗·吐烈·沙吉爾霍扎耶夫成為新成立民族政府的首腦。此人為烏茲別克族，1887年生於托克馬克（巴拉沙袞）附近，此後曾用化名「沙袞尼」。他的父親沙吉爾汗·吐烈受過教育，曾把大兒子艾力穆汗和二兒子艾力汗送往中東接受全面的宗教教育。艾力汗從國外歸來後，繼續在布哈拉經學院學習神學理論。熟練掌握阿拉伯語、波斯語和土耳其語，大大深化了他的宗教知識。在鑽研神學的同時，他對醫學也表現出極大的興趣，是狂熱的阿維森納（阿里·伊本·西納，歐洲人習慣稱他為阿維森納，生於公元980年，卒於1037年，中世紀著名的波斯學者、哲學家和醫生——譯者註）崇拜者。他曾參與1916年吉爾吉斯斯坦及七河流域地區的反戰起義運動，後來為躲避沙俄政府的追捕逃到喀什。1918年艾力汗回到了突厥斯坦（哈薩克斯坦城市——譯者註），但由於蘇俄國內戰爭爆發又於1920年離開搬遷到伊寧，以便經新疆前往麥加朝覲。然而因近東地區政局動盪，其願望最終沒能實現。艾力汗·吐烈在蘇聯境內一直生活到1931年，也就是在這一年他因反蘇活動被捕，被判處十年監禁。但他沒有坐滿刑期，而是從監獄逃了出來，偷渡到新疆並在伊寧開始了宗教活動。吐烈作為非常優秀的神學家及精通《古蘭經》的專家獲得了極高的聲望，也博得了伊犁地區民眾的尊敬。然而，他卻沒能躲過由盛世才發動、打擊托派分子的鎮壓運動，自己身陷囹圄，財產也被沒收充公。1941年艾力汗·吐烈擺脫警衛監視從烏魯木齊回到伊寧，繼續自己的宗教活動。在起義發生之前的那幾年，他已成為伊寧的大毛拉。[11]他的宗教活動帶有政治色彩，在清真寺及經學院的佈道和發言經常猛烈抨擊國民黨的制度，呼籲民眾起來反抗中國的統治。艾力汗是伊寧「解放組織」創始人之一，從1944年初就開始受到蘇聯駐新疆機構的注意。突厥歷史學家艾沙·優素福·阿爾

普特金對他有這樣的評價：「作為勇敢、有文化且極其滿懷愛國熱情的宗教人士，艾力汗·吐烈獲得了伊犁地區民眾的愛戴和信任。」[12]

維吾爾族大地主哈基姆－拜·霍扎及伊犁地區哈薩克民眾的知名代表阿卜爾海爾·吐烈，被任命為艾力汗·吐烈在臨時政府的副手。哈基姆－拜·霍扎在民眾中具有巨大的影響力，而阿卜爾海爾·吐烈則以身為擁護獨立且具威望的哈薩克族領導人而為人所共知。政府成員是該地區生活的各民族代表，分別是：維吾爾人拉西木江·沙吉爾霍扎耶夫、安瓦爾·穆薩巴耶夫、納比耶夫；哈薩克人烏拉汗；卡爾梅克人富恰；前白衛軍人士如費多爾·列斯肯，曾在首領為杜托夫的部隊服役的伊萬·頗里諾夫等人。

列斯肯將軍統管着為蘇聯服務、伊犁專區政府中的所有前白衛軍，擔任其副手的是馬德沙羅夫。曾在起義後續階段發揮重大作用的阿合買提江·卡西莫夫（哈斯木），領導着艾力汗·吐烈政府的秘書處。[13]美國駐重慶臨時代辦當時這樣寫道：「伊寧起義者的政權由俄羅斯白衛軍、維吾爾和哈薩克組成的三方同盟來領導。」[14]無論從宗教－種族的角度來看，還是世界觀的角度來看，政府成員都是形形色色的。以艾力汗·吐烈為首的保守陣營人士，基本上都擁護以伊斯蘭理念將新疆突厥系民眾團結起來進行反漢族政權及反共產主義的鬥爭。除艾力汗·吐烈之外，領導該集團的還有穆哈邁德·伊敏·布格拉、賽福鼎·艾則孜等其他人。這些人被稱為「中間派」或者「主張自治的理想主義者」。這些人中的著名人物認為，他們所居之地不應叫「新疆」，而應稱作「東突厥斯坦」。得到蘇聯支持的那些勢力則將蘇聯視作與國民黨鬥爭的主要依靠，並按照莫斯科下達的計劃展開行動，這一勢力的突出代表就是在蘇聯受過教育且通過副博士論文答辯的阿合買提江·卡西莫夫（哈斯木）。加入該集團的還有艾力穆汗、烏斯滿、阿卜爾海爾、阿里木江等有聲望的人士。這些人被稱為「伊寧派」或者「親蘇派」，其成員相對更具有素養。一些加入第三個派別的人士，力圖採用妥協行動方式協調蘇聯、新

疆、中國共產黨及國民黨各方利益，在此基礎上盡可能多地保全中國治下那些受到共產主義思想影響的省內民族團體，這些人有堯樂博斯、艾薩別克、麥斯武德等其他人。事變第一個階段，在政府中處於主導的是保守派，他們佔據着一些關鍵的職位。[15]團結在艾力汗‧吐烈周圍的伊斯蘭民族分子，擔憂支持反中國行動的蘇聯會將他們這場運動置於其控制之下並干涉民族政府的內政。他們認為，蘇聯有可能會阻礙民族政府使用綠底新月旗、「突厥人」及「突厥斯坦」等民族標誌。[16]蘇聯內務人民委員貝利亞及外交人民委員維辛斯基致信斯大林提到：「然而，起義軍政府在新疆伊犁及周邊地區的穆斯林民眾中享有威望。在起義運動的影響下，伊犁專區穆斯林民眾日益表現出發動反中國行動的意願；而北部塔爾巴哈台及阿勒泰地區、南部阿克蘇及喀什地區，也均有此迹象。」[17]

　　儘管新疆三區革命獲得了外界的幫助，但導致革命發生的民眾不滿情緒基本上仍具備民族及種族性質。蔣介石「一個國家、一個政黨、一個主義、一個領袖」的理論，更多地是想同化那些非漢民族。他在1943年發表全書共213頁的著作《中國之命運》，在民族問題上有許多相當矛盾的主張，否認中國各民族的獨特性，該書也因此在伊犁革命開始後被緊急翻譯成俄文。例如，作者這樣寫道：「我中華民族是同一起源的諸多部落融合形成的結果，由該血脈各種大小分支組成。」[18]蔣介石還在書中強調：「東北四省，內、外蒙古，新疆和西藏——這些均是各民族生存的後盾，而這些疆土任一部分的分離都意味着中國國防的喪失。」[19]

　　1945年1月初，臨時政府在奪取伊寧及鄰近地區有重要戰略意義的居民點後召開了第四次會議，討論臨時政府的主要任務，並通過了共有九條內容的宣言。這份1月5日通過的宣言聲明：「一、在東突厥斯坦境內永遠廢除中國專制；二、在東突厥斯坦各民族平等基礎上，建立真正自由、獨立的共和國；三、促進東突厥斯坦經濟，特別是工業、農業及個體貿易的發展，在此基礎上提高人民的物質

生活水平;四、因大多數東突厥斯坦民眾信奉伊斯蘭教,故此對該宗
教予以扶持,與此同時提倡信仰自由並對其他宗教提供保護;五、發
展文化、教育及醫療衛生事業;六、與世界上所有民主政府尤其是直
接與東突厥斯坦接壤的蘇聯保持友好關係,同時與中國政府建立平等
的政治及經濟關係;七、為了保衛東突厥斯坦及維持和平,成立一支
由各民族人員構成的強大軍隊;八、銀行、郵局、電報、林地、地下
資源收歸政府管理;九、消滅個人主義、官僚主義、民族主義及貪污
受賄行為。」[20] 該九條宣言的通過是以臨時政府的工作為基礎,基本
上成功調和了左派與保守派、民族主義分子與伊斯蘭分子各集團的利
益。雖然宣言是由政府中的親蘇人士如阿合買提江·哈斯木、阿不
都克里木·阿巴索夫等人起草,但它也符合艾力汗·吐烈支持者的
利益。宣言通過後,在重慶中國議會及國家機構任職的穆斯林代表人
士,很快也起草了一份在中國治下賦予新疆自治權的憲法草案。草案
第四條還主張用「突厥斯坦」來替換「新疆」一詞。草案的作者認為:
新疆是滿洲帝國君主為鎮壓異己及顯示軍功給予該地區的稱謂。[21]
草案團隊的領導者是中國立法院新疆代表艾沙·優素福·阿爾普特
金,儘管他年紀不大,但已在新疆省具有相當影響力。該團隊其他
成員還有:中央執行委員會成員麥斯武德·沙比爾、民法委員會負
責人阿卜杜卡吉爾·曼蘇爾、人民政治委員會成員穆哈邁德·阿蓋
等人。烏魯木齊美國總領事華爾德這樣地描述他們:這些都是學識
非常淵博的人,其中一人在貝魯特受過教育,另外幾人則曾在巴黎留
學;實際上,他們大部分人的法語講得就像突厥語、漢語一樣流利。
他們自稱突厥人,並認為「以前漢人對其使用的『維吾爾』之名稱,
突厥人自己從來就沒有用過。」[22] 評估伊犁地區穆斯林民眾訴求的時
候,美國國務院中國處詳細研究了通過外交渠道從烏魯木齊及重慶獲
得的各種文件。在分析了1945年2月5日華爾德領事發來的「新疆自
治者訴求」資料之後,中國處人員得出結論,對該省居民來說,保留
中國主權情況下的自治是可以接受的。他們認為:「與當前伊犁河流

域地區起義運動相比，新疆自治運動有更為久遠的歷史及更多的支持者。由現有小量情報可得出結論，它對新疆當前局勢的影響是顯而易見的。伊寧的突厥人要求建立『東亞突厥共和國』。新疆群體訴求的重要性不在於訴求提出者是誰，而在於它表明了諸多突厥人的意願傾向。因此還應想到的是，亞洲諸民族平等、文化自治及自決權訴求，針對的不僅僅是實行帝制的亞洲國家。」[23]

除了伊犁專區，蘇聯相關機構密切關注的還有阿勒泰專區。從1940年代初開始，哈薩克起義軍就在那裏時斷時續地攻擊中國政府機關和軍隊。1943年5月4日政治局決議通過之後，安全局上校阿赫邁德・阿卜扎羅夫以蘇聯國家安全人民委員部常駐代表身份被派到阿勒泰專區，其主要任務就是在阿勒泰先進民眾中組建武裝部隊來對抗「國民黨的反動政權」。[24] 在東突厥斯坦共和國宣告成立後，哈薩克起義軍部隊首腦烏斯滿率領其勢力宣布將聽從共和國的命令。伊寧政府曾多次派代表向其提出合作建議。[25] 但蘇聯情報部門掌握的情報顯示，烏斯滿的決定帶有臨時性質，他也不打算承認在伊寧成立的東突厥斯坦共和國政府。這些部門得出的結論是，烏斯滿「認為阿勒泰是獨立自主的國家，他自己則是阿勒泰的汗」。[26] 雖然形勢如此矛盾，烏斯滿的哈薩克－柯爾克孜部隊還是在短期內趕走了阿勒泰地區的中國軍隊，並於1944年秋在其境內組建了起義軍政府。[27] 根據蘇聯顧問的建議，烏斯滿開始履行阿勒泰行政長官之職，儘管答應要聽從顧問建議從事，但他也再次提到喬巴山給他所作的那些承諾。得到蘇聯經外蒙古送過來的援助之後，他已經期望在阿勒泰建立自己的國家了。[28] 在烏斯滿被任命為地區行政長官後，哈薩克游擊隊非常備隊伍的指揮權交給了達列里汗・蘇古爾巴耶夫。此時，除了那些哈薩克－柯爾克孜族隊伍，保護起義者的還有來自天山地區、配備了武器的土爾扈特人。[29]

民族政府成立後，各支起義軍隊伍紛紛接受其指揮，一周內在伊寧市也開始啟用新政府的法律和規章。中國政府的邊境部隊此時遭受

重大損失，而幸存者則被起義軍俘虜。國民黨新疆省機關就北部地區中國軍隊遭遇的艱難處境發表聲明稱：「哈薩克匪徒在1944年11月7日發起暴動，這起暴動給各縣黨部造成巨大的物質及人員損失。一接到暴動消息，省黨部馬上就開始採取一些措施，建議暴動地區的各縣黨部想辦法確保黨部成員及其家庭的安全，向其提供物質幫助。與此同時，下令將政治及軍事工作結合起來，發動群眾，齊心協力收復失陷的地區，而且一方面要準備安撫民眾，另一方面還要準備恢復和平。」[30] 11月下半月，民族政府武裝已將伊犁地區的一些主要居民點從國民黨統治下解放出來。爭奪波拉塔雷（音）、切爾龐基（音）、托庫茨－托勞（音）、庫列（音）、尼赫里（音）等居民點的戰鬥紛紛取得成功，而派來支援伊寧中國軍隊的國民黨部隊也被及時阻截。1944年12月2日，貝利亞就向斯大林和莫洛托夫通告說，伊犁地區各縣穆斯林民眾的起義規模宏大，起義軍已控制了尼勒克城。[31] 那些以前並不十分情願支持蘇聯政策的穆斯林此時積極參加起義，原因就在於蘇聯機關直接指導了起義運動。的確，當時對穆斯林民眾的説法就是：「起義目是將新疆從中國分離出來並將其變成一個獨立國家。」[32]

12月5日，在新疆境內戰事白熱化期間，內務人民委員貝利亞指示在其機構中設立了一個特別任務處。該處的主要任務就是領導新疆穆斯林民族的解放運動，並向其提供援助。內務部原情報處處長弗拉基米爾‧斯捷潘諾維奇‧葉格納洛夫被任命為處長，副處長是內務部第四局原局長尼古拉‧阿爾西波維奇‧普羅科普尤克。[33]

經斯大林本人同意，葉格納洛夫將軍帶着一批軍官來到伊犁地區，籌劃起義部隊打擊中國軍隊的作戰活動。[34] 一個由蘇聯內務及安全機構組建的情報協調中心開始在伊寧市運作，這個協調中心有「二號房子」之稱，履行着秘密警察的職能，監督着伊寧市發生的任何事情，並管控着所有上層人士以及機構的動向。[35] 事情發展得如此迅速，指揮新疆北部所有戰事、化名亞歷山大洛夫的蘇聯軍隊指揮官允諾：「所有加入我們的人都將在烏魯木齊過夏天。」[36]

　　新疆的美國外交官已清楚地認識到，沒有蘇聯的支持，為數不多的起義軍隊伍不可能在如此短時間內取得這些成就。史密斯領事在就此問題撰寫的報告書稱：「於伊寧及其周邊生活的一千名韃靼人和白衞軍在1944年11月7日的暴動，如果沒有蘇聯武器和所許諾的幫助，未必就會發生。」[37] 1944年12月底，東突厥斯坦共和國的武裝力量攻佔了波拉塔雷（音）、阿拉桑（音）以及被認為具十分重要戰略意義的居民點綏東。幾支作戰隊伍在這些戰事行動中發揮了重要作用，包括伽尼巴圖魯的維吾爾族部隊、烏斯滿的哈薩克族部隊、曼蘇爾‧羅米耶夫的回民部隊、費多爾‧列斯肯指揮的白衞軍部隊、法提赫巴圖魯的韃靼騎兵等。1945年春，卡里別克的哈薩克部隊在克孜勒烏津河（音）河谷隘口處給國民黨軍隊有生力量以沉重打擊，並奪取了這個重要的戰略要地。[38]此時，所有針對中國軍隊的軍事行動都是在蘇聯「顧問」的指導下進行的，起義軍的作戰行動直接由葉格納洛夫將軍協調，所有軍事突擊計劃均在「二號房子」內籌劃，內務人民委員部人員還在北部「解放區」內從事組織起義部隊的工作。[39]在新疆省的中國軍隊司令朱紹良曾在1月初向美國大使通報說：「爭奪伊寧的戰鬥形勢沒有出現根本性好轉。中國部隊還不打算採取行動奪回仍處於暴動者手中的伊寧或新爾特海（疑為新二台，原文為 Синь Эрт-хай ——譯者註）。雖然綏定（今霍城縣惠遠鎮——譯者註）和戶關（音）當時還由中國軍隊控制，但後者正遭到暴動者的攻擊。伊寧機場中國守軍的供給只能依靠空投傘降。似乎，叛賊頭目堅信伊寧叛軍會收到從霍爾果斯方向用汽車運來的蘇聯彈藥，也確定會繼續宣傳建立『東亞突厥共和國』的思想。」[40]

　　在領導特別任務小組工作的同時，葉格納洛夫將軍還擔任東突厥斯坦共和國軍事總顧問之職。正是在其領導下，起義軍再次對伊寧地區要塞海林巴克發起進攻，並最終佔領這個戰略重地。[41]也就是在1945年1月11日當天，拉夫連季‧貝利亞將葉格納洛夫將軍從伊寧發來的這份通報轉給了斯大林、莫洛托夫和馬林科夫。由此

份工作通報可清楚看到，蘇聯內務人民委員部時刻監控着伊寧城中
的情況，起義軍部隊是按照葉格納洛夫將軍的「建議」開展行動的。
伊寧地區被起義軍控制的消息，也獲得重慶方面發來的情報證實。
1945年1月25日，Б·戈杜諾夫從中國首都給莫斯科寫信講到：「伊
寧地區幾乎完全被暴動者攻陷。中國部隊鎮壓暴動的多次嘗試至今
依然沒有成效。」[42]烏魯木齊美國領事哈里斯·史密斯在1945年1月
11日發給華盛頓的報告這樣描述北部地區的嚴重事態：「哈薩克部
隊裝備精良，他們使用俄式步槍以及機槍和迫擊炮。」[43]烏魯木齊和
重慶以外，華盛頓也對中國西部發生的事件感到不安且密切關注。
1945年1月中旬，當斯坦福大學俄國史教授X·費舍爾與塔斯社駐
重慶前任代表羅格夫討論蘇中關係時，羅格夫曾提到蘇聯設備及專
家撤離新疆一事並就此補充説：「蘇聯滿懷遲早返回新疆的決心。」[44]
評估伊犁地區事件之時，美國人也已明白：對蘇聯而言，這個抽象
的返回日期如今已有了具體的輪廓。

　　在起義運動席捲新疆北部地區之後，受蔣介石及外交部長宋子
文的委託，中國外交部亞西司司長卜道明前往烏魯木齊實地了解情
況。在那裏他與省政府會商了當前局勢，接見了蘇聯駐烏魯木齊領
事以及駐新疆貿易代表。卜道明在重慶曾以政府名義，發表了必須
恢復蘇聯與新疆貿易和經濟關係的聲明。在結束一系列重要會談及
會商之後，卜道明在中國外交部新任駐疆特派員劉澤榮的陪同下回
到重慶，並向中國領導人詳細匯報了新疆事件的情況。[45]

　　在1944年11月至12月間取得初期軍事成功之後，臨時民族政
府通過了組建常備武裝力量的決定，並於1945年2月開始首次嘗試
建軍。為了使軍隊服役合法，在通過「關於建立東突厥斯坦共和國民
族軍」決定的同時，臨時政府又批准了《兵役法》。這些文件就是要為
東突厥斯坦民族軍的組建奠定法律基礎，加快培養軍隊指揮人員，
確保軍隊武器彈藥的供應。[46]在政府提出軍事建設的初步措施後，
各游擊隊以及其他起義軍部隊開始紛紛被編入民族軍序列之中。此

過程在4月8日前結束，而這個日子也被正式宣布為東突厥斯坦國建軍節。[47]政府的決議還核定了軍隊制服、等級標誌以及軍銜。民族軍軍官的肩章為藍底紅紋配白色的方形和三角形軍階標誌。標示軍隊指揮人員軍銜的將星（最低為少將）則繡在波紋金黃色底的肩章上。軍銜名稱從「列兵」開始直到「大將」。[48]從民族族群成分來看，軍隊中堅為來自伊犁地區的塔蘭奇人（維吾爾族的一個族群）。兩個組建起來的步兵師中，幾乎所有人員都是塔蘭奇人。其中一師由伊斯哈克別克統率，其副手為祖農·太波夫。另一師的師長是伊萬·顏里諾夫。除此兩個師之外，伊寧軍隊還成立了一個獨立騎兵團。[49]

到1945年春，東突厥斯坦軍隊官兵人數已逾一萬人（根據葉格納洛夫1945年4月29日給貝利亞的報告，起義者的武裝力量總人數為9,300人——譯者註）。除了作為戰利品從中國軍隊獲取的武器和彈藥之外，民族軍還常常得到蘇聯秘密供應的德國產武器和彈藥。蘇聯從衛國戰爭前線敵軍之手得到的這些戰利品，暗中再轉供給游擊隊及東突厥斯坦軍隊士兵。同時，蘇聯軍官與軍事專家也積極地參與了民族軍的軍事行動。的確，正是依照蘇聯顧問制訂的計劃，民族軍部隊才在4月9日包圍了托爾古斯台一帶的中國軍隊並解除其武裝。這場軍事行動俘獲了220名國民黨軍隊官兵。這些人都是蒙古族人。同時，民族軍也繳獲了177支步槍、14,900發子彈及32匹馬等戰利品。4月11日傍晚，塔尖子地區的中國軍隊陣地遭到攻擊。國民黨軍隊逃離自己陣地向精河方向撤退。民族軍此次繳獲的戰利品有：一台拖拉機、13,000發子彈、430枚手榴彈、12,000噸小麥、800普特玉米、3,600普特高粱（1普特約為16.38千克）。[50]

1945年4月22日，對民族軍因接受蘇聯教官指揮及蘇聯機構供給而取得初步勝利深感鼓舞的艾力汗·吐烈，致函斯大林寫道：「向各民族平等及文化的締造者、蘇聯的偉大領袖，致以熱烈問候。我以及不久前剛從壓迫下解放出來的東突厥斯坦諸民族，對您充滿期盼。大元帥，只要有偉大蘇聯的幫助，在該事業上給予我們全面的

援助，東突厥斯坦各民族就終將獲得解放。東突厥斯坦人民大眾將您視為保護被壓迫民族自身利益的領袖。我們堅信會永遠得到貴國真實而又必要的幫助。這樣我們就能從自己祖國趕走所有我們的壓迫者。我希望，如擁有蘇聯方面給予我們的必要支持，殖民者就會被趕走。向最終擊潰全世界愛好和平人民之敵法西斯分子的紅軍及紅軍英雄致敬！我已將其他願望轉告尊敬的彼得‧安德烈耶維奇，期待與他的會談取得良好結果。我也迫不及待地等待將會給我們必要幫助的弗拉基米爾‧斯捷潘諾維奇回到我們身邊。」[51] 5月11日，拉夫連季‧貝利亞將已翻譯成俄語的這封艾力汗‧吐烈信函，交給了斯大林和莫洛托夫，同時說明「信中提到的沙吉爾霍扎耶夫、彼得‧安德烈耶維奇、弗拉基米爾‧斯捷潘諾維奇，是我方工作人員」。[52] 被貝利亞稱為「我方工作人員」的這些人是誰呢？弗拉基米爾‧斯捷潘諾維奇無疑就是葉格納洛夫將軍，而彼得‧安德烈耶維奇可能指普羅科普尤克，不排除他在新疆開展工作期間用這個名字。

1945年4月29日，內務部和外交人民委員部向斯大林提交了有關新疆事件進展的最新情報以及自己就新疆事態今後如何發展提出的建議。貝利亞及維辛斯基向斯大林報告說：位於新疆西北部、人口達40萬的伊犁專區，包括首府伊寧在內，已完全被起義軍從中國政權和軍隊之下解放出來。戰事期間，共殲滅2,520名敵方士兵，俘虜2,632人，其中有50位軍官。根據起義軍方面情報，戰爭期間他們繳獲的戰利品有：1,807支步槍、151挺機槍、17門迫擊炮、四門大炮、兩輛裝甲車、36架飛機、24台航空發動機、四部無線電台、30萬普特小麥、10萬普特毛料、九萬張羊皮、四萬頭牛羊等。[53] 信中指出，新成立的民族軍人數達到9,300人，軍隊包括一個騎兵旅、四個步兵團和五個騎兵師（應為五個獨立騎兵營——譯者註），並提及計劃要在兩個月內將軍隊人數增加到1.2萬人。他們還向斯大林報告稱，除了伊犁軍隊，在阿勒泰地區如今依然活躍着以「當地權威人士」烏斯滿為首、人數多達4,000人的部隊。貝利亞和維辛斯基寫道：

「烏斯滿的部隊佔據着阿勒泰地區與蒙古人民共和國直接接壤的可可托海和青河兩縣，部隊駐扎在離阿勒泰地區首府承化城不遠的地方，但目前在奪城及清除本地區漢人方面還沒有採取積極行動。」[54]他們在信中強調，起義軍人數不多，戰鬥力低下，缺乏訓練，武裝保障能力差，明顯缺乏職業軍事人才；同時強調說，東突厥斯坦民族政府缺乏具有管理、經濟生產和政治工作經驗的人員，也缺乏維持國家機關及軍隊運轉的財政資金。該信的兩位作者指出：根據內務人民委員部情報，中國中央政府對伊犁和阿勒泰地區發生的事件感到不安，打算採取積極行動鎮壓穆斯林的民族運動。為此已向新疆調集了八萬人的軍隊。兩位作者在分析局勢的同時寫道：「考慮到中國軍隊在新疆佔明顯優勢，可以推測的是，若中國軍隊方面採取攻勢行動，起義軍可能就會被擊潰，而得不到我方相應支持的新疆穆斯林民族解放運動也會被鎮壓下去。從我們自己的角度來講，認為有必要支持伊犁及阿勒泰地區的穆斯林民族解放運動，並幫助起義軍將此運動向新疆其他地區推進。」[55]為了能落實援助行動，他們還向斯大林提交了一份由七項內容組成的計劃，計劃包括以下建議：出動起義者軍隊保護伊犁地區，使其免遭中國軍隊攻擊；向臨時民族政府提供援助，將穆斯林民族解放運動向阿勒泰、塔爾巴哈台、阿克蘇及喀什地區推進；向中國軍隊後方派遣從事破壞活動的小分隊；從蘇軍抽調一批中亞地區諸民族士兵和軍官派往新疆；以及向民族軍提供武器、彈藥保障等。[56]斯大林接受了這些建議，1945年6月22日的政治局會議也對此一條不改地予以批准。就這樣，由新疆穆斯林發動，已使新疆省中國政府機構與軍隊陷入癱瘓的民族解放運動，再次開始得到蘇聯方面的實質性幫助。一些軍事顧問及機動作戰單位，也被派到已成為穆斯林運動中心的伊犁。新疆美國情報部門當時提交的報告就寫道，「當前戰事進行期間，包括軍官在內的那些蘇聯軍人，穿着沒有識別標誌的羊皮短大衣，戴着皮帽。這些短大衣都有兩個口袋及高高的領子。除了發動機罩子上塗有一面蘇聯小旗幟的載重汽車和裝甲車

外，蘇聯的軍事設備沒有任何標記。但是參戰飛機、尤其是轟炸伊寧及瑪納斯機場中國軍用飛機的蘇聯飛機，則清楚標識着蘇聯那些識別標記。」[57] 1944年底對伊寧中國空軍機場的佔領，在向民族軍提供武器及軍事設備保障方面發揮了重要作用。該空軍基地由一支5,000人的中國軍隊守衛，軍隊指揮部擔憂民族軍的攻擊不會局限於伊寧，而是還將繼續向精河方向的軍事基地——空軍主要部署地點運動。[58] 因奪取伊寧機場，民族軍「繳獲了36架損壞的飛機，其中CБ型飛機七架、И-16型23架、И-15型四架、УТ2型兩架」。在貝利亞發給斯大林和維辛斯基的報告講到：「這些飛機是以前蘇聯交給新疆政府的。」[59] 新疆北部地區的武裝起義不僅令重慶政府嚴重關切，也引起了中國共產黨人的注意。在中共領導人毛澤東居留重慶期間，白崇禧告訴他說：「在伊犁地區，當地暴動者擁有蘇製的火炮、坦克和飛機。」[60] 但毛澤東則將伊犁爆發的這場獨立及不服從烏魯木齊的運動，解釋成是因為伊寧有共產黨。

1945年5月28日，蘇聯內務人民委員部駐伊寧情報負責人、國家安全局中校尼古拉‧普羅科普尤克會見了臨時政府首腦艾力汗‧吐烈，雙方討論東突厥斯坦以及整個新疆的局勢。吐烈在會談期間指出：「……有必要再次啟動起義部隊的積極行動，行動就從驅逐精河的漢人、將游擊隊派往塔爾巴哈台地區和新疆南部發展起義運動開始。」艾‧沙吉爾霍扎耶夫聲稱：「起義軍方面不採取積極行動已對穆斯林民眾的情緒產生了負面影響，並有助於漢人瓦解那些伊犁地區之外穆斯林民眾的起義熱情。」用他的話來說，「那種由『披着羊皮的狼』鼓吹漢人是伊寧地區伊斯蘭教衷心捍衛者的宣傳，正在尋找根據。」普羅科普尤克在發給國家安全人民委員部有關此次談判的報告指出：「會面之時，沙吉爾霍扎耶夫明顯表現出焦躁不安，並在整個會談期間反覆強調中國內外政策的靈活性。」[61]

會談後翌日即5月29日，東突厥斯坦民族軍開始了解放尤爾都斯盆地的行動。此次行動目的是使蒙古族民眾的牧場能夠得到保

障。當地蒙古人紛紛積極參與到行動之中。第二騎兵師對漢人哨所展開攻擊，佔領了達楞達瓦爾（音）山口並在此修築了防禦工事。尤爾都斯盆地的中國部隊損失慘重，有32人被打死、11人被俘。此外，民族軍還繳獲了中國部隊的17支步槍、21枚手榴彈、19匹馬及26套鞍具作為戰利品，。在達楞達瓦爾山口轉歸東突厥斯坦軍隊控制之後，蒙古族民眾就能帶着自己的牲畜前往焉耆方向那些已解放的土地進行轉場了。[62]在尤爾都斯盆地取得的這場勝利大大強化了突厥斯坦軍隊的地位，也吸引當地蒙古人積極投入到反對國民黨統治的戰鬥之中。多年來從蒙古人民共和國境內面向新疆蒙古人開展的宣傳工作，很大程度上也促成了這種局面出現。北部地區一些蒙古族學校甚至使用從蒙古領來的教科書，這使蒙古宣傳對當地民眾的影響大為增加。美國情報機構人員認為：「新疆省政府或是因為麻木不仁，或是因為膽怯，一直都沒有採取措施限制蒙古人民共和國日益擴大的影響。」[63]

臨時政府首腦艾力汗‧吐烈下定決心要將軍事行動向新疆北部和南部擴展。他在6月8日從卡爾馬克－庫列（音）發給普羅科普尤克中校的電報寫道：「因從到來之日起就連綿陰雨，我目前已不能返回。是時候向北、向南行動了。很快我們就能止住我們手上的騷癢。如果安拉允許，而且沒有其他耽擱的話，6月10日我們就能到伊寧。希望您採取各種措施加快向南進軍，一分鐘都不應錯過。決定性的時刻已經到來，要趁熱打鐵。」[64]貝利亞對葉格納洛夫發來、包括該電報在內的「特別報告」所作的批示引人關注。貝利亞堅決主張負責新疆局勢的將軍不要採取任何額外措施，並繼續遵照以前收到的指令行事。貝利亞還特別寫道：「應飛抵現場，整頓秩序，不能讓任何挑撥離間行為出現。」[65]第二天，這位內務人民委員向斯大林和莫洛托夫報告說：「我們已指示葉格納洛夫同志按照以前下達的指令就地採取措施，不允許起義軍發起主動行動。」[66]這清楚表明，貝利亞做的批示就是斯大林、莫洛托夫兩人委托辦理的事情。無疑，

在民族軍打擊國民黨軍隊取得重要成果，各項工作正如火如荼發展期間，作出這個堅決放棄主動軍事行動的指示是有重大原因的，原因可能就是中國行政院院長兼外交部長宋子文計劃於1945年6月底訪問莫斯科，預計將討論簽署蘇中條約一事。

然而，就在宋子文訪問前夕，蘇聯領導已就新疆問題通過了最終決議。臨時民族政府首腦多次就蘇聯代表提出的那些請求也有了結果。1945年6月22日，政治局通過了《關於新疆的決議》，決議規定保護東突厥斯坦共和國，向新疆日益蔓延的穆斯林分裂運動提供軍事援助，將民族運動向新疆省南部地區推進。就其內容和戰略目標而言，這份決議是1943年5月4日決定的直接延續，第一條和第二條指出：「一、起義軍武裝部隊用於伊犁地區的防禦，防止中國軍隊的進攻。在防衛伊犁地區的同時，幫助東突厥斯坦臨時政府將穆斯林民族解放運動向新疆塔爾巴哈台、阿勒泰、阿克蘇和喀什地區推進；二、為了在新疆給中國軍隊製造困難條件，要幫助伊犁地區起義軍挑選起義戰士組建特別行動隊，並將他們派到烏魯木齊、喀什、承化、塔城、阿克蘇等城市實施破壞活動，主要是消滅中國軍隊的有生力量、破壞技術設施及通訊。」[67]根據決議第三條，國防人民委員尼古拉‧布爾加寧的任務是：「一、從紅軍復員中亞地區諸民族的500名軍官及2,000名軍士及列兵，以新疆居民的身份編入到起義部隊之中；二、為滿足新疆穆斯林起義軍的需要，從戰利品中向其劃撥可供15,000人使用的槍支、迫擊炮及彈藥。」[68]許多俄羅斯漢學家相信，蘇聯對東突厥斯坦的軍事援助在1945年6月10日之後已經大幅收縮。[69]但聯共(布)中央政治局1945年6月22日的決定，卻讓我們有理由不同意這種說法。決議第四條認為應當用飛機替換民族軍在伊寧機場繳獲的那些損壞了的飛機。該條就此問題寫道：「考慮到起義軍在與中國軍隊作戰中有使用空軍的可能及必要，認為應當將起義軍從中國軍隊繳獲的36架飛機換成能夠使用的九架飛機，其中СБ型飛機三架，И-16型飛機六架。」[70]決議第五條則通過身在

現場的內務人民委員部代表葉格納洛夫將軍向臨時政府建議:「一、制定必要的措施,着手將原來屬於漢族地主和商人的土地分配給穆斯林貧農;二、為了實現政府民主化,那些擺脫了中國軍隊及政府統治各地區的穆斯林勞動群眾代表,應當被吸納到政府之中;三、為緩和政府財政狀況,需發行內債,啟動稅制,並安排國家貿易事宜。」[71]為幫助東突厥斯坦民族政府解決行政管理方面的問題,決議第六條責令哈薩克和烏茲別克兩個加盟共和國的聯共(布)中央委員會與蘇聯內務人民委員部協商,從當地民族之中向伊寧派遣一名有經驗的黨務工作者,及財政、貿易和衛生保健等領域專家各一名。決議第七條直接談的是經濟貿易關係問題。該條寫道:「考慮到擺脫了中國統治地區人民的需求,建議蘇聯外貿人民委員部在與東突厥斯坦臨時政府的貿易中增加日用必需品的種類,以換取所獲得的原料。」[72]決議執行事宜由莫洛托夫和貝利亞共同負責。蘇聯在1945年夏通過這樣規模宏大的行動計劃,其潛在目的就是要使新疆與中國其他部分分離開來,美國情報部門專家甚至不排除其有建立「維吾爾蘇維埃社會主義共和國」的可能。這是因為在東突厥斯坦共和國宣布成立後,一些被派到這裏的蘇聯顧問就開始在建設合作組織方面實施社會主義性質的措施。某些由蘇聯專家領導的企業甚至下達了婦女來上班不用包頭巾的指示,這引起了當地穆斯林民眾的不滿。[73]東突厥斯坦國政府領袖終究還是不認同馬克思主義思想的。艾力汗·吐烈尤其反對蘇維埃化,一些學者就正確地指出,共和國領導層思想價值觀的基礎就是民族主義。[74]

與對新疆同出一轍,斯大林決定打出「阿塞拜疆牌」,將其與爭取控制伊朗石油的鬥爭聯繫在一起。6月10日,斯大林簽署了秘密的《關於在伊朗北部建立工業企業的決定》,其中涉及在大不里士和其他城市創辦蘇聯阿塞拜疆工業企業的分支機構。[75]與此同時,蘇聯國防委員會委托蘇聯外交人民委員部、阿塞拜疆蘇維埃領導、蘇聯石油工業人民委員部以及阿塞拜疆石油工業國家聯合公司的負責

人，就在伊朗北部進行油田地質勘探一事提交方案。在方案的基礎
上，斯大林在6月21日簽署了國防委員會第9168號《關於在伊朗北
部進行石油地質勘探的決定》。文件稱：「在石油工業人民委員部下
屬的『阿塞石油』(Aзнефть) 內成立水文地質管理局，負責在伊朗北
部進行油田地質勘探事宜。為了實行在伊朗北部的勘探工作，蘇聯
石油人民委員部和『阿塞石油』的領導負責從石油工業的職工中配齊
足夠數量的鑽井隊和勘探隊，並以駐伊蘇軍司令部下轄的的水文地
質隊的身份，派往工作地點(加茲溫市)。」[76]

7月初，阿塞拜疆布爾什維克共產黨中央委員會書記米爾·扎
法爾·巴基洛夫被召去莫斯科。早在7月6日，經過認真研究，聯共
(布)中央政治局通過了《關於在伊朗北部其他省份和南阿塞拜疆組織
分裂運動的措施》的秘密決定，認為南阿塞拜疆開展在伊朗國家內建
立擁有廣泛權利的阿塞拜疆自治州的準備工作是適宜的。這項決定
也計劃在吉蘭省、馬贊達蘭省、戈爾加內省和呼羅珊省開展分裂運
動。為了領導分裂運動，決定成立名為「阿塞拜疆民主黨」的民主黨
派，並通過相應改組伊朗人民黨阿塞拜疆分部及吸納社會不同階層
的分裂運動擁護者來實現。決定的第三項規定，可以以建立庫爾德
自治區為由，吸納伊朗北部的庫爾德人參與分裂運動。

為了領導分裂主義運動，蘇聯還指示在大不里士建立負責人員
集體，負責與蘇聯駐大不里士總領館的聯絡工作。該集體由米爾·
扎法爾·巴基洛夫和米爾·鐵穆爾·雅庫波夫(阿塞拜疆蘇維埃內
務人民委員部)負總責。決定的第五條規定，自7月6日起委托阿塞
拜疆共產黨(布)中央委員會(即以米爾·扎法爾·巴基洛夫和米爾
扎·伊布拉基莫夫為代表的蘇維埃阿塞拜疆教育委員會)就關於在南
阿塞拜疆舉行的伊朗第十五屆議會選舉開展準備工作。

該項決定說，為了保障親蘇人員、分裂運動積極分子、民主黨
組織人員的自衛，應建立武裝組織，並為其提供國外制式的武器。
這項規定授權由H·布爾加寧和米爾·扎法爾·巴基洛夫實施。之

後的五項規定主要是討論大眾文化的問題，其中包括加強在南阿塞拜疆的文化宣傳工作。最後，決定還指出，為提供資金支持南阿塞拜疆的分裂運動及參加伊朗第十五屆議會選舉，在聯共（布）阿塞拜疆中央委員會名下設立100萬外匯盧布的專項基金。

從莫斯科返回後，巴基洛夫在巴庫秘密召集了南阿塞拜疆有影響力的人物。他在向斯大林匯報的秘密電報寫道：「與他們見面後，新阿塞拜疆民主黨的領導權，被授予在親俄人士中享有盛譽的活動家、德黑蘭《阿及爾》報紙主編比謝瓦利‧米爾‧扎法爾。」（此後很多文件中稱他為謝伊特‧扎法爾——作者註）[77] 在給B‧莫洛托夫、Л‧貝利亞和Г‧馬林科夫的報告，巴基洛夫這樣解釋自己的選擇：「比謝瓦利是南阿塞拜疆本地人，曾是共產黨員，在蘇聯阿塞拜疆長期擔任蘇維埃和黨內重要職務，1927年被共產國際派到伊朗工作，被當時的伊朗國王禮薩下令逮捕，遭受了十年牢獄之災，直至1941年蘇聯軍隊進入伊朗才重獲自由。」[78] 巴基洛夫收到了莫斯科的指示，令其加快實施伊朗阿塞拜疆從伊朗獨立出來的計劃。9月3日，阿塞拜疆民主黨宣布成立。從這一刻起，巴基洛夫通過密電定期向斯大林匯報伊朗的形勢發展，尤其是伊朗阿塞拜疆地區。

在政治局《關於新疆的決議》通過後，進攻中國軍隊的戰鬥變得更為猛烈，此時也已開始籌劃將總數為100至150人的游擊分隊派遣到阿克蘇、喀什、葉爾羌、和田等其他南疆地區。國民黨軍指揮部知道，如果北部地區穆斯林暴動運動蔓延到維吾爾人集中生活的南部地區，那麼新疆境內局勢的發展就將無法挽回。因此，烏魯木齊政府決定對東突厥斯坦軍隊展開反攻。於是，國民黨軍隊在6月28日向永集河地區的回民起義部隊主動發起攻擊。回民部隊陣地遭到16門火炮的轟擊，而且參與行動的還有三架軍用飛機。凌晨時分中國軍隊奪得了小戰果，控制了永集河—塔崗子公路。回民起義部隊此時面臨着被圍殲的威脅，但是伊寧第三團的及時援助改變了戰場局勢，中國軍隊最後被迫從所佔的陣地上撤退。在描述這場戰鬥的

時候，貝利亞向斯大林及莫洛托夫寫道：「中國軍隊戰鬥損失是多達一百人被擊斃，起義軍損失是死亡三人、受傷一人。戰利品有兩挺機槍及四支步槍。」[79] 葉格納洛夫在 7 月 11 日發給貝利亞的電報稱，永集河地區的戰局沒有出現重大變化，同時還強調「僅有孤零零的幾架敵機對永集河地區起義軍的陣地進行偵察、轟炸和掃射」。[80]

1945 年 7 月 3 日，弗拉基米爾‧葉格納洛夫將軍就自己在伊寧進行的一些會談、新疆局勢及穆斯林民族解放運動發展前景等問題給貝利亞發去一份詳盡的報告。他在報告中稱與一名行動中化名「薩迪克」的人進行了會談，和他討論了東突厥斯坦共和國當前的周圍形勢，向莫斯科報告了「薩迪克」有關必須將民族運動往南疆推進的堅定主張。從會談內容可明確看出，這位被稱作「薩迪克」的人就是艾力汗‧吐烈。例如，葉格納洛夫寫道，「薩迪克」對其提出了將主要軍力派往南疆、向中國軍隊發動積極戰鬥攻勢的迫切要求。他指出：「薩迪克」聲稱南部政局已緊張到極點，人們期待東突厥斯坦共和國的幫助，如果不儘快利用這一形勢，民眾的期望情緒就會降低，以後將很難使其調整過來，薩迪克對此深信不疑，他在長達 30 年的革命鬥爭生涯中已很好地掌握了穆斯林民眾的心理。[81] 會談時，葉格納洛夫告知此人：為發起戰鬥行動，科康巴耶夫部隊已被派往塔什庫爾干－葉爾羌方向，戰鬥近期就會開始。對此，「薩迪克」答覆道：在解放南疆方面起主要作用的是喀什，若沒有「薩迪克」帶着部隊在那裏出現，能否取得成功就有疑問，他必須前往南疆。同時，「薩迪克」還強調，喀什有位狡猾的英國領事會妨礙起義活動，但他（「薩迪克」）的到來則會為解放事業的成功及當地權威人士帶來有利的影響。[82] 據喀什英國總領事的說法，大量所謂的反叛軍隊是越境過來的，而且叛亂所用的武器及彈藥也都是同一個來源。[83] 葉格納洛夫將軍想努力說服艾力汗‧吐烈，眼下軍力不足，在南疆發動大規模進攻行動還為時尚早。他向艾力汗解釋說，當前的主要問題是部署伊寧地區的防禦以及「做好中國人後方的人員基礎

工作」。對葉格納洛夫所言，吐烈答覆稱：「要解放喀什有一個『布伊噶』旅就足夠了，他保證有這些部隊就能取得成功。」[84] 儘管葉格納洛夫為了使東突厥斯坦國領導人相信現在進攻南疆不合時宜而列出了眾多論據，但「薩迪克」依然對蘇聯在積極反中國鬥爭問題上的拖延做法表示不滿。為論證當前反中國行動是必要的，吐烈說：「發動積極行動的願望並不是由穆斯林民眾欲擺脫漢人統治的強烈期盼所決定的，而是因為伊寧民眾中開始出現一些議論，認為他們被出賣給了布爾什維克黨人，而保護穆斯林利益並擺脫漢人統治的事業如今已退到了次要地位。」[85] 葉格納洛夫還告訴貝利亞，他於7月3日收到了莫斯科的指示並已開始執行。他向莫斯科領導人匯報了為組織伊犁地區防禦所採取的一些措施：在永集河—塔崗子一帶駐有第二伊寧團，而且人員多達1,700人的第五蒙古騎兵營（原文為師，дивизия，據檔案應為營，дивизион——譯者註）也聽從該團指揮。根據他提供的資料，在位於三台山口地區的塔爾吉（音）一帶部署着人數有1,500人的肯塞旅，而博樂一帶的防衛則由人數為350人的第一蒙古騎兵營負責。葉格納洛夫報告稱，派往蘆草溝的是配備了必要彈藥、人數有1,350人的後備第一松兌旅。報告還講到，「布伊噶」旅中的一個團被派到精河－烏蘇方向，巡察阿恰勒山口，而其他地方的部隊則沒有作任何變動。葉格納洛夫將軍報告稱，東突厥斯坦民族軍人數現在達到了11,800人，擁有73門火炮、17輛裝甲車、225挺機槍、5,480支步槍、348支衝鋒槍、7,740個炸藥筒。為了在中國軍隊後方開展行動，他還通報了籌組總人數為150人的五個訓練良好小隊的有關情況，計劃把這些人用在烏蘇－額敏、瑪納斯、托克遜及阿克蘇地區，而且「薩迪克」（艾力汗‧吐烈）直接參與了所有這些活動。至於科康巴耶夫的部隊，葉格納洛夫認為應將其部署在塔什庫爾干－葉爾羌方向上的托赫塔梅什地區，這便於以後經尚迪（音）山口向新疆境內投送。他還告訴貝利亞，準備向敵軍後方投送的部隊應在他們抵達托赫塔梅什之後立即使用，尼‧普羅科普尤

克已前往此地負責全面領導工作。將軍在自己報告中指出，這些部隊的保障已預先依靠穆爾加布及奧什的武器和彈藥充分得到保證。葉格納洛夫告訴蘇聯領導人，即將派往塔爾巴哈台地區的杜森別科夫分隊在伊寧哈薩克團的幫助下已組建完畢，還報告了瑪納斯哈薩克民眾的起義以及中國軍隊正想辦法鎮壓穆斯林民族解放運動的情況。在當前情況下，必須使由阿勒泰地區「英雄」（這裏最有可能指的就是烏斯滿——作者）領導的哈薩克部隊活躍起來，並建議採取措施解放塔爾巴哈台。葉格納洛夫寫道：「只需派一個起義軍的團進入塔爾巴哈台地區，協助哈薩克起義部隊在瑪納斯縣的行動，切斷烏魯木齊與精河、塔城之間的交通，消滅塔城和額敏的警備隊，就可與『英雄』的哈薩克部隊合併在一起。這種情況無疑會粉碎中國軍隊對伊寧的進攻計劃，並強化東突厥斯坦共和國的地位與威望。」[86] 7月13日，貝利亞將葉格納洛夫的這份報告，完完全全未作任何改動交給了蘇聯國防委員會主席斯大林與蘇聯人民委員會主席莫洛托夫。[87]

1945年夏，扎托羅金準尉領導的一支特別行動隊被派到了瑪納斯。6月28日，2,000戶哈薩克家庭舉義反抗中國政府統治，並逃到該縣南部山區。他們在那裏組建了一支800人的武裝部隊，開始與中國人作戰。別動隊在一開始就加入到起義的哈薩克人之中。[88]起義民眾成功擊退了國民黨軍隊的進攻，失利後的中國軍隊撤退到距瑪納斯25公里的普爾塘（音）。7月17日，葉格納洛夫向貝利亞報告說，他已派350人的第三肯塞團前往支援那裏的哈薩克部隊。瑪納斯地區的軍事行動由蘇聯軍官費爾索夫指揮。[89]

在瑪納斯縣展開行動的同時，葉格納洛夫將軍還認為鞏固塔爾巴哈台地區十分重要。根據他當時得到的情報，從額敏派出的中國軍隊已向南撤退並計劃奪取通向博樂的準噶爾通道。因此，葉格納洛夫寫道：「為防止中國軍隊進攻塔爾巴哈台地區，我派出總人數有1,800人的第三肯塞團及第一蒙古騎兵營。行動指揮由『馬克西姆』負

責。為強化精河地區阿恰勒山口的防禦，已派出『布伊噶』旅第一騎
兵團，其任務是配合精河方向的進攻，從側翼打擊從塔爾巴哈台地
區逃出的中國人，精河目前正在進行準備。已任命『布伊噶』為精河
地段的指揮官。」[90]

　　當東突厥斯坦國和國民黨軍隊在與蘇聯接壤的新疆北部激戰
時，莫斯科的蘇中談判也在進行中。1945年6月30日，中國行政院
長兼外交部長宋子文抵達蘇聯。他此次訪蘇日程包括探討蘇美中三
國關係一系列有爭議的問題，尤其是涉及滿洲地區、旅順口、南滿
鐵路及蒙古人民共和國的問題，並計劃討論擬將簽署的《中蘇友好同
盟條約》的某些問題。在中蘇莫斯科談判之前不久的1945年5月底，
美國官方人士在舊金山會議期間會見了宋子文及其隨行代表團成員
（外交部次長胡世澤、駐美大使魏道明、情報司俄語科科長楚恒明
[Чу Хейн-мин 的音譯 —— 譯者註]）。此次會面談及了一系列問題，
關於新疆問題的簡短陳述這樣説到：「他們還對新疆局勢有些感到擔
憂。非漢族民眾 —— 柯爾克孜人和哈薩克人 —— 在近期騷亂期間開
始槍殺漢人的消息，讓重慶政府成員不安。中方想弄清楚的是，非
漢族武裝使用的蘇式武器是不是兩年前中蘇對新疆共同管理結束後
撤出的蘇軍留下的？還是最近經邊界運進新疆的？」[91]

　　儘管在宋子文訪蘇之前斯大林已通過貝利亞指示暫停新疆境
內的積極作戰行動，但這些行動並沒有停止。在7月上半月談判期
間，伊犁及周邊地區就發生了幾起攻擊中國軍隊和政府機構的軍事
行動，並取得成功。激烈的作戰行動與談判的艱難進程甚至出現僵
局有密切關係。斯大林和莫洛托夫堅持要中國承認蒙古人民共和
國，但時時向蔣介石匯報談判進展情況的宋子文卻根據重慶指示對
此予以拒絕。為了讓蘇聯領導人降低要求，7月8日蔣介石派其子蔣
經國非正式地去見蘇聯大使A·彼得羅夫。中國領袖之子當時以代
表團非正式成員身份來到莫斯科。他以蔣介石的名義對大使説：「作
為十分了解中國情況的人，我當然理解蔣介石當前不可能承認外蒙

獨立的立場，因為這一承認會大大削弱中國政府的地位，並引發中國社會輿論方面極其激烈的反應。」[92] Ａ‧彼得羅夫對此答覆說，蘇聯有關承認外蒙獨立的建議是最合理的方案。他指出，外蒙古作為獨立國家而存在是一個現實，蘇聯就此提出的建議只不過是承認實際存在的情況。大使又補充說，如果中國方面有疑慮，那麼可以在戰爭結束以及戰爭期間失去的土地回歸中國之後再宣布承認。而蔣經國則聲稱：「承認蒙古人民共和國獨立與孫中山主張中國領土完整的原則相悖⋯⋯，如果不是外蒙問題，一切都將會進展順利，因為宋子文對條約和協議草案並沒有大的反對意見，即使有某些不同意見也可以很快商定。」[93] Ａ‧彼得羅夫強調，承認蒙古人民共和國並沒有違反孫中山的原則，相反，正符合其有關民族問題學說的精神。蔣經國問大使他能做些什麼才能讓談判回到成功的軌道，Ａ‧彼得羅夫答道：「他應讓父親相信蘇聯承認蒙古人民共和國獨立的建議是合理的。」同時又補充說：「蒙古人民共和國的問題極為重要，而蘇聯將會堅持讓中國接受其宣布蒙古人民共和國獨立的建議，如果中國代表團不接受這個建議，那麼談判將不會走出僵局。」[94]

在7月9日談判的時候，宋子文問斯大林：在他看來，應該如何解決外蒙古問題。蘇聯領導人回答道：「中國可以這樣說，即中國政府不反對在蒙古舉行全民投票之後承認其獨立⋯⋯，蒙古既不想加入中國，也不想加入蘇聯，而我們為了國內的需要則應這樣講：在承認蒙古獨立之後，蘇聯將尊重蒙古的領土完整和獨立。」[95]在7月10日的談判中，莫洛托夫進一步明確地提出這個問題──即日本戰敗及蒙古舉行全民投票之後，中方是否準備在發布相應聲明的條件下承認蒙古獨立？宋子文回答：在對日戰爭結束及全民投票之後，中國會馬上宣布承認蒙古獨立。他又補充說：「那時中國政府去做這件事就會輕鬆得多。」蘇方堅持將該問題加入雙方條約草案之中，但宋子文向莫洛托夫保證，在即將準備並提交給蘇方的條約草案中，對承認蒙古的表述與蘇方表述不會有大的區別。他認為這是蔣介石

「在外蒙問題上作出的重大讓步」。[96] 由於波茨坦會議召開在即，斯大林與莫洛托夫需參加會議與杜魯門、邱吉爾商談，中方堅持要在蘇聯領導人前往柏林之前簽署與蘇聯的條約，但此想法沒能實現，蘇中談判由於蘇聯代表團出發參加會議而於 7 月 14 日暫停，同時，雙方決定在會議結束後繼續談判。

儘管蘇聯方面宣布談判暫停，但東突厥斯坦共和國與國民黨軍隊即中國政府當局的戰爭卻一直沒有停止。7 月 15 日，由塔爾巴哈台地區民眾組建的一支起義軍，在額敏以南 70 公里處的加馬特地區與正從西南方向過來的幾支中國軍隊發生了武裝衝突。戰鬥行動持續了好幾天，其間，中國軍隊飛機轟炸了永集河地區的起義軍陣地，並對塔崗子和博樂進行了偵察。起義軍阿拉木圖指揮中心在 7 月 17 日發出的一份命令認為，應當派遣一支 150 人的起義軍隊伍前往拜城－阿克蘇地區，擴大那裏的游擊活動。在該份命令中被寫成「薩迪克」的艾力汗·吐烈，積極參與了該隊伍的組建工作。擔任該隊隊長的是在烏蘇戰鬥期間向起義軍投誠的中國軍隊連長、來自阿克蘇的維吾爾人蘇費·阿洪·蘇爾巴耶夫。隊伍中還有與蘇爾巴耶夫一起向民族軍投誠、來自喀什的 90 名維吾爾人。蘇聯情報部門在 7 月中旬所寫的報告說：「與部隊一起派去的，還有由一位政府成員率領、在南疆有關係的一些有威望的維吾爾人，這些人帶着報紙、傳單及『薩迪克』寫給阿克蘇知名人士的信件。暫時還不適宜在南方籌劃全面的行動，主要原因是目前還沒有足夠的兵力做到。派遣蘇爾巴耶夫部隊前去活動，就是為了檢驗對喀什的行動是否可行及適當。」[97]

1945 年 7 月底，東突厥斯坦民族軍取得了一系列重大勝利。7 月 21 日，第三肯塞團第一蒙古騎兵營的部隊開始向塔爾巴哈台地區塔城方向推進。7 月 29 日，民族軍部隊攻佔了新疆省其中一個大城市 —— 位於塔城東南方向 50 公里處的額敏。在該城被佔領之後，蘇聯駐塔城副領事澤努林於 7 月 31 日凌晨 2 時 30 分來到巴克圖邊防站。他告訴指揮官科瓦列夫斯基中校，民族軍在奪取額敏之後向塔

城政府發出了放棄抵抗、獻城投降的最後通牒。因此，塔爾巴哈台地區行政長帶着300名官員及同樣數量的中國軍人，請求讓他們在蘇聯境內政治避難。科瓦列夫斯基對副領事説，這些問題歸外交人民委員部負責。因最後通牒截止期限是上午10時，所以行政長本人又親自來到邊防站，請求放他們進入蘇聯境內。科瓦列夫斯基此時告訴他説：「如果中國官員和士兵越境進入蘇聯境內，他們會被拘押。」[98]7月31日9時40分，邊防站得到允許中國人進入蘇聯境內的指示。到下午3時，約有1,413名中國人踏上蘇聯國土。這其中包括塔爾巴哈台專區專員平戎及其秘書，專區警察局局長與其助手，414名專區管理機構官員，警察局、法院、海關工作人員及其家屬，452名第三及第七騎兵團的官兵，以及457名基本是漢人的平民。[99]有關這些越境中國人的情況也立刻上報了副外交人民委員洛佐夫斯基。行政長及其隨從被安置在巴克圖，其他人則被安排在距巴克圖邊境通道15公里、在阿爾卡雷山中專門為其搭建的兩處營地。[100]8月7日，內務人民委員部起草了一份截至8月5日有關新疆局勢及伊犁起義軍部隊作戰行動的戰況簡報。8月7日，貝利亞根據內務部隊代理司令斯塔漢諾夫提供的情報，致函斯大林和莫洛托夫稱：「從被拘押者那裏沒收的東西有：輕重機槍14挺、步槍487支、衝鋒槍三支、左輪手槍43支、馬刀80把、子彈65,000發、卡車三輛、小汽車二輛、馬444匹。」[101]7月31日，塔爾巴哈台專區中心城市塔城落入起義軍手中。在烏蘇方向進行的戰鬥中，中國軍隊在遭受重大傷亡後最終撤退。根據烏蘇情報部門的資料，曾有4,000人被用於修築軍事工事。[102]8月3日，民族軍部隊奪取了距烏蘇不遠的薩扎克居民點。8月18日，費爾索夫指揮的白衛軍部隊已經能夠前往烏蘇－瑪納斯一線實施破壞活動。[103]在7月21日至8月3日期間，中國軍隊有239人戰死、700名官兵被俘虜。東突厥斯坦軍隊方面有52人死亡、72人受傷。烏蘇方向戰鬥所繳獲的國民黨軍隊戰利品有：707支步槍、17挺機槍、10萬發子彈、68輛汽車、68.4公斤金條，以及存放各種

裝備的幾處倉庫。[104] 新疆政府知道已無法以武力鎮壓起義,為了讓起義者投誠,此時動用了各種手段。東突厥斯坦軍隊的首席蘇聯軍事顧問給貝利亞寫信道:「今年8月11日在博樂城,一架超低空飛行的中國軍機散發附有告各族起義民眾書的傳單。傳單呼籲起義民眾向中國部隊投誠,允諾給每一位投誠士兵發放一萬新疆元,排長五萬元,連長十萬元。」[105] 但新疆政府的此類措施並沒有什麼收穫。在1945年夏季取得眾多勝利的背景下,東突厥斯坦民族軍士兵正處在士氣高昂的巔峰。

1945年8月9日,在阿克蘇方向活動的蘇爾巴耶夫部隊已接近居民點拜城。駐守當地哨卡的70名士兵倉皇逃向阿克蘇。拜城民眾還組建了一支部落首領代表團欲前往伊寧。葉格納洛夫給貝利亞寫信說:「起義軍方面,此時在那裏活動的是一支俄羅斯部隊以及一支以前曾向中國部隊投誠的哈薩克起義軍部隊,這支總人數達400人的哈薩克部隊首領是卡拉-曼南。」[106]

8月14日,就在《中蘇友好同盟條約》於莫斯科簽署的這一天,民族軍游擊隊控制了拜城附近的地方。8月中旬,列斯肯指揮的白衛軍成功突破中國軍隊在距塔爾巴哈台專區科什托洛蓋城東北30公里處的科布克附近所設的防線。1,500人的國民黨武裝被迫向阿勒泰專區方向撤退。在這場一直持續到8月23日的軍事行動期間,列斯肯領導的隊伍奪取了科什托洛蓋,推進到烏圖布拉克一線。遭到白衛軍部隊追擊的中國軍隊在撤退期間,死、傷、被俘的戰損官兵達200人。[107]

1945年9月5日,拉夫連季‧貝利亞以蘇聯內務人民委員部的名義,就新疆民族運動發展狀況向斯大林、莫洛托夫和馬林科夫提交了詳細報告。9月10日,報告複印件又交給了外交人民委員部的維辛斯基。這份文件對1945年春夏東突厥斯坦共和國與中國政府之間發生的戰鬥行為作了總結。貝利亞寫道:「由於艾力汗‧吐烈‧沙吉爾霍扎耶夫領導的東突厥斯坦國政府軍隊對中國軍隊展開了積極行動,到今年8月28日,起義軍手中控制的地方有:除精河以外

的新疆整個伊犁專區；包括塔城、額敏及科什托洛蓋在內的絕大多
數塔爾巴哈台專區；新疆阿勒泰專區的吉木乃、可可托海及青河諸
縣。在8月後半月，起義軍在南疆展開了積極行動，並因此佔領了
喀什專區北部的拜城、努爾加克（音）兩城和南部的塔什庫爾干城及
布倫庫勒、蘇巴什、得富達爾（音）等哨卡。隨着起義軍佔領拜城，
連接南疆與烏魯木齊的主幹公路也就被切斷了。」[108] 內務人民委員
還就此報告說，烏魯木齊－精河公路有兩處路段現處在游擊隊控制
下，他們在此開展破壞活動以阻撓對精河與烏蘇兩地中國軍隊的補
給。報告指出，「東突厥斯坦政府部隊在推進期間，得到了新疆穆
斯林民眾的歡迎和支持。」[109] 貝利亞還列舉了由17,000人組成的東
突厥斯坦軍隊的一些有關數據：兩個騎兵旅，五個步兵團，一個騎
兵團，六個騎兵營，一個炮兵師（應為炮兵營——譯者註），一個騎
兵半連（полуэскадрон，俄軍騎兵中的戰術編制單位，人數約60至
75人——譯者註）及12支游擊隊。據其資料記載，在與東突厥斯坦
軍隊作戰期間，中國軍隊的戰損為死亡3,676人、被俘4,182人。同
時，起義軍的戰損是死亡314人、傷548人。貝利亞向蘇聯領導人報
告稱，從8月初中國政府就開始加強在新疆的各軍事陣地。例如，
從甘肅地區的肅州城已向新疆調派了人數達12,000人的馬步芳第五
騎兵師。他寫道：「根據現有情報，蔣介石打算從目前仍在抗日的
軍隊中抽調幾支有豐富經驗的部隊增兵新疆，並擬調用多達200架
的飛機。」[110] 但貝利亞也強調中國軍隊戰鬥力低下、紀律鬆弛，無
論是新疆駐軍還是調過來的部隊，士兵臨陣脫逃現象十分普遍。在
對報告作最後總結時，他寫道：「蘇聯內務人民委員部認為，東突
厥斯坦政府當前具備進一步發展新疆穆斯林起義運動的有利條件。
然而，中國中央政府擁有各種資源使將來局勢向對自己有利的方向
發展，尤其是在日本投降之後。蘇聯內務人民委員部請您就下一步
是否應當支持新疆穆斯林起義運動作出指示。如果認為我方將來繼
續支持起義軍積極行動的做法不適當，那麼應該考慮到的是，中國

政府顯然很快就會對起義軍採取果斷行動。在這種情況下，部分起義武裝以及支持起義運動的積極人士在失敗後將被迫向我國境內轉移。」[111] 此份報告還附有一張反映1945年8月28日各方作戰部隊態勢的地圖。[112]

　　在蘇聯內務人民委員拉夫連季·貝利亞向蘇聯領導人提交其工作報告並等候對新疆未來問題作出指示期間，蘇聯對日本宣戰，而莫斯科的蘇中談判也已停止。8月11日，在繼續早前中斷的蘇中談判之際，莫洛托夫和宋子文就某些涉及南滿鐵路、旅順港、大連等其他問題條約草案的條款開展協商。[113] 8月12日，雙方直接討論了旅順港民事管理、蘇中混合委員會、南滿鐵路管理及該鐵路貨物運輸海關規章等問題。會談結束時，宋子文表示希望能在當晚與斯大林見一面。儘管莫洛托夫建議將會面放在第二天，但宋子文堅持就在當晚。[114] 8月14日，雙方就條約草案進行了最後收尾階段的討論，並商定發布除蒙古問題協定以外所有簽署的協議及協定。中國代表團團長就該問題建議，「有關蒙古人民共和國的協議只能在獲得批准後才可公布」，莫洛托夫對此表示同意，並告訴他說：「蘇聯方面要向蒙古人民共和國政府通報該協議的情況。」[115] 8月14日晚，《蘇維埃社會主義共和國聯盟與中華民國友好同盟條約》正式簽署。根據該條約，蘇聯承認中國領土的完整，並在條約第五條對此予以確認。無疑，此保證也涵蓋新疆。在條約簽署當天，蘇聯方面就向中國外交部遞交了一份照會。涉及新疆事件的照會第三條說：「蘇聯政府確認，正如友好同盟條約第五條所講的那樣，沒有干涉中國內部事務意圖。」[116] 這樣看來，根據8月14日的條約，蘇聯似乎承認新疆危機是「中國內部事務」。[117] 中國政府則應根據協議承認外蒙古在現有邊界內的獨立。[118] 8月25日，蔣介石在重慶就中蘇條約簽署發表講話，在談到新疆境內各民族時說：「至於生活在新疆省邊境附近的那些族群，只要他們表現出自治的能力，政府就會給他們這個機會。」[119] 就是在這個時候，美國駐重慶大使赫爾利（Patrick J. Hurley）

也建議蔣介石不要與蘇聯對抗。他在9月7日與蔣介石會晤時，建議
在採取某些措施之前，宜動用外交渠道與莫斯科解決新疆問題，蔣
對此表示同意。[120]同日，中國外交部副部長甘乃光就通過談判解決
新疆問題一事拜訪了蘇聯領導人(原文有誤，這一天甘乃光應約會
見了蘇聯駐華大使 A · 彼得羅夫——譯者註)。[121]與此同時，中國
外交部駐新疆代表劉澤榮，建議蔣介石的新疆特別代表張治中給予
非漢民族某些優惠，其中包括自治權。由此可見，對省政府來説，
從重慶收到的那些指示已成為一種特殊信號。在此之後，省政府開
始尋找與當地民眾建立相互可接受關係的途經。蘇中條約簽署後，
帶着本國政府指示回到烏魯木齊的人員，包括蘇聯總領事葉夫謝耶
夫，以及先前被召到莫斯科、後又被召到重慶的中國外交部代表劉
澤榮。[122]劉澤榮在被派到新疆工作前曾任莫斯科中國大使館參贊，
對蘇聯十分了解。[123]

　　1945年9月，蘇聯開始逐漸嘗試退出新疆的方式。9月11日，
貝利亞指示內務人民委員部駐新疆代表停止在東突厥斯坦政府作戰
行動中使用空軍。9月12日，他致函斯大林説：「今年9月11日，我
們已指示蘇聯內務人民委員部代表在東突厥斯坦政府存在期間停止
使用空軍。有關下一步針對新疆的行動建議，目前正在制訂並將由
維辛斯基同志提交給您。」[124]

　　8月底至9月初，民族軍的轟炸機由軍隊中的蘇聯軍人駕駛，參
加了民族軍的一系列軍事行動。帶有蘇聯識別標誌的軍機，從邊境
城市蒲犁起飛。9月5日，兩架這樣的飛機參與了起義軍進攻烏蘇的
戰鬥，向中國軍隊陣地投下了八枚炸彈。[125]在1945年9月5日的外
交部長會議上，中國外交部長王世杰與莫洛托夫見面時，要求蘇方
調查事件。蘇聯人民委員重申了蘇中條約的重大意義，並指在如此
重要事件的背景下「這些意外事件沒有什麼重要意義」。[126]

　　烏蘇發生的事件對烏魯木齊社會輿論產生了極大影響，蘇聯軍
機公開轟炸中國城市還使新疆出現了各種傳言。在烏魯木齊，有人

指一個由美國最高統帥部人士組成的高級別代表團，在美國駐重慶大使的陪同下來到當地，準備與新疆軍政領導人秘密商討防止蘇聯入侵的問題。城中還有流言稱，在烏蘇被轟炸之後，烏魯木齊調來了150架美國飛機以防止蘇聯進攻。9月15日，烏魯木齊南門處甚至貼滿了聲稱「美國干預不可避免」的布告。[127] 美國駐烏魯木齊領事寫道，貼有此布告的告示板旁邊聚集着大量的人，開着車簡直不可能穿過這裏。用領事汽車司機的話來説，人們在此聚集是要看上面的重要通知。第二天有人告訴領事，那些布告講的是杜魯門總統針對蘇聯發出的聲明。據消息靈通人士説，總統警告蘇聯不要因新疆問題違反前不久剛簽署的蘇中條約。[128] 然而到最後才搞清楚，這不過是流言，而且省政府機關對此也是清楚的。1945年9月13日，此前不久被召回重慶的蔣介石新疆特別代表張治中返回烏魯木齊。他在政府大樓與省領導人士召開了一個長時間的會議，翌日又接見了蘇聯領事葉夫謝耶夫，與他進行了兩小時的會談。會談期間，張治中認為「因為內部問題而出現的暴動是純粹的內部事務，同時他請求蘇聯方面能夠斡旋，讓他與武裝暴動代表坐到談判桌前，期待也許能通過談判解決暴動者的不滿」。[129] 當天，葉夫謝耶夫領事就將與中方領導人的談話內容轉給了莫斯科。9月15日，聯共（布）中央政治局討論新疆局勢，通過了有關在伊寧和烏魯木齊衝突中擔負「調停任務」的決定。決定稱：

一、鑒於蘇聯與中國簽署了友好同盟條約和一系列協議，並交換了有關新疆的各照會，認為在新疆起義者和中國中央政府之間進行調節是適宜的；

二、責成蘇聯駐中國大使彼得羅夫同志向中國外交部副部長甘乃光作出以下聲明：「對您今年9月7日的聲明榮幸地作如下答覆：蘇聯駐伊寧領事向蘇聯政府報告，有幾名自稱是新疆起義代表的穆斯林人士來找他，表示希望俄羅斯人介

　　入，調停他們與中國當局之間的衝突。他們同時還聲明，
　　起義民眾並沒有把脫離中國作為自己的任務，他們追求的
　　目標是在穆斯林民眾佔明顯多數的新疆那些地方——特別
　　是在伊犁、塔爾巴哈台、阿勒泰及喀什專區實現自治。他
　　們還指出，新疆穆斯林民眾無權利並遭受壓迫，中國當局
　　的違法行為和大規模鎮壓手段，迫使穆斯林拿起武器捍衛
　　自己的權利。蘇聯政府關注在與新疆的邊界建立秩序，準
　　備責成伊寧領事在協調新疆局勢時向中國政府提供可能的
　　幫助，如果它有此願望。」

三、建議起義者在得到中國政府對蘇聯大使聲明的答覆以前，
　　以及在進行談判時——如果這種談判能夠舉行的話——，
　　停止武裝力量的積極行動。」[130]

在此之前的9月14日，貝利亞和維辛斯基已準備好該決定文本並將
其交給斯大林。政治局未作改動就通過了兩人提出的建議。[131]決定
的執行由貝利亞、維辛斯基和科布洛夫負責。該決定通過後，在伊
寧及其他起義地區的蘇聯內務部和安全部負責人員，就收到留在防
禦陣地、暫停東突厥斯坦軍隊積極作戰行動的指示。[132]

　　就在此後稍晚，莫斯科放棄了先前關於伊朗阿塞拜疆省的決
議。但是考慮到形勢的嚴重性，蘇聯共產黨中央委員會在1945年12
月8日重新研究了伊朗阿塞拜疆省的問題，並對同年7月的決議作了
補充，「分裂主義」這一術語被刪除。今後，阿塞拜疆民主黨的主要
任務是「在伊朗國家中爭取阿塞拜疆的民族自治」。

　　因此，「分裂主義」成為「自治主義」。但是沒有理由認為，蘇聯
對伊朗的實際政治目的有所改變。為了向伊朗阿塞拜疆民主黨提供
幫助，並保持與其緊密的聯繫，成立了領導小組(三套馬車)，成員
包括蘇聯阿塞拜疆人民教育委員米爾斯·伊卜拉吉莫夫(小組領導
人)，阿塞拜疆蘇維埃國家安全人民委員會副委員、第四軍軍事委員

會成員阿甘薩里姆‧阿塔克什耶夫，以及阿塞拜疆共產黨中央委員會第三書記哈桑‧哈桑諾夫。領導小組決定，「為了與阻礙伊朗阿塞拜疆省自治運動的個人和組織進行積極的鬥爭，也為了保護該運動的積極參與者，應該加快組建表面上與民主黨無關的武裝軍隊。三套馬車領導人在工作中應該遵守巴基洛夫同志的指示。蘇聯內務人民委員部（貝利亞同志）和巴庫軍區的司令員馬斯連科夫應該向巴基洛夫提供必要的幫助，使其完成所委托的任務。」[133] 除了這些措施，蘇聯決定在先前佔領的伊朗阿塞拜疆省和新疆進一步站穩腳跟。為了防止德黑蘭的經濟封鎖造成伊朗東北地區的經濟下滑，莫洛托夫在11月4日簽署了《關於擴大與伊朗阿塞拜疆貿易》的決定。根據該決定，1945年第四季度蘇聯和該地區的出口貿易額應達到1.275億里亞爾，進口貿易額應達到8,950萬里亞爾。[134]

　　伊朗政府派軍前往大不里士，並指示軍政部不惜任何代價將軍隊進駐到阿塞拜疆，但是在沙拉法巴德他們受到了阻撓。由於伊朗阿塞拜疆的形勢緊張，國防人民委員 H‧布爾加寧和總參謀長 A‧安東諾夫將軍在11月20日給斯大林寫道：「如果我們不干涉伊朗的內政，那麼依我們之見，不應該再阻撓伊朗軍隊的軍事調遣。」但是斯大林並沒有同意下屬的意見。在這一時期，蘇聯首腦的主要任務是，表現自己在一切外交事務上的強硬，對英美施壓，企圖迫使其修訂戰後的雅爾塔和波茨坦公告。在這種情況下伊朗的猶豫不決是個意外。第四軍司令部通過安東諾夫得到以下指示：「制止伊朗政府企圖向我區加派軍隊的所有嘗試，一切此類請求需等待紅軍總參謀部的答覆。所有伊朗政府試圖在我區加派軍隊的活動，必須馬上報告蘇軍總參謀部。」[135] 1946年12月11日，整個南阿塞拜疆都處於阿塞拜疆民主黨的監控之下。經過最後的準備工作及和蘇聯領導的協商，1945年12月12日（按伊朗曆為1324年9月21日）阿塞拜疆第一屆伊朗伊斯蘭議會會議召開，成立了阿塞拜疆政府，謝依特‧扎法爾‧比謝瓦利成為該政府的總理大臣。一周內，該政府解除了駐

在大不里士和其他城市的伊朗軍隊及憲兵隊的武裝；12月的一個月內，便成功奪取了南阿塞拜疆的政權。斯大林把阿塞拜疆自治區的建立與三國外交部長莫斯科會議的召開安排在同一時間。美國國務卿伯恩斯在12月14日來到莫斯科，翌日英國外交大臣貝文率代表團抵達，盟國外交部長會議在12月16日召開。在會議召開的同日，《消息報》便發表了題為〈伊朗阿塞拜疆國家政府的建立〉的文章，對此進行大篇幅報道。同日晚上，莫斯科廣播電台轉播了關於南阿塞拜疆民族政權建立的相關報道。12月17日，塔斯社向國際社會公布了《伊朗阿塞拜疆人民政府宣言》。[136]

這幾天，斯大林要求自己下屬在伊朗的一切事務活動要特別謹慎，希望能與伯恩斯達成共識，以從莫斯科會晤日程中刪掉關於伊朗問題的議題。12月24日，巴基洛夫通過內務人民委員M・雅庫波夫和安全人民委員C・葉梅爾雅諾夫，向南阿塞拜疆的負責人阿塔克什耶夫、伊卜拉吉莫夫、哈桑諾夫及魯索夫將軍轉達了嚴格保密的指示。文件指出：「通過南阿塞拜疆的軍事和民間組織，上級(即巴基洛夫)聽到了關於我們的同志在幫助當地人，並行事公開的消息。『上級』同志認為有必要警告你們和你們的同志，讓他們不要忘了身在別人的土地，要嚴守秘密。應該考慮到，關注每一個蘇聯人員行事的不僅有伊朗人，還有英國人、美國人、土耳其人等。同志們過於公開積極地參與伊朗阿塞拜疆事務，向民主黨和游擊隊提意見和建議並不受歡迎，在某些時刻甚至是有害無益的。『上級』同志吩咐我們的人在與當地人的工作，必須小心謹慎並保守秘密。」[137]

這樣，根據政治局通過的決定，駐新疆蘇聯軍事、外交及情報機構收到了促成東突厥斯坦政府領導人與烏魯木齊方面進行談判的指示。但對莫斯科的這些指示，東突厥斯坦共和國領導人的理解卻各不相同。當該問題於9月中旬提交到東突厥斯坦政府討論的時候，一些有影響的人士反對與漢人進行任何談判，堅持要繼續作戰。以艾力汗・吐烈為首的這一集團包括：拉西木江・薩比爾霍扎

耶夫、哈爾法特・穆塔斯、扎內・尤爾達紹夫、阿卜杜・拉吉穆・馬合蘇木、卡里木・哈吉、祖農・太波夫中校。與此同時，政府中的親蘇派成員則主張履行莫斯科的指示，贊同與烏魯木齊進行談判。這些人有：阿合買提江・哈斯木、阿不都克里木・阿巴索夫、達列里汗・蘇古爾巴耶夫將軍及其他人。他們認為，在中國共產黨很快取得勝利後，新疆將和宗主國建立類似莫斯科與蘇聯民族共和國之間那樣的關係。[138]也就是在此時，與國民黨政府期望相反的是，中蘇條約的簽訂並沒有給新疆帶來和平。根據美國駐烏魯木齊領事收集到的情報，美國副國務卿迪安・艾奇遜在其9月17日的備忘錄寫道：「來自哈薩克、柯爾克孜及維吾爾族諸部落的暴動者，反對中國在新疆實行的政治、經濟與社會壓制方針，提出政治自由、平等及文化自治綱要。」我領事確信，「漢人在理解暴動性質方面出現了失誤，他們堅信暴動百分之百是由蘇聯鼓動和組織。這造成了從中蘇條約簽署開始，懷疑和敵對情緒急劇上升；而在條約簽署後，與新疆政府期盼相悖的是，省內的和平並沒有到來。」[139]

　　備忘錄出台前幾天，美國駐重慶大使館依據新疆領事華爾德呈交的報告已經在尋找令其關注的新疆局勢的答案。他們想知道：「發生的是戰爭還是部族之間或者地方主義的衝突？是誰在打仗？用的是什麼武器和裝備？為什麼要打仗？」就這些問題華爾德這樣匯報：「發生了革命，暴動分子認為這是革命戰爭，而漢人則認為是蘇聯煽動的盜匪作亂。它的參與者是哈薩克和克爾克孜部落聯盟的成員和一部分維吾爾人，他們得到了基本民眾中佔多數的穆斯林積極、隨處而遇而又悄然無聲的支持。暴動者最有效的武器是步槍和快馬。儘管有些武裝明顯配有充足的機槍、衝鋒槍，也可能有一定數量的高射炮，但一些非正式資料表明，並不是所有暴動者都有步槍。無疑，部落武裝最初有某些自己的武器：一定數量的武器是他們從與暴動武裝作戰的省內部隊手中奪過來的；而一些則是從中國軍隊繳獲而來的。同時，其中還有一些武器是邊境那一邊提供的，但要獲取有關這些武

器的型號及數量等詳細資料則是不可能的。暴動者認為，他們是在反對『東突厥斯坦國』境內漢族少數的統治，是在為確保各民族在東突厥斯坦新政府中擁有相應的代表權，以及東突厥斯坦國所有民眾的平等權利而戰鬥。」[140] 9 月中旬，美國駐蘇聯臨時代辦喬治·凱南也就蘇聯在新疆的政策給國務卿發去了自己的看法。他寫道：「為取得對新疆的霸權，在目前少數中國人的管理水平一向低劣以及中亞民族起義鬥爭的情況下，蘇聯不再需要按波蘭或者巴爾幹模式去『猛踹一腳』。莫斯科謹慎地管理着蘇聯和蒙古與新疆毗鄰地區的政治和軍事力量，而要獲取並保持在新疆的優勢影響，只需要再多做一點這樣的工作。無疑，這會很好地適應中亞廣袤大地上佔支配地位的民族環境，而該工作也因此會很難被認為是莫斯科方面組織的。」[141]

與伊寧政府中艾力汗·吐烈的那些擁護者一道，控制着鄰近蒙古邊境新疆地區的烏斯滿，也拒絕執行蘇聯有關必須與漢人談判以及停止作戰行動的指示。1945 年 9 月 23 日，烏斯滿被伊寧政府任命為阿勒泰地區行政長，他與民族軍聯合起來，對本地區境內的中國軍隊殘餘清剿了一個月。此外，烏斯滿和達列里汗·蘇古爾巴耶夫還作為哈薩克族和柯爾克孜族的代表被吸納到東突厥斯坦共和國政府。然而，他與伊寧政府及蘇聯駐新疆機構的關係並不怎麼持久。葉格納洛夫將軍在 10 月 5 日發給內務人民委員部的特別報告，提及烏斯滿不重視蘇聯機構授命之事。考慮到阿勒泰行政長與蒙古領導人之間有着良好關係，貝利亞建議通過蒙古領導人對其施加影響。他給莫洛托夫寫道：「考慮到伊寧起義軍與中國政府必須進行談判的決定，我認為應委托喬巴山向烏斯滿下令停止針對中國軍隊的積極作戰行動，轉為防禦並協助伊寧起義軍與中方就和平解決衝突進行談判。」[142] 但是，伊寧軍隊指揮部和東突厥斯坦政府中的蘇聯代表所作的努力卻沒有效果，烏斯滿繼續拒絕執行停止作戰行動的指示。

儘管東突厥斯坦政府首腦艾力汗·吐烈表面上同意停止作戰並派代表團前往烏魯木齊，但他在發給民族軍指揮官的秘密信件號

召他們不必在意蘇聯的停火建議，要繼續與中國軍隊和中國政府戰
鬥。幾封這樣的信件落入蘇聯駐疆情報機構人員的手中，他們遂向
莫斯科報告了「薩迪克」（艾力汗‧吐烈）抵制蘇聯領導人關於停火指
示的情況。蘇聯主管機關將吐烈幾封關於東突厥斯坦局勢信件的譯
文附在《新疆通報》之後，於10月7日發往莫斯科。[143] 隨後蘇聯駐疆
機關也從前線召回了其代表及軍事顧問，並堅持要求歸還以前交給
民族軍和游擊隊的武器及彈藥。所有這些做法很快就造成某些戰場
上出現了不良後果。但在此時，一些有影響力的漢族人士卻不相信
談判會取得成功。比如，領導駐疆中國軍隊各部的司令官朱紹良在
與烏魯木齊美國領事交談期間就表達了「突厥斯坦目前正遭受攻擊」
的看法。他預言在喀什受攻擊之後全省將會淪陷，堅信目前情況只
是看上去好一點兒而已，預計談判會以失敗告終，並認為冬天就會
發生前所未有的最殘酷戰鬥。[144]

　　在蘇聯退出積極作戰之後，伊寧政府採取了一些措施來加強自
己對軍隊的控制。根據政府決議成立了最高軍事委員會，艾力汗‧
吐烈被任命為委員會主席，成員包括伊斯哈克別克‧穆努諾夫、阿
合買提江‧哈斯木和卡里木‧哈吉。委員會從政府獲得處理軍事問
題的特權。東突厥斯坦國軍隊設置了元帥軍銜，該職位由最高軍事
委員會主席艾力汗‧吐烈擔任。根據委員會提議，還增加了預算撥
款用以維持民族軍運轉、改善其武器及彈藥供應情況。[145] 委員會成
員清楚，在蘇聯撤出自己武裝後軍隊的作戰狀況已經變得很困難。
比如，包圍阿克蘇的中國軍隊在10月5日成功將蘇爾巴耶夫部隊從
老城驅逐出去。在損失72人之後，民族軍部隊才撤退到努爾加克。
艾力汗‧吐烈與幾位政府成員將此次失敗歸因於蘇聯的策略。1月
22日，葉格納洛夫和朗方格致函貝利亞說：「10月18日我們截獲了
『薩迪克』寫給蘇爾巴耶夫及其部隊中政府代表的兩封信。『薩迪克』
在信中主張繼續積極作戰，不用在意指揮部關於轉為防禦的命令。
對於（民族軍）遭受的損失，他對我們加以指責，說這正是由於轉守

防禦的命令以及將我方人員和武器從該戰線撤出造成的。從『薩迪
克』信件的語氣來看，他有千方百計保住南方阿克蘇地區的意圖。顯
然，『薩迪克』如今仍然表現出其原來的意圖。近來，『薩迪克』本人
開始積極研究社會政治及軍事工作，以政府與指揮部首腦的身份進
行活動。」[146] 在報告結尾，協調新疆境內各種工作的兩位蘇方代表給
貝利亞寫道：「截至10月20日，我方已從起義武裝中撤出了所有復
員軍人，並已將他們集中在邊境地帶，從那裏再撤往熱爾肯區。同
時，除營屬迫擊炮 (即82毫米迫擊炮，蘇軍中一般配屬給營一級的
作戰單位 —— 譯者註) 外，從起義軍武器裝備中撤走了所有針對中
國軍隊裝備而配置的武器。武器已運往霍爾果斯，對起義軍的彈藥
供應也已停止。」[147]

　　正是因為蘇方嚴厲施壓，東突厥斯坦民族政府才最終同意與新
疆的中國政府當局開始談判。美國駐中國臨時代辦羅伯遜向國務卿
報告說：「莫斯科已表示同意，伊寧代表應該會前往迪化 (烏魯木
齊)。據說，伊寧政府現在更傾向於實現區域自治，而不是要與中國
分離或者脫離中國的主權管轄。」[148] 此時為舉行談判成立了一個三人
組成的代表團。代表團團長是37歲的維吾爾人拉西木江・薩比爾霍
扎耶夫，他以與艾力汗・吐烈關係親密而聞名，成員為32歲的維吾
爾人阿合買提江・哈斯木以及在哈薩克人中擁有巨大影響力、50歲
的阿卜爾海爾・吐烈。[149] 東突厥斯坦政府責令代表團成員，堅決「要
求將新疆全部領土都交給本政府統治，中國要承認新疆的國家獨立性
以及在中國與東突厥斯坦國之間建立平等關係」。[150] 儘管蘇聯外交人
民委員部提議在伊寧進行談判，並就此向中國代表遞交了相關照會，
但重慶政府卻表示不同意這樣做。中國政府在答覆照會中稱：「如果
蘇聯駐伊寧領事願向我國政府提供幫助，那就請告知暴動民眾一方必
須派代表到烏魯木齊與中國全權代表張治中進行談判。我方會完全
保證上述代表的安全。」[151] 蘇聯最後同意了重慶的建議，伊寧代表也
動身前往烏魯木齊。新疆局勢負責人葉格納洛夫和朗方格給貝利亞

寫信説：「今年10月12日當地時間9時30分，與中國方面談判的東突厥斯坦共和國代表團順利穿過前線進入中國軍隊一方，在那裏得到了中國政府代表的接待。」[152]10月13日，貝利亞將該消息發給莫洛托夫、馬林科夫和米高揚，讓他們了解事情進展情況。

抵達烏魯木齊後，伊寧代表團做的第一件事就是前往蘇聯總領事館。總領事葉夫謝耶夫接待了他們，並聯繫了中國外交部代表劉澤榮，向他介紹了代表團成員，事先曾簡潔地向代表團成員提供了有關意見。10月14日，蔣介石特別代表張治中率中國政府代表團從重慶來到烏魯木齊。張治中是深得蔣介石信任的政治家，被認為是蔣介石的得力助手，就在不久前還代表國民黨政府與中共談判。中國政府代表團成員有：梁寒操、鄧文儀、彭昭賢、王曾善、屈武、劉孟純以及其他人。[153]雙方第一次會談於10月15日舉行。首先張治中問起伊寧代表團成員有什麼要求，他們對此沒有回答，而是詢問中國政府能給東突厥斯坦些什麼。面對這種情況，張治中詳細講述了政府將會承諾給東突厥斯坦民眾能夠享受的幾方面權利。他認為可以通過吸納當地民眾代表為政府成員的方法擴大東突厥斯坦政府，將以前的10人增加到25人。他還補充説：除了主席之外的政府所有職位，均可由暴動民眾代表及包括漢人少數在內的其他民眾來擔任；將成立當地各民族代表大會；維吾爾語將在國家機構中與漢語一起使用；小學教育將使用當地民眾語言；掌握漢語後可獲得中等及高等教育；在不超出法律規定範圍的情況下，民眾享有言論及出版自由。[154]然而，當伊寧代表提出關於承認其政府問題的時候，張治中表示這是不可能的，而且他也沒有這個權力。10月16日，他向蘇聯總領事通報説：「……在此基礎上是不可能繼續談下去的；蘇聯總領事應儘快通知暴動民眾代表團，中國政府不可能承認『東突厥斯坦』的獨立，何況蘇聯政府自己也沒有承認它。」[155]張治中還說道：為表達善意，暴動民眾可以將9月17日中國外交部交給重慶蘇聯大使備忘錄中所含的原則作為談判基礎。同時，「中國人並沒有將

此次會談看成是與一個獨立國家代表的會談，而是視作與暴動地區
代表的會談。」[156] 10月24日，葉格納洛夫和朗方格兩位將軍向蘇聯
內務人民委員部報告說：「1945年10月22日一大早，『薩迪克』緊急
召開政府會議，在會上提出了有關從烏魯木齊召回代表的問題。」[157]
根據會議的指示，東突厥斯坦代表暫停了談判，並於10月22日返回
伊寧商討。從烏魯木齊歸來的代表團不僅向其政府而且還向領導新
疆北部運動的蘇聯代表，報告了談判進展情況。由此，葉格納洛夫
和朗方格給貝利亞寫信說，他們「10月24日在精河接待了起義軍代
表團，並聽取了他們與中國人談判結果的報告」。[158] 10月28日，葉
格納洛夫向內務人民委員部報告稱：「與中國政府的談判延宕不決，
在民眾之中引發了諸多議論。」[159]

    美國駐烏魯木齊領事也依據張治中的通報為國務院準備了一份
有關中國代表團談判情況的詳細資料。羅伯遜·華爾德認為，新疆
發生的暴動應當從兩種觀念的視角研究和分析。第一種觀念是，暴
動首先是內部問題的表現，但中國政府目前甚至還不打算基本上接
受這是內部問題的意見。第二種觀念同第一種一樣簡單：「共產主
義」與「自治」之間不存在必然的聯繫；在對待被征服民族方面，不
明白為什麼非共產主義政府就認為自己應該取消使用體現自治思想
的那些途徑。[160]

    烏魯木齊談判從一開始就受挫，而艾力汗·吐烈又下定決心繼
續戰爭，這讓駐新疆的蘇聯代表感到十分不滿。從1945年9月至10
月開始，葉格納洛夫和朗方格就已考慮將一個比較容易控制的人物推
到艾力汗的位置上去。而艾力汗·吐烈也在打算乘烏魯木齊談判受
挫之際繼續進行反對中國統治的戰鬥，並試圖讓蘇方相信他這樣做的
必要。10月31日，在談判陷入困境之後，他專門給斯大林發去一封
信，企圖說服蘇聯領導人：解決新疆問題的唯一途徑就是將該省從中
國統治下解放出來。他在信中寫道：「我們，東突厥斯坦各族人民，
被中國政府奴役和壓制已達200年。處在中國政府如此長時間壓制之

下的我們，不僅沒有任何權利，而且還失去了容身之地，因為我們的財產經常定期地被沒收。」[161] 艾力汗·吐烈還強調：「我們最優秀的人士被以捏造的罪名投入牢籠之中，在那裏遭到拷打和殺害。我們神聖的信仰正遭受侮辱，越來越多的稅賦讓我們繁榮的家園淪為赤貧。」他告訴斯大林：「那些在中國內地購買官職的鑽營之徒，對我們實行着骯髒的政策。他們將東突厥斯坦人民看作牲畜，像剝削牲畜一樣剝削他們。中國人作為自身文化水平不高的民族，卻認為我們是低等種族，以野蠻方式剝削我們。他們剝奪我們獲得知識和文化的權利，令我們陷入悲慘境地。因此，我們所有的民眾，在意識到自己的處境後，在統一和友好的口號下團結起來，奮起與壓迫做鬥爭。我們浴血奮戰，團結在『權力屬於多數，權力來自安拉』的旗幟下。凡是遇到敵人的地方，人民的力量就把它打垮。我們將故土的三個專區從漢族壓迫者之下解放出來，並建立了我們的共和國政府。」[162] 艾力汗·吐烈又寫道：「如今，我們東突厥斯坦人民不承認中國的統治，都渴望捍衛自己的權利和自己的祖國。」緊接着又說：「我們在革命鬥爭中取得的勝利以及將來的成功，都取決於我們偉大的鄰居、所有被壓迫民族的支柱 —— 蘇聯及其人民的父親、偉大的領袖。」在宣稱東突厥斯坦諸民族已經脫離中國的時候，艾力汗·吐烈寫道：「我們已像水不能融於火、羊不會與狼共處一樣分離開來，我們東突厥斯坦人民向安拉發誓絕不會放下武器，直到鬥爭取得勝利並獲得完全的一切權利為止。」[163] 除了東突厥斯坦政府首腦，還有其他十位政府成員在寫給斯大林的信上簽了名。伊寧政府借這封信表明了其繼續戰鬥的意圖，同時還將其戰鬥的成功與蘇聯的支持聯繫在一起。信件於1945年11月3日交給了斯大林、莫洛托夫、馬林科夫、米高揚和維辛斯基。但它並沒有對事件後來的發展產生重要影響，也不可能讓莫斯科放棄與蔣介石政府開展合作的政策。

　　蘇聯外交官及情報機構代表堅持要讓東突厥斯坦政府繼續在烏魯木齊的談判活動，以各種方式向伊寧政府施壓參與談判。伊寧政

府親蘇派人士的和平立場，是莫斯科繼續談判政策的支柱。正是由
於施加了壓力，在伊寧的磋商結束後，成員依舊的東突厥斯坦政府
代表團在11月13日又返回烏魯木齊。[164] 11月16日，蘇聯代表向莫
斯科發去有關新疆尤其是東突厥斯坦共和國境內民眾意向情況的報
告。報告說，該省穆斯林民眾不願意與中國政府機構談判。[165] 這些
情緒自11月19日新一輪談判開始就公開顯現出來。根據伊犁政府的
指示，伊寧代表作出以下聲明：「我們，在伊犁的東突厥斯坦政府，
討論了中國政府的建議，最終得出的結論就是不滿意這些建議。我
們的條件是：中國政府要承認東突厥斯坦高度的『國內自治權』，在
中央政府管理中設立民族的防衛及其外交問題的機構；不解除東突
厥斯坦民族軍的武裝；中國政府承認它是『國家軍隊』；不改變該軍
隊的民族組成及服裝。」[166] 此後，伊犁代表將一份含11條內容的文件
提交討論，而中央政府代表提交了一份有12條內容的文件。民族政
府代表竭力限制中國政府參與到按比例原則組建的自治機關之中，
力求在選舉產生的省內民族大會的基礎上成立民族政府。中國政府
代表也努力想保持自己對地方法院以上所有機關的控制。根據重慶
政府的指示，中國政府代表團成員堅持省政府首腦暫由中央任命，
不必經過一系列協商而產生。之所以要提出這一點，是因為根據正
在起草的新憲法，每個省將自行選舉本省的政府首腦。與此同時，
中國政府代表強調蔣介石正準備以選舉為基礎解決地方法院的組建
問題。在這種情況下，擬允許在由12人或13人組成的國民黨省黨
部之中從當地民眾吸收六名或者七名成員。[167] 美國駐烏魯木齊領事
華爾德寫道：蘇聯總領事竭力想解決雙方爭執，呼籲暴動民眾一方
接受中國政府方面的建議。[168] 然而，這一輪的談判同樣持續時間不
長，由於雙方不能商定新疆管理問題，民族政府代表團在11月26日
又回到伊寧。11月底，艾力汗·吐烈給蘇聯領導人發去一封內容詳
盡的信，講述了有關尚未結束的烏魯木齊談判進展情況以及他對新
疆局勢的總體評估。11月28日，該信與內務部一封附函一併寄給了

蘇聯領導人。[169]兩天後，葉格納洛夫將軍就中國政府方面向東突厥斯坦代表提供的新疆問題協議草案給莫斯科發去一份報告。[170]在此之前，蘇聯駐新疆代表已採取一系列削弱東突厥斯坦前沿陣地的措施，其中最有效的就是召回東突厥斯坦軍隊中的蘇聯士兵和軍事顧問，以及收回以前提供的武器。1945年12月4日，葉格納洛夫和朗方格致函貝利亞稱：「一、截止今年12月1日，在起義軍部隊中已收回我方以前所發的3,700支德國製造步槍，德式機槍及營屬迫擊炮已全部收回，我們目前正在繼續回收步槍的工作；二、托赫塔梅什及阿勒泰別動隊已解散，其人員攜武器撤入蘇聯境內，臨時調用的邊防部隊軍官已送回常駐執勤地點；三、人數為2,707名的所有復員軍人已撤入蘇聯境內，交給突厥斯坦軍區代表並將派往以後執勤的地方；四、為執行您的指示，已就撤出作戰飛機採取了必要措施。」[171]從強力部門的通報來看，約3,000名突厥斯坦軍區的官兵參與了新疆事件。他們在東突厥斯坦民族軍實施的作戰行動、游擊隊在中國軍隊後方的破壞活動以及軍事設備和飛機使用方面，都發揮了重要作用。[172]

　　除了這些措施，蘇聯機構還積極動員了它在東突厥斯坦政府中的那些擁護者。1945年底，以阿合買提江·哈斯木為首的一些民族政府成員開始反對艾力汗·吐烈施行的強硬路線。政府宣傳部長阿不都克里木·阿巴索夫在1945年成立了一個半合法的組織——人民革命黨，公開批評艾力汗·吐烈的政策方針。加入他這個黨的有曾在起義運動中發揮重要作用的一些人士，如伊卜拉希姆·吐爾迪、安瓦爾·漢巴巴耶夫、阿卜杜拉·扎吉洛夫等人。東突厥斯坦革命青年同盟也變成了艾力汗·吐烈政策的反對派。據一些資料記載，青年同盟領導人薩格杜拉·賽富拉耶夫借助阿合買提江·哈斯木的支持者加尼·巴圖魯的幫助，闖入了艾力汗·吐烈的居所，要求他辭去政府領導人一職。[173]然而，儘管如此，在那些支持積極政治鬥爭的團體之中，東突厥斯坦政府主席依然被認為是最重要的人物。

當年12月，在代表團從烏魯木齊談判歸來之後，他召開了共和國積
極分子會議，並通過了一項相應決議來穩固自己的強硬路線。決議
指出，為解放整個東突厥斯坦以及在這裏建設像「已經解放的三個專
區那樣的自由、幸福生活」，就必須繼續戰鬥。決議説道：「如果中
國政府不給我們自由，那麼我們就自己去爭取自由，將我們的民族
革命推向整個東突厥斯坦。」[174]艾力汗‧吐烈及其支持者聲稱：「我
們只有一條道路，那就是我們民族的獨立。」[175]為了捍衛這一政治方
針，他們還想在伊寧安排穆斯林民眾進行遊行示威，在12月8日寄
往莫斯科的一份報告就警告伊寧可能會舉行穆斯林民眾遊行示威。[176]
也就是在這一天，蘇聯國家安全人民委員部常駐新疆機構，也向本
國領導人發去了有關新疆省內情況僅有兩頁的工作報告。[177]兩份報
告都告訴蘇聯領導人新疆局勢極度緊張。

　　儘管在東突厥斯坦政府會議上諸多慷慨激昂的發言，都要求繼
續反抗中國的統治以及必須為獨立而戰，也通過了一些實質很激烈
的決議，但情況此時卻已發生了改變。蘇聯駐新疆機構最終還是使
自己的支持者做好與蔣介石代表談判並在一些重要問題上作出讓步
的準備。12月25日，伊寧政府代表團到達烏魯木齊。這一次他們
遵循的不是民族政府的指示，而是蘇聯駐新疆機構的指示。12月
26日，蔣介石之子蔣經國也按計劃抵達烏魯木齊。[178]從伊寧代表團
成員的情緒，第一次可以感覺到失敗者準備接受和平協議、結束積
極的鬥爭、民族政府的立場被削弱的徵兆。面對中國政府，蘇聯領
導人解除了民族政府的武裝，從東突厥斯坦召回了自己的軍隊和顧
問，收回了武器、彈藥和軍事裝備。這些措施強化了中國政府代表
在烏魯木齊談判中的立場。1945年12月，新疆穆斯林民族運動的活
躍階段成為過去。在即將到來的一年，等待伊寧政府及其領導人的
將是沉重的考驗。

註　釋

1　蘇聯駐烏魯木齊總領事館，第213號媒體簡報，1944年，俄羅斯社會政治歷史國家檔案館，全宗17，目錄128，案卷822，頁39 40。

2　同上，頁44-45。

3　同上，頁42。

4　В‧克拉西里尼科夫：《新疆的誘惑：俄羅斯在中國西北 —— 被遺忘的歷史（1850-1950）》（莫斯科：2007），頁260。

5　А‧Г‧亞科夫列夫：〈論1944-1949年新疆民族的民族解放運動〉，《蘇聯科學院東方學研究所學術記錄》，中國選集，第11卷（莫斯科：1955），頁165。

6　James A. Millward, *Eurasian Crossroads: A History of Xinjiang* (New York: Columbia University Press, 2007), p. 215.

7　〈蘇聯在伊寧發起的起義運動〉（1953年4月13日），美國國家檔案及文件署，檔案代號CIA-RDP82，頁2。

8　〈在新疆的蘇聯部隊/東突厥斯坦人民共和國民族軍，2003年12月9日批准解禁〉，美國國家檔案及文件署，檔案代號CIA-RDP82，頁2。

9　〈1941年新疆人口普查/1941年以來的人口變化〉（1953年3月21日），美國國家檔案及文件署，檔案代號CIA-RDP82，頁2。

10　"The Chargé in China (Atcheson) to the Secretary of State" (February 21, 1945), *Foreign Relations of the United States: Diplomatic Papers, 1945, The Far East: China, Volume VII* (Washington: United States Government Printing Office, 1969), p. 994.

11　〈貝利亞和維辛斯基致斯大林的信〉（1945年4月29日），俄聯邦國家檔案館，全宗P-9401c/Ч部，目錄2，案卷95，頁335。

12　艾沙‧尤素福‧阿爾普特金：《東突厥斯坦的訴求》（伊斯坦布爾：1973），頁173。

13　〈軍事情報：蘇聯俄羅斯人與新疆省的伊犁集團〉（1947年12月13日），美國國家檔案及文件署，檔案代號CIA-RDP82，頁1；В‧克拉西里尼科夫：《新疆的誘惑》，頁250-51。

14　"The Chargé in China (Atcheson) to the Secretary of State" (February 21, 1945), p. 994.

15　〈政治情報：新疆〉（1947年2月24日），美國國家檔案及文件署，檔案代號CIA-RDP82，頁1-2；В‧克拉西里尼科夫：《新疆的誘惑》，頁251-52。

16　艾沙‧尤素福‧阿爾普特金：《東突厥斯坦的訴求》，頁173。

17　〈貝利亞寫給維辛斯基和斯大林的信〉(1945年4月29日)，俄聯邦國家檔案館，全宗P-9401с/Ч部，目錄2，案卷95，頁337。

18　陳伯達：《評〈中國之命運〉》(1945年4月7日)，俄羅斯社會政治歷史國家檔案館，全宗17，目錄128，案卷823，頁73。

19　蔣介石：《中國之命運》(1945年4月7日)，俄羅斯社會政治歷史國家檔案館，全宗17，目錄128，案卷823，頁3。

20　А‧А‧哈基姆巴耶夫：〈二十世紀三十至四十年代新疆土著人民的民族解放運動〉，《蘇聯科學院東方學研究所專題通報》，第4 (120)期，莫斯科，1971年，頁127。

21　〈新疆各行業對憲法草案的看法〉(1945年2月5日)，美國國家檔案及文件署，59分區，文件包碼7264，格式號760050，文件編碼893.00/2-545，頁9。

22　羅伯特‧S‧華爾德：〈新疆自治者訴求〉(1945年2月5日)，美國國家檔案及文件署，59分區，文件包碼7264，格式號760050，文件編碼893.00/2-545，頁15。

23　〈就「新疆自治者訴求」提出的參考意見〉(1945年7月23日)，美國國家檔案及文件署，59分區，文件包碼7264，格式號760050，文件編碼893.00/7-2345，頁15。

24　В‧克拉西里尼科夫：《新疆的誘惑》，頁261。

25　〈政治情報：新疆〉(1947年2月24日)，美國國家檔案及文件署，檔案代號CIA-RDP82，頁2。

26　〈貝利亞寫給莫洛托夫、馬林科夫和米高揚的信〉(1945年10月)，俄聯邦國家檔案館，全宗P-9401с/Ч部，目錄2，案卷104，頁64。

27　巴伊米爾扎‧哈伊特：《突厥斯坦國家的民族鬥爭史》(安卡拉：1995)，頁327。

28　James A. Millward, *Eurasian Crossroads: A History of Xinjiang*, p. 215.

29　В‧И‧彼得羅夫：《亞洲動蕩的「心臟」：新疆——民族運動簡史及回憶》(莫斯科，2003)，頁452–78。

30　〈國民黨第六屆大會新疆國民黨委員會報告續篇：工作進度概述〉，俄羅斯社會政治歷史國家檔案館，全宗17，目錄128，案卷824，頁156。

31　〈貝利亞寫給斯大林和莫洛托夫的信：關於新疆尼赫里縣穆斯林民眾起義以及奪取尼勒克縣城的情況〉(1944年12月2日)，俄聯邦國家檔案館，全宗P-9401с/Ч部，目錄2，案卷68，頁61–66。

32　〈蘇聯在伊寧發起的起義運動〉（1953年4月13日），美國國家檔案及文件署，檔案代號CIA-RDP82，頁2。

33　В‧克拉西里尼科夫：《新疆的誘惑》，頁260–61。

34　〈貝利亞寫給維辛斯基和斯大林的信〉（1945年4月29日），俄聯邦國家檔案館，全宗P-9401c/Ч部，目錄2，案卷95，頁336。

35　〈蘇聯在伊寧發起的起義運動〉（1953年4月13日），美國國家檔案及文件署，檔案代號CIA-RDP82，頁4。

36　同上，頁2。

37　"Memorandum by Mr. Horace H. Smith" (January 11, 1945), *Foreign Relations of the United States: Diplomatic Papers, 1945, The Far East: China, Volume VII* (Washington: United States Government Printing Office, 1969), p. 988–90.

38　В‧И‧彼得羅夫：《亞洲動蕩的「心臟」》，頁453。

39　〈葉格納洛夫將軍上報貝利亞有關新疆局勢的通報〉（1945年1月11日），俄聯邦國家檔案館，全宗P-9401c/Ч部，目錄2，案卷92，第74–82檔。

40　〈赫爾利寫給國務卿的信〉（1945年1月2日），美國國家檔案及文件署，59分區，文件包碼4013，格式號760090，文件編碼761.93/2-145，頁5。

41　〈葉格納洛夫將軍上報貝利亞的有關第二次進攻伊寧要塞洛林巴克的通報〉（1945年1月11日），俄聯邦國家檔案館，全宗P-9401c/Ч部，目錄2，案卷92，第44檔。

42　Б‧戈杜諾夫：〈新疆局勢〉（1945年1月25日），俄羅斯社會政治歷史國家檔案館，全宗17，目錄128，案卷822，頁87。

43　"Memorandum by Mr. Horace H. Smith" (January 11, 1945), *Foreign Relations of the United States: Diplomatic Papers, 1945, The Far East: China, Volume VII*, p. 988.

44　"Memorandum of Conversation, by the Assistant Chief of the Devision of Chinese Affairs (Meyer)" (January 20, 1945), *Foreign Relations of the United States: Diplomatic Papers, 1945, The Far East: China, Volume VII*, p. 993.

45　Б‧戈杜諾夫：〈新疆局勢〉（1945年1月25日），俄羅斯社會政治歷史國家檔案館，全宗17，目錄128，案卷822，頁87。

46　〈貝利亞寫給斯大林和莫洛托夫的信：關於新疆穆斯林的民族解放運動〉（1945年3月21日），俄聯邦國家檔案館，全宗P-9401c/Ч部，目錄2，案卷94，頁106–11。

47　〈貝利亞寫給斯大林和莫洛托夫的信：關於新疆穆斯林的民族解放運動（對1945年3月21日通報的補充）〉（1945年4月11日），俄聯邦國家檔案館，全宗P-9401c/Ч部，目錄2，案卷94，頁395–96。

48　〈在新疆的蘇聯部隊/東突厥斯坦共和國民族軍〉（2003年12月9日批准解禁），美國國家檔案及文件署，檔案代號CIA-RDP82，頁2。

49　В‧И‧彼得羅夫：《亞洲動蕩的「心臟」》，頁478–79。

50　〈葉格納洛夫將軍呈交貝利亞的特別報告〉（1945年4月17日），俄聯邦國家檔案館，全宗P-9401c/Ч部，目錄2，案卷95，頁63。

51　〈艾力汗‧吐烈寫給斯大林的信〉（1945年4月22日），俄聯邦國家檔案館，全宗P-9401c/Ч部，目錄2，案卷95，頁393–94。

52　〈貝利亞寫給斯大林和莫洛托夫的信〉（1945年5月11日），俄聯邦國家檔案館，全宗P-9401c/Ч部，目錄2，案卷95，頁392。

53　〈貝利亞和維辛斯基寫給斯大林的信〉（1945年4月29日），俄聯邦國家檔案館，全宗P-9401c/Ч部，目錄2，案卷95，頁334。

54　同上，頁335。

55　同上，頁336。

56　同上，頁337–38。

57　〈在新疆的蘇聯部隊/東突厥斯坦共和國民族軍〉（2003年12月9日批准解禁），美國國家檔案及文件署，檔案代號CIA-RDP82，頁2。

58　"The Chargé in China (Atcheson) to the Secretary of State" (February 21, 1945), p. 994.

59　〈貝利亞向斯大林和維辛斯基呈送的報告〉（1945年9月12日），俄聯邦國家檔案館，全宗P-9401c/Ч部，目錄2，案卷98，頁398。

60　〈А‧米高揚致斯大林：關於在新疆的獨立運動〉（1949年2月5日），俄聯邦總統檔案室，全宗45，目錄1，案卷331，頁101。

61　〈貝利亞呈送斯大林和莫洛托夫的報告〉（1945年6月2日），俄聯邦國家檔案館，全宗P-9401c/Ч部，目錄2，案卷98，頁197。

62　〈葉格納洛夫將軍呈交貝利亞的特別報告〉（1945年6月9日），俄聯邦國家檔案館，全宗P-9401c/Ч部，目錄2，案卷96，頁326。

63　〈新疆蒙古人分享德王自治運動的失敗〉（1949年8月23日），美國國家檔案及文件署，檔案代號CIA-RDP82，頁1。

64　〈艾力汗‧沙吉爾霍扎耶夫發給普羅科普尤克將軍的電報〉（1945年6月8日），俄聯邦國家檔案館，全宗P-9401c/Ч部，目錄2，案卷96，頁326–27。

65　〈葉格納洛夫將軍呈交貝利亞的特別報告〉（1945年6月9日），頁326。

66　〈貝利亞寫給斯大林及莫洛托夫的信〉（1945年6月10日），俄聯邦國家檔案館，全宗P-9401c/ч部，目錄2，案卷96，頁325。

67　〈聯共（布）中央政治局1945年6月22日「關於新疆」的決議〉，俄羅斯社會政治歷史國家檔案館，全宗17，目錄162，案卷37，頁145。

68　同上。

69　А·М·列多夫斯基、Р·А·米羅維茨卡婭、В·С·米亞斯尼科娃編：《二十世紀俄中關係（文件及材料）》，第四卷第二部（莫斯科：歷史思想遺迹，2000），頁655。

70　〈聯共（布）中央政治局1945年6月22日「關於新疆」的決議〉，頁145。

71　同上。

72　同上，頁146。

73　〈蘇聯在伊寧發起的起義運動〉（1953年4月13日），美國國家檔案及文件署，檔案代號CIA-RDP82，頁3。

74　A. Doak Barnett, *China on the Eve of Communist Takeover* (New York, Praeger, 1963), p. 276.

75　蘇聯人民委員會：《關於在伊朗北部建立工業企業的法令》（1945年6月10日），阿塞拜疆共和國總統事務管理局政治文獻檔案館，全宗1，案卷89，第106檔，頁8–10。

76　國防委員會：《關於在伊朗北部進行石油地質勘探的法令》（1945年6月21日），阿塞拜疆共和國總統事務管理局政治文獻檔案館，全宗1，案卷89，第104檔，頁1。

77　〈巴基洛夫寫給斯大林的信〉（1945年9月6日），阿塞拜疆總統事務管理局政治文獻檔案館，全宗1，案卷89，第90檔，頁19。

78　〈巴基洛夫寫給馬拉托夫、貝利亞、馬林科夫的信〉（1945年11月23日），阿塞拜疆總統事務管理局政治文獻檔案館，全宗1，案卷89，第90檔，頁67。

79　〈貝利亞寫給斯大林和莫洛托夫的信〉（1945年7月3日），俄聯邦國家檔案館，全宗P-9401c/ч部，目錄2，案卷97，頁137。

80　〈葉格納洛夫將軍發給貝利亞的電報〉（1945年7月11日），俄聯邦國家檔案館，全宗P-9401c/ч部，目錄2，案卷97，頁331。

81　〈葉格納洛夫將軍呈交貝利亞的特別報告〉（1945年7月），俄聯邦國家檔案館，全宗P-9401c/ч部，目錄2，案卷97，頁354。

82　同上。

83　Li Chang, "The Soviet Grip on Sinkiang," *Foreign Affairs*, no. 3 (April 1954): 502.

84　〈葉格納洛夫將軍呈交貝利亞的特別報告〉(1945年7月),頁354。

85　同上,頁355。

86　同上,頁357。

87　〈貝利亞寫給斯大林和莫洛托夫的信〉(1945年7月13日),俄聯邦國家檔案館,全宗P-9401c/Ч部,目錄2,案卷97,頁353。

88　〈貝利亞寫給斯大林和莫洛托夫的信〉(1945年8月7日),俄聯邦國家檔案館,全宗P-9401c/Ч部,目錄2,案卷98,頁51。

89　〈葉格納洛夫將軍呈交貝利亞的特別報告〉(1945年7月17日),俄聯邦國家檔案館,全宗P-9401c/Ч部,目錄2,案卷98,頁1。

90　同上,頁1–2。

91　〈新疆局勢:與宋子文——中國外交部長談話摘要〉(1945年5月20日), 美國國家檔案及文件署,59分區, 文件包碼4013, 格式號760090,文件編碼761.93/5-20454,頁3。

92　〈A．A．彼得羅夫日記摘抄——與蔣經國會談記錄〉(1945年7月8日),喬治．華盛頓大學國家保密檔案,編號3158,頁1。

93　同上,頁2。

94　同上。

95　〈B．M．莫洛托夫日記摘抄——會見中國立法院院長兼外交部部長宋子文〉(1945年7月10日),喬治．華盛頓大學國家保密檔案,編號3159,頁3。

96　同上,頁10。

97　〈收檔編號2511的密碼情報,由謝爾蓋發給帕維爾、彼得羅夫〉(1945年7月18日),俄聯邦國家檔案館,全宗P-9401c/Ч部,目錄2,案卷98,頁23。

98　〈斯塔漢諾夫發給貝利亞的電報〉(1945年7月31日),俄聯邦國家檔案館,全宗P-9401c/Ч部,目錄2,案卷98,頁31。

99　〈貝利亞寫給斯大林和莫洛托夫的信〉(1945年8月7日),俄聯邦國家檔案館,全宗P-9401c/Ч部,目錄2,案卷98,頁50。

100　〈斯塔漢諾夫發給貝利亞的電報〉(1945年7月31日),頁31。

101　〈貝利亞寫給斯大林和莫洛托夫的信〉(1945年8月7日),頁50;〈斯塔漢諾夫發給貝利亞的電報〉(1945年7月31日),頁32。

102 〈葉格納洛夫將軍呈交貝利亞的特別報告〉（1945年8月27日），俄聯邦國家檔案館，全宗P-9401c/Ч部，目錄2，案卷98，頁319。

103 〈葉格納洛夫將軍呈交貝利亞的特別報告〉（1945年8月23日），俄聯邦國家檔案館，全宗P-9401c/Ч部，目錄2，案卷98，頁292。

104 〈貝利亞寫給斯大林和莫洛托夫的信〉（1945年8月7日），頁51。

105 〈發給貝利亞的特別報告〉（1945年8月25日），俄聯邦國家檔案館，全宗P-9401c/Ч部，目錄2，案卷98，頁207。

106 〈葉格納洛夫將軍呈交貝利亞的特別報告〉（1945年8月23日），頁292。

107 同上，頁318。

108 〈貝利亞呈交斯大林和馬林科夫的報告〉（1943年9月5日），俄聯邦國家檔案館，全宗P-9401c/Ч部，目錄2，案卷98，頁377。

109 同上，頁377–78。

110 同上，頁378。

111 同上，頁379。

112 〈新疆1945年8月28日態勢圖〉（1945年8月28日），俄聯邦國家檔案館，全宗P-9401c/Ч部，目錄2，案卷98，頁379a。

113 〈В·М·莫洛托夫日記摘抄——會見中國立法院院長兼外交部部長宋子文〉（1945年8月11日），喬治·華盛頓大學國家保密檔案，編號3160，頁17–24。

114 〈В·М·莫洛托夫日記摘抄——會見中國立法院院長兼外交部部長宋子文〉（1945年8月12日），喬治·華盛頓大學國家保密檔案，編號3161，頁25–30。

115 〈В·М·莫洛托夫日記摘抄——會見中國立法院院長兼外交部部長宋子文〉（1945年8月14日），喬治·華盛頓大學國家保密檔案，編號3162，頁34。

116 《1917–1957年蘇中關係》（莫斯科：1957），頁205–06。

117 James A. Millward, *Eurasian Crossroads: A History of Xinjiang*, p. 217.

118 〈軍事情報：入侵新疆〉（1947年6月19日），美國國家檔案與文件署，中央情報局-第82情報集，頁1。

119 В·克拉西里尼科夫：《新疆的誘惑》，頁291。

120 "The Ambassador in China (Hurley) to the Secretary of State" (September 7, 1945), *Foreign Relations of the United States: Diplomatic Papers, 1945, The Far East: China,* Volume VII, p. 1008.

121 〈聯共(布)中央政治局1945年9月15日「關於新疆局勢」的決議〉，俄羅斯社會政治歷史國家檔案館，全宗17，目錄162，案卷37，頁150。

122 華爾德：〈新疆及新疆叛亂：從7月中到10月底情況及談判的機會〉(1945年10月31日)，美國國家檔案及文件署，59分區，文件包碼7262，格式號760050，文件編碼893.00/10-3145，頁310。

123 Б·戈杜諾夫：〈新疆局勢〉(1945年1月25日)，俄羅斯社會政治歷史國家檔案館，全宗17，目錄128，案卷822，頁87。

124 〈貝利亞寫給斯大林的信〉(1945年9月12日)，俄聯邦國家檔案館，全宗P-9401c/Ч部，目錄2，案卷98，頁399。

125 "The Ambassador in China (Hurley) to the Secretary of State," (September 7, 1945), p. 1008.

126 〈В·М·莫洛托夫日記摘抄——會見中國外交部長王世杰〉(1945年9月15日)，喬治·華盛頓大學國家保密檔案，編號3163，頁35。

127 "The Consul at Tihwa (Ward) to the Secretary of State," (October 31, 1945) *Foreign Relations of the United States: Diplomatic Papers, 1945, The Far East: China, Volume VII*, p. 1018–19.

128 Ibid., p. 1019.

129 華爾德：〈新疆及新疆叛亂：從7月中到10月底情況及談判的機會〉(1945年10月31日)，頁311。

130 〈聯共(布)中央政治局1945年9月15日「關於新疆局勢」的決議〉，頁150–51。

131 〈貝利亞寫給維辛斯基和斯大林的信〉(1945年9月14日)，俄聯邦國家檔案館，全宗P-9401c/Ч部，目錄2，案卷66，頁7。

132 〈葉格納洛夫將軍和朗方格呈交貝利亞的特別報告〉(1945年10月22日)，俄聯邦國家檔案館，全宗P-9401c/Ч部，目錄2，案卷104，頁118；詳細情況參閱В·А·巴爾明：《1941–1949年蘇中關係中的新疆》(巴爾瑙爾：1999)，頁95–101。

133 В·А·巴爾明：《1941–1949年蘇中關係中的新疆》，頁152–53。

134 《蘇聯人民委員會關於擴大與伊朗阿塞拜疆貿易的決定》(1945年11月4日)，阿塞拜疆共和國總統事務管理局政治文獻檔案館，全宗1，目錄89，第121檔，頁4。

135 〈布爾加寧和安東諾夫寫給斯大林的信〉(1945年11月20日)，俄羅斯社會政治歷史國家檔案館，全宗558，目錄11，第99檔，頁2–4；〈И·馬斯連尼科夫寫給М·巴基洛夫的信(1945年11月22日)〉，阿塞拜疆

共和國總統事務管理機構政治文獻檔案，全宗1，目錄89，案卷107，
頁54。

136 蘇聯《消息報》，1945年12月16日；英國《泰晤士報》，1945年12月18日。

137 〈M‧雅庫波夫和C‧葉梅爾雅諾夫寫給阿塔克什耶夫、伊卜拉吉莫
夫、哈桑諾夫和魯索夫的信〉(1945年12月24日)，阿塞拜疆共和國總
統事務管理局政治文獻檔案，全宗1，目錄89，案卷98，頁35。

138 B‧克拉西里尼科夫：《新疆的誘惑》，頁291–92。

139 〈艾奇遜備忘錄〉(1945年9月17日)，美國國家檔案及文件署，59分
區，文件包碼4013，格式號760090，文件編碼761.93/17-945，頁161。

140 〈赫爾利發給國務卿的函件〉(1945年9月13日)，美國國家檔案及文
件署，59分區，文件包碼4013，格式號760090，文件編碼761.93/9-
1345，頁156–58。

141 〈凱南發給國務卿的函件〉(1945年9月17日)，美國國家檔案及文件
署，59分區，文件包碼4013，格式號760090，文件編碼761.93/9-
1745，頁164。

142 〈貝利亞寫給莫洛托夫的信〉(1945年10月15日)，俄聯邦國家檔案館，
全宗P-9401c/Ч部，目錄2，案卷104，頁62–63。

143 〈伊寧市局勢，附件：艾力汗‧吐烈‧沙吉爾霍扎耶夫信件譯文〉
(1945年10月7日)，俄聯邦國家檔案館，全宗P-9401c/Ч部，目錄2，
案卷105，頁344–47。

144 〈羅伯遜致國務卿的函件〉(1945年9月26日)，美國國家檔案及文件
署，59分區，文件包碼4013，格式號760090，文件編碼761.93/9-
2645，頁169。

145 B‧克拉西里尼科夫：《新疆的誘惑》，頁300。

146 〈葉格納洛夫將軍和朗方格呈交貝利亞的特別報告〉(1945年10月22
日)，頁117–18。

147 同上，頁118。

148 〈羅伯遜致國務卿的函件(1945年9月26日)〉，美國國家檔案及文件
署，59分區，文件包碼4013，格式號760090，文件編碼761.93/9-
2245，頁167。

149 艾沙‧尤素福‧阿爾普特金：《東突厥斯坦的訴求》，頁179。

150 A‧A‧哈基姆別科夫：〈二十世紀三十至四十年代新疆本土人民的民
族解放運動〉，蘇聯科學院東方學研究所，第5(156)輯專輯通報，莫
斯科，1974年，頁159。

151 Ａ‧Ａ‧哈基姆別科夫,〈二十世紀三十至四十年代新疆本土人民的民族解放運動〉(上部),蘇聯科學院東方學研究所,第5 (156) 輯專輯通報,莫斯科,1974年,頁48。

152 〈葉格納洛夫將軍和朗方格呈交貝利亞的特別報告〉(1945年10月22日),頁59。

153 華爾德:〈新疆及新疆叛亂:從7月中到10月底情況及談判的開始〉(1945年10月31日),美國國家檔案及文件署,59分區,文件包碼7262,格式號760050,文件編碼893.00/10-3145,頁311;Ｂ‧克拉西里尼科夫:《新疆的誘惑》,頁298;艾沙‧尤素福‧阿爾普特金:《東突厥斯坦的訴求》,頁179。

154 艾沙‧尤素福‧阿爾普特金:《東突厥斯坦的訴求》,頁180。

155 華爾德:〈新疆及新疆叛亂:從7月中到10月底情況及談判的開始〉(1945年10月31日),頁312。

156 "The Chargé in China (Robertson) to the Secretary of State," (October 27, 1945) *Foreign Relations of the United States: Diplomatic Papers, 1945, The Far East: China, Volume VII*, p. 1017.

157 〈葉格納洛夫將軍和朗方格將軍呈交貝利亞的特別報告〉(1945年10月24日),俄聯邦國家檔案館,全宗P-9401c/Ч部,目錄2,案卷104,頁123–24。

158 〈葉格納洛夫將軍和朗方格將軍呈交貝利亞的特別報告〉(1945年10月29日),俄聯邦國家檔案館,全宗P-9401c/Ч部,目錄2,案卷104,頁296–97。

159 〈葉格納洛夫將軍呈交貝利亞的報告〉(1945年10月28日),俄聯邦國家檔案館,全宗P-9401c/Ч部,目錄2,案卷104,頁298–99。

160 "The Consul at Tihwa (Ward) to the Secretary of State" (October 31, 1945), p. 1021.

161 〈艾力汗‧吐烈寫給斯大林的信〉(1945年10月31日),俄聯邦國家檔案館,全宗P-9401c/Ч部,目錄2,案卷100,頁270。

162 同上,頁270–71。

163 同上,頁271。

164 "The Chargé in China (Robertson) to the Secretary of State" (November 17, 1945), *Foreign Relations of the United States: Diplomatic Papers, 1945, The Far East: China, Volume VII*, p. 1022.

165 〈蘇聯內務人民委員部關於新疆民眾意向的情報〉(1945年11月16

日），俄聯邦國家檔案館，全宗P-9401c/Ч部，目錄2，案卷105，頁 106–108。

166 艾沙·尤素福·阿爾普特金：《東突厥斯坦的訴求》，頁181。

167 "The Chargé in China (Robertson) to the Secretary of State" (November 27, 1945), *Foreign Relations of the United States: Diplomatic Papers, 1945, The Far East: China, Volume VII*, p. 1023.

168 Ibid.

169 〈蘇聯內務人民委員部對新疆穆斯林政府首腦艾力汗·吐烈關於新疆局勢信函譯文的附函〉（1945年11月28日），俄聯邦國家檔案館，全宗 P-9401c/Ч部，目錄2，案卷105，頁228–35。

170 〈蘇聯內務人民委員部關於中方所提交新疆問題協議的報告〉（1945年 11月30日），俄聯邦國家檔案館，全宗P-9401c/Ч部，目錄2，案卷 105，頁245–51。

171 〈葉格納洛夫將軍和朗方格將軍呈交貝利亞的特別報告〉（1945年12月 4日），俄聯邦國家檔案館，全宗P-9401c/Ч部，目錄2，案卷104，頁 337。

172 И·А·波利卡爾波夫：〈蘇聯對新疆1944–1945年民族解放運動的立 場〉，《歷史學及歷史科學》，4/2，巴爾瑙爾，2010年，頁180。

173 В·克拉西里尼科夫：《新疆的誘惑》，頁307。

174 同上，頁305。

175 〈政治情報：新疆自治論者的宣傳〉（1947年3月14日），美國國家檔案 及文件署，檔案代號CIA-RDP82，頁1。

176 〈蘇聯內務人民委員部關於伊寧可能進行穆斯林遊行示威的情報〉（1945 年12月8日），俄聯邦國家檔案館，全宗P-9401c/Ч部，目錄2，案卷 105，第363檔。

177 〈蘇聯國家安全人民委員部常駐烏魯木齊代表關於新疆情況的情報〉 （1945年12月8日），俄聯邦國家檔案館，全宗P-9401c/Ч部，目錄2， 案卷105，第361–362檔。

178 "The Chargé in China (Robertson) to the Secretary of State" (December 28, 1945), *Foreign Relations of the United States: Diplomatic Papers, 1945, The Far East: China,* Volume VII, p. 1024–25.

東突厥斯坦突厥伊斯蘭共和國　　　　　東突厥斯坦突厥伊斯蘭共和國
總統兼最高總指揮和加·尼牙孜·阿吉　　總理沙比提·阿卜都巴基·大毛拉

東突厥斯坦突厥伊斯蘭共和國成立大會（喀什，1933年11月12日）

阿不都‧尼牙孜將軍與維吾爾第六師的軍官（葉爾羌，1937年）

Sabit Damolla(pm-3rd from right) and minister of
TIRET

沙比提‧阿不都巴基‧大毛拉（右三）與東突厥斯坦突厥伊斯蘭共和國政府的其他部長

在東突厥斯坦穆斯林民眾中有影響的政治領袖之一穆哈邁德‧伊敏‧布格拉（前排穿黑袍者）與和田宗教人士合影。

東突厥斯坦突厥伊斯蘭共和國政府成員與喀什穆斯林民眾（1933年）

東突厥斯坦突厥伊斯蘭共和國軍隊的軍官（1933年）

和田游擊隊（1933年）

中華民國國民政府軍事委員會委員長蔣介石（1933年）

新疆省長（督辦）盛世才

回族指揮官，中華民國國民革命軍
第36師師長馬仲英將軍

蘇聯中央執行委員會主席加里寧接見遞交國書的中華民國駐蘇聯特命全權大使顏惠慶，蘇聯外交人民委員李維諾夫及其副手卡拉漢出席。（莫斯科，1933年）

中國訪蘇軍事使團成員（莫斯科，1933年）

中國使館工作人員及其夫人在使館花園（莫斯科，1936年）

1933–37年駐烏魯木齊總領事
加列金‧阿普列索夫

訪問新疆的蘇聯經濟使團團長
亞歷山大‧斯瓦尼澤（1935年）

中華民國馮玉祥上將（1934年）　蒙古人民共和國政治領袖
霍爾洛‧喬巴山元帥（1939年）

東突厥斯坦哈薩克起義領袖烏斯滿‧巴圖魯（1944年）

在中國軍隊駐喀什軍營裏（1943年）　跳舞的維吾爾族姑娘（1943年）

美國政治周刊《生活》介紹了新疆事件
（1943年12月13日）

蘇聯中央執行委員會主席加里寧、蘇聯外交人民副
委員傑坎諾佐夫在克里姆林宮接受中華民國駐蘇聯
特命全權大使傅秉常遞交國書（莫斯科，1943年）

1944–46年蘇聯國家安全人民委員會特別任務處（新疆行動組）處長葉格納洛夫・弗拉基米爾・斯捷潘諾維奇

1939–44年蘇聯駐華大使帕紐什金・亞歷山大・謝苗諾維奇（潘友新）

從新疆省長一職卸任前夕的盛世才（1944年）

蒙古人民共和國政治領袖霍爾洛・喬巴山元帥（左）接見東突厥斯坦哈薩克起義領袖烏斯滿・巴圖魯（1944年）

烏魯木齊軍事學校的學員閱兵（1943年）

東突厥斯坦共和國民族政府首腦艾力
汗‧吐烈‧沙吉爾霍扎耶夫（1945年）

東突厥斯坦共和國政府成員阿合買提
江‧卡西莫夫（哈斯木）（1945年）

東突厥斯坦共和國政府成員賽福鼎·艾則孜　包爾汗
（1950年）

蘇聯外交部長莫洛托夫和蘇聯駐華大使羅佐夫斯基，在機場迎接國民政府行政院院長宋子
文和國民政府外交部長王世杰（莫斯科，1945年）

國民政府外交部長王世杰（前）簽署《中蘇友好同盟條約》，斯大林（後右二）出席
（莫斯科，1945 年 8 月 14 日）

東突厥斯坦代表麥斯武德‧沙比爾、阿合買提江‧哈斯木、艾沙‧優素福‧阿爾普特
金、阿不都克里木‧阿巴索夫、吉亞‧薩梅特等人，在南京出席中華民國國民大會（1946
年 11 月 25 日）

1946–47年新疆省聯合政府主席張治中　　1947–49年新疆省聯合政府主席麥斯武德‧沙比爾

修整烏魯木齊的道路。

蘇聯在新疆的錫礦洗礦場。

為歡迎來到莫斯科的中華人民共和國中央人民政府主席，雅羅斯拉夫火車站奏起中國國歌。
圖為毛澤東、莫洛托夫、布爾加寧以及他們的隨同人員（莫斯科，1949年12月17日）

斯大林七十壽辰大會主席團中的陶里亞蒂、王稼祥、卡岡諾維奇、毛澤東、布爾加寧、斯大林、華西列夫斯基、烏布利希、赫魯曉夫等人（莫斯科，1949年12月21日）

第五章

烏魯木齊協議及新疆聯合政府的成立（1946–1947）

　　1945年底到達烏魯木齊的東突厥斯坦共和國代表團，根據蘇聯當局的提議，對與當地中國政府達成協議持堅定支持的態度。儘管艾力汗·吐烈及其支持者在12月底表明了要採取軍事行動的決心，但省內親蘇派分子卻是傾向和平的。為了表示蔣介石高度重視談判，蔣經國於12月26日抵達烏魯木齊。然而，還沒等進行中的會談取得成果，他就於12月28日動身前往莫斯科。「1945年12月至1946年1月，蔣介石再次嘗試尋求與克里姆林宮主人的相互理解。這一次，他派往莫斯科進行談判的不是親美的宋子文，而是自己的兒子蔣經國。蔣經國在蘇聯度過了自己的青年時代，甚至在當時還參加了聯共（布）。」[1]12月30日，中國代表會見了斯大林，並向他遞交了蔣介石的信函。應注意的是，中國方面計劃在此次訪問期間探討比新疆更為廣泛的多領域問題。儘管戰後美國人在中國境內活躍起來，而且杜魯門總統特使喬治·馬歇爾對重慶進行了訪問，但蔣介石十分清楚地知道，「和平解決與中共關係的鑰匙與其說在華盛頓，還不如說是在莫斯科。」[2]蔣經國訪蘇的主要目的，就是說服斯大林充當解決中國共產黨與國民黨兩者關係的中間人。他想「讓蘇聯政府說服共產黨與國民政府達成協議」，而斯大林卻還不急於擔負這個使命。在接見中方代表期間，他指出：「蘇聯政府是受莫斯科會議（1945年12月16日至26日在莫斯科召開的美英蘇三國外長會議，會

議決定包括三國不干涉中國內政，中國內戰必須停止等內容——譯者註）的決定制約的，莫斯科會議堅決要求中國結束內戰，吸納民主分子到中國政府……，蘇聯政府承認國民政府是中國政府的身份。」他同時說道：「蘇聯政府不能居中調解，因為並不確定共產黨會接受這一主張。」[3] 斯大林試圖說服蔣經國：「莫斯科沒有能力影響中共的立場。」[4] 在由蔣經國1月5日轉交給蔣介石的信中，斯大林告訴蔣介石，他認為1945年8月簽訂的蘇中條約是雙方關係的出發點。蘇聯領導人在信中寫道：「我與他（蔣經國）的會談涉及諸多蘇中關係問題以及一些中國和蘇聯都感興趣的其他問題。我希望，我們兩國關係將按照蘇中條約發展下去，對此我將會經常予以關注。」[5]

蘇聯立場之所以向東突厥斯坦政府與中國中央政府之間必須進行談判的方向轉變，正是基於這個原因。重慶政府同樣也在1946年1月初通過了承認外蒙古獨立的決議。於是，在1945年10月底，中國最高國防委員會在研究蒙古人民共和國舉行的全民投票結果之後，決定建議中央政府承認外蒙古獨立。該建議的提出是以全民投票所反映的蒙古人民意願為根據的。考慮到最高國防委員會對該問題的討論結果，中國立法院指示內政部通知蒙古國政府中國正式承認外蒙古獨立。[6] 1946年初中國政府採取類似措施的根源，就是蔣介石想讓中蘇關係走上互信軌道的願望。

1945年底在烏魯木齊與東突厥斯坦代表進行的這一輪談判，在很大程度上拉近了雙方的立場，也大幅提高了解決問題的期望值。談判也因此持續了不長的時間。1946年1月2日晚，雙方簽署了「關於停止軍事行為及和平解決政治、經濟爭議問題」的初步協議，協議由11條內容組成。[7] 此次協議沒有納入前幾輪談判時伊寧政府提出的那些提議。文件帶有較多妥協性質，而且伊寧政府在談判時表現出更多的妥協意願。在有可能使國家領土完整受到質疑的問題上，中國中央政府代表沒有作任何讓步。不過，中央政府代表在談判時作出的兩個讓步卻引起新疆漢人代表的不滿，其內容是：「進

入新疆鎮壓暴動的軍隊可在問題解決後召回，而秘密警察將予以解散。」這兩條也被間接地反映在1月2日簽署的初步協議內。[8]除了其他問題，初步協議還規定：在選舉的基礎上組建地方政府機關，當地政府機關同時使用漢語和民族語言，保障宗教及信仰自由，中小學教授民族語言，組建聯合政府，在軍隊中保留民族部隊，不追訴民主人士，釋放因參與民族運動而被關押的犯人。[9]雙方決定協商補充文本以解決初步協議條款中的問題。第一份補充文件應包括聯合政府組建機制的問題；第二份補充文件則涉及駐新疆中央政府軍隊及民族軍武裝的地位規定問題。伊寧政府代表團稱準備與伊犁政府就這些內容磋商後，才簽署補充文件。鑒於這種情況，雙方商定：如東突厥斯坦代表準備好簽署第二份補充文件，就給張治中發拍電報，通知有關他們前往烏魯木齊一事，之後張治中將抵達新疆以完成協議的最終簽署。[10]在協議簽署後省政府舉辦的招待會上，張治中將軍面對出席的美、英、蘇三國領事宣布：「中國和蘇聯之間應是長期與友好的關係。而在新疆，這些關係應該更為緊密和友好。」[11]

在協議簽署後的翌日即1月3日，張治中及其率領的代表團乘專機回到重慶，而東突厥斯坦政府代表團也返回伊寧。烏魯木齊協議簽署四天之後，中國承認了蒙古人民共和國獨立。1946年1月6日中國對蒙古人民共和國獨立的承認，最終結束了外蒙古在法律上的不確定性，這種不確定性自從25年前北京對當地喪失政治控制權後一直困擾着外蒙古。[12]而在1946年1月20日，蘇聯最高蘇維埃下達命令，為新疆境內所有俄羅斯移民及其後代平反。他們有權在當地通過蘇聯領事館獲得蘇聯國民身份的文件，如果願意的話，可毫無障礙地遷回蘇聯。[13]

中國領導人訪蘇半年後，伊朗總理大臣卡瓦姆．艾斯－薩爾坦在1946年2月19日率政府代表團抵達莫斯科，此次訪問持續到3月7日。2月21日，斯大林接待卡瓦姆。雙方會談議題主要圍繞在3月2

日前將蘇聯軍隊從伊朗撤離、阿塞拜疆以及石油租賃等相關問題。
但是根據伊朗議會通過的法律規定，石油租賃問題只能在所有外國
軍隊從伊朗撤軍後才能解決。關於伊朗阿塞拜疆的問題，斯大林問
道，那裏有沒有自己的軍事部長和外交部長？伊朗總理大臣予以肯
定的回答。斯大林說：「阿塞拜疆人依靠邊區奪取政權，他們不是自
治。他們不應該有軍事部長、外貿部長和外交部長。」[14]這個回答後
來成為斯大林重要的聲明——斯大林想讓大家明白，他支持伊朗領
土完整。半年前的1945年8月，莫洛托夫在與中國外交部長的談判
中也使用了這樣的伎倆。1946年2月23日，談判重新開始，但是變
成卡瓦姆和莫洛托夫之間的談判了。卡瓦姆聲明：「以前伊朗政府
在對待與蘇聯的關係上犯了錯誤。我作為蘇聯的朋友，已經做好準
備修正前任政府所犯的錯誤。」卡瓦姆還補充道，議會頒布了法律，
規定國內有外國駐軍時禁止進行關於石油的相關談判，但是再過兩
天議會就要解散了。現在，新的議會選舉將會出現新轉機，他的人
會被選派為代表。關於莫洛托夫提出何時舉行選舉的問題，卡瓦姆
回答說此事還需協商，並且再強調在有外國駐軍的情況下，不可能
進行選舉。莫洛托夫重申：「在現在形勢下不會從伊朗撤軍。」關於
莫洛托夫提出的石油租賃問題，卡瓦姆回應稱，他原則上支持將石
油租賃給蘇聯，讓蘇聯提出自己的提案以供討論。此時，莫洛托夫
在伊朗地圖上指出伊朗已經租賃給英國的地塊，問道：「都很明白了
吧？沒有任何疑問吧？」卡瓦姆仔細地看着地圖，並同意蘇聯感興
趣的這塊地比給英國人的要小得多。關於如何將租賃變成事實這一
問題上，卡瓦姆再次回答：「在現在的議會幾乎不可能將石油租賃出
去。」[15]莫洛托夫表示，他不明白為什麼卡瓦姆如此害怕阿塞拜疆人
自治。蘇聯有15個共和國，並且不同的民族實行民族自治，沒有什
麼可怕的。卡瓦姆反駁道，蘇聯是個強大的國家，能夠實行各族自
治，但是伊朗是個弱國，不能任其分而治之，但是承諾將會給阿塞
拜疆安朱曼（地方自治機關—作者）足夠大的權力。莫洛托夫問，

那這將會是實際的自治嗎？卡瓦姆回答：「這必須是在憲法規定範圍
內。」他自己並不反對自治，在他與大元帥的談話中甚至還提出過進
行伊朗改制的計劃。[16]莫洛托夫堅持認為，罪惡的根源在於伊朗憲
法。他舉了蘇聯憲法的例子，國家非常注重蘇聯憲法，但是必要時
也會加以修正。卡瓦姆回答道，在這種情況下他沒有別的選擇，只
能回到德黑蘭，在議會上提出石油和阿塞拜疆問題，要麼議會接受
這些提議，要麼他不得不辭職。卡瓦姆很明顯試圖以辭職來要挾莫
斯科，但是莫洛托夫不為所動。莫洛托夫說：「卡瓦姆最好知道他
該做什麼，必須要有某些具體的提議，才能解決阿塞拜疆問題。」正
當走出辦公室時，卡瓦姆計上心頭，好像想起了什麼似的，他轉身
回來向莫洛托夫表示，英國大使給他打了幾次電話請求會見，問莫
洛托夫有什麼建議給他？莫洛托夫並未作出反應，簡短回道：「為
什麼不見呢？」[17]莫洛托夫和卡瓦姆的再次會面是在2月25日的晚上
7時。莫洛托夫向卡瓦姆介紹了新任蘇聯駐伊朗大使伊萬‧薩奇科
夫，並表示受蘇聯政府委托，向卡瓦姆轉達關於討論三個問題的新
折衷方案。莫洛托夫表示，蘇聯政府會盡可能折衷處理。關於石油
租賃一事，莫洛托夫表示：「蘇聯將按照伊朗政府的意願，認為可以
用在伊朗北部成立蘇聯－伊朗石油探測、開採和加工合資企業（蘇
聯持股51%，伊朗持股49%）的提議，來替換關於向蘇聯提供伊朗
北部地區石油租賃的提議。」關於在伊朗的蘇聯軍隊，莫洛托夫說：
「蘇聯政府有意從當年的3月2日起，從伊朗某些地區開始撤離部分
軍隊。至於另一部分軍隊，根據1921年2月26日的蘇伊協議蘇軍將
會暫時駐留伊朗。只要伊朗政府廢除對蘇聯的敵對和歧視性措施，
在伊朗北部建立秩序並恢復與蘇聯的友好政治關係，蘇聯軍隊將會
從伊朗完全撤走。」[18]卡瓦姆在備忘錄中認為蘇聯的建議難以接受，
並堅持己見。他寫道，在解決與阿塞拜疆問題以及蘇軍從伊朗撤軍
的問題時，石油問題也將會有積極且雙方都滿意的解決方法。蘇聯
同意解決阿塞拜疆問題，並及時將蘇軍從伊朗完全撤離，這能為蘇

聯與伊朗進行經濟與石油合作打下基礎。莫斯科與卡瓦姆的後續談判是通過駐伊朗新大使薩奇科夫進行的。卡瓦姆明白，如果沒有外部的支持，他在莫斯科方面的壓力下難以全身而退。卡瓦姆回到德黑蘭後解散了議會，同時派自己的密使到美國和英國大使館。他想知道，如果蘇聯的威脅成為事實，那麼美國和英國政府會採取什麼措施，並建議他採取什麼行動。實際上，卡瓦姆已經向華盛頓發出了信號，如果美國不給予他有效支持，那他就不得不向蘇聯作出讓步。因此，中國和伊朗在與莫斯科關係正常化的過程中經歷了非常艱難的時刻。

　　從烏魯木齊返回後，張治中將軍不僅與蔣介石，而且也與蘇聯駐重慶大使 A · 彼得羅夫就烏魯木齊談判事宜廣泛交換了意見。與彼得羅夫會談時，他向蘇聯方面就蘇聯總領事館同事在談判期間給予的協助表示感謝。而後張治中說道：「我在新疆的時候，當地各界人士表達了將來讓我負責新疆領導工作的願望，因此很有可能我會留在新疆任省政府主席一職，有關我的任命問題現在由總統決定。」[19]他還補充說，儘管他本人不想在新疆工作，但終歸會樂於前往，因為這涉及到加強中蘇關係的問題。在將中國新疆與蘇聯中亞地區共和國作比較的時候，張說：「我在新疆讀了一些講述蘇聯中亞地區共和國——如哈薩克蘇維埃社會主義共和國和烏茲別克蘇維埃社會主義共和國——建設成就的書籍，這些共和國與新疆之間的巨大反差讓我震驚。烏魯木齊——這就是上個世紀的阿拉木圖，如果我不得不做選擇的話，那麼比起新疆的哈薩克人，我更願意做一名阿拉木圖的哈薩克人；或者說更願意做塔什干的烏茲別克人，而不是新疆的烏茲別克人。」[20]當然，蘇聯中亞及哈薩克斯坦地區的情況要比新疆好。然而，它也並不像張治中將軍所讀書籍中描述的那樣完美無瑕。比如，1945年春，在烏茲別克斯坦蘇維埃共和國遭受饑荒的各城市，曾發現有售賣人肉的情況。1945年4月17日，蘇聯國家安全機構向斯大林、莫洛托夫和馬林科夫報告稱：「1945年4月10日，烏

茲別克蘇維埃社會主義共和國安集延地區12歲的Д·А·阿不都卡里莫夫以及1945年4月13日撒馬爾罕市的Ｋ·尼卡諾洛夫，在售賣人肉之時被拘捕。」[21]

　　張治中這樣描述他與東突厥斯坦代表在烏魯木齊的談判：「我對暴動民眾代表說，他們起來反抗中央政府是十分自然的事情。如果我處在他們的位置，我早就起來反抗了。他們對政府不滿，要譴責的應該就是政府自己。然而將來情況定會發生改變。盛世才之前在新疆掌權的是幾個封建諸侯，當時政府的地位是很弱的。在盛世才統治新疆期間，中央政府沒能為少數民族做任何事情。最後，到近來這個時期，中央政府又完全投入到抗日戰爭之中，也不能給予新疆足夠的關注。但現在政府將竭盡全力在政治經濟方面發展新疆，提高少數民族的文化水平，給予他們民主自由。我認為，中蘇合作關係應該在新疆重建事業中發揮主要作用。」[22]張治中強調，新疆的中蘇貿易經濟合作將會很快恢復。大使表達意見稱，省內政治局勢的穩定是蘇中經濟合作的必要條件。張治中回應Ａ·彼得羅夫的意見稱：「在有關軍隊的問題解決之後，將會精心對新疆省政府進行改組，到那時候，新疆境內的局勢毫無疑問就會穩定下來。」[23]張治中在交談結束的時候稱，希望蘇聯駐烏魯木齊總領事館在解決那些尚待處理的問題方面能繼續給予協助。應注意的是，在借助蘇聯調停在烏魯木齊和東突厥斯坦代表進行談判的同時，在美國人（馬歇爾將軍）的調停下，張治中將軍還受蔣介石委托，代表政府在重慶參加國民黨與中國共產黨之間有關軍事問題的談判。[24]美國將烏魯木齊的談判乃至蘇聯在中國的整個政策，視為蘇聯欲把中國納入自己勢力範圍的標誌。美國駐蘇聯臨時代辦凱南（George F. Kennan）於1946年1月10日給美國國務卿寫道：「蘇聯不可能像美國把加拿大和墨西哥視作『友邦』那樣接受中國為『友邦』。」依據蘇聯的觀點，如果對類似的關係作現實的考慮，無論從政治、經濟還是軍事方面來看，它都是不可靠的。蘇聯在意識形態上堅信蘇聯制度最終會與資本主

義西方發生公開衝突，在戰略上堅持構建大縱深國防的觀念，更懷
疑非建立在一國對其他國家佔據優勢的國際關係能否存在。總之，
可能讓蘇聯滿足的只有有效控制這種方式所造成的影響。」[25] 在他看
來，在蘇聯這樣的國家，黨的領導權處在一人手中，「民主」、「忠
誠」、「合作」、「干涉」、「自由選舉」這些概念都有自己的涵義。對
於中國，凱南寫道：「迄今為止，蘇聯所採取的策略是忍耐、客氣。
之所以忍耐是因為蘇聯目前在中國多採取觀望態度，它堅信局勢最
終會朝對自己有利的道路上發展。……蘇聯聲稱它贊同在中國建立
更『民主』的政體，其實就是說贊成組建聯合政府。這雖不是對國民
政府整體上公開的批評，但更多表現了蘇聯總體上對待重慶的正常
態度。與此同時，蘇聯卻毫不掩飾自己對中國共產黨計劃和行動的
讚賞。換句話說，此時蘇聯保持了自己外交的靈活性。」[26] 這位美國
外交官對蘇聯對外政策的評價引人關注，還因為他指出蘇聯支持伊
朗阿塞拜疆地區分裂主義的政策，也可能會對中國新疆省有效。就
這個問題凱南寫道：「即使假定在沒有外部支持的情況下，新疆存
在着人民自發起義的所有組分，也未必有人會斷言蘇聯會在歷史上
首次不切實際地行事，放棄在與其有漫長邊界的一個地區提高自己
地位的誘人機會。蘇聯在伊朗阿塞拜疆地區採用、適合當地情況的
分裂鄰國疆土策略，可能在新疆也會同樣有效。迄今在新疆，莫斯
科還沒像在外蒙古所做的那樣表現出支持哪怕是表面上改變名義主
權的某種願望。在這個地方，莫斯科也許更喜歡不用承擔責任的影
響力。」[27] 除了新疆，凱南還分析了滿洲地區、旅順港以及其他與蘇
聯接壤中國疆域的狀況，並指出延安的共產黨人極有可能會在關鍵
時刻受到蘇聯的影響。他還特別就該問題寫道：「在這種情況下，
莫斯科在關鍵時刻將自己的有效影響向延安擴張的可能性很大，而
這應當與延安共產黨人的主觀願望沒有緊密的聯繫。」[28] 當共產黨人
在中國的影響日益劇增的情況下，為跟蹤觀察中國國內局勢發展狀
況，蘇聯決心增加自己在中國的外交代表機構和業務活動。到1946

年初，蘇聯駐中國的八所領事館，有五所位於新疆的不同城市。儘管東突厥斯坦政府與中國中央政府於1月2日簽署了初步協議，但蘇聯在烏魯木齊、喀什、伊寧、塔城、承化（今阿勒泰──譯者註）的外交代表機構依然利用各種機會，企圖將新疆省繼續留在蘇聯勢力範圍之內。同時，蘇聯還打算在短期內將駐中國的領事機構增加到13個。[29]然而，中央政府的力量在新疆得到鞏固，卻使蘇聯在派遣外交官上出現了一系列問題。在盛世才執政期間，直到1942年蘇聯駐烏魯木齊總領事的委派一直只需省政府首腦同意，不用通報中國外交部，而其入境簽證則是由中國駐阿拉木圖領事館簽發。但從1942年底蘇聯與新疆省政府關係惡化後，中方開始要求蘇聯外交人民委員部向中國外交部通報總領事、領事甚至副領事的任命事宜。出於這個原因，新疆政府長達幾個月都沒有確認蘇聯外交官葉夫謝耶夫、庫爾秋科夫和烏爾馬索夫的副領事身份。在外交人民委員部遠東一處發給弗拉基米爾‧傑坎諾佐夫的信息簡報中，建議由蘇聯駐重慶大使館向中國外交部通報擔任領導的外交人員任命事宜來解決此問題。[30]當蘇聯駐新疆外交機構與重慶政府就高級外交人員任命事宜商定之後，中國中央政府外交部駐新疆代表劉澤榮給當時履行蘇聯駐烏魯木齊總領事之職的葉夫謝耶夫發去照會。他在照會提出在新疆生活的外國公民必須要在警察局登記的問題。該問題是出於對蘇聯公民活動進行監督的需要，特別是那些從1944年起就參與並在省內革命事件中發揮重要作用的俄國移民人士。照會提及：「我們收到新疆省政府的一封信。信中說，鑒於省內生活着大量外國公民，為了保護他們以及避免隔閡，從今年4月1日起，將在兩個月內辦理外國公民登記手續。」[31]

　　在複雜的國際政局環境下，中國正經歷蘇美兩國角力的艱難時期。就在喬治‧凱南給美國國務院發去有關中國問題電報的1月10日，重慶舉辦了民主同盟組織的政治協商會議（即通常所說的舊政協，由國共兩黨及民主同盟共同召開──譯者註）。此次會議探討的

主要問題有：確保國家的領土完整，實現各種政治力量的團結，中國共產黨與國民黨盡可能停止武裝鬥爭。在這些以及其他一系列中國國內生活的問題上，民主同盟和共產黨的立場是一致的。1945年12月底，蘇聯、美國和英國的外交部門首腦在莫斯科召開會議，會上通過了涉及中國的一些決議，而政治協商會議的召開很大程度上與此有關。外交部長會議指出中國必須進行改革及實現政府機構的民主化。而事實上，喬治‧馬歇爾將軍赴重慶使命的直接目的就是讓蔣介石做好準備進行真正的國家改革，但蔣介石卻想在保留「五五憲法」(即五五憲草，1936年5月5日由國民黨主導的立法院制定《中華民國憲法草案》，其主旨是黨國一體、總統集權，因受全國人民反對，沒有成為正式法律，習慣上稱之為五五憲草或五五憲法——譯者註) 基本原則的情況下進行改革，並成立關鍵部門仍由國民黨操縱、國家也由其領導人控制的聯合政府。即便如此，不同意該方案的共產黨還是準備在一些問題上作出讓步。中國共產黨將政治協商會議通過的決議視為前進的一步。代表共產黨與會的周恩來發表觀點說：「政治協商會議決議是在民主運動領域邁出的第一步，是消滅國民黨獨裁的開端。」[32] 中國共產黨認為，到1946年秋中共的地位將進一步得到鞏固，那時與蔣介石就各種問題展開談判將變得容易一些。[33] 身為中共主要領導人之一的周恩來所持的這種立場是正確的。順便要說的是，正是通過周恩來，蘇聯從1946年10月起向中共提供秘密財政援助。例如，在10月16日周恩來交給米哈伊爾‧蘇斯洛夫的一張收據就寫道：「我，下面的簽字人，確認收到了50,000 (五萬) 美元。」[34]

儘管政治協商會議在十分緊張的氣氛中召開，但參加會議工作的各組織及著名社會人士還是認為，「蔣介石的領導地位正越來越穩固，現在蔣介石不僅應被認定為國民黨及政府領袖，而且還是以各黨派和中國社會諸社會團體為基礎所成立的民主政府的首腦。」[35] 也許，初看起來情況似乎就是這樣，但現實中的情況卻極其嚴峻。中

國政治進程各方參與者之間的矛盾十分嚴重，在這種情況下，國家控制權的確立不是靠以社會責任為基礎召開的各種會議所通過的那些決議，而只能是實際力量。的確，從1946年開始，中國共產黨已逐漸開始變成中國的一股核心勢力。而蘇聯在外交及道德上公開的支持以及向其提供的秘密軍事和政治援助，也賦予這股核心勢力更大的活動能力。

　　1946年3月1日召開的國民黨六屆二中全會是在緊張的鬥爭氣氛中進行的。張治中將軍向大會報告了他在烏魯木齊進行談判以及與伊寧政府代表簽署協議的情況。對共產黨持毫不妥協立場的國民黨黨內激進集團「革新派」成員，強烈反對政治協商會議通過的決議。蘇聯曾在政協會議通過折衷決議方面發揮了重要作用。無論是共產黨還是重慶政府中傾向和解的各界人士，均表示同意莫斯科方面發出的關於停止內戰的建議，但這些建議絕不會令國民黨內部那些激進民族主義勢力感到滿意。政協會議之後，政府監控下的那些報紙開始刊登一些反蘇文章。而在2月22日重慶更舉行了反對蘇聯軍隊拖延撤出滿洲地區的反蘇遊行，遊行期間還能聽到批評蘇聯及其領導人的口號。蘇聯駐重慶大使館就此向中國外交部遞交的照會公開指出，媒體刊發的以及遊行時發出的反蘇言論，背後直接支持者就是政府人士。[36]反蘇路線在國民黨全體會議進行期間也能看到。那些表示不滿的勢力，以「對執政黨不忠」為托辭，要求將一些簽署政協會議決議的領導人員解除現職。例如，蘇聯駐重慶大使館人員在通報國民黨全體會議結果的時候給莫斯科寫道：「反動分子藉口對國民黨不忠誠，要求從現任職務上罷免外交部長王世杰、國民黨參政會秘書長邵力子、四川省長張群及馮玉祥上將等。立法院院長宋子文、經濟部長翁文灝和財政部長俞鴻鈞在全會上所作的報告，也遭到猛烈的批評。」[37]

　　從所有這些情況能明顯看出，到1946年春中國已進入艱難的國內政治危機時期。同時伴隨的還有工業、貿易及金融市場領域的

深刻經濟危機，從而進一步令形勢變得更危險。儘管1946年1月新疆衝突雙方簽署了停止軍事行動的初步協議，但省內局勢依然不穩定。美國和英國外交部門在中國境內活動日益活躍，其中包括新疆，這成為蘇聯代表感到不安的另一個原因。重慶中國官方人士沒有忽視蘇方的擔憂，他們向蘇聯大使保證，中美及中英在新疆的合作將僅限於領事服務方面的內容。此時正在等待蔣介石任命為新疆省政府主席的張治中將軍，3月18日與蘇聯大使 A·彼得羅夫進行會談時說：「中國不會發展與美國和英國在新疆的關係，也不允許它們的影響力向領事服務範圍之外擴展。」[38]

在此次會談幾天之後的3月25日，張治中將軍再次來到烏魯木齊，與東突厥斯坦代表商討尚未談妥的問題。為了以實際行動支持張將軍在最近一次會談對蘇聯大使作出的承諾，中方允許蘇聯方面從1946年3月起恢復在新疆尋找錫礦的地質勘探工作。[39]在伊寧政府代表到來後，最後一輪談判於3月27日開始。根據美國領事報告記載，在危機解決之前，暴動方部隊佔據着瑪納斯河沿岸一帶的陣地。[40]在下一輪談判開始時，新疆的局勢依舊緊張。甚至在簽署初步協議的那幾天，各對立地段上的起義軍部隊還在開展有限的軍事行動，進攻國民黨政府軍隊的陣地，為其製造更多的麻煩。在新疆西南部，諸如澤普綠洲、葉城及葉爾羌這些地方，這樣的軍事行動尤為嚴重，導致國民黨失去了對幾個居民點的控制。到1946年初，中國軍隊集中了大量兵力才奪回了失去的陣地。3月28日，葉格納洛夫向克魯格羅夫發去一份情報，講述了新疆境內仍在持續的軍事對抗違反了1月2日停戰協議條款，以及新疆西南部目前形成的緊張局勢。克魯格羅夫緊急將來自新疆的這份情報轉呈斯大林和莫洛托夫。[41]中國方面也向蘇聯駐新疆機構通報了違反協議以及東突厥斯坦部隊不斷向政府軍發動軍事行動的情況。與此同時，中國方面還力求以各種藉口誘惑起義軍官兵投誠，並通過在部隊中製造糾紛削弱起義軍。比如，政府部隊在1946年3月就成功讓起義軍排長阿

赫邁德－別克轉投中國軍隊，阿赫邁德－別克的兄弟在塔什馬雷克（音）有很大的影響力。[42]

　　3月底在烏魯木齊開始的新一輪談判，持續的時間比預計稍久一些，引起爭議的主要問題圍繞東突厥斯坦軍隊的地位。但談判期間出現的困難，在蘇聯領事和張治中將軍的努力下成功解決。最後，雙方在5月11日和12日商定：六個團（三個步兵團和三個騎兵團）的東突厥斯坦軍隊將以國軍的名義，部署在伊寧、塔城、科布克、石河子、烏蘇和阿勒泰。東突厥斯坦代表這時又堅持喀什和阿克蘇也要保留民族部隊（各一個團）。[43]中國政府代表答應會與中央政府商量這個問題。總的來看，中國政府方面在談判最後階段，同意「在前暴動武裝駐軍分布地區，除了現有部隊不再部署新的部隊，同時在邊境一帶將只有政府部隊駐防。雙方還約定按計劃改組部隊，並在維護喀什和阿克蘇的和平問題上考慮前暴動民眾的意見。」[44]

　　東突厥斯坦代表在5月29日交給張治中將軍進入省政府的八人名單。對由六條內容構成的政府發展計劃，雙方僅僅就其中一小部分沒有談妥。此時，雙方期待能儘快結束協商並簽署補充協議，並以此為基礎，計劃在短期內任命新的新疆政府。一直關注談判進程的美國大使館外交官認為，中國政府方面借着簽署補充協議又得到一個改進新疆治理能力的機會。同時，他們還將其視為最後一次機會，如果錯過的話，中國將可能永遠失去新疆。在美國外交官看來，中國政府應該借助這次機會，「提高人民生活水平，擴大生產，恢復貿易，在公眾衛生保健領域至少要實現最低限度的保障，建設必要的公路系統，建立突厥語教育體系，開辦自己的印刷廠，並鏟除目前在中國官員中存在的程度驚人的腐敗。」[45]在對新疆生活進行了長達三年的觀察後，美國人認為達成最新協議帶來的成果，就是新政府會為建立法制和秩序採取一些根本性措施。美國駐中國大使館參贊羅伯特·史密斯給國務卿寫信說：「在採取堅決措施清理新疆政府方面，張治中應該得到中央政府的全面支持，應該當眾揭露近

屆政府中的一些主要官員，有關他們那些大批非法交易的信息應通過中國媒體公之於眾。對新疆來說，「這是一項起碼的、擺在首位的政治原則。」史密斯還向國務卿報告了馬上進行改革的必要：「……如果他們不開始儘快採取行動實施改革，和平將不可能實現，而對中國來說，最終只會失去新疆。」[46]

　　5月20日，葉格納洛夫和朗方格給克魯格羅夫發去一份工作報告，講述中國指揮機關為打擊新疆民族武裝採取的一些措施。內務人民委員謝爾蓋‧克魯格羅夫向斯大林、莫洛托夫和貝利亞匯報報告內容。報告強調，儘管東突厥斯坦政府西南部民族武裝表露出違反與中央政府所簽停止作戰協議的企圖，但更多的是中國指揮機關在違反協議。1946年5月31日，在東突厥斯坦代表與中央政府協議生效之前的一個星期，負責當地戰役情況的葉格納洛夫和朗方格根據蘇聯安全機構新疆南部別動隊隊長拉爾尼科夫上校的通報，向上級機關報告說：中國方面稱起義軍部隊從南部往塔什馬雷克和卡加爾雷克（音）進攻的資料，與實際情況不符。據他們5月24日的情報，根據柯爾克孜族支隊隊長塔依爾及其顧問努爾加里耶夫的提議，向中方塔什馬雷克駐防地派遣了共有60人的三個軍事偵察小隊。此次行動打死了40名中國士兵，並抓獲了當年3月向中國部隊投誠的起義軍排長、塔什馬雷克別克的兄弟阿赫邁德；起義軍方面則有四人被打死，一人受傷。5月24日，從英吉沙防區出發的一支多達一百人的中國部隊，向起義軍葉爾羌支隊防守蘇戈特（音）山口的一處崗哨發動突襲。戰鬥中起義軍有14人被打死，其中就包括教官阿利耶夫中士，另有七人被俘、一人失蹤。中國部隊從起義軍繳獲了21支卡賓槍、一挺輕機槍及14匹馬。戰鬥從傍晚6時持續到晚上9時。蘇戈特山口的駐防力量之後獲得補充，塔依爾及顧問努爾加里耶夫也被警告，若他們再擅自作戰就會被送上法庭。起義軍部隊所有指揮官還再次接到不得積極行動，只需牢牢守住邊界的命令。[47]這份來自阿拉木圖的通報複印件於6月7日發送給了莫洛托夫

和貝利亞。蘇聯機關將當地進行的這些作戰行動，與伊寧政府首腦艾力汗‧吐烈在軍隊及政府中的巨大影響力聯繫起來。根據他們的情報，民族武裝在新疆南部繼續對抗，與當地穆斯林的這位權威領導人有直接關係。為了遏止這些行為，在雙方對烏魯木齊協議文本進行最後協商後，蘇聯機構就採取措施孤立艾力汗，同時鞏固其在伊犁地區支持者的地位，包括政府中的阿合買提江‧哈斯木，以及軍隊中的伊斯哈克別克‧穆努諾夫。

5月最後幾天的工作是核對協議的最終文本內容，以及將其翻譯成突厥語。為了避免對協議條款內容出現不同理解，東突厥斯坦代表比照漢語版本逐字逐句將其翻譯成突厥語。他們在完成核對及翻譯工作後回到伊犁，將協議提交伊寧政府討論。1946年5月28日，東突厥斯坦政府召開會議，會議日程就是討論與中國政府代表團進行的談判以及所簽署的協議，討論是否批准並開始履行協議。親蘇派人士最終在討論中佔據了上風，而支持獨立者的失敗也使此前艾力汗‧吐烈的實際權力只留下形式。[48] 他雖然名義上還留在原職位上，但已經失去了對政權的實際控制。中國政府代表團在5月28日回到南京，並將烏魯木齊協議提交行政院。[49]

有趣的是，新疆和平進程的開始在時間上剛好與伊朗阿塞拜疆地區發生的類似事件吻合。在新疆是東突厥斯坦代表與中國中央政府簽署了和平協議，而在伊朗則是伊朗阿塞拜疆地區民族政府與伊朗中央政府簽訂了協議；兩者僅相距一個星期，而且兩個省政府的成立同樣也間隔了一星期。莫斯科充當了兩個進程的「首席指揮」。自1946年春天起，斯大林開始考慮從伊朗和中國撤軍。顯然，蘇聯的阿塞拜疆領導人米爾‧扎法爾‧巴基洛夫也知道此事。巴基洛夫在3月14日會見了扎法爾‧比謝瓦利和南阿塞拜疆其他領導人，並告知他們迫於現在的國際形勢，蘇聯軍隊可能從伊朗北部撤離。他在3月15向斯大林詳細匯報了阿塞拜疆人民軍的情況。顯然，莫斯科更關心的是，蘇聯撤軍後阿塞拜疆人是否還能控制局面。[50]

　　1946 年 3 月 25 日至 27 日在紐約召開的聯合國安理會會議，阿塞拜疆危機成為國際焦點。3 月 27 日，蘇聯常駐聯合國代表葛羅米柯故作姿態，當美國國務卿伯恩斯指出蘇聯對伊朗的政策帶有帝國霸權主義的性質時，葛羅米柯從安理會退席。[51] 3 月 28 日，巴基洛夫與南阿塞拜疆領導人再次會面。根據斯大林的指示，巴基洛夫向他們分析了當前的形勢，並建議不要再執着於維持阿塞拜疆省的現狀，而應與卡瓦姆達成協議，阿塞拜疆民主黨的領導權被擠壓。巴基洛夫在給斯大林的匯報寫道：「他們不相信卡瓦姆，並且清楚卡瓦姆會以伊朗憲法為藉口，逐步廢除關於阿塞拜疆人民權利的一切承諾，甚至書面的協議。他們不怕伊朗的軍事力量，但是他們相信，卡瓦姆會依靠反動商人、地主及教士，通過收買人心，在阿塞拜疆鼓動國內戰爭，煽動庫爾德族與阿塞拜疆族之間的大屠殺。在這點上，英國人會幫助他。他們認為，中間人蘇聯是阿塞拜疆族人民權利的唯一有效保障。」聽完蘇方的建議，比謝瓦利痛苦地說：「看完這些文件，我想起了 1920 年吉蘭省發生的事情。那時我們的革命同志被矇騙，那些反動派開始迫害他們。最終，為了逃離追捕，革命者紛紛逃亡異國他鄉，這樣的悲劇現在又要重演。」[52] 其後的事件證實了比謝瓦利的預言。

　　起初，蘇聯似乎獲得了石油租賃權。1946 年 4 月初，在大使伊萬・薩奇科夫的周旋下，關於成立蘇聯－伊朗合資石油公司的談判進行得很順利。伊朗國王在 4 月 8 日向伊萬・薩奇科夫口頭承諾，伊朗政府同意成立蘇聯－伊朗合資石油公司。[53] 巴基洛夫一得到消息，就通知了在大不里士的自己人：「我們將會是蘇聯－伊朗合資石油公司的主人，我們可以把幾千個自己人安排到公司當工人和職員。不言而喻，我們將會從阿塞拜疆人中選拔他們。卡瓦姆在專函中提到，他會保障分離運動的所有組織者、領導者的個人自由和不可侵犯，沒有人會受到懲罰。現階段，我們已經爭取到的東西，和比謝瓦利將會在談判中爭取到的東西──都會對阿塞拜疆人民有

利。比謝瓦利提出了希望學校前三年級用阿塞拜疆語授課的問題，我們在卡瓦姆那裏爭取到了五年級，現在比謝瓦利應該再更進一步，爭取前六年級用阿塞拜疆語授課。應該告訴比謝瓦利，讓他不要灰心。任何人，無論是卡瓦姆還是其他什麼人，都不會對他做什麼。包括卡瓦姆在內，沒有人敢動他。關於對軍人給予五百萬圖曼資金支持一事，需與莫斯科進一步確認。」[54]

但是，這種樂觀情緒是錯的。蘇聯路線實際上會導致伊朗阿塞拜疆人向德黑蘭的善意「投誠」。如果伊朗政府不同意將這支軍隊編入伊朗總參謀部，而巴基洛夫仍向在大不里士的三駕馬車發出指示，那麼軍隊仍會被解散，武器會被收繳。交給伊朗當局的武器數量，應和1945年12月從伊朗駐軍中收繳的一致，而其餘部分則運回蘇聯。至於處於戰備狀態的敢死隊類，可以將他們帶械遣散回家，作為地下武裝力量保留，以備不時之需。[55]

很容易理解，為什麼阿塞拜疆民主黨領導人對蘇聯庇護者不持樂觀態度。按照巴基洛夫的話，比謝瓦利、沙不斯達里和巴傑康聲稱，如果對卡瓦姆作出重大讓步，他們不可能再領導阿塞拜疆民主黨。他們這樣解釋：在他們的領導下，用暴力奪取了阿塞拜疆的政權，實施了一系列違反伊朗法律的措施，打地主分土地；槍決個別反動地主和其他人士，未經伊朗政府同意，將國有經費和財產用於阿塞拜疆的需要。除此之外，他們的發言和文件讓阿塞拜疆人民相信已經取得了自治權，但是他們又未能做到這點。因此，民主派領導人建議談判結束後應該召開中央委員會全體會議，並從參會人員中選舉新領導人。與此同時，他們向巴基洛夫提出一個問題：如果卡瓦姆不想談判，打算在蘇軍撤走後派出自己的軍隊，並鎮壓阿塞拜疆的民主運動，在這種情況下是否可以武力抵抗？阿塞拜疆民主黨領導人請求，將在與反動分子鬥爭的過程中表現積極的一部分阿塞拜疆民主黨積極分子，大概有兩百人，攜家眷撤到蘇聯去。一些遭當局驅逐的民主運動參與者應授予蘇聯國籍。[56]

　　1946年5月8日，蘇聯從伊朗撤軍。此前，比謝瓦利與卡瓦姆關於阿塞拜疆自治條件的談判業已完成。莫斯科向比謝瓦利施壓，逼其讓步，以免德黑蘭動用武力。但是，比謝瓦利曾是革命者，並不是蘇聯政治棋盤中的小卒。薩奇科夫向莫斯科報告，他對比謝瓦利的精神狀態和行為感到擔憂。「關於他用什麼跟伊朗人談判這一問題，他回答道，他完全不想和他們談判，因為談判不會有任何結果。」比謝瓦利接着申明：「我來這兒並非我本意，我是被迫來這兒的。你們為什麼這麼做？為什麼讓我在阿塞拜疆人民面前丟人，在反動分子卡瓦姆面前受辱？我不喜歡卡瓦姆，他欺騙我們，也欺騙你們──你們不會得到石油的。所有阿塞拜疆人都討厭卡瓦姆，而你們卻強迫我來到這兒。為什麼？開始時把我們捧上天，現在卻要把我們扔到溝裏。為什麼？我做了什麼有損蘇聯的事嗎？我一生都在為它服務，也為此受過牢獄之災。而現在你們卻強迫我來這兒，並用自己的雙手簽署這份恥辱的條約。我曾向巴基洛夫提議，允許我辭職，讓其他更合適的人來擔任，我要徹底離開阿塞拜疆……我曾想保住自己的聲望、名譽和尊嚴，而現在卻把我交到了那些曾逮捕過我們的反動派的魔掌中。我也是人，我也有家庭，我還在生病。」[57]

　　比謝瓦利向薩奇科夫抱怨：「為什麼強迫我們向德黑蘭讓步，要知道我們還沒有被打敗，我們還有力量。如果獲允許，我會佔領德黑蘭。」薩奇科夫很驚奇：他擁有什麼力量？比謝瓦利回答説，有一萬人的常規軍，大約一萬五千人的敢死隊。關於是否有坦克、飛機這個問題，他痛苦地説，曾有坦克和武器，但是被搶走了。大使宣布説，憑這樣的武力和手段不可能拿下德黑蘭，因為伊朗擁有強大的武裝力量。比謝瓦利説：「如果我們注定要死去，那麼為了自由可以犧牲。」薩奇科夫逐字逐句引用談話內容，寫道：「我告訴他，這是沒有意義的流血犧牲，事實上，反動派已經毀掉了阿塞拜疆人取得的那些成就，而有些可以保留下來。最重要的是，在目前形勢下，阿塞拜疆人和伊朗人的武力衝突必將引發新的世界大戰。因為國際監督

管理委員會開始支持伊朗人了，而我們支持阿塞拜疆人。比謝瓦利激動地說：『你們不要幫助我們，我們用自己的力量戰鬥。』我不得不長時間耐心地向他解釋，因為支持阿塞拜疆人我們已經耗盡了資金，現在只有一個辦法——那就是戰爭，但是我們不能那樣做。」[58]

　　比謝瓦利在公開的聲明中已經難以控制自己，讓斯大林很擔心。他向比謝瓦利寫了私人信件，其中寫道：「我認為，您還不清楚現在伊朗國內情況和局部國際形勢。另外，如果蘇聯軍隊還繼續留在伊朗，您還可指望阿塞拜疆人民爭取民主事業的成功，但是，我們已經不能繼續留在伊朗了。主要是因為，蘇聯軍隊留在伊朗會有損我們在歐亞大陸開展解放運動的基業。英國人和美國人對我們說，如果蘇聯軍隊能留在伊朗，那為什麼英國軍隊不能留在埃及、敘利亞、印度尼西亞和希臘。同樣，美國軍隊也可留在中國、冰島和丹麥。因此，為了從英國人和美國人手裏拿掉這個武器，從而發動各殖民地的解放運動，在那裏使自己的解放政策更有根據和更有效，我們決定從伊朗和中國撤軍。您，作為革命家，一定明白我們只能這麼做。」斯大林續寫道：「您竟然說，我們把您捧上天，然後再丟進深淵，讓您蒙羞。如果果真如此，這真讓我們驚奇。事實是怎麼樣的呢？我們在這裏採取了每個革命家都熟悉的常規革命手段。為了保障解放運動能取得眾人皆知的成果——如同在伊朗國內一樣——必須讓每個解放運動向前推進，遠遠超越基本目標，對政府造成威脅之勢，迫使政府作出讓步。如果運動沒有向前推進，您不可能在伊朗現在的形勢下取得這些成就，並以此要求卡瓦姆政府讓步。這就是革命運動的法則。根本沒有使您蒙羞一說，如果您覺得我們讓您遭受羞辱，這也太奇怪了。相反，如果您行事理智，在我們的道義支持下對伊朗政府提出一些要求，將阿塞拜疆現在的實際形勢合法化，那麼阿塞拜疆人將會感謝您，伊朗將成為中東進步運動的先驅。」[59]斯大林恬不知恥地用革命詭辯術，試圖隱藏自己真正的目的——取得土耳其海峽的監管權和在伊朗北部的石油租賃

權。很難説，比謝瓦利是否相信這些虛偽的説辭。但是「世界無產階級領袖」親自當説客肯定給他留下了深刻的印象，委員會施壓必然也削弱了比謝瓦利的個人意志。

在伊朗，莫斯科最終在國際社會壓力下被迫退縮。而在中國，在與共產黨影響力日益上升的這個國家加強合作的情況下，蘇聯則希望把新疆省留在其勢力範圍之內。1946年6月6日美國駐蘇聯大使沃爾特・史密斯致函國務卿道：「阿塞拜疆和新疆兩者事件的不同之處，就是是否及時抓住了事件的轉折點。蘇聯在阿塞拜疆的政策總體上講是輕率的，故而迫不得已顯得粗糙且表現明顯。它在阿塞拜疆明目張膽的侵略激怒了世界其他地方，引起了國際上的反對，這最終對蘇聯是不利的，並會妨礙它順利實施自己的外交目標。蘇聯在新疆的行為則極為狡猾與小心。在這裏，蘇聯持的是旁觀者立場，向其提供援助或者僅僅關注當地武裝如何實實在在作出一些對自己有利的改變。蘇聯並不刻意去加快新疆事件的發展，打算在不引發國際社會不滿及相關抵制的情況下能夠得到它所嚮往的東西（即對該省的有效控制）。」[60]史密斯同時還認為，在地球上無論任何一個地方，要擺脱這種情況的出路就是強化各國內部對「莫斯科陰謀」的抵制，並實現對蘇聯侵略性擴張行為的國際評估。他特別給華盛頓這樣寫道：「⋯⋯在新疆、阿塞拜疆、希臘等地必須要加強內部對蘇聯陰謀的抵制，並將蘇聯的任何擴張行為都視為純粹的侵略。」[61]

在伊寧民族政府和南京立法院對協議最終文本進行討論和協商之後，雙方代表團又回到烏魯木齊。6月6日晚上7時半，一份由11項條款及兩份補充書組成的協議（協議名為《中央政府代表與新疆暴動區域人民代表之間以和平方式解決武裝衝突之條款》——譯者註）正式簽署。代表中央政府在協議上簽字的是張治中將軍，代表伊寧政府簽字的是阿合買提江・哈斯木、拉西木江・薩比爾霍扎耶夫和阿卜爾海爾・吐烈。協議全文如下（俄文版對協議原文有刪減，為便

於讀者全面了解情況，現全文引用協議，引文參見張治中：《張治中回憶錄》[北京：華文出版社，2007，頁273–75]——譯者註)：

一、政府給予新疆人民選舉彼等相信之當地人士為行政官吏之選舉權。

為實行此種權利，其程序規定如左(此處引用協議原文，原文為豎排本——譯者)：

事件解決後三個月內，由各縣人民選舉縣參議員，成立縣參議會；由縣參議會選舉縣長。副縣長及縣政府科長以上人員，則由縣長委用。

尚未實施上項選舉以前，事變區域內，區及縣之現有行政官吏予以保留。

區行政督察專員及副專員，由當地人民保薦，呈請省政府核定。

專員公署職員由專員任用。

各縣參議會成立以後，依法選舉省參議員，成立省參議會，代表人民之公意，監督並協助省政府。

在憲法未頒布，普選未確定以前，省政府之改組辦法，如第九條所定。

二、政府取締對於宗教之歧視，並予人民以信仰宗教之完全自由。

三、國家行政機關與司法機關之文書，國文與回文並用。人民上呈政府機關之文書，准予單獨使用其本族文字。

四、在小學與中學，用其本族文字施教，但中學應以國文為必修科；大學則依照教學需要，並用國文與回文施教。

五、政府確定民族文化與藝術之自由發展。(俄文為「政府確定民族文化與語言之自由發展」——譯者註)

六、政府確定出版、集會、言論之自由。

七、政府按照人民實際之生產力，並視其力量，規定稅率。

人民經明瞭對於政府經濟上所負之義務，自當負擔，但此項負擔之數額，應以不妨礙人民之生活與經濟發展為標準。（俄文對協議原文有所刪減——譯者註）

八、政府給予商民以國內外貿易之自由，但對外貿易商民，應遵照中央政府與外國商定商約之規定。

九、新疆省政府之組織，應由中央予以擴充，委員名額為二十五人。

二十五名省政府委員中，十名由中央直接派定，其餘十五名，由各區人民代表保薦中央任命之。

中央直接派定之十名委員中，包括主席、秘書長、民政廳長、財政廳長、社會處長、教育廳副廳長、建設廳副廳長、衛生處副處長及專任委員二人。

由各區人民代表保薦中央任命之十五名委員中，包括副主席二人、副秘書長二人、教育廳長、建設廳長、衛生處長、民政廳副廳長、財政廳副廳長、社會處副處長各一人及專任委員五人。

餘見附文（一）。（俄文版對協議原文有所概括，且沒有此附文，附原文：關於中央政府代表與新疆暴動區域人民代表所簽訂「以和平方式解決武裝衝突之條款」第九條規定新疆省政府組織辦法一節，經雙方同意，補充規定如下：一、在各區人民代表保薦中央任命之省府委員十五人中，事變區內之三區，可保薦委員六人。二、上項之委員六人中，包括副主席一人，副秘書長一人，教育廳長或建設廳長一人，民政廳副廳長或財政廳副廳長一人，衛生處長或社會處副處長一人及專任委員一人。三、其他七區共保薦委員九人，包括副主席一人，及除中央直接派定與上述三區所保薦以外之其餘廳長、處長或副處長、副秘書長、副廳長各一人及專任委員四人。——譯者註）

十、准予組織民族軍隊，此項人員之補充，應以回教徒人民為原則。

此項軍隊由參加此次事變之軍隊，參照國軍編制，重新改編。

此項軍隊之數額及駐地，另行討論，作成附文（二）俟簽訂後，始發生效力。

此項軍隊之教練及命令，以用維哈語文為原則。

此項軍隊之各級軍官，以保留原級職之方式，分期調送軍官學校，補習其應受之軍官教育。

此項部隊應由政府派遣教練人員協助訓練。

駐新中央部隊，不與此項軍隊同駐一處，並應相互間保持友好關係，不得有互相仇視情事。

餘見附文（二）。（俄文對協議原文有所刪減──譯者註）

十一、事變迄至現在，雙方拘捕之人士，於事件解決十天以內，相互開釋；並保證今後不以任何藉口，加以歧視。[62]

協議第二補充書由六條組成，其協調的是與東突厥斯坦政府民族軍相關的問題，其內容為：

中央政府代表與新疆局部事變人民代表依據本年一月二日所簽訂之《以和平方式解決武裝衝突之條款》第十條關於事變區域內之參加部隊重新改編問題，雙方商得同意，補充規定如左：（俄文沒有此說明，引文同上，頁282。──譯者註）

（一）參加事變之各民族部隊，參加國軍編制，編成騎兵三個團、步兵三個團，總人數以一萬一千名至一萬二千名為限。此六個團中，兩個騎兵團、一個步兵團為國軍，兩個步兵團、一個騎兵團為本省保安部隊。（俄文對協議原文有所調整──譯者註）

（二）政府准伊寧方面就當地回教徒中保薦一人派為伊寧、塔城、阿山三區部隊指揮官，指揮節制以上六個團，該指揮官

應遵照西北行營核定之編制，組織指揮部。該指揮官應服從新疆警備總司令及全省保安司令之命令，<u>並由政府派該指揮官兼任全省保安副司令。</u>

（三）以上六個團之駐扎地點，以伊寧、塔城、阿山三區為限。該三區之治安，由政府責成只准由該指揮官所受轄之六個團負責維持。國境之守備，由中央擔任邊防之軍隊負責，其辦法參照事變以前之辦法辦理。

（四）自該指揮官派定之後，政府准其協商會同迅將阿克蘇、喀什兩區之保安部隊改編，其補充辦法，均由當地回教徒人民補充之。

（五）該六團之待遇、供應及其將來之武器裝備，其三個國軍團，准按照駐新國軍之規章及標準辦理，由中央補給之；其三個保安團，按照本省保安部隊之規章及標準辦理，由省政府撥交保安司令部補給之。

（六）參加事變之各民族部隊之改編適宜，由該指揮官對政府負責辦理，此項部隊編成六個團以後之駐扎地點，應分別呈請新疆警備總司令及全省保安司令核定之。該六個團之人馬武器實數分別呈報警備總司令及全省保安司令備查。[63]

在雙方批准的協議得到蔣介石同意後，新的省政府成員名單應在6月18日提交立法院審議，但政府成員在簽署協議的時候就已確定了。例如，人們早已知道張治中將軍將被任命為新疆省政府主席。張治中從3月份開始一直留在新疆並參與了實際管理工作。政府副主席則可能是阿合買提江·哈斯木和包爾漢。協議的簽署以及整個談判過程都處在三區革命活動負責人葉格納洛夫將軍的監視之下。關於葉格納洛夫，蘇聯國家安全部反間諜處處長ΙΙ·費多托夫向莫洛托夫寫道：「1945至1946年間，他領導了伊寧人反對中國的所有軍事行動，同樣還有與中國人談判的政治策略。」[64]

　　協議文本清楚列明，中國方面不僅不承認東突厥斯坦是獨立的國家組織，而且還以協議生效後解散伊犁政府並在此基礎上成立聯合政府為目標。儘管協議承認當地民眾享有某些民族和文化權利，但沒有賦予其地域或者文化方面的自治權。伊寧代表的唯一收穫就是根據協議第十條保留了「民族軍部隊」，但其人數還不能超過 1.1 萬至 1.2 萬人。不平等情況還存在於根據協議條款組建的政府。俄羅斯族蘇聯外交官、東方學家 B · 克拉西里尼科夫就指出：「15 名新政府成員要代表 95% 土著民眾的利益，與此同時，佔全省總人口只有 5% 的漢人卻有十名成員來代表，另外政府主席同樣也是漢人，而且還不是由選舉產生，而是由中央政府任命。」[65]

　　烏魯木齊協議簽署後一周，《伊朗國家代表與阿塞拜疆（指伊朗北部阿塞拜疆省——譯者註）代表的協議》也於 6 月 13 日在大不里士簽訂。協議指出：「經伊朗政府與阿塞拜疆代表談判……，雙方同意：鑒於政府宣言規定『阿塞拜疆執政者將在政府批准阿塞拜疆省議會建議後予以任命』，為落實這一點，內務部長將從省議會推出的幾名人員之中挑選一位候選人。考慮到近期阿塞拜疆發生的一些變化，政府將把選舉機關——目前是阿塞拜疆民族議會——認定為阿塞拜疆省議會，將建立一個由阿塞拜疆省議會及伊朗政府代表組成的委員會，以決定阿塞拜疆運動期間以徵兵方式組建起來的諸部隊的命運，以及這些部隊各級指揮人員的去向。委員會應在最短時間內提交自己的意見以待審核。將從志願敢死隊中組織一支憲兵隊。將成立由政府及阿塞拜疆議會代表組成的一個小組，就地從事這一工作以及部隊長官任命事宜。小組應將自己的推薦意見提交審核。為了加快阿塞拜疆地區進步活動發展，政府正在組建由阿塞拜疆執政者、省機構負責人及省議會主席團成員構成的執行委員會。該委員會將在議會監督下開展工作。中等及高等學校的教學以教育部大綱為基礎，使用雙語——即波斯語和阿塞拜疆語進行。目前的教學大綱將參考當地條件，以民主主義為基礎並根據新的進步理念進行

完善和修訂。政府計劃向第15屆議會提交有關市政府選舉的法律草案。在該法通過以及實施新的選舉前，現有的城市管理委員會應繼續進行自己的工作。」[66]

在這份由15條內容組成的協議上簽字的有：代表伊朗政府的副總理穆扎法爾‧費盧茲；代表阿塞拜疆的是民族政府首腦薩伊德‧賈法‧比謝瓦利。美國駐莫斯科大使史密斯認為蘇聯的亞洲政策是其歐洲政策的延續，並以此為背景比較了蘇聯在新疆和伊朗阿塞拜疆的政策，他給國務卿這樣寫到：「看上去，蘇聯的亞洲政策按照着不同於其歐洲政策的模式在發展。蘇聯在新疆扮演着政府和暴動民眾之間調解人的角色，蘇聯領導人的方針是避免提供公開批評蘇聯的口實。對伊朗的政策傾向似乎也在向這個方向發展。」[67]

蘇聯方面清楚地知道，伊寧政府的首腦艾力汗‧吐烈是落實6月6日烏魯木齊協議的最大障礙。因此，根據莫斯科的指示，「為避免他將來可能採取的某些行動」，吐烈在6月16日深夜到翌日凌晨被帶入蘇聯境內。[68]

吐烈的助手阿萊丁‧阿穆爾和索努爾‧穆尼爾（兩人在伊寧一直生活到晚年），這樣回憶事件的經過：「7月12日（此處應為6月16日——作者），我們和吐烈一起來到二號房子（蘇聯在伊寧情報機構的秘密駐地）。房門打開，吐烈由人陪同走了進去。過了一會，門內走出一人讓我們離開。我們於是就回來了。此後我們再沒見過艾力汗‧吐烈，不知道把他帶到哪兒去了。」[69]

在6月16日深夜到翌日凌晨時分，葉格納洛夫從阿拉木圖向克魯格羅夫和阿巴庫莫夫報告說，東突厥斯坦政府前任主席艾力汗‧吐烈‧沙吉爾霍扎耶夫已被帶入蘇聯境內。[70]6月19日，相關部的負責人將該消息報告給了斯大林、莫洛托夫和貝利亞。在當天發往內務部及國家安全部的第二份通報中，葉格納洛夫給這些部的部長寫道，已從新疆撤出早前派去幫助伊寧政府的全體人員，收回了起義軍的武器。[71]該通報的下一則消息卻非常有戲劇性，指蘇聯國家安

全部第一局第四處處長亞歷山大・朗方格中將企圖自殺。葉格納洛夫寫道:「今年6月15日,當地時間晚上11時左右,駐霍爾果斯的蘇聯國家安全部第一局第四處處長亞歷山大・朗方格中將向自己心臟位置開了一槍,打算自殺⋯⋯自殺的念頭是由平常的家庭糾紛引起。」[72] 1944至1946年間,朗方格在新疆與葉格納洛夫一起直接領導了具體落實蘇聯新疆政策的工作。同時,在葉格納洛夫和朗方格從新疆發來的一份通報説:擔任新疆新政府副主席的阿合買提江・哈斯木,此時已來到伊寧。[73] 在民族主義團體看來,哈斯木「在自己政治工作之中只遵循蘇聯的政治觀點」。[74] 根據蘇聯相關機構的安排,他此次前來的主要目的就是按照烏魯木齊協議終止東突厥斯坦政府及整個東突厥斯坦共和國的活動。他在6月28日召開了最後一次東突厥斯坦政府會議,在會議上正式宣布停止政府的職權並終結共和國的權力。

　　就這樣,中國邊疆的東突厥斯坦,尤其是其北部命運的新階段開始了。事件後來的發展情況表明,新疆突厥穆斯林民眾成為莫斯科推行其政策的工具。俄羅斯學者弗拉基米爾・克拉西里尼科夫曾公道地指出:總之,新疆民眾在蘇聯領導進行的一場與中國的政治大博弈中,只是一張可以用來交換的牌。[75]

　　與中國政府簽署條約後,蘇聯就在尋找各種方法以保持自己在新疆的影響力。在這方面,莫斯科尤其重視1945年底成立的人民革命黨的組織機構組建,重視增加其大眾性。領導該黨的是以親近蘇聯著稱的阿不都克里木・阿巴索夫,烏茲別克斯坦共產黨 (布) 中央委員會第一書記烏斯曼・尤蘇波夫撰寫了該黨的黨綱草案,並把草案發給了莫斯科。蘇聯內務部和國家安全部則編訂了黨綱補充草案,交給了聯共 (布) 中央委員會對外政策處負責人米哈伊爾・蘇斯洛夫。1946年6月26日,蘇斯洛夫給聯共 (布) 中央委員會負責意識形態問題的書記安德烈・日丹諾夫寫信説,他已經比較過尤蘇波夫起草的黨綱草案與兩個強力部門的草案,並以前者為基礎修正了

某些條款。他寫道:「在『爭取政治自由及國家制度』一章應該説:
給予新疆國內自治權,並不排除中國對該省的主權權利。如果黨綱
不提這一點,那麼考慮到過去及當前新疆與中國中央政權的緊張關
係,不排除這會成為該黨合法地位、登記及活動等問題複雜化的原
因素。」因此,蘇斯洛夫建議黨綱上述部分第一條採用以下版本:
「賦予新疆省實行民主制度、按各民族人口比例選舉政權機關的國內
自治權。」[76]他主張在黨綱結尾部分要展現該黨對外政策的態度。其
中在表述人民革命黨對外政策立場時,他建議的版本是:「本黨將擁
護中華民國政府的一切進步措施。本黨認為必須加強與蘇聯的睦鄰
關係,發展經濟聯繫,並與聯合國其他國家建立友好關係。」[77]在寫
給日丹諾夫的信中,蘇斯洛夫認為尤蘇波夫主張把人民革命黨改為
新疆人民黨的建議是適宜的。在這位中央委員會對外政策處負責人
看來,內務部及國家安全部黨綱草案沒有充分考慮新疆當地特點以
及該黨開展合法活動的條件。他寫道:「在某些地方,兩個部的草案
在向執政黨條例方向偏離,從這個意義上講,它像是一部聯共(布)
黨章(如關於黨員責任的條款等)。烏·尤蘇波夫提交的黨綱草案,
則更符合一個初次登上政治舞台政黨的要求。」[78]

在創建政黨的同時,蘇聯機構還注意擴大蘇聯對外文化交流協
會在新疆的活動,讓協會開展對新疆民眾的工作。從三區革命運動
開始一直到1946年3月,中國政府實際上已禁止了蘇聯對外文化交
流協會的活動。該協會1946年的工作報告稱,到1946年3月前,僅
在新疆做了極小量工作,原因是當時省內政局還十分緊張。中國政
府禁止民眾與蘇聯公民進行任何交流、閱讀蘇聯書籍等。但隨着中
國中央政府與伊寧代表協商成功,從1946年3月後期起管制出現一
些鬆動,當地民眾有了與蘇聯人員及機構交往的機會。[79]

蘇聯對外文化交流協會在新疆開展工作,針對的民眾主體是當
地穆斯林。協會特派員烏爾馬索夫經常與烏魯木齊蘇聯總領事館協
調該協會在新疆省內的活動。就這樣,從那時開始,蘇聯對外文化

交流協會在新疆的活動就不斷擴展，不僅覆蓋了烏魯木齊，而且還覆蓋了像喀什、伊寧、吐魯番、托克遜、塔城、額敏、承化等那些重要的穆斯林居住區。[80]蘇聯對外文化交流協會在新疆的任務，是在當地民眾尤其是穆斯林之間，通過發放書籍和報紙、播放電影、舉辦展覽會、提供衛生保健服務等途經，擴大蘇聯的影響。同時，該協會還有一項功能，就是「幫助新疆進步及民主人士與反動分子鬥爭，並反對美、英的影響力向新疆滲透」。[81]

　　1946年7月1日，按照中國中央政府與伊寧代表6月6日簽署的協議，在新疆成立了聯合政府。正如預料的那樣，根據蔣介石的命令，張治中將軍被任命為政府主席，而副主席是當地穆斯林人士——阿合買提江·哈斯木和包爾漢。在此，哈斯木代表的是革命武裝力量，而包爾漢代表的則是未參與革命的各界有影響力人士。新政府成員應包括15名當地民眾代表，其中八位應代表發生革命活動的幾個地區。這八位人選實際上都已經徵得蘇聯總領事館的同意。國民黨方面加入政府的人員有：劉孟純、王曾善、白文弼（音，名單中未查到—譯者註）、賈尼木汗、伊薩別克·優素福等人，屈武獲任命為迪化（烏魯木齊舊稱）市長（原書所述「哈吉恰·庫格達耶娃夫人再次被批准為迪化市長」疑有誤，此時被任命者應是屈武，而且下文中提到迪化市長時也說的是屈武——譯者註）。東突厥斯坦共和國方面加入政府的人員除了阿合買提江·哈斯木和包爾漢兩人之外，獲得廳長級職位的還有阿不都克里木·阿巴索夫、烏斯滿·巴圖魯、達列里汗·蘇古爾巴耶夫、伊斯哈克別克·穆努諾夫、拉西木江·薩比爾霍扎耶夫和賽福鼎·艾則孜。[82]哈薩克斯坦歷史學家古爾娜拉·蒙迪庫洛娃寫道：烏斯滿·巴圖魯以「軍事不管廳廳長」的身份進入政府，就是例行的把戲（烏斯滿似沒有在聯合政府任職，只任阿山區專員，此處不知指何事——譯者註）。[83]東突厥斯坦地區當地各民族代表首次如此廣泛地加入政府，是突厥穆斯林各族人士從1930年代開始15年來為自己民族權利鬥爭取得的最重要成果。

餘下的七個廳長級職位由當地一些有聲望人士擔任，其中一部分人曾長期僑居國外，而且在四十年代時不斷發表各種出版物反對中國政府。在新政府獲得廳長級職位的此類人物有：穆哈邁德‧伊敏‧布格拉、艾沙‧優素福‧阿爾普特金、麥斯武德‧沙比爾、艾薩別克、烏馬爾‧托穆拉赫、賈尼木汗‧哈吉。與張治中將軍關係密切的劉孟純被任命為新政府秘書長，而其副手則是當地民眾代表阿不都克里木‧阿巴索夫和薩力士。其餘十個廳長級職位由當地漢人、蒙古人和回民代表擔任。[84]在聯合政府成立時，宋希濂將軍被任命為新疆省國民黨軍隊總司令（1946年10月，宋被任命為新疆省警備司令——譯者註），他以對蘇聯及共產黨毫不妥協的態度而聞名。儘管被吸收為政府成員，但烏斯滿‧巴圖魯卻聲稱不承認新政府，還要繼續反對中國政府。[85]早在1946年4月，他就斷絕了與迪化政府的所有關係。[86]

新聯合政府第一次會議於1946年7月11日召開，會上通過了聯合政府的政治綱領。綱領莊嚴宣告：省內各民族均參與本省政治生活，所有民族享有平等權利並在法律面前一律平等，加強中蘇友誼，向農村人口提供經濟援助，修建灌溉水渠，創建工業企業，使用統一貨幣體系，發展貿易、通訊、交通、教育、衛生、文化等領域。

通過政治綱領後，新政府緊接着採取的下一個措施就是組建省內那些經選舉產生的機關。選舉在激烈鬥爭的氣氛中進行。根據蘇聯相關機構的指示，選舉期間曾禁止出入伊犁、塔爾巴哈台、阿勒泰地區。結果，這些地區管理權最終落在親蘇的從政者手中。蘇聯從而也在經濟富裕的新疆北部地區保留了自己的影響力。美國駐南京大使向美國國務卿報告說：「前暴動區域的突厥地區法官選舉，在11月中之前推進的速度很快。[87]在哈密、烏魯木齊、焉耆、阿克蘇、喀什、葉爾羌及和田這些地區，當地穆斯林人士贏得了選舉。漢人及俄羅斯移民民眾代表也在當地政府機關中佔有職位。[88]然而，入選地方政府機關的人員要履行自己的職責卻並不是易事。在

一些地區，「這些人員遭到迫害，因此不得不扔掉工作而逃亡，其中有些最為堅定的人士，儘管不顧威脅留下來堅持工作，但最終還是被關進了監獄，而另一些當選者則完全不允許去工作。這些情況發生在葉爾羌、和田、皮山、葉城、烏壘及巴楚等地。」[89] 在一些對選舉結果不關注的地區，中國軍方就委派自己的人擔任應選出的那些職位。「在阿克蘇、庫車、拜城和墨玉等地，中國軍方政府沒有進行選舉就委任自己人擔任縣長及協商委員會委員職務。」[90] 11月底，在各地地方選舉結束後，政府副主席阿合買提江‧哈斯木率領由18人（15名穆斯林及三名漢人）組成的新疆代表團到南京出席中華民國制憲國民大會。在那裏，他們的工作旨在「於保留中國主權的情況下，實現突厥人完全的自治權」。在這方面，突厥代表團表達了絕大多數突厥公眾輿論的看法。但是，也有相當多有影響力的突厥人士，對東突厥斯坦地區生存的地理及政治背景認識極為有限，認為自己的目標就是在新疆建立完全獨立的突厥人國家。[91] 阿合買提江‧哈斯木和兩位穆斯林代表在制憲國民大會上發言時，要求給予新疆省充分的內部自治權，由突厥人和漢人共同管理對外事務以及國防。[92]

　　為了蘇新關係的正常化，省政府主席張治中將軍在1946年9月提議在新疆建立中蘇文化協會，為此專門成立了由七人組成的籌備小組。小組成員包括：迪化市長屈武、中國外交部駐新疆特派員劉澤榮、省政府教育廳長賽福鼎‧艾則孜、政府副秘書長阿不都克里木‧阿巴索夫、蘇聯對外文化交流協會駐蘇聯總領事館特派員烏爾馬索夫、總領事館人員康斯坦丁諾夫和蘇沃洛夫。該籌備小組半月間舉行了六次會議，並編制了協會章程和綱領的草案。按章程草案規定，協會理事會應由17人組成，監察委員會則由七人構成。10月22日，在張治中主持下，協會成立大會在烏魯木齊召開。參會的有160位省內文化教育界及國家機構代表，大會預先已向所有與會者發放了用維吾爾語、俄語及漢語印製的特製請柬，請柬包含了有關協會的目標和任務等信息。披露該事件的一則報告特別講道：「關於加

強中蘇友誼的任務以及協會在向各民族介紹兩國文化生活方面，張將軍在會上講了很多需要做的工作任務。」[93] 成立大會選出省政府主席張治中為協會主席，會議期間還成立了一些專項工作小組，指定協會成員要在文化、藝術體育、旅遊及觀光領域提供服務。

1946年9月，張治中就恢復蘇新的貿易經濟關係準備了自己的建議，並把建議發送給中央政府。為了以這些建議為基礎起草協議，中國中央政府在10月份成立了由三人組成的專門委員會。委員會由張治中領導，成員是中國外交部駐新疆特派員劉澤榮及經濟部代表高叔康。

11月1日高叔康抵達烏魯木齊。11月4日，委員會成員將委員會起草的建議交給了蘇聯駐烏魯木齊總領事亞歷山大‧薩維列也夫，請求將其傳達給蘇聯領導人以便恢復新疆的中蘇貿易經濟合作關係。在經濟合作領域，中國方面建議，「按對等原則在新疆組建錫、鎢礦及石油勘探開採混合公司，公司董事會主席由中方擔任，而主管負責人則由蘇方任命。」[94] 新疆省領導人知道，沒有與蘇聯關係的正常化，新疆省內是不可能實現長期穩定的。正是基於這個原因，委員會向蘇方提出願意通過以成立鎢、錫礦及石油勘察混合公司的方式來滿足蘇方的經濟利益。委員會在起草的建議中指出：

一、中蘇邊境的整個新疆地段應恢復貿易。在中國方面，貿易將由以下機構進行監督：(1) 國家成立的貿易部，或 (2) 由國家成立、並由參與此類貿易商戶組建的專營組織；

二、新疆境內現有的石油、錫及鎢礦藏，應由雙方等額投資成立的中蘇聯合公司開採，聯合公司行政管理領導權歸中方所有，作業技術業務方面由蘇方負責；

三、蘇聯將以提供工業設備等方式協助中國發展新疆。設備實際供應日期和數量應在本協議簽署之後的下一個階段予以確定。[95]

　　儘管新疆政府的建議對蘇聯在經濟上具有吸引力，然而，「蘇聯領導人對張治中的建議持相當謹慎的態度，當中有幾個原因。首先，積極與新疆合作會在客觀上強化國民黨政府在該地區的經濟基礎。同時，在國民黨與共產黨正在鬥爭的情況下，加強蔣介石控制地區的經濟，卻會與一直支持中國共產黨的蘇聯利益產生牴觸。」[96]蘇聯外貿部在1947年4月才準備對新疆省政府關於恢復與蘇聯貿易的建議給予正面答覆，但與此同時，蘇聯外交部卻認為與新疆省政府就該問題展開談判並不合適。外貿部長阿‧米高揚後來給斯大林寫信說：「1947年4月外貿部已就恢復與新疆經濟關係的問題起草了建議，但外交部認為此時不宜與中國人談判這個問題。」[97]在俄羅斯外交官、東方學家 B‧克拉西里尼科夫看來，蘇聯領導人對新疆省政府領導人關於經濟合作的建議持謹慎態度，與當時中國中央和新疆政府表現出欲加強美英在新疆影響力的意向有關。

　　事實上，早在8月中旬磋商經濟問題期間，蘇聯駐烏魯木齊總領事就找到張治中，「請求在『協調解決基礎上』向蘇聯讓渡開採新疆境內各種礦產及石油資源的權利。」但是中國方面不願意把這件事放在省政府層面上去做。出於這個原因，張治中向立法院通報了總領事的這個建議。行政院院長宋子文和中國軍事國防工業系統主任翁文灝（翁時任國民政府資源委員會主任 —— 譯者註）建議蔣介石在中央政府層面上展開礦產及石油資源談判。然而，對問題作這種安排卻令蘇聯方面感到不滿意。[98]美國外交機構一直密切關注着蘇聯經濟利益在新疆的實施情況。1946年11月27日，美國駐上海總領事在發給國務卿的一封電報寫道：「新疆省長向蘇方提議共同參與鎢、錫及石油的開發。除了在勘察金礦方面提供類似條件之外，他沒有作任何其他讓步。」[99]美國駐南京大使認為，蘇聯在新疆的政策主要取決於以下他所稱的三個因素：

一、當前關於恢復蘇中新疆貿易談判的進程；

二、中國國內局勢發展走向；

三、世界範圍內局勢發展情況。

同時大使還認為，如果發生以下情況：

一、有關貿易的談判最終破裂；

二、蔣介石最終戰勝中國共產黨，且反蘇路線方針在中國其他
　　區域佔據上風；

三、世界局勢繼續向着蘇聯及親蘇勢力與反對它們的同盟分離
　　的方向發展。這樣蘇聯完全會理智而最大限度地利用自己
　　在新疆的有利地位，其終極目標可能就是吞併新疆。[100]

　　美英兩國駐新疆領事，還有駐南京和莫斯科這些不久前還是盟
國的大使，多次對莫斯科在新疆和伊朗阿塞拜疆地區的政策作比
較。美國領事羅伯特‧華爾德和英國領事沃爾特‧格雷厄姆，曾在
烏魯木齊協議簽署後訪問伊寧並撰寫了引人注視的報告。兩人的報
告在很多問題上的觀點一致，他們都在報告指出：「蘇聯在阿塞拜疆
地區實施政策的許多特徵，也出現在新疆。」

　　在總結上述兩份報告以及從伊朗得到的那些情報後，美國駐莫
斯科大使史密斯於1946年12月給國務卿這樣寫道：「在這兩個省
份，中央政權都是對當地民眾持有具種族特徵並實行民族壓迫的腐
敗政權。這意味着這裏存在着發生自發性暴動，以及要求獲得真
正自治權的重要原因。雖然蘇聯軍隊侵佔的是阿塞拜疆而不是新
疆，且前者局勢發展速度也更為迅猛，但蘇聯對每一個省的政策，
在我們看來本質上都是一致的。這是一種更注重政治隸屬而不是
軍事臣服的政策。」[101]史密斯認為，在某些立場上出現這些一致是
偶然的，蘇聯在新疆的政策更有針對性和更隱蔽，而且在他看來，
有着更為長期的遠景。他特別提到：「其政策應該就是要確立對這

個省的完全控制，首先是使它成為中華民國的一個『自治』省，然後可能再變成像蒙古人民共和國那樣的『自治』國家，再向後就會像圖瓦那樣成為蘇聯的一個組成部分。這樣一來，通過自己的代理人和聽話的當地人士，以及被引導的暴動運動，蘇聯就會往實現其目標的方向推進。正如我們所見，克里姆林宮在新疆的政策旨在減緩滲透及鞏固的步伐，而這種做法比起在阿塞拜疆地區更好地掩飾了其政策的真實目的。」[102] 令人感興趣的是，大使還準確地把握了那些發動叛亂反對中央政府的親蘇武裝運動的發展總趨勢。例如，追隨受蘇聯庇護的蒙古式發展道路，似乎對伊朗阿塞拜疆地區領導人具有很大的吸引力。蘇聯情報部門掌握的情報表明，比謝瓦利認為阿塞拜疆作為伊朗一部分獲得民族自治權的思想，在政治上並沒有發展前途。他夢想按照蒙古的模式，在蘇聯庇護下建立「阿塞拜疆人民民主共和國」，將來把整個阿塞拜疆地區統一起來。根據執行聯共（布）中央委員會秘密指示《關於採取措施在南阿塞拜疆組織分離運動的決議》的進展情況，蘇聯駐大不里士代表就下一步局勢發展問題向蘇聯阿塞拜疆領導人米·賈·巴吉洛夫提出了建議。文件講道：「他們（伊朗阿塞拜疆地區領導人）堅信，捍衛伊朗阿塞拜疆地區境內阿塞拜疆人權利的唯一保障，也許就是按蒙古人民共和國模式建立獨立的人民民主國家。為消滅歷史不公正並實現阿塞拜疆民族的夙願和期盼，我們認為，伊朗阿塞拜疆民主黨中央委員會民族委員會所提出的伊朗阿塞拜疆地區民族解放鬥爭第二階段的主要任務——建立蒙古人民共和國式的國家組織的建議是正確的。」[103]

在比較蘇聯的新疆和阿塞拜疆政策的同時，史密斯建議國務院在烏魯木齊使用1945年冬及1946年春曾在大不里士採取的政策，認為這樣做是有益的。大使還就此寫道：「去年冬春，大不里士曾有分析阿塞拜疆事件這一明顯教訓的詳細報告，我們冒昧地推測，國務院會樂於把其中的一些寄送給南京和烏魯木齊。」[104]

1946年下半年，受蘇聯巨大影響的新疆北部三區領導人，並沒有忙於履行6月6日烏魯木齊協議中那些涉及軍事問題的條款。毫無疑問，他們忽視契約責任的態度是由蘇聯機關有關指示所造成的。這種忽視在張治中將軍1946年8月底訪問伊寧期間表現得尤其明顯。訪問期間，張治中看到伊犁地區民族軍部隊依然還在大量使用東突厥斯坦共和國的旗幟，並感受到當地對他的態度十分冷淡。美國駐南京大使司徒雷登在給國務卿的報告中寫道，前暴動者繼續使用自己的「國旗」；在8月底張將軍訪問伊寧期間，他發現暴動者的那些旗幟要多於中國國旗；一些中國人還感覺到，張也沒有享受到新疆省政府主席應有的禮遇。[105]

蘇中關係從1946年秋又開始進入冷淡時期。的確，張治中在1947年7月7日就給蘇聯總領事 A·薩維列也夫寫信說：「去年11月9日塔爾巴哈台行政長給我寄來一封官方書信，用俄文和維文書寫，並帶有『東突厥斯坦共和國』的印信。」這已經意味着違反了6月6日協議的條款。[106] 1946年秋，中國國內有流言說，新疆幾個穆斯林地區的一些委員會成員似乎已動身前往莫斯科以獲得政治指示，而且「作為蘇聯公民，這些委員會成員可能會提議將新疆省分割為四個且每個都與蘇聯接壤的共和國」。[107] 雖然中央政府在新疆的政權日漸削弱，但美國人依然將張治中視為中國在新疆主權的唯一保障。司徒雷登大使曾就此寫道：「突厥人在所有問題上已經對中國中央政府失去了信任，目前僅僅保留着對張治中的信任。如果他失去這份信任，或者突厥人不得不認為他沒有能力幫助他們，那麼最後一個保住中國對新疆地區主權的希望也就喪失了。」[108]

儘管張治中將軍早在1946年3月與蘇聯大使 A·彼得羅夫會談時，就向對方保證與美國和英國的往來不會超出領事關係的範疇，但蘇聯在該問題上卻一直不相信中國當局。在獲任命為新疆省政府主席並為省內局勢恢復正常採取了一系列措施後，張治中將軍於1946年12月最後幾天回到了南京。1947年1月7日，他拜訪了蘇聯大使館

並與 A・彼得羅夫大使見面。張將軍在與大使交談時指出，他正在盡其所能加強中蘇關係，並認為省內已沒有阻撓建立兩國牢固友好關係的任何障礙。為了打消蘇方因美英兩國在新疆影響而產生的不安，張治中説道：「在新疆沒有中美關係及中英關係，只有蘇中關係。」他還強調了自己與總領事 A・薩維列也夫的友情，講述了自己與他經常會面，以及會面時常常超出新疆範圍廣泛探討各種問題的情況。在進行這些探討的時候，張治中曾建議薩維列也夫「把新疆變成蘇中友誼的模範省」，並向中國社會表明，友好關係是可以真正建立起來的。與大使交談期間，張治中還講述了中蘇文化協會的工作情況，強調協會舉辦的一次展覽會吸引了六千人參觀。與此同時，他對蘇方在解決新疆問題上提供的幫助表示感謝，並補充説：「目前新疆當務之急就是與蘇聯的經濟貿易合作。」張治中還告訴大使，他已將自己對這種合作方式的建議交給了烏魯木齊蘇聯總領事，現正等待對方的答覆。而後，應彼得羅夫的請求，張治中又講述了當前中國共產黨與國民黨之間的關係，駁斥了要將自己從新疆召回的傳言。至於那些稱他將率領政府代表團與共產黨談判的消息，省政府主席稱「暫時還沒有接到任何任務」，但若有的話他會愉快地接受。[109]

　　1月底，A・彼得羅夫大使在南京再次會見了張治中。此時，為了實現中國國內的和平，張治中已在嘗試調解共產黨人和國民黨人，尋求讓雙方坐下來談判的辦法。他還特別向蘇聯外交官遺憾地表達，稱「前幾次嘗試調解共產黨問題之時都沒能將蘇聯納入進來」。與此同時，張將軍也沒有忘記新疆的事情，他請蘇聯大使督促本國政府，對1946年11月4日交給總領事 A・薩維列也夫關於在新疆發展中蘇貿易經濟合作關係的建議儘快給予答覆。張治中還強調，「他希望在離開南京回到新疆之前能得到此答覆。」[110] 彼得羅夫答應將其請求傳達給蘇聯政府部門。

　　雖然 A・彼得羅夫大使向莫斯科通報了自己與新疆省政府主席張治中的談話內容，但從莫斯科那裏沒有收到期望的答覆。儘管張

將軍竭盡了全力，新疆局勢卻還是沒能走向正常化的軌道。中國軍方對地方內部事務的干預以及省領導人沒有就此採取應對措施，正在動搖穆斯林民眾對聯合政府的信任基礎。

從1947年2月25日起，省內各個城市開始爆發民間運動。3月5日，各種抗議活動進一步加劇。1947年6月，政府副主席阿合買提江·哈斯木的司機被捕。中國報紙認為民間抗議活動與進入政府的那些伊寧代表有關，並刊發了批評這些代表的資料，而6月6日協議的多項條款依舊沒有得到履行。雖然協議規定在阿克蘇和喀什成立民間保安隊，但直到1947年春這些隊伍都沒能組建起來。協議曾保證不懲罰暴動參與者，但該項約定卻未得到遵守，尤其是在南疆地區。基於這些情況，當地穆斯林知名人士給總領事薩維列也夫寫信說：「一些起義領導人被殺死或者失蹤，其中就包括塔比特·卡雷、哈桑·哈布爾、吐爾遜·艾洪等人。現在南部的局勢特別緊張。南部民眾大多數一貧如洗，生活在極其艱難的物質環境之中，他們很多人從自己的土地上被趕走。」[111]

在省政府第27次會議召開期間，一些政府成員公開發言反對南花園（伊寧代表住所）主持的工作，而在蘇聯影響力很大的省北部動亂地區，反對中國的情緒也很強烈。根據蘇中協商結果，將那些離開塔爾巴哈台到蘇聯避難的中方難民遣返回國期間，發生了一些讓人難以接受的事件。據省政府穆斯林人士所寫的情況，「在將難民從蘇聯遣返回國期間，塔城民眾對十至十五名軍警加以迫害。在額敏，一位名叫圖爾吉斯坦的政府代表被打死。」[112]張治中將軍在寫給總領事薩維列也夫的信，如此評述這些事件：「令人憤慨的是在塔城有三十多位從蘇聯返回的難民被殺死；圖爾吉斯坦及其隨員也在額敏遇害。」[113]聯合政府成員艾沙·優素福·阿爾普特金則這樣寫道：「在席捲全區的遊行示威期間，大多要求任命突厥穆斯林的代表為省政府主席。遊行之時，民眾還攻擊了那些搶了突厥女孩的漢人的家，殺死他們，把搶來的女孩送回各自家中。而為了不讓

她們再次落入漢人手中，家人就急忙在當地人之中找人將其嫁了出去。」[114]

1947年7月22日，喀什宣布進入戰時狀態，以行政長克里木‧馬合蘇木為首的所有民政官員均因圖謀武裝叛亂罪名被捕入獄。6月中旬，抗議運動就已席捲吐魯番綠洲地區。7月底，政府部隊調入南疆地區，暴動最終被殘酷鎮壓下去，約有二千名暴動民眾被殺死，幾座村莊被燒毀。1947年6月至8月發生的事件表明，中國中央政府與東突厥斯坦共和國之間簽署的協議已全部被毀掉了。[115]

1947年春，新疆各地蔓延的示威和抗議浪潮開始逐漸演變成反對張治中將軍的政府。無論是伊寧代表還是蘇聯領導人，都對張將軍與阿勒泰義軍領導人烏斯滿‧巴圖魯建立秘密聯繫並成功使其投向中方的做法感到不滿。1946年11月，烏斯滿的幾支部隊開始與東突厥斯坦共和國在阿勒泰地區的軍隊發生武裝衝突。[116]調查證明，在阿勒泰地區活躍的幾支烏斯滿部隊「經常獲得烏魯木齊中國軍隊指揮部的支持」。[117]擺脫了蘇聯影響的烏斯滿‧巴圖魯已成為蘇聯在中國西部利益的嚴重威脅。因此，1947年2月24日的聯共（布）中央政治局會議通過了除掉烏斯滿及消滅其部隊的決定：

> 為了阻斷阿勒泰地區行政長烏斯滿‧巴圖魯‧伊斯馬伊洛夫針對蘇聯在新疆利益的敵對活動，聯共（布）中央委員會決定：
>
> 　一、責令蘇聯國家安全部通過其秘密渠道同意新疆民族軍司令伊斯哈克別克‧穆努諾夫中將及阿勒泰地區副行政長（兼阿勒泰團團長）達列里汗‧蘇古爾巴耶夫，針對烏斯滿‧巴圖魯匪幫採取措施，並建議他們追剿這些匪幫，直至完全擊潰和殲滅。
>
> 　二、責令蘇聯國家安全部通過同樣渠道，建議新疆政府副主席阿合買提江向新疆政府提出，將烏斯滿‧巴圖魯儘快清除出新疆政府並撤消其阿勒泰專區行政長一職的問題，建議任命

達列里汗‧蘇古爾巴耶夫為阿勒泰專區行政長。將烏斯滿‧
巴圖魯撤職的理由應解釋為：他一直躲在自己的過冬地，不願
返回專區中心，沒有採取措施維護專區的社會治安和秩序，尤
其是沒有打擊在其過冬地一帶活動的匪幫，沒能保護專區民眾
免受這些匪幫的劫掠。

　　三、蘇聯內務部劃撥下列軍火供蘇聯國家安全部調配：
（1）步槍及重機槍子彈100萬發（俄制）；（2）輕機槍子彈10萬
發（德制）。[118]

　　決定將經過秘密渠道交付軍需品的任務委託給蘇聯國家安全
部。決定說：「將軍火交給新疆方面需要秘密安排，此事交由蘇聯國
家安全部辦理。」[119]決定中各項任務的履行由莫洛托夫、阿巴庫莫夫
和馬利克負責，而第三條則由克魯格羅夫負責。

　　為了向北疆發生的事件提供實際支持並增強穆斯林民眾進行鬥
爭的信心，1947年2月哈薩克斯坦共產黨中央委員會第一書記朱馬
拜‧沙亞赫麥托夫向聯共（布）中央委員會提議在哈薩克蘇維埃社會
主義共和國國內建立一個維吾爾自治州。他在寫給聯共（布）中央委
員會書記尼古拉‧帕托里切夫的信中說：「哈共（布）中央委員會把在
哈薩克蘇維埃社會主義共和國國內成立維吾爾自治州的問題提交聯
共（布）中央研究和決定，該州包括塔爾迪庫爾干州的潘菲洛夫區和
奧科賈布爾區（相當於中國的縣——譯者註）、阿拉木圖州的奇利克
區、恩別克什哈薩克區、維吾爾區、納倫科爾區和科根區。成立維
吾爾自治州的需要出於以下考慮：一、在哈薩克斯坦生活的維吾爾人
之中，民族團結及發展民族文化的願望特別強烈。哈薩克斯坦維吾
爾人的一個重要特徵是，在上述地區他們居住相對集中，同時還保留
着自己的民族特點。成立維吾爾州將促進在形式上具有民族特點而
在內容上具有社會主義性質的維吾爾文化積極復興，選拔維吾爾民族
精英進入黨政機關，改進維吾爾幹部的政治工作，並根除維吾爾民族

主義分子在國內外依據臆想的維吾爾民族不平等現象，以及停止出版維語報刊、關閉維語學校的所謂論據進行反蘇宣傳的土壤；二、擬設之州各區的經濟發展將會更有成效和更迅速。這一點顯得重要還因為，維吾爾州將與新疆伊犁專區接壤，那裏是中國穆斯林民族解放運動的發源地；三、維吾爾州的成立，無疑會引起新疆三百萬維吾爾群眾的正面反響，使其民族解放運動趨於活躍，同時也會使解放運動更多地以蘇聯為導向。」[120] 規劃納入自治州的那些地區生活着2.3萬維吾爾人，在當地總人口中佔比超過20%。沙亞赫麥托夫認為，這個新的州將會成為吸引在哈薩克斯坦以及毗鄰共和國境內生活的維吾爾人的中心，短期內該州人口應會大幅度增加。規劃中該州的首府將會是潘菲洛夫市（原熱爾肯）。然而莫斯科沒有積極接受這個提議。當時莫斯科認為，無論是在哈薩克、烏茲別克或吉爾吉斯蘇維埃社會主義共和國境內成立維吾爾自治州都並不合適。

擔憂新抗議浪潮在新疆民眾中蔓延的中國中央政府，通過了任命一名當地穆斯林民眾代表為省政府主席的決議。1947年5月19日張治中辭去省政府主席之職，而取代他擔任該職的是聯合政府成員麥斯武德·沙比爾。麥斯武德·沙比爾博士1886年出生於伊寧，從1904年開始在伊斯坦布爾一所中學求學，他還在這裏接受了高等醫學教育，1914年回到伊寧。他是一名在新疆民眾中享有很高威望的愛國者。麥斯武德在印度、日本等國生活過，曾與穆哈邁德·伊敏、艾沙·優素福、庫爾班·科迪等人參與出版用維吾爾語印製的泛突厥主義學說的專集和雜誌，在東京有《日本通訊員》，在天津和上海有《天山》、《東突厥斯坦之聲》、《戰訊》等。1945年麥斯武德回到中國，在重慶開了一個妓院，從1946年起被任命為國民黨中央委員會新疆監察使。蔣介石曾對麥斯武德寄予厚望。[121] 美國駐新疆領事包懋勛，也試圖與麥斯武德、穆哈邁德·伊敏、艾沙·優素福、堯樂博斯、烏斯滿等這些反蘇反共情緒明顯並在權力階層中有影響力的代表人物建立起友誼。[122]

　　張將軍在辭去政府首腦職位後被任命為西北行營主任（陝西、新疆、青海、甘肅及寧夏一起被認為是中國西北地區）。新疆省政府秘書長劉孟純同樣也離開了自己的職位，其職務由艾沙・優素福・阿爾普特金擔任。然而無論是蘇聯還是聯合政府中的親蘇成員，都對這些變更感到不滿意。儘管張治中將軍辭去了省政府主席之職，但他仍掌握着新疆事務的最終決定權。根據蘇聯的指示，阿合買提江・哈斯木以及政府中來自北部三區的左翼成員起來反對麥斯武德・沙比爾和艾沙・優素福。他們開始散布傳言，稱新任的省政府主席和秘書長要努力改善中蘇關係，東突厥斯坦境內將因此開始不安寧的時期。按照莫斯科的指示，三區代表團拜訪了張治中，反對以這種方式成立省政府。蘇聯發動一些地區的舊間諜網絡，籌謀示威遊行甚至挑起反對麥斯武德・沙比爾和艾沙・優素福的暴動。一些親蘇人士也開始印刷及散發批判兩人的傳單。[123] 儘管如此，麥斯武德・沙比爾還是開始以省政府主席身份工作，並逐漸罷免了那些在省政府機關持左翼思想的親蘇派官員，用民族主義人士取而代之。根據政府決定，在新疆出版的報紙《新疆》的前編輯波拉特・吐爾番尼再次擔任該報編輯之職，並指示他要將新疆民眾稱為「突厥人」。政府官方報紙首次開始使用「東突厥斯坦」一詞取代「新疆」，用「突厥人」替代維吾爾人、哈薩克人、烏茲別克人、韃靼人等稱謂，學校裏也開始教授突厥民族史及宗教等課程。省政府還特別關注建立統一的標準語，政府機構不使用混雜各類方言寫成的文件。政府鼓勵開設印刷廠和出版機構，短時間內省內就發行了《火焰》、《光輝之路》、《和平》、《可汗》、《神祇》、《故鄉》、《自由》等報紙以及《阿勒泰》雜誌。一些報刊的出版者曾在土耳其接受過教育。根據教育廳的決定，東突厥斯坦地區各學校的所有教師實際上都到烏魯木齊參加過專門為他們開設的培訓班。諸如麥斯武德・沙比爾、穆哈邁德・伊敏・布格拉、艾沙・優素福・阿爾普特金等其他一些政府機構領導人員，都在培訓班上講授過突厥歷史、語言及文學等課

程。按照政府決定，在烏魯木齊開辦了一家圖書館，大部分圖書都從土耳其引進。所有這些措施引起了親蘇集團人士的不滿。政府成員包爾漢甚至要求秘書長阿爾普特金制止這些做法。[124]

　　在麥斯武德‧沙比爾掌權之後，蘇聯與新疆政府的關係開始變得更加冷淡。1947年6月在新疆蒙古邊境北塔山一帶發生的武裝衝突，不僅使莫斯科與新疆政府、而且還使它與中國中央政府的關係變得緊張起來。蒙古人民共和國政府將這些衝突描述成烏斯滿‧巴圖魯（已經受國民黨控制）指揮的哈薩克部隊在6月2日入侵本國領土，蒙古軍隊經過艱苦戰鬥於6月5日將其趕出了國界。實際上，當地發生的事是蘇聯意圖加劇新疆省內緊張局勢，並惡化其與南京政府關係的一次嘗試。蒙古人民共和國通常扮演的，就是蘇聯在東突厥斯坦乃至整個中國政策實施者的角色，蘇聯也想借助這種方式將內蒙古納入到自己的勢力範圍之中。關於這一點，俄羅斯學者杜金曾公正地指出：1946至1947年間內蒙古東部地區宣布自治，並在蘇聯影響下開始構建共產主義意識形態佔主導地位的聯邦式國家組織，包括階級鬥爭、集體化以及與宗教制度和機構鬥爭等思想在內。[125]

　　中國外交部就6月5日北塔山地區邊境衝突發表聲明，形容這是一起由蒙古方面挑起、得到蘇聯空軍支持的事件。中國駐莫斯科大使傅秉常在6月11日向莫洛托夫遞交了外交部長王世杰發來的電報說：「今年6月5日，四架帶有蘇聯標記的飛機侵犯邊境，飛向新疆中國疆域一側，在距邊界200公里的北塔山哨所上空對中國部隊進行轟炸和掃射。」[126]但蘇聯塔斯社在6月14日駁斥了南京政府的譴責，稱其為不符合事實的挑釁行為。

　　1947年夏，烏魯木齊與北疆地區的緊張關係進一步加劇。西方各界此時也在尋找盡可能穩定局勢及實現新疆境內安寧的途徑。辦法之一，是讓當時生活在歐洲，在中亞突厥各民族人士之中享有很高威望的突厥斯坦王公維利‧卡尤姆汗公爵（Вели Каюм-хан

[1904–1993]，烏茲別克人，出生於商人家庭，1920 年代中期畢業於柏林大學，此後留居德國。由於其反共及突厥民族主義的思想和行為，1926 年被蘇聯缺席判處死刑。1930 年代積極支持納粹掌權，認為第三帝國是突厥斯坦民族主義的同盟者。1941 年建立了突厥斯坦民族統一委員會（Национальный комитет объединения Туркестана, HKOT）。二戰期間積極參與第三帝國突厥軍團 [由親德的突厥人和蘇軍中的突厥人俘虜組成的軍隊] 的事務。二戰結束後曾被美國反間諜部門逮捕並拘押半年，是反布爾什維克人民聯盟領導人之一。但據查，他應該沒有爵位。——譯者註）前往新疆。在蘇聯衛國戰爭初期，維利曾成功使大約十萬名來自中亞的蘇聯戰俘免於死亡，也因此被人稱為「阿塔」（意為父親）。戰爭結束後，卡尤姆汗以突厥斯坦民族委員會領導人身份留在德國。[127] 在商討該想法期間，瓦爾特·席伯（納粹科學家，德國軍工生產領導人之一——譯者註）給馬克斯·曼德爾勞布（作家——譯者註）寫信說：「利用某位知名突厥人士的威望，西方政治家可能會在該地區贏得決定性影響（不通過俄國和中國），我認為這個人就是來自突厥斯坦的卡尤姆汗公爵。在戰爭最初幾個月，他的同胞在東線成為戰俘，他以無畏的行為把他們從苦難的命運中解救出來，因而得到他們的高度認可以及『阿塔』的榮譽稱號。」[128] 但該方案最終沒有得到支持。

　　新疆局勢的發展，使該省北方親蘇地區的居民和游擊運動參與者渴望向蘇聯移民的人不斷增加。蘇聯內務部長克魯格羅夫於 1947 年 6 月 12 日向莫洛托夫報告說：「1947 年 1 月 1 日到 6 月 10 日期間，攔截了 260 名為尋求更好生活條件而越過邊界的投靠者及越境者。」[129] 在通過國家安全部方面的檢查之後，「越境者」通常被分開安置在與東突厥斯坦接壤的那些地區。由於越境人數急劇增加，哈共（布）中央委員會第一書記朱馬拜·沙亞赫麥托夫在 1947 年中致電莫斯科，請求劃撥財政資金用於安置新疆過來的難民。呈交給蘇聯領導人的多份情報都稱越境行為帶有常態性質。1947 年 7 月，內務部副部長

伊萬·謝羅夫向莫洛托夫和貝利亞報告説，7月22日在吉爾吉斯斯坦境內，「新疆圖永（音）哨所所長薩比特霍扎耶夫在從新疆向蘇聯越境時被扣押，與他同行的還有一位班長及該哨所的四名士兵、他的妻子及兩個孩子，共九個人。所有被扣者民族身份均為維吾爾人和吉爾吉斯人。薩比特霍扎耶夫供稱，南疆地區中國政府近來正在鎮壓穆斯林和對民族解放運動有好感的新疆各民族，維吾爾人紛紛被解除領導職務，而被任命在負責職位上的都是漢人。因為怕遭到逮捕，薩比特霍扎耶夫決定帶着五名士兵越境到蘇聯。這些被扣押的人帶有11匹馬，他們還上繳了五支步槍、一把手槍、220發軍用子彈。」[130] 由於不斷有來自新疆的移民者人流，克魯格羅夫向莫洛托夫呈送報告闡明發生這種情況的原因。他首先認為這是因為人們要尋找更安寧的生活條件，新疆境內經濟狀況糟糕，年輕人中有大量失業者，工業品和食品昂貴，以及東突厥斯坦年輕人想在蘇聯求學等。[131]

在麥斯武德·沙比爾政府成立後，蘇聯對新疆的新一輪政策也開始了。利用以前建立的間諜網，蘇聯內務部和國家安全部正在想辦法組織穆斯林民眾進行反政府的活動。出於這個目的，蘇聯政府還向哈薩克、烏茲別克和吉爾吉斯三個蘇聯加盟共和國領導人下達了新的指示。1947年6月29日，哈薩克斯坦共產黨中央委員會第一書記Ж·沙亞赫麥托夫向聯共（布）中央委員會書記日丹諾夫提出加強在新疆地位的建議。他寫道：「為了鞏固穆斯林在北疆起義反抗漢人獲得的政治和經濟成果，以及該省非漢民眾民族解放運動的進一步發展，哈共（布）中央委員會認為將如下建議提交給您研究是可行的：『在分散的民族復興團體基礎上依靠反漢的那一部分穆斯林群眾建立共產黨，將其命名為「新疆人民黨」，並採用經聯共（布）中央認可的綱領和章程；這個黨的日常、非公開的領導工作由聯共（布）中央實行；授權哈薩克斯坦、烏茲別克斯坦、吉爾吉斯斯坦和塔吉克斯坦的共產黨（布）中央與新疆人民黨中央在確定的專區內一起進行

相關的工作。作為這項工作的一部分,授權哈共(布)中央在與哈薩克斯坦領土相接的伊犁、塔城和阿勒泰三個專區進行工作。」[132] 關於成立「新疆人民黨」的問題,在1946年夏烏魯木齊協議簽署後就已被提出來了。烏茲別克斯坦共產黨(布)中央委員會第一書記烏斯曼‧尤蘇波夫,當時就把他對該問題的建議發給了聯共(布)中央委員會對外政策處負責人米哈伊爾‧蘇斯洛夫。Ж‧沙亞赫麥托夫則就此問題直接呈請聯共(布)中央委員會負責意識形態工作的書記安德烈‧日丹諾夫。沙亞赫麥托夫寫道:「我們認為建立一個15個人組成的新疆人民黨中央委員會是適宜的,其成員來自新疆非常知名的進步穆斯林權威人士,他們把自己的命運同最近積極參加反漢武裝起義的群眾聯繫在一起,依靠那些已從或正在從各個邊境蘇維埃共和國派往邊界之外的共產黨員顧問和教官,並按此原則組建新疆人民黨在各個專區的專區委員會:首先在伊犁、塔爾巴哈台、阿勒泰專區,而後再在新疆其他專區。」[133]

沙亞赫麥托夫的大部分建議都與在新疆開展群眾文化活動有關,其中就有在新疆成立青年組織,大規模恢復各種民族文化教育組織活動等。出於這個目的,Ж‧沙亞赫麥托夫建議在蘇聯駐伊犁、塔爾巴哈台和阿勒泰專區中心的領事機構設二等秘書一職,該職務應派遣哈薩克斯坦外交部有一定領導責任的工作人員擔任;在阿拉木圖,擴大面向新疆居民、用維吾爾語印刷的科普、文藝、歷史書籍及教科書的出版;安排從莫斯科、喀山、塔什干、阿拉木圖播放維語無線電廣播節目等其他措施。建議末尾的第20條所列內容為:「為了把新疆的穆斯林吸引到蘇聯清真寺的愛國宗教發展過程中,並保障有影響的新疆穆斯林宗教人士在我們的國土上與中亞穆斯林宗教領袖的私人交往,應恢復熱爾肯城清真寺中的合法禮拜活動(不做硬性要求)。」[134]

沙亞赫麥托夫建議的施行與1946年6月6日中國中央政府與伊寧政府在蘇聯調停下所簽署的協議相悖,也意味着蘇聯在該地區的

政策活躍起來,這使協議的履行受到威脅。在 Ж · 沙亞赫麥托夫致
函 A · 日丹諾夫兩周之後,聯共 (布) 中央委員會在1947年7月14
日通過了關於開始對新疆進行維語無線電廣播的秘密決定。根據決
定,該廣播電台設在塔什干。[135]

　　令人關注的是,蘇聯在其政策於伊朗阿塞拜疆地區受挫之後,
政治局也在那裏進行了這種嘗試,通過了一份恢復對伊朗進行無線
電廣播的類似決定。1947年11月21日,政治局通過了關於恢復政治
僑民的報紙《阿塞拜疆報》及《蜜蜂》廣播電台的秘密決定,而此兩者
曾於1947年1月由斯大林直接下令停止。該決定指出:

一、建議阿塞拜疆共產黨中央委員會允許伊朗阿塞拜疆地區政
　　治僑民:(1)恢復出版《阿塞拜疆》;(2)恢復政治僑民位於
　　薩利亞內的《蜜蜂》廣播電台的工作。
二、責成塔斯社幫助系統地獲取有關伊朗阿塞拜疆地區局勢的
　　資料,以供阿塞拜疆共產黨中央委員會 (巴吉洛夫同志) 使
　　用。[136]

　　塔什干維吾爾語無線電廣播一開始工作,麥斯武德 · 沙比爾政
府就成了該節目批判的主要對象。電台在一次播報中講道:「以前
泛突厥主義的中心是安卡拉,現在它轉移到了烏魯木齊。在以前,
像費特 · 科普柳留、比斯木 · 阿塔萊依等賣身給英國人,在土耳其
發展泛突厥主義和泛圖蘭主義思想。現在,麥斯武德 · 沙比爾、艾
沙 · 優素福和那些賣身於帝國主義者的朋友們,開始在東突厥斯坦
宣揚這些思潮。」[137] 這些節目公開表示了莫斯科對新疆省政府的不
滿。可見,經蘇聯調停而組建起來的聯合政府,此時已岌岌可危。
東突厥斯坦即將面對蘇聯新一輪的威脅。

註 釋

1　B‧祖博克：《失敗的帝國：冷戰時期的蘇聯 ── 從斯大林到戈爾巴喬夫》(莫斯科，2011)，頁64。

2　A‧M‧列多夫斯基、P‧A‧米羅維茨卡婭：〈1946–1950年間的蘇中關係〉，《二十世紀的俄中關係：文件及材料》，第5卷第1冊 (莫斯科，2005)，頁9。

3　同上，頁46。

4　同上，頁10。

5　同上，頁33。

6　〈蘇聯駐中國大使A‧A‧彼得羅夫與內政部長張屬生談話記錄〉(1946年1月5日)，俄聯邦對外政策檔案館，全宗0100，目錄34，253欄，案卷20，頁35。

7　B‧И‧彼得羅夫：《亞洲動蕩的「心臟」：新疆 ── 民族運動簡史及回憶》(莫斯科，2003)，頁491。

8　"The Chargé in China (Robertson) to the Secretary of State," (January 2, 1946) *Foreign Relations of the United States: Diplomatic Papers, 1946, The Far East: China, Volume X* (Washington: United States Government Printing Office, 1972), p. 1201.

9　"The Chargé in China (Robertson) to the Secretary of State," (January 8, 1946) p. 1201–2.

10　〈蘇聯駐中國大使A‧A‧彼得羅夫與內政部長張屬生談話記錄〉(1946年1月25日)，俄聯邦對外政策檔案館，全宗0100，目錄34，253欄，案卷20，頁48。

11　〈蘇聯駐中國大使A‧A‧彼得羅夫與張治中將軍談話記錄〉(1946年3月18日)，俄聯邦對外政策檔案館，全宗0100，目錄34，253欄，案卷20，頁77。

12　Sergey Radchenko, "Choibalsan's Great Mongolia Dream," *Inner Asia*, vol. 11, no. 2 (2009): 231.

13　B‧И‧彼得羅夫：《亞洲動蕩的「心臟」》，頁492。

14　A‧A‧達尼洛夫、A‧B‧貝日科夫：《超級大國的誕生 ── 戰後幾年的蘇聯》(2001)，頁27。

15　〈B‧莫洛托夫日記：接見伊朗國務總理卡瓦姆‧艾斯－薩爾坦〉(1946年2月23日)，俄羅斯聯邦對外政策檔案館，全宗094，目錄37e，案卷362，第1檔，頁23–24。

16　同上，頁25–27。

17　〈B・莫洛托夫日記：接見伊朗國務總理卡瓦姆・艾斯－薩爾坦〉（1946
　　年2月23日），頁28–32。

18　同上，頁37；〈B・莫洛托夫向卡瓦姆先生交托的事宜〉（1946年2月25
　　日），俄羅斯聯邦對外政策檔案館，全宗094，目錄37e，案卷362a，
　　第1檔，頁40–42。

19　〈蘇聯駐中國大使A・A・彼得羅夫與張治中將軍談話記錄〉（1946年1
　　月25日），俄聯邦對外政策檔案館，全宗0100，目錄34，253欄，案卷
　　20，頁48。

20　同上，頁48–49。

21　〈呈交斯大林、莫洛托夫、馬林科夫的報告：關於烏茲別克蘇維埃社會
　　主義共和國售賣人肉的情況〉（1945年4月17日），俄聯邦國家檔案館，
　　全宗P-9401c/Ч部，目錄2，案卷95，頁57。

22　〈蘇聯駐中國大使A・A・彼得羅夫與張治中將軍談話記錄〉（1946年1
　　月25日），頁49。

23　同上。

24　〈蘇聯駐中國大使A・A・彼得羅夫與中國共產黨中央委員會委員周恩
　　來談話記錄〉（1946年2月6日），俄聯邦對外政策檔案館，全宗0100，
　　目錄34，253欄，案卷20，頁19。

25　〈駐蘇聯代辦（凱南）致國務卿的函件〉（1946年1月10日），美國國家
　　檔案及文件署，59分區，文件包碼4013，格式號760050，文件編碼
　　761.93/1-1046，頁162。

26　同上，頁163–64。

27　同上，頁164–65。

28　同上，頁169。

29　〈C・羅佐夫斯基呈交莫洛托夫的報告〉（1946年1月19日），俄聯邦對
　　外政策檔案館，全宗0100，目錄34，256欄，案卷54，頁3。

30　〈Г・統金呈送B・傑坎諾佐夫的信息簡報〉（1946年1月26日），俄聯
　　邦對外政策檔案館，全宗0100，目錄34，3欄，案卷250，頁9。

31　〈中國外交部代表劉澤榮給T・葉夫謝耶夫的照會〉（1946年1月26
　　日），俄羅斯聯邦對外政策檔案館，全宗0100，目錄33，125欄，案卷8，
　　頁3。

32　〈蘇聯駐中國大使A・彼得羅夫與中共中央書記處書記周恩來談話記
　　錄〉（1946年2月6日），頁16。

33 〈蘇聯駐中國大使Ａ‧彼得羅夫與中共中央書記處書記周恩來談話記錄〉(1946年1月16日)，俄聯邦對外政策檔案館，全宗0100，目錄34，253欄，案卷20，頁8–11。

34 「周恩來的收據」(1946年10月16日)，喬治‧華盛頓大學國家保密檔案，編號R8845。

35 〈蘇聯駐中國大使館一等秘書Ｈ‧費多爾丘克與中國社會活動人士郭沫若的談話記錄〉(1946年1月30日)，俄聯邦對外政策檔案館，全宗0100，目錄34，22欄，案卷250，頁49。

36 《二十世紀的俄中關係：文件及材料》，第5卷第1部(莫斯科，2005)，頁67。

37 〈Л‧巴拉諾夫呈交Ａ‧日丹諾夫、Ｂ‧莫洛托夫和Г‧馬林科夫的情報資料〉(1946年3月16日)，俄羅斯社會政治歷史國家檔案館，全宗17，目錄128，案卷992，頁214。

38 〈蘇聯駐中國大使Ａ‧Ａ‧彼得羅夫與張治中將軍談話記錄〉(1946年1月25日)，頁77。

39 〈關於批准新疆錫業公司1946年工作計劃問題〉(1946年3月7日–6月25日)，俄聯邦國家檔案館，全宗P-5446，目錄48a，案卷821，頁1–41。

40 "The Counselor of Embassy in China (Smyth) to the Secretary of State," (March 21, 1946) *Foreign Relations of the United States: Diplomatic Papers, 1946, The Far East: China, Volume X* (Washington: United States Government Printing Office, 1972), p. 1204.

41 〈葉格納洛夫將軍和朗方格將軍呈交克魯格羅夫的情報：關於新疆南部對峙雙方的情況〉(1946年3月28日)，俄聯邦國家檔案館，全宗P-9401c/Ч部，目錄2，案卷135，頁167–68。

42 〈葉格納洛夫將軍和朗方格將軍呈交克魯格羅夫的報告：關於中方指揮部針對新疆起義軍採取的措施〉(1946年5月20日)，俄聯邦國家檔案館，全宗P-9401c/Ч部，目錄2，案卷136，頁221。

43 "The Counselor of Embassy in China (Smyth) to the Secretary of State," (May 29, 1946) p. 1204.

44 Ibid., p. 1205.

45 Ibid.

46 Ibid.

47 〈葉格納洛夫將軍和朗方格將軍呈交克魯格羅夫和阿巴庫莫夫的情報〉(1946年5月31日)，俄聯邦國家檔案館，全宗P-9401c/Ч部，目錄2，案卷142，頁309–10。

48　〈葉格納洛夫將軍和朗方格將軍呈交克魯格羅夫和國家安全部長阿巴庫莫夫的報告：關於討論與中方談判結果的東突厥斯坦政府會議的情況〉（1946年5月28日），俄聯邦國家檔案館，全宗P-9401c/Ч部，目錄2，案卷136，頁237。

49　"The Counselor of Embassy in China (Smyth) to the Secretary of State" (May 29, 1946), p. 1206.

50　〈М・Д・巴基洛夫寫給斯大林的信〉（1946年3月18日），阿塞拜疆共和國總統事務管理局政治文獻檔案館，全宗1，案卷89，第112檔，頁36–39。

51　Robert Rossow, Jr., "The Battle of Azernaijan," *The Middle East Journal*, vol. 10, no.1 (winter 1956): 23; Martin McCauley, *Origins of the Cold War 1941–1949* (London: Routledge, 1995), p. 68;《美國外交關係》(1946)，第七卷，頁390。

52　〈М・Д・巴基洛夫和伊・馬斯連尼科夫寫給斯大林的信〉（1946年3月29日），阿塞拜疆共和國國家安全部檔案館，第301檔，頁427–28。

53　〈蘇聯伊朗關係概述〉（1917–1955），蘇聯外交部檔案管理局，1956年6月26日，俄羅斯現代歷史國家檔案館，全宗5，目錄30，第171檔，頁83。

54　54〈М・Д・巴基洛夫寫給易卜拉吉莫夫、岡薩諾夫和阿塔克什耶夫的信〉（1946年4月），阿塞拜疆共和國總統事務管理局政治文獻檔案館，全宗1，案卷89，第113檔，頁126–27。

55　〈М・Д・巴基洛夫和伊・馬斯連尼科夫的建議〉，1946年4月，亞塞拜然共和國總統事務管理局政治文獻檔案館，全宗1，案卷89，第114檔，頁231–238。

56　同上。

57　〈關於阿舒羅夫從德黑蘭發來的電報消息〉（1946年5月），阿塞拜疆國家安全部檔案館，第402檔，頁173–76。

58　同上。

59　〈斯大林寫給比謝瓦利的信〉（1946年5月8日），俄羅斯聯邦外交政策檔案館，全宗6，案卷7，目錄34，第544檔，頁8–9。詳細信息參閱 Natalia I. Yegorova, *The "Iran Crisis" of 1945–46: A View from the Russian Archives* (Cold War International History Project Working Paper no. 15) (Washington D.C.: Woodrow Wilson Centre, 1996), pp. 23–24.

60　〈美國駐蘇聯大使史密斯寫給國務卿的信〉（1946年6月6日），美國國家檔案及文件署，59分區，文件包碼4013，格式號760050，文件編碼761.93/6-646，頁181。

61 同上，頁182。

62 В‧А‧巴爾明：《1941–1949年蘇中關係中的新疆》（巴爾瑙爾，1999），頁114–45；詳見巴伊米爾扎‧哈伊特：《突厥斯坦國家的民族鬥爭史》（安卡拉：突厥民族歷史協會，1995），頁328。

63 "The Counselor of Embassy in China (Smyth) to the Secretary of State" (June 13, 1946), p. 1208.

64 〈費多托夫發給莫洛托夫的電報〉（1947年9月10日），俄羅斯社會政治歷史國家檔案館，全宗17，目錄162，案卷38，第208檔。

65 В‧克拉西里尼科夫：《新疆的誘惑：俄羅斯在中國西北 —— 被遺忘的歷史（1850-1950）》，頁308–09。

66 〈伊朗國家及阿塞拜疆地區代表之間的協議〉（1946年6月13日），阿塞拜疆共和國總統事務管理局政治文件檔案館，全宗1，目錄89，案卷155，第12–17檔。

67 "The Counselor of Embassy in China (Smyth) to the Secretary of State" (June 15, 1946), p. 1208–9.

68 詳見艾沙‧尤素福‧阿爾普特金：《東突厥斯坦的訴求》（伊斯坦布爾，1973），頁184。

69 詳見http://polusharie.com/index.php/topic,2564.900.html。

70 〈葉格納洛夫將軍呈交克魯格羅夫和阿巴庫莫夫的報告：關於將東突厥斯坦共和國前任主席艾力汗‧吐烈‧沙吉爾霍扎耶夫帶入蘇聯境內的情況〉（1946年6月16日），俄聯邦國家檔案館，全宗P-9401c/Ч部，目錄2，案卷137，頁208；其他信息參閱〈關於將艾力汗‧吐烈帶入蘇聯以及東突厥斯坦共和國其他一些領導人移民蘇聯的情況〉，俄聯邦國家檔案館，全宗P-9401c/Ч部，目錄2，案卷68，頁157–58、頁242–45。

71 〈葉格納洛夫將軍呈交克魯格羅夫和阿巴庫莫夫的報告：關於撤出己方人員以及收回發給新疆起義軍武器的情況〉（1946年6月19日），俄聯邦國家檔案館，全宗P-9401c/Ч部，目錄2，案卷137，頁212。

72 〈葉格納洛夫將軍呈交克魯格羅夫和阿巴庫莫夫的報告：關於蘇聯國家安全部第一局第四處處長朗方格企圖自殺的情況〉（1946年6月19日），俄聯邦國家檔案館，全宗P-9401c/Ч部，目錄2，案卷137，頁213。

73 〈葉格納洛夫將軍和朗方格將軍呈交克魯格羅夫和阿巴庫莫夫的報告：關於新政府副主席А‧哈斯木抵達伊寧的情況〉（1946年6月19日），俄聯邦國家檔案館，全宗P-9401c/Ч部，目錄2，案卷137，頁214–15。

74　巴伊米爾扎·哈伊特：《俄羅斯和中國之間的突厥斯坦》（安卡拉，
　　1975），頁329。

75　В·克拉西里尼科夫：《新疆的誘惑》，頁310。

76　〈М·蘇斯洛夫寫給А·日丹諾夫的信〉（1946年6月26日），俄羅斯社
　　會政治歷史國家檔案館，全宗17，目錄128，案卷996，頁10。

77　同上，頁11。

78　同上。

79　〈關於1946年蘇聯對外文化交流協會工作情況的報告〉，俄羅斯社會政
　　治歷史國家檔案館，全宗17，目錄128，案卷86，頁35。

80　〈與蘇聯對外文化交流協會新疆特派員關於替換及發送書籍和展覽照片
　　事宜的往來信函〉（1946年1月7日–12月28日），俄聯邦國家檔案館，
　　全宗P-5283，目錄18，案卷60，頁1–82。

81　〈關於1946年蘇聯對外文化交流協會工作情況的報告〉，頁45。

82　В·И·彼得羅夫：《亞洲動蕩的「心臟」》，頁491。

83　Г·М·蒙迪庫洛娃：《哈薩克僑胞的歷史命運：淵源和發展》（阿拉木
　　圖，1997），頁140。

84　艾沙·尤素福·阿爾普特金：《東突厥斯坦的訴求》，頁183–84；В·
　　克拉西里尼科夫：《新疆的誘惑》，頁311–12。

85　巴伊米爾扎·哈伊特：《突厥斯坦國家的民族鬥爭史》，頁329。

86　В·И·彼得羅夫：《亞洲動蕩的「心臟」》，頁493。

87　〈美國駐中國大使（司徒雷登）寫給國務卿的信〉（1946年11月30日），
　　美國國家檔案及文件署，59分區，文件包碼4013，格式號760050，文
　　件編碼761.93/11-3046，頁212。

88　艾沙·尤素福·阿爾普特金：《東突厥斯坦的訴求》，頁184–85。

89　〈阿合買提江·哈斯木和拉西木江·薩比爾霍扎耶夫寫給蘇聯駐烏魯木
　　齊總領事А·И·薩維列也夫的信〉（1947年7月12日），俄羅斯社會政
　　治歷史國家檔案館，全宗17，目錄128，案卷391，頁116–17。

90　同上，頁117。

91　〈駐中國大使（司徒雷登）給國務卿的信〉（1946年11月30日），美國國
　　家檔案及文件署，59分區，文件包碼4013，格式號760050，文件編碼
　　761.93/11-3046，頁214。

92　"The Ambassador in China (Stuart) to the Secretary of State" (December 18, 1946),
　　*Foreign Relations of the United States: Diplomatic Papers, 1946, The Far East: China,
　　Volume X* (Washington: United States Government Printing Office, 1972), p. 1222.

93   〈關於1946年蘇聯對外文化交流協會工作情況的報告〉，俄羅斯社會政
      治歷史國家檔案館，全宗17，目錄128，案卷86，頁41。

94   〈А‧米高揚呈斯大林的報告〉(1948年12月7日)，俄聯邦對外政策檔
      案館，全宗0100，目錄41，278欄，案卷58，頁8。

95   〈駐中國大使(司徒雷登)給國務卿的信〉(1946年11月30日)，頁211。

96   В‧克拉西里尼科夫：《新疆的誘惑》，頁318–19。

97   〈А‧米高揚呈斯大林的報告〉(1948年12月7日)，頁8。

98   "The Ambassador in China (Stuart) to the Secretary of State," (October 3,
      1946) *Foreign Relations of the United States: Diplomatic Papers, 1946, The
      Far East: China, Volume X* (Washington: United States Government Printing
      Office, 1972), p. 1209.

99   "The Consul General at Shanghai (Davis) to the Secretary of State," (November
      27, 1946) *Foreign Relations of the United States: Diplomatic Papers, 1946,
      The Far East: China, Volume X* (Washington: United States Government
      Printing Office, 1972), p. 1214–15.

100   〈駐中國大使(司徒雷登)給國務卿的信〉(1946年11月30日)，頁215–
      16。

101   "The Ambassador in the Soviet Union (Smith) to the Secretary of State,"
      (December 9, 1946) *Foreign Relations of the United States: Diplomatic
      Papers, 1946, The Far East: China, Volume X* (Washington: United States
      Government Printing Office, 1972), p. 1220.

102   Ibid., p. 1221.

103   〈С‧葉梅爾亞諾娃給М‧Д‧巴吉洛夫的信〉(1945年12月11日)，阿
      塞拜疆共和國總統事務管理局政治文件檔案館，全宗1，目錄89，案卷
      97，頁76–78。

104   "The Ambassador in the Soviet Union (Smith) to the Secretary of State,"
      (December 9, 1946) p. 1221.

105   〈駐中國大使(司徒雷登)給國務卿的信〉(1946年11月30日)，頁213。

106   〈張治中寫給А‧И‧薩維列也夫的信〉(1947年7月7日)，俄羅斯社會
      政治歷史國家檔案館，全宗17，目錄128，案卷391，頁121。

107   "The Consul General at Shanghai (Davis) to the Secretary of State," (October
      23, 1946) *Foreign Relations of the United States: Diplomatic Papers, 1946,
      The Far East: China, Volume X* (Washington: United States Government
      Printing Office, 1972), p. 1213.

108 〈駐中國大使（司徒雷登）給國務卿的信〉（1946年11月30日），頁216。

109 〈蘇聯駐中國大使А‧А‧彼得羅夫與新疆省主席張治中將軍會談記錄〉（1947年1月7日），俄聯邦對外政策檔案館，全宗0100，目錄40a，264欄，案卷21，頁35–36。

110 同上，頁58。

111 〈阿合買提江‧哈斯木和拉西木江‧薩比爾霍扎耶夫寫給蘇聯駐烏魯木齊總領事А‧И‧薩維列也夫的信〉（1947年7月12日），俄羅斯社會政治歷史國家檔案館，全宗17，目錄128，案卷391，頁119。

112 同上。

113 〈張治中寫給А‧И‧薩維列也夫的信〉（1947年7月7日），俄羅斯社會政治歷史國家檔案館，全宗17，目錄128，案卷391，頁120。

114 艾沙‧尤素福‧阿爾普特金：《東突厥斯坦的訴求》，頁185–86。

115 В‧克拉西里尼科夫：《新疆的誘惑》，頁314。

116 В‧И‧彼得羅夫：《亞洲動蕩的「心臟」》，頁493。

117 〈阿合買提江‧哈斯木和拉西木江‧薩比爾霍扎耶夫寫給蘇聯駐烏魯木齊總領事А‧И‧薩維列也夫的信〉（1947年7月12日），頁118。

118 〈聯共（布）中央政治局1947年2月24日關於新疆的決議〉，俄羅斯社會政治歷史國家檔案館，全宗17，目錄162，案卷38，頁154–55。

119 同上，頁155。

120 〈哈共（布）中央委員會書記К‧Ж‧沙亞赫麥托夫向聯共（布）中央書記Н‧С‧帕托里切夫提交的關於在哈薩克斯坦國內成立維吾爾自治州的報告〉（1947年2月），哈薩克斯坦共和國總統檔案室，全宗708，目錄2，案卷171，頁59–60。

121 В‧И‧彼得羅夫：《亞洲動蕩的「心臟」》，頁494。

122 David D. Wang, "The Xinjiang Question of the 1940s: The Story Behind the Sino-Soviet Treaty of August 1945," *Asian Studies Review*, vol. 21, no. 1 (1997): 97.

123 艾沙‧尤素福‧阿爾普特金：《東突厥斯坦的訴求》，頁186–87。

124 同上，頁188–90。

125 П‧Н‧杜金：〈四十年代蒙古阿拉善共和國政治方案〉，《東方》，第2期（2014）：37。

126 〈王世杰發給莫洛托夫的電報〉（1947年6月11日），俄聯邦對外政策檔案館，全宗100，目錄41，164欄，案卷7，頁130。

127 安迪詹‧阿哈特：《從革新到獨立——境外突厥斯坦的奮鬥》，頁569。（原書無出版信息——譯者註）

128 〈瓦爾特‧席伯寫給馬克斯‧曼德爾勞布的信〉(1947年6月15日),美國國家檔案及文件署,59分區,文件包碼4013,格式號760050,文件編碼761.93/6-1547,頁1。

129 〈C‧克魯格羅夫寫給B‧莫洛托夫的信〉(1947年6月12日),俄聯邦國家檔案館,全宗P-9401c/Ч部,目錄2,案卷172,頁384。

130 〈И‧謝羅夫寫給B‧莫洛托夫和Л‧貝利亞的信〉(1947年7月24日),俄聯邦國家檔案館,全宗P-9401c/Ч部,目錄2,案卷173,頁143。

131 〈C‧克魯格羅夫寫給B‧莫洛托夫的信〉(1947年),俄聯邦國家檔案館,全宗P-9401c/Ч部,目錄2,案卷173,頁90。

132 〈哈共(布)中央委員會書記К‧Ж‧沙亞赫麥托夫寫給聯共(布)中央書記А‧日丹諾夫的信〉(1947年6月29日),哈薩克斯坦共和國總統檔案室,全宗708,目錄2,案卷171,頁61。

133 同上,頁62。

134 〈哈共(布)中央委員會書記К‧Ж‧沙亞赫麥托夫寫給聯共(布)中央書記А‧日丹諾夫的信〉(1947年6月29日),頁65。

135 〈聯共(布)中央關於對新疆進行無線電廣播的決定〉(1947年7月14日),俄聯邦總統檔案室,全宗4,目錄15,案卷616,頁17。

136 〈聯共(布)中央政治局決定:關於阿塞拜疆共(布)中央委員會的問題〉(1947年11月21日),俄羅斯社會政治歷史國家檔案館,全宗17,目錄162,案卷37,頁1。

137 艾沙‧尤素福‧阿爾普特金:《東突厥斯坦的訴求》,頁192。

第六章

蘇聯在新疆的新一波積極活動及共產黨在中國的勝利（1947–1949）

　　蘇聯在1947年下半年決定再實施積極的新疆政策。為獲取有關東突厥斯坦地區局勢的詳細情報並制定針對該省的新政治路線，蘇聯領導人在1947年夏把烏魯木齊總領事亞歷山大·薩維列也夫召回莫斯科。新疆省政府前主席張治中將軍在得悉消息後給總領事發了一封長信，信中稱：「新疆發生的『伊寧事件』，多虧貴國調停，最終得以和平解決。對這種友好且親善的態度，我們應首先向貴國領袖斯大林先生及莫洛托夫先生表達誠摯的敬意和感謝。」[1]與此同時，張治中承認，儘管中央與伊寧兩個政府簽署了六月協議，但「新疆省內情況還沒有充分實現正常發展」。而後，為闡明自己的觀點，他回顧了過去發生的事件並列舉了各方面的例子。張治中認為，那些針對已被任命為省政府主席的麥斯武德·沙比爾的陰謀，直接源頭就是伊寧。他謂自己被中央政府委派到新疆時曾抱有兩個目的：實現當地和平以及建立與蘇聯的友誼。張將軍強調，一年間他為此做了很多工作，認為在有關新疆的問題上，「當前的主要困難是存在兩種相互對立的看法：一種看法稱『與中國交好，就意味着要反對蘇聯』，而另一種看法則是『與蘇聯走近，就意味着要反對中國』。省內現有各種問題都是因這兩種觀點的存在而產生的。」[2]張治中指出，為了使新疆省內局勢恢復正常，實現真實和平，建立與蘇聯的真正友誼以及與中國中央政府的誠摯關係，應當消除的就是這種矛盾，應當擺脫的正是這種錯

誤的思維方式。他寫道:「這種錯誤的觀點及行為方式常常會引發不可避免的後果。具體來説,它們將會引起中國和蘇聯之間在新疆的競爭,而今天政治上的競爭將來則有可能滑向軍事上的角逐。我認為,這樣的前景,自然是我們兩國政府都不願意看到的。」[3]張治中將軍在信中多次強調,目前省政府的政策與過去實施的政策在根本上是不同的。因此,蘇聯政府也應修訂其新疆政策,並對外交部長莫洛托夫在《蘇中友好同盟條約》簽署時所作的聲明賦予實際內涵。在從國際政治角度來看該地區的時候,張治中表達觀點説:「如果從新疆的角度來看,無論中蘇關係乃至整個國際關係將來如何發展,新疆的地理位置都還是這樣,它對中國和蘇聯來説都應是『一個不受炮火打擊的地區』、安全的地區、不具有戰略意義的地區⋯⋯。正如蘇聯沒有任何侵佔目的,只是要努力保障邊境安全一樣,中國同樣且更加沒有絲毫侵略意圖——中國僅僅是致力確保本國疆域的完整。」[4]在信的結尾,張治中承認道:「我是一名軍人,沒有任何外交方面的素養。以上所講的一切,都是我十分真誠、坦率之語——是發自內心的。」完全有可能,張將軍作為軍人在講述自己對蘇聯在新疆政策看法方面是誠懇的。然而,蘇聯在新疆的政策要遠比他想的複雜得多,他本人也多次與美國駐烏魯木齊領事討論過蘇聯政策的某些方面。

　　蘇聯總領事 A · 薩維列也夫在收到張治中將軍信函的五天後,阿合買提江 · 哈斯木和拉西木江 · 薩比爾霍扎耶夫在 7 月 12 日也給他寄來一封長達四頁的信。該封信開頭這樣寫道:「獲悉您近期將動身前往莫斯科,我們現借此機會請您向蘇聯領袖斯大林先生轉達新疆省穆斯林民眾熾誠的敬意。同時,我們還想提請貴國——作為新疆各民族人民與中國中央政府簽署和平條約的調停方——注意一些問題。我們這些三區人士,在和平協議上簽字之時,對即將給予新疆各民族的平等權利充滿了希望。從那時起已過去一年有餘,但協議各項條款卻依然停留在紙上,而協議本身已變成針對新疆境內各民族的大陷阱,為實施比以前更嚴酷的壓迫大開方便之門。」[5]他

們接着指出，在最初那段時間，人民曾以極大的熱情歡迎6月6日的協議，但這種熱情很快就被絕望取代。信中寫道，中國政府當局試圖不經過選舉成立地方政府，當選者常常遭受迫害、懲罰、逮捕，不允許其中一些人履行其職責。致函者認為，協議第三條除教育問題之外均未得到執行，而第五條的履行則已變成了一場侮辱。他們稱，所有主張發展民族文化和藝術、給予言論及出版自由的人都受到迫害，他們或是為了求生逃往伊犁地區，或是躲藏在那些過冬的地方。在致函者看來，協議第六條釋放被關押起義參與者的條款不僅沒有得到履行，而且與此相反，被拘押的人數大幅增加。他們還指出，與民族軍部隊有關的協議條款也沒有得到履行。他們寫道：「如果注意協議中涉及軍事問題的條款，可以發現依據協議，三區已經成立一支1.1萬至1.2萬人的軍隊，而且行政管理機構也進行了改組。交給三區軍隊指揮部的這項任務是如期完成的，此事已通報給了相關政府機關。與此同時，三區的軍隊都已換裝中國軍服。」[6]致函者承認在三個起義地區也發生了兩三起違法之事，並提醒蘇聯總領事「調停者應對準確及全面履行協議情況進行監督」。他們續稱：「借您前往莫斯科之機，我們將此信交給您，也認為作為保障新疆安寧事業發起者的調停人，定會讓本國政府關注到上述內容。」[7]由於伊寧領導人在發給蘇聯總領事的信中表達了不滿，民眾開始蔓延一些謠言，稱伊犁人士與蘇聯的關係似乎已經惡化。為弄清這些傳言是否屬實，《泰晤士報》駐南京記者弗萊德‧格瑞與中央政府前任宣傳部部長彭學沛一起訪問了新疆，並與阿合買提江‧哈斯木交談。根據從《泰晤士報》記者那裏獲得的信息，司徒雷登大使向華盛頓匯報寫道：「儘管阿合買提江與蘇聯之間出現了一些隔閡，但他從來沒有流露出任何敵視蘇聯政府的迹象。」[8]1947年8月19日，張治中與哈斯木及薩比爾霍扎耶夫的信件從漢語和維吾爾語翻譯過來後，與同時發出的一份文件由蘇聯外交部遠東一處副處長 T‧斯克沃爾措夫寄發給聯共（布）中央委員會情報處負責人 Л‧巴拉諾夫。[9]

鑒於新疆問題重新列上了議事日程，蘇聯也開始討論進行與新疆相關的科學研究以及在蘇聯科學院一家研究所內設立相應部門的問題，並在討論期間就設立當代東方及新疆問題研究所的問題，起草並發送了報告給聯共（布）中央委員會動員和宣傳局。報告指出：「新疆政局惡化以及當地生活的諸民族包括維吾爾人、哈薩克、吉爾吉斯人和卡爾梅克人的民族解放運動發展，要求我們仔細關注並深入研究各種事件。」[10] 報告擬訂要研究東突厥斯坦的歷史、經濟和地理問題，並建議在以下方面開展這些工作：

一、新疆的自然地理特點，將新疆作為一個與蘇聯中亞及哈薩克斯坦統一的地理整體組成部分；

二、與中亞地區諸民族族源相關的新疆各民族族源問題，以及解決新疆民族問題的途徑；

三、新疆歷史及當地民族解放鬥爭情況，將其作為提高本土各民族愛國情感的源泉；

四、新疆各族民族文化問題，如語言、文學、民間口頭創作，社會主義文化的影響等；

五、新疆宗教問題以及利用該問題的機會；

六、新疆經濟，計劃披露新疆的殖民地處境，封建殘餘的統治情況，以及借助發展與蘇聯的經濟關係以實現崛起的前景。[11]

鑒於雙方關係已十分緊張，1947 年 8 月 26 日，伊寧代表宣布退出政府。8 月 29 日，阿合買提江·哈斯木、拉西木江·薩比爾霍扎耶夫及其他來自伊犁地區的代表團成員乘飛機離開烏魯木齊回到伊寧。緊隨他們之後，那些協商委員會成員也離開了烏魯木齊。[12] 當伊寧代表在 1947 年夏天退出政府回到伊犁後，新疆省內出現了新情況。由於北部地區代表的這種行動，莫斯科也就失去了對麥斯武德·沙比爾政府的影響。因此，為了使新疆回到其勢力範圍之下，蘇聯開始籌謀新一階段的穆斯林民族解放運動。就在 8 月 29 日這一

天，政治局根據莫洛托夫的建議通過了「批准蘇聯部長會議所屬情報委員會關於授予其正式名稱——蘇聯部長會議所屬經濟研究委員會的提議」的決定。[13] 新成立的委員會研究的第一個問題是就新疆問題起草建議並將其提交政治局審定。在9月10日提交討論的那些建議提到：「為了防止新疆穆斯林民族解放運動被打垮，並鞏固穆斯林在反對中國鬥爭中取得的成就，經濟研究委員會認為必須採取下列措施：建議代表穆斯林的新疆省政府成員——即從烏魯木齊回到伊寧的阿合買提江‧哈斯木、包爾漢、拉西木江‧薩比爾霍扎耶夫、賽福鼎‧艾則孜、阿不都克里木‧阿巴索夫等人，致函西北行營主任張治中將軍和蘇聯駐烏魯木齊總領事 (1946年談判調停者)，應在信中指出，他們離開烏魯木齊是因為中國反動勢力的猖獗，中國官員直接違反了6月6日協議條款以及當前政府存在令人難以忍受的情況。」[14]

建議還指出，必須要提出這樣的一些要求：儘快釋放被捕的穆斯林人士；懲治在這方面以及在迫害進步人士方面有嚴重過錯的漢人；麥斯武德‧沙比爾辭去省政府主席之職；履行6月6日協議的所有條款。蘇聯領導人認為，在寫給張治中將軍及蘇聯總領事 A‧薩維列也夫的信中應強調，如果履行這些要求，致函者就準備立刻返回烏魯木齊並繼續在張治中領導下在政府工作。經濟研究委員會建議政治局：以「為實現1946年6月6日協議而鬥爭」的口號，使烏魯木齊地區的吐魯番綠洲已開始的穆斯林游擊隊反中國運動進一步活躍起來，同時在1944至1946年反中國起義大多數參與者生活的新疆南部地區 (阿克蘇、庫車及喀什地區) 安排部署游擊運動」。[15] 建議主張公開宣布新疆南部發動反中國鬥爭的主要理由是中國政府在喀什大規模逮捕當地穆斯林，以及中國政府日益蠻橫專斷地對待當地民眾。經濟研究委員會還確定了新疆南部游擊運動的領導人。建議講道：「為了領導新疆南部的游擊運動，應將目前暫時生活在烏茲別克及塔吉克共和國境內的起義運動前領導人 (如塔基穆拉耶夫‧卡拉萬

紹－別克、塔基穆拉耶夫‧阿丘爾－別克、米爾扎‧阿赫邁多夫‧
塔依爾－別克、阿不都克里莫夫‧穆赫塔爾等)秘密派往那裏。應
向新疆游擊隊提供武器和彈藥援助,將這些東西從蘇聯境內秘密地
調撥過去。」[16]建議第三條提到儘快對1.2萬人的前東突厥斯坦軍隊
提供武器及技術裝備的問題;第四條則希望成立一個組織來領導新
疆的民族解放運動。建議寫道:「建議新疆穆斯林進步運動領導人成
立總部設在伊寧的『新疆和平促進協會』,該協會應在為實現1946年
6月6日協議而鬥爭的口號下開展工作。」該協會同時應事實上負責
領導新疆境內的民族解放運動,計劃將來一有合適機會就要變成合
法政黨,由政黨領導民族解放運動,指導每一個鬥爭階段的工作。[17]
與此同時,建議還認為應當建立該協會的各專區和縣的機構,將進
步穆斯林人士、宗教界代表、部落長老等吸納到其陣營之中。在經
濟研究委員會這些建議的基礎上並考慮到當前的局勢,聯共(布)中
央政治局在1947年9月10日通過了關於新疆的決議,由六條組成的
決議提到:「責成蘇聯內務部(克魯格羅夫同志):一、調撥以下數量
的俄式(老式)以及繳自德軍的武器和彈藥供經濟研究委員會安排:
步槍9,000支、重機槍70挺、輕機槍300挺、連用迫擊炮(即60迫擊
炮——譯者註)40門、反坦克槍40支、手榴彈18,000枚、步槍子彈
800萬發、連用迫擊炮彈15,000發、反坦克槍槍彈15,000發。武器
和彈藥應運送到委員會指定的地點;二、命令邊境機構無阻礙地放
行持有委員會通知單的人員和物資;三、在必要情況下,為委員會
安排邊境飛行中隊的飛機用於其蘇聯境內的飛行。」[18]根據決議第三
條,蘇聯國家計劃委員會受命向經濟研究委員會調撥汽車運輸所需
零件,零件運送由蘇聯內務部負責。政治局決定特別提到:「責成烏
茲別克斯坦、哈薩克斯坦及塔吉克斯坦共產黨(布)中央委員會,在
經濟研究委員會就新疆實行所擬定措施期間向其提供必要的協助。」
決議還建議:「武器不應立刻交付,而是根據需要以及馬利克同志與
費多托夫同志的協商情況辦理。」[19]

　　決議把組織管理及政治措施的執行交由土庫曼斯坦內務部長弗拉基米爾‧葉格納洛夫負責，此人是第一階段新疆事件——即新疆北部革命運動的主要組織者。他作為人選是由蘇聯部長會議情報委員會副主任彼得‧費多托夫在給莫洛托夫的一封電報中提出來的。該電報寫道：「遵照您的指示，我與克魯格羅夫同志及奧戈爾措夫同志討論了派誰去新疆開展組織管理政治活動的問題。我們一致認為，推薦候選人葉格納洛夫‧弗拉基米爾‧斯捷潘諾維奇少將，請您審核……。目前葉格納洛夫是土庫曼蘇維埃社會主義共和國的內務部長。葉格納洛夫的副手，我們認為應調派奇巴耶夫‧彼得‧安德烈耶維奇上校擔任，由他負責與我國駐新疆情報機關的聯絡工作。安德烈耶維奇是國家安全部遠東情報處前任處長，也是一位很有經驗的情報人員，參與了1945至1946年間在新疆的諸多行動，目前在我委員會負責新疆事務。」[20]為了在新疆組織新的游擊運動及開展政治活動，費多托夫認為應當徵求烏茲別克斯坦聯共(布)中央委員會第一書記的意見，派遣幹練的國家安全機構人員進入新疆。他給莫洛托夫寫道：「為了確保政治工作在伊寧的開展，宜調派一位烏孜別克族的相關人員。如果您對此表示同意，請允許我與烏斯曼‧尤蘇波夫聯繫，與他商討如何調派此人的問題。我們將挑選15至20名幹練的工作人員供上述同志調遣，可將工作人員派到新疆境內，假扮當地人秘密執行調運武器任務，監督武器為我方利益服務的情況，並通過我方在伊寧人中的代理人員解決其他各種問題。」[21]從1947年初就關注蘇聯積極政策的美國駐烏魯木齊領事，10月10日給國務卿發去有關新疆境內政治進程及軍事狀況的詳細報告。他分析蘇聯的新疆政策並作出以下推斷：「只要中國軍隊沒有巡邏邊境，蘇聯的地方代表當下就沒有計劃去實施直接舉動，擴大目前已處於其有效控制下的新疆地區。然而，如果克里姆林宮的全球政策需要在這個地方推進，而它又認為世界對此反應的代價與新疆其餘地區相比是值得的，那麼這種局面可以在一夜之間轉變。」[22]蘇美冷戰在

二十世紀四十年代中期形成，隨着美國對中亞影響的擴大，包懋勛也加強了他的活動。他最感興趣的是收集有關蘇聯的信息，尤其是關於蘇聯在中亞的原子彈試驗及蘇聯在阿勒泰（阿山）專區勘探鈾礦活動的情報。[23]

　　政治局依據經濟研究委員會建議於1947年9月10日通過的秘密決議，制訂了落實決議的組織管理政治措施，確定了執行黨的決定的主要機關，批准了協調這場在民族解放鬥爭名義下進行的分裂運動的領導幹部人選，以及派遣蘇聯國家安全機構別動隊前往東突厥斯坦各個地區。所有這些做法標誌着政治局在1943年5月4日關於在東突厥斯坦部署分裂運動的決議，在新的政治局勢下又回歸日程。蘇聯為發起新一波分裂運動製造各種條件，使中國中央政府面臨又一輪的「神經戰」。美國駐南京大使司徒雷登向國務卿報告說：「當前讓所有人緊張的『神經戰』，也許其主要目的，就是要用來掩飾那些被經常挑起而持續不斷的混亂。中國人對蘇聯進攻的現實威脅顧慮，使中央政府不得不維持比維護國內秩序所需更多數量的部隊。在周期出現關於將來災害的傳言之外，中國軍隊在新疆省內的存在也是一個刺激因素。」[24]的確，1947年秋，美國人開始感受到蘇聯新疆政策的新變化。在美國國務院就蘇聯對華政策起草的一份備忘錄，對莫斯科在新疆的利益這樣寫道：「儘管蘇聯作出承認中國中央政府對新疆主權的姿態，但事實證明，蘇聯仍在繼續鼓勵某些少數民族群體從事危害國民政府的活動。伊寧的自治運動就是這類鼓勵措施的結果。」[25]1947年，包懋勛出人意外地來到伊犁，蘇聯的消息說他試圖與反革命勢力建立聯繫並控制間諜網的活動。[26]

　　但是，無論是經濟研究委員會的建議，還是政治局通過的秘密決定，都再沒有出現恢復東突厥斯坦國並使用其標誌符號的提法。該地區的管理是由聯合政府中伊寧代表成立的組織——「新疆和平促進會」（疑為新疆保衛和平民主同盟，1948年8月成立，阿合買提江任主席——譯者註）來實施的。一直關注這些進程的美國駐烏魯木

齊領事包懋勛，大約在省內新形勢開始一年後向國務卿報告說：「來自兩個不同渠道的消息證明，動蕩地區已停止用『東突厥斯坦共和國』來標稱該區域，更多用『新疆』這個詞。他們還用中國國旗替換了獨立旗幟（天藍底白色星月旗），甚至還為各種突厥斯坦官方文件附上漢語文本。聽說，擔任省政府副秘書長的阿巴索夫現在領導着伊寧一個名為『爭和平、促統一』的組織（此時阿巴索夫成立了新疆共產主義者同盟——譯者註）。」[27] 經濟研究委員會起草建議，政治局通過新疆問題秘密決定，中國共產黨與中央政府談判中斷，新疆事件在時間上剛好趕上新一階段國內戰爭的開始，這些事情的發生並不是偶然現象。

　　然而，與1944至1946年間時期不同的是，新疆北部地區在1947年秋還沒有實現統一。烏斯滿及其哈薩克戰士此時已成為令蘇聯各機構人員頭疼的新問題。儘管蘇聯領導機構在1947年2月就下達了清除烏斯滿及殲滅其所率部隊的命令，但烏斯滿卻為恢復其對阿勒泰地區的控制展開了更為積極的行動。雖然烏斯滿部隊對「新疆錫業」及其他企業構成威脅，「蘇聯內務部依然還是命令機動支隊（即部署在伊寧及可可托海的內務部邊防軍機動支隊）隊長加強對可可托海勘察隊基地的保護和防衛，不要參與對烏斯滿和民族軍部隊的作戰行動。」[28] 1947年9月，烏斯滿的部隊（1,500人）及卡里別克的部隊（900人）對阿勒泰地區發動突襲。烏斯滿突然佔領可可托海（9月3日）及阿勒泰首府承化（9月12日），迫使負責執行政治局決定的阿勒泰地區領導人達列里汗從城中逃了出來。負責新疆政局事務的蘇方工作人員認為這些軍事行動之所以取得成功，是因為中國新疆省政府在人員、武器、裝備及糧食方面向烏斯滿提供了幫助。這些幫助主要與新疆國民黨軍隊司令宋希濂將軍有關。美國駐烏魯木齊領事包懋勛向國務卿報告時寫道，根據他在9月23日與宋將軍的談話，宋否認自己與烏斯滿軍隊有聯繫。用美國領事的話來說：「在被強制離開其被合法任命的專區專員職務後，烏斯滿試圖重奪回來。

宋希濂承認，中方在軍事設備方面配合過烏斯滿的行動，但他認為中方從未出動軍隊幫助他。」[29]美國之音電台曾播放過有關烏斯滿的節目，節目中稱他是「美利堅合眾國的朋友」。[30]

然而烏斯滿品嘗勝利果實的時間卻並不長。9月底，達列里汗來到塔城，要求增加援助以與烏斯滿部隊作戰，塔爾巴哈台地區也開始徵召志願兵，配發武器並交由達列里汗指揮的兩個騎兵連以及幾個步兵營。除此之外，根據莫斯科下達的指示，加入清除阿勒泰及塔爾巴哈台地區烏斯滿部隊行動的還有蘇軍的幾支部隊。10月16日，約100輛卡車運載着三千多名重裝士兵，由六輛坦克協同駛入阿山（阿勒泰）北部地區。伊犁部隊在俄羅斯以外並沒有其他獲取軍事裝備的渠道，尤其是坦克，當時擁有的那些坦克並不能説是他們在起義期間從政府部隊手中奪取的，因為政府軍那裏根本就沒有這些東西。[31]塔爾巴哈台專區政府的常備部隊和新成立的部隊以及蘇軍一起發起進攻，在10月下半月奪回承化，烏斯滿部隊則撤退到山裏。美國領事認為，若沒有蘇聯幫助，伊犁民族軍此次不可能勝利。[32]宋希濂將軍與包懋勛交談時公開聲稱：儘管可能有紅軍部隊，但這些武裝進入這個地區主要是為了驅逐哈薩克部隊並收回對富蘊（即可可托海）鎢礦的控制。[33]但蘇聯欲借助蒙古國除去烏斯滿的計劃最終卻沒能成功。在1947年9月30日喬巴山與莫洛托夫會面期間，蒙古領導人向莫洛托夫建議：需要想出一個既能避免「不受歡迎的」後果，又能將烏斯滿從阿勒泰政治舞台上移除的辦法。喬巴山説，烏斯滿在其匪幫中有影響力，覺得最好殺死烏斯滿，因為他已投靠了中國人。莫洛托夫説，我們不會為烏斯滿感到遺憾。這位蘇聯外交部長讓喬巴山「從烏斯滿匪幫的後方開展工作」，也就是説，從蒙古派出特種機構的行動人員，而不是與烏斯滿部隊直接作戰。帶着開展秘密活動甚至殺死烏斯滿的指示，喬巴山回到了蒙古。[34]但是，烏斯滿在1947年12月逮捕了蒙古派來與他談合作的使者，並把他們交給了烏魯木齊。[35]因為擔心烏斯滿部隊會搶佔對蘇聯具有戰略意義的錫礦

和鎢礦，蘇聯駐烏魯木齊總領事 A · 薩維列也夫要求烏魯木齊政府向暴民頭目施加影響，讓其停止戰鬥活動。但烏魯木齊政府卻聲稱烏斯滿並不聽其命令，中方也沒有向其提供任何援助。[36]

除了烏斯滿，中國政府當局還與在塔爾巴哈台地區居民中享有很高威望的沙灣縣縣長卡里別克建立了秘密聯繫。收到中國政府900萬新疆元的卡里別克應將自己轄下縣民帶到國民黨軍隊控制的區域之內，以削弱該地區的革命部隊。然而這個計劃卻未能取得成功。伊寧控制的民族武裝及時阻止了該計劃的實施，而卡里別克本人也好不容易逃到烏魯木齊躲藏起來，並在1949年移民到巴基斯坦。[37]

在將烏斯滿武裝部隊從礦產資源豐富的阿勒泰及塔爾巴哈台地區驅離後，新疆北部地區的蘇聯內務部隊及國家安全部別動隊也回到了自己的防禦陣地。在此期間，為確保三個革命專區的「安全」，蘇聯認為必須加強伊寧民族軍的人員組成並鞏固其物資設備基礎。在蘇聯顧問看來，根據1946年6月6日協議改組成立的1.1萬至1.2萬人民族軍部隊，應當維護三區的安全，使之免受烏魯木齊方面的侵犯。鑒於烏斯滿的軍事威脅已降到最低限度，弗拉基米爾 · 葉格納洛夫在1948年2月14日給蘇聯內務部長 C · 克魯格羅夫發送「關於將其率領的內務部人員召回常駐服務地」的電報。[38]為獲得上級領導機關的指示，克魯格羅夫於1948年2月18日將此電報轉給了莫洛托夫。[39]蘇聯領導人同意葉格納洛夫的建議，並從1948年春開始主要關注整體加強北部專區的軍隊以及當地政權機關的問題。

與此同時，從1948年開始，蘇聯顧問計劃逐步將始於伊犁地區的當地民眾民族解放運動融入全中國的共產主義革命之中。在中央政府與中國共產黨的談判終止之後，中國國內戰爭進一步趨於激化，在此期間，蔣介石已失去了對國內一些重要地區的控制，中國共產黨和國民黨之間很快開始的決戰階段也波及到新疆。聽命於中國中央政府的麥斯武德 · 沙比爾政府，在遭遇莫斯科及其控制的「民族力量」巨大壓力之後，開始實施更激進的反蘇政策。

因為新疆省政府認為「所有禍害」都「源於俄羅斯」，所以它發起成立了一個名為「反蘇、反中共、反三區革命委員會」的社會組織，還在該組織之下組建了一些軍事化的青年團體。由於這些團體主要由哈薩克族青年人組成，這些團體的領導權就交給了烏斯滿。一場殘酷打擊烏魯木齊及其他政府控制地區內蘇聯代理人的活動，就這樣開始了。[40]

親政府武裝於1948年5月對蘇聯駐喀什一些單位採取控制措施，並對在當地生活的蘇聯公民造成威脅，引起省內蘇聯機構的強烈不滿。對於發生這些事件，蘇聯總領事在5月7日向新疆省政府主席遞交了抗議照會，駐南京大使館也在5月29日向中國外交部遞交了照會。照會稱：「蘇聯駐中國大使館認為必須指出，喀什市當地政府方面的這些暴行令人憤慨，是對蘇聯公民進行野蠻迫害的行為，我方堅決要求儘快採取措施制止這些暴行，並保證以後不再出現。」[41]蘇聯駐南京新任大使尼古拉·羅申在1948年6月1日向蔣介石總統遞交國書後，使中國政府關注的第一件事就是喀什發生的反蘇事件。由於中國外交部未回覆5月29日蘇聯大使館的照會，大使館又於6月21日向中方遞交了書面通知，通知堅決要求「中國政府採取緊急措施制止喀什市當地政府方面的暴行，懲治對蘇聯公民作出毆打、搶劫和暴力行為的肇事者，並賠償喀什市受害蘇聯公民的損失」。[42]在蘇聯堅持要求下，中國外交部最終在1948年8月3日發表聲明稱，儘管在「此次爭執」期間喀什政府機關犯了一些錯誤，但「他們沒有任何政治上的意圖」。[43]然而蘇聯大使館並不認同中國外交部將這些事件描述成「一場爭執」，8月30日在答覆照會時表明：「有50名公認與地方軍事政權有關係的武裝人員參與了攻擊蘇聯公民的行為，這不能解釋為中國公民與蘇聯公民之間的一場普通爭執。」[44]

在中國國內以及新疆邊境地區局勢均日趨緊張之際，對北部三區的管理不可能長期處於不確定的狀態。考慮到這種情況，聯共（布）中央政治局於1948年4月24日通過了「關於加強伊犁、塔爾巴哈台及

阿勒泰三專區政治經濟狀況有關措施的決定」。決定說：「為了加強
行政及軍事管理並改進新疆伊犁、塔爾巴哈台及阿勒泰地區的政治經
濟狀況，認為必須採取以下措施：建議哈斯木‧阿合買提江（新疆省
政府副主席）在伊寧召集三區各地正、副行政長及財政、經濟機構領
導人，開會商討當前的形勢。此次會議上應成立由五至七人組成的
常務委員會，作為負責整個三區行政管理及經濟事務的領導機關，但
該委員會不要公開走向前台。為了不讓中國政府方面知道該機構的
真正使命，應將其稱作『財政及經濟狀況研究及改良委員會』。」[45]

　　決議寫道，如果中國政府質疑成立該委員會的原因，應答覆：
「委員會的任務就是制訂措施徵收維護部隊及行政管理機構所需的貨
幣和物質資料，並對此進行監督，因為中國政府迄今沒有劃撥這些
資料，而此種做法已違反了1946年6月6日協議的相關條款。」這份
文件建議賦予委員會對三區政治及經濟生活進行監督的權力，其中
特別講道：「賦予委員會監督行政管理機構政治及經濟活動的權力，
並有權就這些問題下達整個三區都必須遵守、非公開的指示。」[46]

　　蘇聯領導機構建議從新疆民族解放運動擁護者中選出可靠者來
組建委員會，與此同時卻認為不宜將伊犁地區領導人阿合買提江‧
哈斯木和伊寧武裝部隊司令伊斯哈克別克‧穆努諾夫吸納進委員
會。莫斯科方面認為，只需始終把這兩個人視為民族解放運動的領
袖即可，不必在委員會之內擔當任何正式職位。委員會在三區境內
的工作應當包括：制訂統一的財政及實物稅制度；監管比新疆其他
地區更低的稅收水平；確保軍隊、國家機構、教育及衛生部門所用
物質資源的徵收；籌劃整個三區1948年的預算；為軍隊及國家機構
擬訂人員編制、明確工資標準等。由於這些措施的施行，1948年原
東突厥斯坦共和國境內市場的物價水平僅為新疆其他地區的五分一
至十二分一。[47]

　　決議規定要成立「新疆保衛和平民主同盟」，以該同盟名義發布
「告全省人民書」，並確定擬提交蘇聯政治局批准的呼籲書文本。蘇

聯領導人認為應該讓阿合買提江・哈斯木和И・穆努諾夫負責該
同盟的領導工作。政治局決議第三條説:「要用當地工作人員的力
量,肅清在三區活動的烏斯滿分子及中國政府代理人。為了動員人
們積極與烏斯滿分子及中國政府代理人鬥爭,應在各地行政主管部
門之下設立『強化法治和秩序委員會』,吸收最可靠的氏族長老及宗
教界人士加入。這些委員會的職責是聽取各類拘押案件的調查結果
並根據結果作出決定,隨後再由行政長對決議予以審核。」政治局這
份決議的第四和第五條則與工業及經濟問題相關。根據這些條款的
內容,蘇聯認為有必要在伊寧成立「伊犁工貿股份公司」,賦予該公
司在開展內外貿易活動方面的特權,在該公司之內組建各類合作組
織,吸納可靠者加入公司,其中一名或二名是蘇聯專門為該公司派
遣的人員。為此,蘇聯外貿部部長阿・米高揚得到命令,在1948年
9月1日前向伊犁工貿股份公司調撥小型石油工廠設備、電話電報及
醫用器械和藥品,條件是以此交換價值150萬盧布的原料、畜牧產
品以及其他資源。決議最後一條責令烏茲別克斯坦共產黨(布)中央
委員會第一書記尤蘇波夫及哈薩克斯坦共產黨中央委員會第一書記
沙亞赫麥托夫:「緊急找出那些來自新疆、已落戶於共和國境內並受
過教育的維吾爾人、烏茲別克人及柯爾克孜人,以便讓他們回到新
疆加強三區的行政管理機構。將其中最有學識及最合格的人員,經
過與Φ・Φ・庫茲涅佐夫(費多爾・庫茲涅佐夫,時任蘇聯部長會議
下設的情報委員會副主任)協商,派到新疆去工作。烏茲別克斯坦及
哈薩克斯坦國內的學校,為那些在蘇聯求學的新疆青年開設專門的
班級,培養醫生、教師、農藝師、行政管理人員以及其他專業的骨
幹,以便將來在新疆工作之用。」[48]

　　這份由斯大林簽發的決議,執行事宜由莫洛托夫、庫茲涅佐
夫、米高揚、尤蘇波夫和沙亞赫麥托夫負責。與該決議一起,政治
局還通過了四頁內容的《告全省人民書》文本。這份呼籲書説:新疆
各穆斯林民族長期遭受壓迫和剝削,解救他們需要全體民眾的團結

和友誼，保持1944至1946年革命的成果；事實已多次證明，必須捍衛1946年協議的民主條款。呼籲書還特別提到：「但目前依然還是敵視人民的那些分子在掌權，這些人想剝奪人民歷盡艱辛得到並被中華民國政府承認的自由。在一些掌權人物的支持下，草原惡狼烏斯滿及其強盜匪幫，曾經幹過且現在仍在繼續那些突襲搶劫、對和平民眾犯下暴行、殺害婦女兒童、橫行霸道及恣意妄為等行為，就說明了這一點。新疆人民不會忘記卡里別克背叛人民事業的行為，他是烏斯滿的同夥，也是像烏斯滿一樣的暴徒。」[49]為了建立新疆各民族的友誼，建設各民族自由友好的社會，呼籲書宣布成立「新疆保衛和平民主同盟」。呼籲書結尾稱：「『新疆保衛和平民主同盟』依靠當地人民支持、履行人民意志，肩負着為人民解決這些重大問題偉大而神聖的使命。新疆保衛和平民主同盟將盡一切努力支持中華民國政府所有進步、真正民主的措施……。全省各專區、縣、鄉、村也將組建成立具有同樣任務的地方同盟組織。」[50]所有人，無論其性別、民族、信仰、職業及社會地位，都可被吸收為同盟成員。

在1948年4月24日通過兩個關於新疆問題的重要文件後，政治局在5月10日又通過了寄給蘇聯駐南京大使的《對蘇聯駐中國大使的指示》。儘管指示建議彼得羅夫大使不需回避與美國、英國等其他國家大使的接觸，但也要求他「不要與他們爭論有關中國共產黨以及其他中國內政外交的問題，不要和他們什麼都說。無論在什麼情況下都應表明蘇聯不會干涉中國的內政」。[51]接着，指示羅列了為維護蘇聯在新疆經濟利益需要採取的相應措施。由於各民主和進步組織此時還處於非法狀態，指示要求大使在與這些團體接觸時要「加倍小心」。指示同時要求大使密切關注美英的活動。指示就此寫道：「細心觀察美國人在中國的活動，注意發現以下這些問題的情報和事實：一、美國人參與打擊中國民主力量的情況以及對蔣介石提供的幫助；二、美國資本滲入中國的方式和規模；三、在中國準備針對蘇聯軍事基地的情況；四、在中國的美國官方代表機構及私營組

織、團體和公司與中國政府及國民黨組織，限制蘇聯在中國和遠東地區的利益、組織敵視蘇聯的政治團體以及進行其他活動方面的合作情況（人物、合作形式及方法）。大使還應關注英國的政策，以及美、英之間在中國存在的矛盾。」[52] 在指示的結尾，政治局責令駐南京大使：「詳細而系統地研究中國政府在內政外交方面採取的措施，中國的軍事及經濟形勢，國民黨統帥部的計劃和辦法，中國財政狀況以及這些領域發生的各種變化，並及時就這些問題向蘇聯外交部報告。」[53]

政治局向駐華大使發出指示後，隨後又通過了幾個維護中國共產黨利益的決議。在中國國內戰爭加劇期間，政治局多次指示財政部長阿列克謝·柯西金給米哈伊爾·蘇斯洛夫調撥「用於專門用途」的外匯。8月13日，政治局通過了接受一批為數20人的中國共產黨及中國人民解放軍領導人的孩子在蘇聯接受教育的決定。[54] 12月28日，政治局指示蘇聯電影事業部派遣一個攝製小組前往解放區工作八個月。決定說：「責令鮑爾沙科夫（伊萬·鮑爾沙科夫，時任蘇聯電影事業部部長）同志在1949年製作一部反映中國人民為爭取自己自由和獨立而英勇戰鬥的紀錄片，在影片中展示中國人民解放軍的戰鬥場景以及中國解放區政治和經濟生活中發生的重大事件。」[55] 儘管文件上標注着「絕密」字樣，但它的通過標誌着，在中國國內戰爭硝烟彌漫的天空已清晰顯露出共產黨即將取勝的迹象。

1948年夏，「新疆保衛和平民主同盟」的工作開始具體付諸施行，政治局根據經濟研究委員會的建議在4月24日通過了決議，認為成立該組織是極其必要的。同年7月，根據人民革命黨、革命青年聯盟、自由協會及其他社會組織的提議，在伊寧召開了各民主力量、團體及協會的代表大會。阿合買提江·哈斯木在會上作了「關於中國當前政局及各民主組織和團體任務」的長篇報告。其後，代表大會通過了關於成立「新疆保衛和平民主同盟」的決議。該組織中央委員會由阿合買提江·哈斯木領導，成員包括阿不都克里木·阿巴索

夫、伊斯哈克別克‧穆努諾夫、達列里汗‧蘇古爾巴耶夫、薩格杜拉‧賽富拉耶夫等人。代表大會發表了《告全省人民書》，其文本已在4月24日經聯共（布）中央政治局審核。發表之時，文本中與新疆政治、經濟、文化及社會生活等方面有關的12條內容均未作任何變動。呼籲書的主張包括：言論、出版、集會及宗教信仰自由；各民族權利平等；以選舉的方式組成地方機構，並吸納廣受當地民眾信賴的人士加入；人民對行政機構的工作進行監督；成立人民教育協會；確保書籍印刷、期刊出版使用民族語言；開設用母語進行教學的小學、中學及職業技術學校；訴訟程序採用民族語言；消除性別歧視；擴大醫療機構網絡；向貧窮民眾階層提供免費醫療服務；私有財產不可侵犯；改進農業土地的使用；發展畜牧業，改良土壤；擴大牧場用地以及解決其他問題等。[56]

　　由於同盟是按蘇聯計劃成立的，駐新疆蘇聯機構也就積極參與了其創建工作。它們的參與促進了同盟在極短時間內大眾化。僅在一年後，同盟在伊犁、塔城和阿勒泰三個專區就聯合了27個縣級和755個基層組織，成員逾五萬人。同盟領導人阿合買提江‧哈斯木在當時的公開演講、文章和信件中，坦率表達了在給予最大限度自治權的條件下繼續讓新疆成為新中國一部分的想法。[57]美國駐烏魯木齊領事包懋勛認為，蘇聯之所以竭力想保住北部三區是因為莫斯科有各種盤算。他在1948年11月給國務卿的報告就寫道：「三區的蘇聯靠山，極有可能打算以使三區回到『父親的家』為條件，以換取在簽署新的航空運輸及貿易條約時讓中國接受那些對蘇聯有利的條件；似乎，中蘇之間以穆斯林利益為籌碼就整個地區問題作出的巨大妥協，正在實現過程之中。」[58]

　　1948年12月，蘇聯外貿部部長Ａ‧米高揚根據政治局4月24日的決議，就蘇聯與新疆貿易的主要方向表述了自己的想法和意見並向斯大林匯報。他寫道：「今年11月底，一些著名的烏魯木齊商人多次來找我國貿易代表機構，要求向蘇聯出售毛料、生絲、皮料、

皮貨以換取蘇聯的商品。同時這些人還說，他們能夠獲得新疆省政府對蘇貿易的許可。中國人對與我國貿易如此感興趣是可以理解的，因為目前在他們控制的新疆地區正在遭受嚴重的經濟困難。因此可以預期，他們一定會向我們作出讓步，而我們則以我方能夠接受的條件為基礎，協商恢復貿易和經濟合作。」米高揚認為：「繼續推遲就談判問題作出決定是不應該的，因為繼續拖延下去未必對我國有利。恢復貿易和經濟合作將進一步促進和鞏固我國在新疆的地位，使我國與新疆民眾的邊境貿易以及蘇聯冶金工業部在新疆伊犁和阿勒泰邊境地區進行的稀有金屬開採活動合法化。」[59]他說，與新疆經濟關係的基礎不僅只是石油、錫和鎢礦，而且還有稀有金屬。部長認為，所有在新疆開採的有色及稀有金屬，除了留下滿足當地需求的必要數量之外，都應運到蘇聯境內。因此，米高揚建議立即開始與新疆省政府的談判，談判工作交由烏魯木齊蘇聯總領事Ａ‧薩維列也夫及蘇聯駐新疆貿易代表Ａ‧伊弗欽科夫負責。然而一些蘇聯機構尤其是外交部，卻認為現在開始與新疆政府就恢復經貿關係問題進行談判並不適宜。比如，外交部遠東一處處長Ｈ‧費多連科在向副部長Ａ‧葛羅米柯報告時寫道：「當前中國國內政局對國民黨極為不利，不適合我方在新疆經貿合作談判問題上採取主動。若這樣做的話，可能就會被視作對南京政府在政治上的支持。」[60]此時南京政府的情況已十分危急，國民黨領導集團中的恐慌情緒進一步加劇，對國家未來的認識出現分歧，甚至連替換蔣介石總統的問題也已提上了日程。

　　莫斯科對中國共產黨的支持從1948年底就開始走向公開化，而它對國民黨政府的經濟施壓則進一步加強。這些施壓手段之中有一些就直接與新疆有關。比如，直到1948年底，莫斯科與南京一直在為1,600名中國公民及軍人的生活費開支問題爭論不休，這些人為擺脫伊寧起義部隊，曾於1945年7月越過邊境從塔爾巴哈台地區逃入蘇聯境內。儘管這些公民根據與中國政府的協議已在1946年9月15

日回到新疆，但蘇聯通告說，在這些人居留蘇聯境內期間，蘇聯為他們的生活花費了2,592,893盧布。因此，蘇聯外交部於1947年3月30日及12月7日向中國政府轉交了相關內容的照會。雖然中國方面主張按照此時已經下降的波動匯率(1美元兌1盧布)用美元來償付債務，但蘇聯方面卻不同意。1948年12月6日外交部副部長 A．葛羅米柯給莫洛托夫發去一封相關信件，在信中寫道：「鑒於中方迄今仍拖延向蘇聯支付所規定的債務，而且對蘇聯外交部5月19日的照會不予答覆，我認為應當委託統金同志將中國大使館參贊召到蘇聯外交部，向其遞交新的外交部照會。」[61]同時，葛羅米柯還認為應通知中方，從1947年3月起上述債務上再加收按年利率3%計算的罰金。

國民黨軍隊在1948年夏秋期間遭受重大失敗後，蘇聯對中國共產黨領導下的中國人民解放軍以及解放軍控制地區的援助規模也越來越大。1948年底，蘇聯根據部長會議決定向滿洲地區政府提供價值4,400萬盧布的86台蒸汽機車及1,000節車廂。[62]由於解放軍在1948年秋成功發動了遼瀋、淮海及平津三大戰役，南京政府此時的命運實際上已經被決定。1948年12月31日，蔣介石在新年致辭向中國共產黨提出停止內戰並開始和平談判的要求。一周後，他向蘇聯、美國、英國和法國提出讓它們充當談判調停人的要求。但蘇聯在與毛澤東協商後於1月17日拒絕了要求，在經政治局核准的外交部回函稱：「在研究中國政府的請求之後，蘇聯政府認為必須聲明，蘇聯堅定遵循、也一貫堅持不干涉別國內政的原則，根據此原則，蘇聯不認為自己應當承擔中國政府在請求中所稱的調停工作。」[63]面對這種情況，蔣介石在1949年1月24日辭去了總統職務。

所有這些戲劇性的事件都沒有避開新疆。曾試圖調解共產黨和國民黨避免發生內戰的張治中將軍，此時繼續以省的行政領導人及西北地區中國武裝部隊指揮部總司令官(張治中曾任西北軍政長官公署主任——譯者註)的身份控制着新疆。共產黨對他態度不壞，中共領導人毛澤東甚至「稱他為自己的朋友」。[64]他密切關注着中國國

內的軍事和政治發展進程，目睹獲得蘇聯支持的共產黨取得優勢，也想在新的政治環境下抓住機會保持對新疆局勢的影響力。此時，對麥斯武德‧沙比爾政府不滿的蘇聯代表，秘密派遣前聯合政府成員、新疆保衞和平民主同盟領導機構成員包爾漢前往張將軍的指揮部。包爾漢對張治中說，中國共產黨的士兵正在向中國西北地區推進，如果他能為防止該地區被佔領而斷絕與中國國民黨方面的聯繫，而且與中國共產黨就不派部隊進入東突厥斯坦地區達成協議，那麼蘇聯將提供大量軍事和經濟援助來加強該地區共產黨的地位並支持其獨立狀態。在這一問題上，包爾漢建議張將軍首先「解除麥斯武德‧沙比爾、秘書長艾沙‧優素福‧阿爾普特金的職務，並召回指揮在東突厥斯坦的國民軍司令宋希濂」。[65] 時任麥斯武德‧沙比爾政府秘書長艾沙‧優素福‧阿爾普特金回憶說，張將軍與蘇聯駐南京大使甚至就此問題達成了一些秘密協議。根據這些協議條款，蘇聯保證幫助中國西北地區建立一支現代化軍隊，提供經濟援助，幫助培養幹部、建設空軍、發展通訊、促進農業及加工業，並承諾在必要時派遣相應數量的部隊進入該地區。[66] 在動身往南京之前，張將軍向蘇聯駐烏魯木齊總領事通報了自己對替換新疆省政府主席的看法。在烏魯木齊領事區為蘇聯外交部起草的一份報告寫道：「在去南京之前，張治中對蘇聯駐烏魯木齊總領事薩維列也夫同志說，他準備撤消麥斯武德主席之職，並委派深得伊寧人信任、同時又與漢人保持密切關係的包爾漢來擔任該職。」[67] 這樣，根據協商結果，張治中將軍在1948年底與蔣介石見面並對他說：「我們作為中國民族主義者，不得不投入全部精力與中國共產黨人進行生死之戰，而俄國人利用這個機會，還可能會在伊犁暴動分子的幫助下佔領其他專區。為了防止俄國可能佔領新疆，應從新疆召回以反俄傾向而著稱的部隊司令宋希濂將軍，並委派性格較溫和的陶峙岳取代其職。更符合我國民族利益的還有任命包爾漢來替換麥斯武德‧沙比爾，並讓劉孟純回來取代艾沙‧優素福之職。」[68]

　　此時本來就處境困難的蔣介石，也正在尋求與蘇聯改善關係的機會。因此，張將軍的建議對他來說有吸引力。中國政府首先在1948年12月批准了將宋希濂從新疆軍隊司令職位召回的命令，任命陶峙岳將軍代替其職。陶將軍千方百計想辦法展現自己對蘇聯的友好態度。比如，陶峙岳一上任就馬上撤銷了其前任宋將軍的一些命令。他撤銷了宋希濂把烏斯滿部隊秘密編入中國正規軍的做法，得到了蘇聯駐新疆機構的肯定。就這一問題，陶將軍聲稱：「將哈薩克人編入中國正規軍的命令，是宋將軍的錯誤理解。伊犁協議(應為烏魯木齊協議)賦予當地民族招募地方武裝組織的權力。這並不是說，它們應成為中國軍隊的一部分。」[69]其後他會見了省政府主席麥斯武德·沙比爾，並對他說為防止蘇聯佔領該省，中央政府似乎要將他以及幾名政府成員撤換。1949年1月10日，即在蔣介石請求蘇聯調停他與共產黨的談判的兩天後，陶將軍解除了麥斯武德·沙比爾的省政府主席職務。與此同時，麥斯武德·沙比爾拒絕了南京政府任命他為中國駐伊朗大使的建議。[70]以親蘇傾向著稱的包爾漢被任命為省政府主席。詹姆斯·米爾沃德和納比江·吐爾遜這樣描述此次任命：「他是一名游歷多國，祖籍喀山阿克蘇(俄聯邦轄韃靼共和國布因區的一個村鎮──譯者註)的韃靼人。包爾漢在穩定新疆財政問題上曾取得部分成功，使新疆貨幣得到了恢復，他還允許成立改組後的突厥民族解放組織。但同時，除了與蘇聯就重啟全面貿易關係進行談判之外，面對中共的勝利未能重新改變決定新疆命運的外部勢力，他對日益惡化的經濟及政治局勢也束手無策。」[71]他獲任命為省政府主席，讓蘇聯駐新疆機構以及莫斯科的蘇聯領導人十分滿意。包爾漢支持以自治為條件將新疆留在中國版圖之內。由此可見，這次任命標誌着莫斯科支持的伊寧集團掌握了新疆的政權。俄羅斯學者弗拉基米爾·克拉西里尼科夫對此這樣寫道：「這一點尤其重要，因為麥斯武德掌權之時，在泛突厥主義及泛伊斯蘭主義的影響日漸上升的情況下，巴基斯坦和阿富汗勢力在新疆境內的滲透和

強化正變得非常明顯。」[72]《泰晤士報》的〈俄國和新疆〉一文這樣評述
了1949年初在烏魯木齊成立的包爾漢政府:「暴動現在以任命包爾
漢——這名講俄語的突厥人為新疆省長而結束。包爾漢似乎與一個
溫和集團結合在一起,該集團一直努力在新疆政府與蘇聯支持的暴
民之間扮演中間人的角色。總體來看,他不會阻止蘇聯強化影響力
的做法。俄國人如今已將可怕的『東突厥斯坦共和國』束之高閣,對
它的宣傳也銷聲匿迹。即便如此,東突厥斯坦民主黨領導人穆哈邁
德·伊敏依然成為新疆新政府的第二副主席,而來自伊犁、現在這
些分裂分子的領導人阿合買提江則成為第一副主席。」[73]

在收到南京政府有關調停問題的提議後,同時根據蘇聯外交部
提交的報告,政治局在1949年1月14日的會議上討論了中國國內局
勢。會議以「絕密」方式批准了斯大林發給毛澤東的密電。鑒於毛澤
東正準備前來莫斯科,斯大林在這封電報建議毛澤東推遲此行,改
由他派遣一位政治局成員前往中國。密電説:「我們都主張您暫時推
遲您的莫斯科之行,因為現在您留在中國國內是極其必要的。如果
您願意的話,我們可以儘快派遣一位政治局負責人前往哈爾濱或者
其他地方去找您,就我們感興趣的問題商談。」[74]1月17日莫斯科收
到毛澤東的回電。在電報中,毛澤東同意斯大林有關暫時推遲訪問
莫斯科的意見,並對派遣一位政治局成員到中國的想法表示歡迎。
關於見面地點,毛澤東説:「最適合政治局成員前來的地方是石家
莊。這個地方相對封閉,而且從這裏可以直接前往我中央委員會所
在地。」[75]

在獲悉毛澤東的回電之後,斯大林將中國之行的秘密任務交給
了A·米高揚,但這件事不能讓任何人知道,因此米高揚於1月26
日離開莫斯科,來到遠東地區「了解千島群島及堪察加半島的漁業
情況」。1月30日,他在西柏坡與毛澤東進行了第一次會談。此次會
談討論的問題有:「中國軍事形勢」、「中國共產黨對自己錯誤的態
度」、「中國共產黨幹部的馬克思主義教育」等。首次談論有關中國

穆斯林的問題，是在2月1日米高揚與周恩來會談的時候。對於米高揚有關中國西北地區穆斯林會否提出某些要求的問題，周恩來回答說：「穆斯林民眾想獲得的是自治權。如果我們給予他們自治權並小心處理其宗教問題，他們會和我們合作的。」米高揚問中國西北地區穆斯林的情況如何，周恩來指出：「中國這個地區有許多不同的、還處在落後發展水平的少數民族，其中僅有一些人達到較高社會層次。」[76]新疆問題到了2月4日蘇共政治局代表與毛澤東會談時才有充分的討論。中國共產黨領導人在回答米高揚問題的時候，闡述了自己的民族問題觀點。在關於此次會談的報告中，米高揚寫道：「我轉告毛澤東，我們的中央委員會建議中國共產黨，在民族問題上不要用給予少數民族獨立的方式而過分表現自己，這會造成在共產黨人掌權時減少中國的領土。給少數民族的應該是自治權，而不是獨立。毛澤東對此建議感到高興，從他面部表情來看，他是不打算讓任何人獨立的。」[77]隨後，就在這一天，雙方根據毛澤東的提議討論了新疆問題。米高揚在1960年9月22日為蘇聯共產黨中央委員會撰寫了關於他在1949年1月至2月中國之行的詳細報告，其中這樣描述中共領導人對新疆問題表現出來的興趣：「毛澤東懷疑我們在新疆的意圖。他說在新疆伊犁地區有不服從烏魯木齊政府的獨立運動，但同時那裏也有共產黨。他講道，1945年在重慶與白崇禧見面時獲告稱，伊犁地區的暴民擁有蘇聯生產的火炮、坦克和飛機。我明確向毛澤東聲明，我們不支持新疆的民族獨立運動，不但如此，我們對新疆領土也沒有任何野心。我們認為，新疆是而且應該是中國領土的一部分。」[78]

當然，米高揚是以蘇聯領導人特有的自信在這樣的場合說假話。要知道，他不僅參加了制定有關新疆的秘密決議的所有那些政治局會議，而且還是這些決議一些條款的執行者。（據俄檔案，米高揚在與毛澤東的會談中矢口否認蘇聯支持了三區的暴動——譯者註）在與毛澤東會談期間，米高揚指出：「這場運動是由中國政府的錯誤

政策引起的，政府不願考慮那些民族的民族特點，不給他們自治的權力，不允許發展民族文化。如果能給予新疆各民族自治權，那麼未必會有獨立運動的溫床……。我們一直支持發展與新疆的經濟合作及貿易，正如現在發生的那樣，正如以新疆張治中為代表的國民黨政府所主張簽署的協議那樣。」就此問題，毛澤東強調：「他們的意思是使新疆整體自治，就像內蒙古一樣，它已經是一個自治區了。」

與米高揚交談期間，毛澤東對新疆石油的儲存量特別感興趣。為了滿足其興趣，米高揚說：「在盛世才時期，我們開採並加工了大量的石油，由於沒有輸出的交通工具，這些石油都用於滿足新疆省內的需要。」[79] 另一個讓毛澤東感興趣的涉及新疆問題是，能否實現在東突厥斯坦境內將中國鐵路與蘇聯鐵路連結起來的想法。毛澤東將這條鐵路視為具有軍事戰略意義的交通線，因此問道：「能否修建一條鐵路將中國鐵路與蘇聯鐵路通過新疆連結起來？如果爆發新戰爭，這將對兩國國防具有重大意義。在這樣的戰爭中，中國當然會和蘇聯站在一起。假如滿洲地區遭遇軍事威脅，這條鐵路就將是中國作戰部隊的一條重要補給通道。」[80]

但米高揚卻不能給予毛澤東任何答覆，因為他不知道斯大林對此問題的看法。他在2月5日給斯大林拍發電報報告這一問題。[81] 米高揚從中國返回後，斯大林才在討論他此次中國之行的成果時表示，連結蘇中兩國的鐵路更適合經過蒙古修建。因此，政治局代表後來向中國共產黨領導人去信寫道：「應經過蒙古國修建鐵路，因為這裏已經是一個人民共和國，且這樣修鐵路會更短、更便宜，而修建新疆鐵路則擺在第二位。」[82]

2月6日毛澤東再與米高揚舉行另一次會談，中國穆斯林地位再次成為討論的話題。毛澤東說：「我們承認穆斯林的民族地位，我們從來不贊同國民黨壓迫中國穆斯林民眾的政策，因此也認為應給予他們中國國內的自治權，中國目前共有多達3,000萬的穆斯林民眾。」在此次交談期間，中國共產黨首腦簡要闡述了其針對新疆的規劃。

他指出:「新疆生活着14個民族,總人口約300萬。新疆具有巨大戰略意義,並在經濟上將我國與蘇聯聯繫在一起。根據我方計劃,我們將在1951年進入新疆。」[83]但斯大林卻不同意毛澤東按照其在中國推進共產主義的方案,打算在1951年才進入新疆的計劃。他在1949年6月就必須加快在新疆建立共產黨體制一事給中共領導人發去專電,在電報中寫道:「我方建議必須對新疆予以重視,這裏地下蘊藏着石油,在這裏您也能得到棉花。您沒有石油將會十分艱難。如果能儘快開始在新疆的工作,那麼經過兩三年就能擁有自己的石油。將來可以從石油開採及加工地區鋪設輸油管到鄭州車站,而從鄭州您既可以走水路、也可以走鐵路將石油運往國內各地。因此,您不宜長時間推遲佔領新疆。」[84]

斯大林於1949年6月在莫斯科接見以中國共產黨中央委員會書記劉少奇為首的代表團時,再次提到新疆在經濟及戰略上對新生政權的重要性問題。他這樣向中方代表團建議說:「佔領新疆一事不應再拖延,因為拖延會招致英國人干預新疆事務。英國人可能挑動穆斯林,其中也包括印度的穆斯林,使針對共產黨的內戰持續下去,這是不希望發生的。另外新疆還有豐富的石油礦藏和棉花,這是中國急需的。」中國共產黨認為斯大林之所以堅持要儘快佔領新疆,是因為他對泛伊斯蘭主義可能在中東地區蔓延感到擔憂。人口主要為穆斯林的巴基斯坦在1947年8月宣告獨立,進一步增加了這種可能性。蘇聯領導人首先是斯大林,普遍認為一個新穆斯林國家在中亞出現是由於英國加強實施陰謀。在斯大林看來,英國人可能將這些做法也用於東突厥斯坦。為了排除這種威脅,斯大林認為重要的是要在將來改變新疆的民族族群結構。他對中共中央建議說:「新疆的漢族人口現在不超過5%,在佔領新疆後,為全面開發這個廣袤而又富饒的地區並加強中國邊防,應通過漢族移民將漢族人口的比例提高到30%。總之,為加強中國國防,應讓所有邊境地區都住滿漢人。」與此同時,他不同意中方代表團成員的意見,代表團認為由於

穆斯林將軍馬步芳率領的國民黨軍隊在西北地區，因此要暫緩佔領新疆。對此，斯大林説：「你們高估了馬步芳的力量，他的騎兵是很容易被炮火消滅的。如果你們願意，我們可以給貴方提供40架戰鬥機，它們可以迅速打垮和驅散這些騎兵。」[85] 順便説一句，在蘇中雙方開始談判的那一天，政治局通過了關於支付中國共產黨代表團開支費用的秘密決定。決定講道：「由蘇聯政府向中國代表團發放日常費用，劉少奇、高崗、王稼祥及師哲每人2萬盧布，代表團其他工作人員共5萬盧布。」[86]

劉少奇逗留在莫斯科時，他以代表團名義起草了名為「關於現階段中國革命及中蘇關係」的長篇報告，並於7月4日將報告交給了斯大林。報告闡述了中方在許多問題上的立場以及中方對斯大林有關新疆建議的態度。這位中國共產黨中央委員會書記寫道：「我們是想儘快解放新疆，但清除通向新疆道路上的敵人，確保運輸暢通對我們來説是一大困難。必要的交通工具不足也是一個大難題……。如果我們能克服這些困難，那就可以使解放新疆的時間大大提前。」[87] 在雙方莫斯科談判期間，斯大林建議中國共產黨緊急派遣一位代表前往新疆與伊寧民族解放運動領袖及新疆進步知識分子建立聯繫。他認為應當從一開始就讓這位代表留在新疆監控局勢。劉少奇説，這樣的代表可以由代表團成員鄧力群擔任，但指出需要與毛澤東協商該問題。談判過程中，斯大林與中方代表團商定了一系列的問題，其中就包括邀請東突厥斯坦民族解放運動代表團參加1949年9月的中國人民政治協商會議第一屆全體會議。此外，雙方約定處於蘇聯控制之下的北部三區左翼勢力與中國共產黨合併，中方同意將三區民族軍部隊編入中國人民解放軍。

1月24日，在包爾漢被任命為省政府主席之後，蘇聯駐烏魯木齊總領事表示蘇聯準備啟動恢復與新疆經貿關係的談判。1949年2月7日，雙方在烏魯木齊開始了關於蘇聯與新疆經貿關係的預備談判。舉行此次談判的決定是由莫斯科作出的，蘇聯總領事 A·薩維

列也夫收到了與以劉澤榮為首的中國代表團開展談判的指示，駐新疆貿易代表A‧伊弗欽科夫也和總領事一起代表蘇聯出席談判。除此兩人外，參與後續階段談判的蘇方代表還有阿爾讓尼科夫、格爾澤羅夫和莫寧。雖然中方接受了以蘇方建議作為談判基礎，但是對建議作了一些補充。比如，在補充內容之中有：「蘇方打算出售的由其購買的那一部分石油產品，應首先提供給新疆省政府。」[88] 2月11日會談時，中方進一步具體地闡明了自己在經濟方面的考慮。中方提出，希望蘇聯以書面方式通告有關金屬和其他礦產的信息，打算在新疆進行尋找這些礦產及加工工作的情況，並就打算開展石油及金屬礦產地質勘查的省內所選地區名單進行協商。

　　蘇聯駐烏魯木齊總領事A‧薩維列也夫就此問題報告說：「中國人主張取消蘇方有權購買有色及稀有金屬公司所有產品的這條建議。他們建議給予雙方這樣的權利。而且，他們堅持『所購金屬種類和數量由雙方進行協商』。換言之，中國方面想提前商定每一方將購買什麼金屬以及各佔多少比例等問題。中國人考慮的是：他們所購產品可能不會只用於滿足新疆內部需求，還會運到中國內地。」[89]雙方2月15日會談主要討論的是恢復蘇新貿易關係問題。對此，雙方約定對兩國法律不予禁止的產品輸入和輸出原則上不作禁止和限制。在雙方商定的合作條件第六款提到：「商品出入新疆，雙方要尊重新疆經濟正常發展需要以及當地民眾利益。」[90] 2月22日談判時，由於對某些爭議問題存在疑慮，中國方面為了徵求這些問題的意見決定暫停談判兩個星期。

　　因此，新一階段談判於3月5日開始。在與兩大貿易股份公司成立期限及管理形式相關的一系列問題上，雙方進一步縮小了立場上的分歧。與此同時，中方要求蘇方澄清「蘇方所稱的一批有色及稀有金屬具體指什麼」。[91] 3月25日，中方就此問題向蘇方提交了書面建議、觀點和意見。4月7日及11日的談判基本上敲定了許多與恢復蘇新經貿關係有關的問題，並澄清了雙方關心的各種問題。雙方終

於在6月8日決定逐條商議起草一份雙邊協議。此次談判期間，中方請求從協議草案所列的擬成立股份公司創始成員之中刪除「蘇蒙貿易公司」。劉澤榮就此問題表達了看法，認為「股東中出現『蘇蒙貿易公司』，可能會被中國人不正確地理解和解讀為蘇聯似乎想要將蒙古國與新疆合併在一起」。[92] 然而，國民黨已沒有時間完成此次談判。1949年10月後，蘇聯方面才最終與新中國共產黨政府代表完成了恢復蘇新經貿關係問題的談判。1950年3月27日，蘇聯和中華人民共和國簽署了關於在新疆建立「蘇中石油」、「蘇中金屬」股份公司以及一家蘇中民航股份公司的協議。三家股份公司都直接在新疆境內開展工作。

　　1949年夏，在莫斯科與以中共中央書記劉少奇為首的代表團談判過程中出現了一些爭議問題。為解答問題，劉少奇向毛澤東作了匯報。7月25日，毛澤東就這些問題給代表團發來電報，並要求將電文內容告知斯大林。他在這封電報寫道：「我們同意派鄧力群到新疆，任務是在那裏建立與北平（北京在1928年至1949年間的名稱）的無線電聯繫。」針對中國人民解放軍在中國西北地區進行的幾次軍事行動，毛澤東指出：「我軍可能會在今年冬季奪取烏魯木齊。在8月中旬，也就是平涼地區的軍事行動結束後，我們即可與彭德懷、張宗遜及趙壽山同志籌劃此事。根據彭德懷的報告，那裏現在極其缺乏汽車，他們問能否向蘇聯購買一二千輛汽車用於調運軍隊。我們認為，如果等到從蘇聯購買的汽車送到甘肅，而後部隊再開始向新疆推進，那就會將我軍的行動至少推遲到明年春季或者夏季。我已經詢問彭德懷：今年冬季我軍能否徒步推進到新疆，蘇聯汽車再隨後通過伊犁、伊寧運過來。我還沒有收到他的答覆。一俟收到，我立刻通知您。」[93]

　　無論什麼情況，毛澤東認為他的部隊最早趕在1950年1月至2月份前佔領新疆是最為現實的。7月29日，中共中央政治局根據劉少奇的建議，通過了在伊寧設置為中國共產黨代表處服務的無線電

台，並調派一架專機接載新疆代表團赴北平參加中國人民政治協商會議第一屆全體會議的秘密決定。決定説：「滿足中方代表團領導人劉少奇有關新疆問題的請求。為此：一、責成蘇聯郵電部（普蘇爾采夫同志）及蘇聯外交部情報委員會（費多托夫同志）在伊寧設置一個專用無線電台，為電台配備必要的技術設備及提供操作人員，並根據劉少奇同志的請求，從在莫斯科為中方代表團服務的人員之中派遣一位負責人、二名無線電話務員、一名譯電員及一名翻譯，用於伊寧無線電台的運作；二、責成蘇聯民用航空總局（貝杜科夫同志）調派一架專機將新疆民主地區代表送到赤塔，以便他們接下來前往北平。」[94]

政治局委託莫洛托夫、馬林科夫、維辛斯基以及聯共（布）中央對外政策委員會主席瓦岡·格里高利揚負責執行該決定。因此，在8月9日莫斯科談判剛結束，中方代表團成員鄧力群就在三名助手及一名話務專家的陪同下動身前往伊寧。他們於8月15日抵達目的地後，就馬上與當時已被共產黨控制的北京、莫斯科以及彭德懷領導的中國人民解放軍第一野戰軍司令部建立了無線電聯繫，並開始與伊犁民族解放運動領導人展開談判。

蘇聯和中共領導人都關注伊寧的「新疆保衛和平民主同盟」負責人參加將於1949年9月在北京召開的中國人民政治協商會議第一屆全體會議工作的情況。為此，他們發去了一封由毛澤東簽名的邀請函。此時的毛澤東稱新疆三區革命是「中國革命的一部分」，北平也因此邀請了東突厥斯坦共和國的代表。[95]像政治局那樣重要的蘇聯機關，甚至還決定調派一架專機送他們飛往北平。該代表團成員包括阿合買提江·哈斯木、伊斯哈克別克·穆努諾夫、阿不都克里木·阿巴索夫、達列里汗·蘇古爾巴耶夫、烏魯木齊中蘇友好協會負責人羅志這些知名人士以及其他人。蘇聯領導人知道，這些人此時還對中國共產主義運動持動搖和觀望態度。政治局秘密決定規定，「將新疆民主地區代表送到赤塔，以便他們接下來前往北平。」

大家知道,代表團於8月22日從伊寧抵達阿拉木圖,再從那裏飛往
北平。然而,運送代表團前往中國的飛機8月25日卻在伊爾庫茨克
地區遭遇令人費解的事故,機上所有17位乘客全部遇難。中國新華
社當天就報道了此事。[96]雖然蘇聯駐伊寧領事向新疆保衛和平民主
同盟領導人之一的賽福鼎‧艾則孜,不斷通報代表團從阿拉木圖到
新西伯利亞、再從那裏到伊爾庫茨克的飛行路線,但從伊爾庫茨克
起飛後有關代表團命運的情況他卻什麼都沒有說。到了9月3日,他
才將艾則孜叫到自己那裏,向他宣讀了從莫斯科收到的一封急電。
電報稱:「載有阿合買提江‧哈斯木率領代表團的飛機從伊爾庫茨克
起飛後不久,由於惡劣天氣,很快在後貝加爾斯克山區不幸撞山墜
毀;機上17人全部遇難。」[97]

　　曾任省政府秘書長的艾沙‧優素福‧阿爾普特金認為,這起事
件的發生是因為莫斯科需要將與東突厥斯坦共和國有關的「蘇聯痕
跡」清除掉。在他看來,「中國共產黨人不知道俄國人與反對中國共
產黨及中國國民黨的伊犁起義者之間達成的那些協議情況」,因此出
現了形同謀殺的這種結果。[98]

　　在清除二戰後那些曾受莫斯科庇護的民族解放運動領導人方
面,蘇聯領導機構已有一定的經驗。比如,1946年12月伊朗阿塞拜
疆地區民族政府倒台後移居到蘇聯的賽伊德‧賈法‧比謝瓦利,翌
年就死於蘇聯國家安全機關謀劃的一起車禍。1947年7月3日傍晚,
他的汽車在離阿塞拜疆占賈市不遠的葉夫拉赫-占賈公路的14公里
處撞車,幾小時後在葉夫拉赫區中心醫院死去。只有阿塞拜疆共產
黨中央委員會領導人在發給莫斯科的一份文件中,對比謝瓦利悲劇
性的「意外」身亡表達了謹慎的懷疑。在1954年8月16日寫給蘇聯共
產黨中央委員會書記M‧蘇斯洛夫的五頁信函中,阿塞拜疆共產黨
中央委員會第一書記伊瑪姆‧穆斯塔法耶夫在介紹阿塞拜疆民主黨
黨內情況時寫道:「阿塞拜疆民主黨創始人比謝瓦利在1947年7月3
日阿塞拜疆蘇維埃社會主義共和國葉夫拉赫市地區一起存在諸多疑

點的車禍事故發生期間死去後，為了1947年底在巴庫民主人士之中開展政治及組織管理工作，經蘇聯共產黨中央委員會同意，曾成立了阿塞拜疆民主黨委員會。」[99] 在共產黨高級領導人士往來信件中，這是唯一提到比謝瓦利之死有可疑的一句話。然而對各個細節都洞若觀火的莫斯科，這一次卻寧願忽略穆斯塔法耶夫這句相當大膽的表述。

　　伊寧按莫斯科指示很快就組建了一個新的代表團前往北平。9月8日，由賽福鼎·艾則孜、阿里木江、涂治等人組成的代表團啟程赴北平參加中國人民政治協商會議大會。1949年夏，新疆境內再次緊張起來。在斯大林的堅持下，佔領新疆已被中國共產黨納入其近期計劃。受蘇聯控制的包爾漢政府中的大部分人早在2月份就已切斷了與蔣介石政府的聯繫，蔣介石當時也因人民解放軍的進攻從南京逃到廣東。包爾漢政府已經開始與中共合作。甚至曾經在新疆命運中發揮重要作用的張治中將軍，也聽命於還沒有正式宣告成立的北京政府。經張治中推薦，被任命為新疆十萬中國軍隊總司令的陶峙岳將軍，業已不執行廣東發出的官方軍事命令，而是在等待人民解放軍的指示。與新疆接壤的蘭州此時已被解放軍攻佔，王震率領解放軍第一兵團出現在青海省，使新疆出現驚恐不安的局面。共產黨在距離烏魯木齊大約一千公里的地方佔領了陣地。那些中國官員甚至在省內官居高位者，這時一個接一個地表明自己轉向共產黨新政權。包爾漢政府秘書長劉孟純以及烏魯木齊市長屈武，也已毫不掩飾類似的傾向。儘管該省還聽命於以蔣介石為首的中央政府，但這種從屬關係在1949年8月至9月間已是徒有其名了。當共產黨部隊奪取甘肅省之後，張治中將軍給陶峙岳將軍及其他官方人士發出了向共產黨移交新疆的指示，要求他們確保新疆交接不出現抵抗並清除這方面可能發生的任何障礙。8月11日，陶峙岳將軍根據這些指示在其烏魯木齊司令部召集所有指揮官開會，宣布自己準備向共產黨部隊投降。但一些國民黨將軍指責陶峙岳的失敗情緒和背叛，聲

稱他們不會參與此事。面對這種情況，陶峙岳要求這些持異議的將軍離開新疆。

　　為了弄清楚民族主義勢力在政治危機時期的動向，省領導人會見了麥斯武德‧沙比爾、穆哈邁德‧伊敏‧布格拉、艾沙‧優素福‧阿爾普特金，聽取了他們對將來共產黨佔領新疆的意見。自然，此次會面的目的不是要如何組織防禦，而是要研究他們的態度。會談期間，前任政府主席及其同夥聲明：「我們當然反對這一佔領。而如果中國國民政府（蔣介石政府）擔心由於我們的武裝反抗而遭到指責的話，那就請它切斷與我們的所有聯繫並宣布承認東突厥斯坦是一個獨立的國家。也請它在聯合國承認我們的獨立地位，承認是聯合國的一個成員國。在這種情況下，紅色中國佔領東突厥斯坦就是挑釁、侵略及帝國主義行為，會引起自由世界各國的抗議，而我們將展開更為廣泛的鬥爭。我們的行為是一個獨立國家的行為，將與中國國民政府無關，而國民政府也不會遭到任何的指責。」[100]

　　某些不同意陶峙岳將軍主張的中國指揮官，尤其是一些穆斯林將軍，渴望與新疆民族主義勢力建立關係。帶着這個目的，軍長馬呈祥在其指揮部接見了民族主義勢力代表穆哈邁德‧伊敏‧布格拉和艾沙‧優素福‧阿爾普特金。馬呈祥在會談期間說道：「無論是你們還是我們，都無法單獨保衛新疆免受中共的侵略。此外，還存在俄國人軍事干預的可能。因此我們應當一起行動。我主張由你們在省內行動，我們將一部分武器交給當地民眾，組建一定數量的地方武裝部隊。這樣，我們就能共同捍衞東突厥斯坦。」布格拉和阿爾普特金同意馬將軍的建議，認為反對共產黨的佔領必須要進行戰鬥，而與中國國民黨共同開展這種戰鬥十分重要。馬呈祥認為保衛新疆免受共產黨威脅的途經，就是維吾爾－哈薩克部隊和中國將軍聯合起來反抗。他決定以軍事手段推翻陶峙岳和包爾漢，這樣共產黨就進不了新疆。然而參與會談的第78軍團長葉成（葉成是整編78師師長，此事叙述不準確，請參閱《張治中回憶錄》——譯者註），藉口有

要事須與陶峙岳商討，向陶報告了這些計劃。陶峙岳和包爾漢馬上
將此情報轉告了蘇聯駐烏魯木齊總領事。蘇聯總領事申明，那些計
劃發動此類政變的人就是與蘇聯作對。[101] 獲悉軍事政變計劃已經泄
露，反對陶將軍的那些將軍就解散了自己的軍隊，並經由巴基斯坦
逃到台灣。穆哈邁德·伊敏·布格拉、艾沙·優素福·阿爾普特金
等其他突厥民族主義運動領導人經歷了許多困難才離開中國，被迫
遷居到土耳其。麥斯武德·沙比爾博士被共產黨逮捕並於1952年死
在獄中。烏斯滿的最終命運也是悲劇性的。在長達兩年的時間裏，
他一直在阿爾泰山區與共產黨部隊作戰。來自東突厥斯坦各地的一
些知名反共人士，如哈密的謝里夫汗、哈密市長堯樂博斯、東突厥
斯坦政府前財政廳長賈尼木汗·哈吉、烏魯木齊的烏拉茲別克·伊
犁的阿立夫·拉赫曼、焉耆的阿里別克·拉西姆等人，紛紛加入到
他的隊伍。1951年2月19日，在共產黨掌權之後又繼續堅持作戰一
年半的烏斯滿被人民解放軍士兵俘獲。當年4月29日，根據中國法
院判決，烏斯滿在烏魯木齊被槍斃。[102]

　　1949年9月23日，中國人民解放軍武裝部隊佔領了甘肅省西部
城市酒泉。9月25日，在消除軍事政變威脅後，陶峙岳將軍宣布他
以及所屬部隊斷絕與蔣介石政府的聯繫並投向共產黨一方。翌日，
省政府主席包爾漢也發表了同樣的聲明。他在聲明中寫道：新疆人
民斷絕與國民黨的關係，支持中國共產黨。[103] 9月27日，兩人共同
給毛澤東和朱德發去賀電，祝賀他們成為中國共產黨新政權的領導
人。[104] 1949年10月1日，中國中央人民政府發表聲明，宣布中華
人民共和國成立。毛澤東成為中華人民共和國中央人民政府主席，
決定北京為新國家的首都；同時向所有國家和政府宣告，中央人民
政府是中國唯一合法的政府，且只有它才能代表中國人民。聲明講
道：「本政府準備與任何遵守平等、互利及相互尊重領土完整和主權
原則的外國政府建立外交關係。」[105] 也就在這一天，新政府外交部
長周恩來將此聲明文本發給了蘇聯駐北京總領事，請他轉交蘇聯政

府。對此請求，蘇聯外交部副部長安德烈・葛羅米柯於10月2日回電周恩來，告知本國政府決定與中華人民共和國建立外交關係，莫斯科和北京的外交關係就這樣建立起來。隨着共產黨的勝利，中國的歷史和命運也開始了一個新時代。

在中華人民共和國宣告成立的這一天，陶峙岳將軍來到酒泉，邀請人民解放軍進入新疆。10月13日，東突厥斯坦城市哈密被共產黨軍隊佔領。在這些日子，為了佔領新疆首府，新政府主席毛澤東緊急致電斯大林，請求派遣飛機使其能夠調運一個師到烏魯木齊。10月13日蘇共政治局召開會議，通過了關於滿足毛澤東請求的決議。在給中國領導人的回電講道：「我們認為您使用飛機從酒泉調派一個師到烏魯木齊的決定是正確的。關於您請求運送1,000噸航空汽油到烏魯木齊以及其中200噸到哈密，現通知如下：我們可以用汽車把這些燃油於11月1日至3日間運到烏魯木齊和哈密。我們需要知道您的看法：我方載燃油車隊在從伊寧經烏魯木齊到哈密這一路線上能否暢通無阻。用於加強烏魯木齊和哈密機場服務的人員，以及您在電報中請求的五架由彭德懷同志支配的備用運輸機，我們將按您指定的時間如期提供到位。」[106] 雙方通過這些電報交流一周後，人民解放軍部隊就進入了烏魯木齊，新疆其餘那些大城市於較短時間之內也紛紛移交到解放軍手中。在革命勝利後，毛澤東親自邀請張治中將軍擔任領導之職，指他「曾在陝西、甘肅、寧夏、青海及新疆等西北地區五省政府中擔任領導職務」。[107] 1949年12月17日，新疆成立了新的省人民政府以及新疆軍區，包爾漢再次被任命為省政府主席，而北部三專區作為分離的區域單位則被撤銷。分布在這些地區的民族軍部隊被編為中國人民解放軍第五軍。12月28日，回到北京的彭德懷向毛澤東提交了關於新疆情況的詳細報告，關於軍事政治局勢他這樣寫道：「在陶峙岳的部隊改編為第22兵團之後，成立了軍區，擬定了堅決改造這些部隊的措施；而省政府也以民族－民主原則為基礎改組，省內總體狀況已開始趨於穩定。我們認為，

陶峙岳部隊之中將不會出現大規模的變動，但不排除一些小波動的可能。張治中來到新疆對陶峙岳部隊的改組和改造發揮了顯著作用。」[108]

　　就這樣，在共產主義革命在中國獲得勝利後，新疆的「蘇聯篇章」也走到了盡頭。對於新疆北部地區1944年11月那些革命事件的秘密，莫斯科選擇了向世人、其中也包括共產黨保密。這些事件的積極參與者也因伊爾庫茨克城外的空難而被清除。蘇聯最終將曾被用作向蔣介石政府施壓工具的北部三專區以及整個新疆省交給了北京政府。新疆歷史新的一頁也從此開始。1955年，作為中華人民共和國的一個組成部分，成立了新疆維吾爾自治區，該地區的這個身份一直沿續到現在。

註　釋

1　〈張治中寫給 А · И · 薩維列也夫的信〉（1947年7月7日），俄羅斯社會政治歷史國家檔案館，全宗17，目錄128，案卷391，頁120。

2　同上，頁122。

3　同上，頁123。

4　同上，頁124。

5　〈阿合買提江 · 哈斯木和拉西木江 · 薩比爾霍扎耶夫寫給蘇聯駐烏魯木齊總領事 А · И · 薩維列也夫的信〉（1947年7月12日），俄羅斯社會政治歷史國家檔案館，全宗17，目錄128，案卷391，頁116。

6　同上，頁118。

7　同上，頁119。

8　〈駐中國大使（司徒雷登）寫給國務卿的信〉（1947年9月17日），美國國家檔案及文件署，59分區，文件包碼4013，格式號760050，文件編碼761.93/9-1747，頁1。

9　〈Т · 斯克沃爾佐夫呈送 Л · 巴拉諾夫的信附函〉（1947年8月19日），俄羅斯社會政治歷史國家檔案館，全宗17，目錄128，案卷391，頁115。

10　〈呈交聯共（布）中央的報告〉（1947年），俄羅斯社會政治歷史國家檔案館，全宗17，目錄128，案卷46，頁2。

11 同上，頁3。

12 〈駐中國人使（司徒雷登）寫給國務卿的信〉(1947年8月30日)，美國國家檔案及文件署，59分區，文件包碼4013，格式號760050，文件編碼761.93/8-3047，頁1。

13 〈聯共（布）中央政治局關於蘇聯部長會議所屬經濟研究委員會的決議〉(1947年8月29日)，俄羅斯社會政治歷史國家檔案館，全宗17，目錄162，案卷38，頁190。1947年9月14日，政治局再次研究了這個問題，並撤銷了8月29日的決定。新決定稱：「經濟研究委員會」以後稱為「情報委員會」，參見俄羅斯社會政治歷史國家檔案館，全宗17，目錄162，案卷38，頁191。

14 〈蘇聯部長會議所屬經濟研究委員會基於新疆局勢所提的建議〉(1947年9月10日)，俄羅斯社會政治歷史國家檔案館，全宗17，目錄162，案卷38，頁202。

15 同上，頁202–03。

16 〈蘇聯部長會議所屬經濟研究委員會基於新疆局勢所提的建議〉(1947年9月10日)，頁203。

17 同上。

18 〈聯共（布）中央政治局1947年9月10日關於新疆的決議〉，俄羅斯社會政治歷史國家檔案館，全宗17，目錄162，案卷38，頁190。

19 同上，頁191。

20 〈費多托夫發給莫洛托夫的電報〉(1947年9月10日)，俄羅斯社會政治歷史國家檔案館，全宗17，目錄162，案卷38，頁208。

21 同上。

22 "The Consul at Tihwa (Paxton) to the Secretary of State," (November 10, 1947) *Foreign Relations of the United States: Diplomatic Papers, 1947, The Far East: China, Volume VII* (Washington: United States Government Printing Office, 1972), p. 579.

23 David D. Wang, "The Xinjiang Question of the 1940s: The Story Behind the Sino-Soviet Treaty of August 1945," *Asian Studies Review*, vol. 21, no. 1 (1997): 97.

24 "The Ambassador in China (Stuart) to the Secretary of State," (May 30, 1947) *Foreign Relations of the United States: Diplomatic Papers, 1947, The Far East: China,* Volume VII (Washington: United States Government Printing Office, 1972), p. 556.

25 〈蘇聯對中國的態度〉(1947年11月19日)，美國國家檔案及文件署，59分區，文件包碼4013，格式號760050，文件編碼761.93/11-1947，頁3。

26 David D. Wang, "The Xinjiang Question of the 1940s: The Story Behind the Sino-Soviet Treaty of August 1945," 98.

27 "The Consul at Tihwa (Paxton) to the Secretary of State," (October 2, 1948) *Foreign Relations of the United States: Diplomatic Papers, 1948, The Far East: China, Volume VII* (Washington: United States Government Printing Office, 1973), p. 749.

28 〈克魯格羅夫呈莫洛托夫和貝利亞的報告〉(1947年9月)，俄聯邦國家檔案館，全宗P-9401c/Ч部，目錄2，案卷173，頁171。

29 В · И · 彼得羅夫：《亞洲動蕩的「心臟」：新疆──民族運動簡史及回憶》(莫斯科，2003)，頁497；"The Consul at Tihwa (Paxton) to the Secretary of State," (September 23, 1947) *Foreign Relations of the United States: Diplomatic Papers, 1947, The Far East: China, Volume VII* (Washington: United States Government Printing Office, 1972), p. 573.

30 В · И · 彼得羅夫：《亞洲動蕩的「心臟」》，頁496。

31 "The Consul at Tihwa (Paxton) to the Secretary of State," (October 23, 1947) *Foreign Relations of the United States: Diplomatic Papers, 1947, The Far East: China, Volume VII* (Washington: United States Government Printing Office, 1972), p. 573-74.

32 "The Consul at Tihwa (Paxton) to the Secretary of State," (October 24, 1947) *Foreign Relations of the United States: Diplomatic Papers, 1947, The Far East: China, Volume VII*, p. 574.

33 Ibid.

34 〈莫洛托夫日記摘抄──會見蒙古人民共和國人民委員會主席霍爾洛 · 喬巴山〉(1947年9月30日)，俄聯邦對外政策檔案館，全宗06，目錄9，2欄，案卷23，頁3-5；更詳細信息參閱Sergey Radchenko, "Choibalsan's Great Mongolia Dream," *Inner Asia*, vol. 11, no. 2 (2009): 253-54.

35 Ian Morrison, "Some Notes on the Kazakhs of Sinkiang," *Journal of the Royal Central Asian Society*, vol. 36 (1948-49): 72.

36 "The Consul at Tihwa (Paxton) to the Secretary of State," (September 23, 1947) *Foreign Relations of the United States: Diplomatic Papers, 1947,*

The Far East: China, Volume VII (Washington: United States Government Printing Office, 1972), p. 572–73.

37　Ｂ・克拉西里尼科夫：《新疆的誘惑：俄羅斯在中國西北 —— 被遺忘的歷史 (1850–1950)》，頁329。

38　〈葉格納洛夫將軍發給克魯格羅夫的電報〉(1948年2月14日)，俄聯邦國家檔案館，全宗P-9401c/Ч部，目錄2，案卷203，頁207。

39　〈葉格納洛夫致蘇聯內務部電報的附函〉(1948年2月19日)，俄聯邦國家檔案館，全宗P-9401c/Ч部，目錄2，案卷203，頁207。

40　Ｂ・克拉西里尼科夫：《新疆的誘惑》，頁335。

41　〈蘇聯大使館致中國外交部的照會〉(1948年5月29日)，俄聯邦對外政策檔案館，全宗100，目錄35a，150欄，案卷3，頁35。

42　〈蘇聯大使館致中國外交部的備忘錄〉(1948年7月21日)，俄聯邦對外政策檔案館，全宗100，目錄35a，150欄，案卷3，頁40。

43　〈蘇聯大使館致中國外交部的照會〉(1948年8月3日)，俄聯邦對外政策檔案館，全宗100，目錄35a，150欄，案卷4，頁179。

44　〈蘇聯大使館致中國外交部的照會〉(1948年8月30日)，俄聯邦對外政策檔案館，全宗100，目錄35a，15a欄，案卷3，頁47。

45　〈聯共(布)1948年4月24日關於強化新疆伊犁、塔爾巴哈台及阿勒泰地區政治經濟狀況措施的決議〉，俄羅斯社會政治歷史國家檔案館，全宗17，目錄162，案卷39，頁32–33。

46　同上，頁33。

47　Ｂ・И・彼得羅夫：《亞洲動盪的「心臟」》，頁499。

48　〈聯共(布)1948年4月24日關於強化新疆伊犁、塔爾巴哈台及阿勒泰地區政治經濟狀況措施的決議〉，頁34。

49　〈聯共(布)1948年4月24日關於強化新疆伊犁、塔爾巴哈台及阿勒泰地區政治經濟狀況措施的決議附件〉，俄羅斯社會政治歷史國家檔案館，全宗17，目錄162，案卷39，頁44。

50　同上，頁46。

51　〈聯共(布)中央政治局1948年5月10日「對蘇聯駐中國大使的指示」的決議〉，俄羅斯社會政治歷史國家檔案館，全宗17，目錄162，案卷39，頁58。

52　同上，頁57–58。

53　同上，頁58。

54　〈聯共(布)中央政治局1948年8月13日關於中共中央滿洲局副書記高

崗同志請求的決定〉，俄羅斯社會政治歷史國家檔案館，全宗17，目錄 162，案卷39，頁100。

55　〈聯共(布)中央政治局1948年12月28日關於派遣蘇聯攝製組前往中 國解放區的決定〉，俄羅斯社會政治歷史國家檔案館，全宗17，目錄 162，案卷39，頁152。

56　〈聯共(布)中央政治局《告新疆人民書》決議附件〉，俄羅斯社會政治歷 史國家檔案館，全宗17，目錄162，案卷39，頁45–46。

57　B · 克拉西里尼科夫：《新疆的誘惑》，頁339。

58　〈駐迪化領事包懋勛寫給國務卿的信〉(1948年11月13日)，美國國家 檔案及文件署，59分區，文件包碼4013，格式號760050，文件編碼 761.93/11-1348，頁47。

59　〈米高揚呈送斯大林的報告〉(1948年12月7日)，俄聯邦對外政策檔案 館，全宗0100，目錄41，278欄，案卷58，頁9–10。

60　〈H · 費多連科呈送A · 葛羅米柯的報告〉(1948年12月17日)，俄聯邦 對外政策檔案館，全宗0100，目錄41，278欄，案卷58，頁12。

61　〈葛羅米柯寫給莫洛托夫的信〉(1948年12月6日)，俄聯邦對外政策檔 案館，全宗0100，目錄41，278欄，案卷54，頁37。

62　A · M · 列多夫斯基、P · A · 米羅維茨卡婭：〈1946–1950年間的蘇 中關係〉，《二十世紀的俄中關係：文件及材料》，第五卷第一部(莫斯 科，2005)，頁17；更多信息參閱沈志華：《蘇聯專家在中國(1948– 1960)》，頁46–51。

63　〈聯共(布)中央政治局1949年1月17日「批准對中國政府關於調停問題 函件的回函」的決定〉，俄羅斯社會政治歷史國家檔案館，全宗17，目 錄162，案卷40，頁1–2。

64　〈B · 克拉西里尼科夫〉：《新疆的誘惑》，頁340。

65　艾沙 · 尤素福 · 阿爾普特金：《東突厥斯坦的訴求》(伊斯坦布爾： 1973)，頁194–95。

66　同上，頁195–96。

67　〈蘇聯駐烏魯木齊總領事館關於領事區1948年政治經濟狀況的報告〉 (1949年)，俄聯邦對外政策檔案館，全宗07，目錄21，22欄，案卷 314，頁9–10。

68　艾沙 · 尤素福 · 阿爾普特金：《東突厥斯坦的訴求》，頁196–97。

69　B · 庫茲涅佐夫：《中國政治史中的伊斯蘭教》(二十世紀三十年代至 1949年)，俄羅斯科學院遠東研究所，1996年，頁126。

70　巴伊米爾扎‧哈伊特：《突厥斯坦國家的民族鬥爭史》(安卡拉：突厥民族歷史協會，1995)，頁329。

71　S. Frederick Starr, ed., *Xinjiang: China's Muslim Borderland* (Armonk, NY: M.E. Sharpe, 2004), p. 85.

72　В‧克拉西里尼科夫：《新疆的誘惑》，頁341。

73　〈羅伯特‧胡克給特沃斯的信附函「俄國與新疆」〉(1949年6月21日)，美國國家檔案及文件署，59分區，文件包碼4013，格式號760050，文件編碼761.93/6-2149，頁1。

74　〈聯共(布)中央政治局1949年1月14日關於中國的決定〉，俄羅斯社會政治歷史國家檔案館，全宗17，目錄162，案卷40，頁12–13。

75　〈毛澤東給斯大林的密電〉(1949年1月17日)，俄羅斯聯邦總統檔案館，全宗39，目錄1，案卷31，頁75。

76　〈А‧米高揚與周恩來會談記錄〉(1949年2月1日)，俄羅斯聯邦總統檔案室，全宗39，目錄1，案卷39，頁25–26。

77　〈А‧米高揚與毛澤東會談記錄〉(1949年2月4日)，俄羅斯聯邦總統檔案室，全宗39，目錄1，案卷39，頁54。

78　〈А‧米高揚給蘇共中央的報告〉(1960年9月22日)，俄羅斯聯邦總統檔案室，全宗45，目錄1，案卷331，頁172。

79　〈А‧米高揚與毛澤東會談記錄〉(1949年2月4日)，俄羅斯聯邦總統檔案館，全宗39，目錄1，案卷39，頁55–56。

80　同上，頁56。

81　〈А‧米高揚發給斯大林的電報：關於新疆問題、關於獨立運動問題、關於經新疆修建鐵路的問題〉(1949年2月5日)，俄羅斯聯邦總統檔案館，全宗45，目錄1，案卷331，頁101。

82　〈А‧米高揚呈交蘇共中央委員會的陳述書〉(1958年9月4日口述原稿)，俄羅斯聯邦總統檔案館，全宗45，目錄1，案卷331，頁280。

83　〈А‧米高揚與毛澤東會談記錄〉(1949年2月6日)，俄羅斯聯邦總統檔案館，全宗39，目錄1，案卷39，頁80。

84　〈斯大林發給毛澤東的電報〉(1949年6月18日)，俄羅斯聯邦總統檔案館，全宗45，目錄1，案卷331，頁119。

85　〈斯大林與中共中央代表團會談記錄〉(1949年6月27日)，俄羅斯聯邦總統檔案館，全宗45，目錄1，案卷329，頁5。

86　〈聯共(布)中央政治局1949年6月27日關於「聯共(布)中央對外政策委員會問題」的決定〉，俄羅斯社會政治歷史國家檔案館，全宗17，目錄162，案卷40，頁204。

87 〈中共中央代表團關於現階段中國革命及蘇中關係的報告〉（1949年7月4日），俄羅斯聯邦總統檔案館，全宗45，目錄1，案卷328，頁34。

88 〈А・薩維列也夫與劉澤榮會談記錄〉（1949年2月7日），俄聯邦對外政策檔案館，全宗0100，目錄42，288欄，案卷22，頁60。

89 〈А・薩維列也夫與劉澤榮會談記錄〉（1949年2月11日），俄聯邦對外政策檔案館，全宗0100，目錄42，288欄，案卷22，頁63–64。

90 〈А・薩維列也夫與劉澤榮會談記錄〉（1949年2月15日），俄聯邦對外政策檔案館，全宗0100，目錄42，288欄，案卷22，頁68。

91 〈А・薩維列也夫與劉澤榮會談記錄〉（1949年2月7日），頁107。

92 同上，頁129。

93 〈中共中央代表團團長劉少奇寫給斯大林的信〉（1949年7月25日），俄羅斯聯邦總統檔案館，全宗45，目錄1，案卷328，頁137–38。

94 〈聯共（布）中央政治局1949年7月29日關於「聯共（布）中央對外政策委員會關於中國問題」的決定〉，頁213。

95 В・И・彼得羅夫：《亞洲動蕩的「心臟」》，頁499。

96 В・克拉西里尼科夫：《新疆的誘惑》，頁348。俄羅斯學者В・彼得羅夫則認為：「代表團於1949年8月27日出發飛往北京。在飛越戈壁的時候，飛機墜落，乘客及機組人員全部犧牲。」參見В・И・彼得羅夫：《亞洲動蕩的「心臟」》，頁500。

97 瓦季姆・奧布霍夫：《六個帝國的交鋒——爭奪新疆之戰》（莫斯科，2007），頁413。

98 艾沙・尤素福・阿爾普特金：《東突厥斯坦的訴求》（伊斯坦布爾，1973），頁203。

99 〈И・穆斯塔法耶夫給М・蘇斯洛夫的信〉（1954年8月16日），阿塞拜疆共和國總統事務管理局政治文件檔案館，全宗1，目錄89，案卷187，頁177。

100 艾沙・尤素福・阿爾普特金：《東突厥斯坦的訴求》，頁205。

101 同上，頁210。

102 巴伊米爾扎・哈伊特：《突厥斯坦國家的民族鬥爭史》，頁331；В・克拉西里尼科夫：《新疆的誘惑》，頁331頁；艾沙・尤素福・阿爾普特金：《東突厥斯坦的訴求》，頁210。

103 В・И・彼得羅夫：《亞洲動蕩的「心臟」》，頁500。

104 Li Chang, "The Soviet Grip on Sinkiang," *Foreign Affairs*, vol. 32, no. 3 (April 1954): 503.

105 《二十世紀的俄中關係：文件及材料》，第五卷第二部（莫斯科，2005），頁187。

106 〈聯共（布）中央政治局1949年10月13日關於毛澤東電報的決議〉，俄羅斯社會政治歷史國家檔案館，全宗17，目錄162，案卷42，頁70。

107 〈蘇聯駐中國大使H‧B‧羅申與張治中將軍會談記錄〉（1949年10月31日），俄聯邦對外政策檔案館，全宗07，目錄22，36欄，案卷220，頁45。

108 〈彭德懷關於新疆情況的報告〉（1949年12月19日），俄羅斯聯邦總統檔案室，全宗45，目錄1，案卷334，頁4。

結 語

　　本成果是研究二戰期間及冷戰初期蘇聯在本國南部邊界施行擴張政策的終結篇。蘇聯這一政策在地理上覆蓋了從黑海海峽到天山山脈的空間，核心是土耳其東部、伊朗北部及中國西部地域。總體看來，對蘇聯政策來說，這些穆斯林人口稠密的中東地域的誘惑力在於：一方面，蘇聯有將其邊界向熱帶海洋拓展的欲望；另一方面是在那裏生活民眾的歷史、族群、民族及宗教特點。如果說蘇聯的政治操作之術對土耳其使用的藉口是以前的民族多樣性，那麼對伊朗阿塞拜疆地區則是以分裂民族（族群）的問題為根據，在一定的歷史發展階段將分裂為兩部分的阿塞拜疆民族統一起來，這套思想正符合蘇聯擴張政策的利益。就其性質及內容而言，蘇聯在新疆採取的政策與莫斯科在伊朗和土耳其實施的政策是完全相同的，在時間上也早於後兩者。然而，儘管在時間先後存在細微差異，它們卻都是為擴張蘇聯南部邊界、加強蘇聯對邊境附近地區影響，以及在中東地區傳播共產主義思想等目的而服務。

　　蘇聯政策在阿納托利亞東部地區的失敗，一方面是因為西方盟友給予土耳其強大的國際支持，另一方面也是由於在這個地區缺乏以亞美尼亞及格魯吉亞人民為代表的支撐點。與土耳其不同的是，蘇聯在伊朗阿塞拜疆及東突厥斯坦的試驗則獲得成功，這兩個省份都成立了受莫斯科控制的民族政府。蘇聯將這兩大事件作為向兩國

中央政府施壓的工具，為自己的政治、經濟及戰略利益服務。其主要原因在於：生活在伊朗北部的突厥民眾和蘇聯阿塞拜疆地區當地民眾，有着共同的民族根源、共同的歷史以及同樣的民族特點，而東突厥斯坦的情況也大致如此。在為蘇聯政治集團起草的一份報告，新疆從地理角度沒有被視作中國的組成部分，而是看成蘇聯中亞地區統一地理空間的一部分，而東突厥斯坦人民的民族起源特點，也被簡單歸結為與中亞及哈薩克斯坦等蘇聯加盟共和國人民有共同的民族根源，並認為這種聯繫由於共同的宗教信仰、文化、文學及民俗會不斷加強。[1]

伊朗阿塞拜疆及新疆事件是按同一劇本進行的。可以肯定地說，挑起當地民眾的民族情緒、受蘇聯影響的人積極開展活動、政治局秘密指示籌劃分裂運動、向新疆民眾提供用於對抗中央政府的武器及彈藥——所有這一切都同樣發生在這兩個地方。甚至有時蘇聯領導機構就伊朗阿塞拜疆及東突厥斯坦通過的決議，不僅在時間上吻合，而且就連內容也相似。在戰勝德國之後，根據政治局在1945年6月至7月針對上述兩省份通過的秘密決議，為順利實施蘇聯政策，蘇聯黨政機關以及蘇聯阿塞拜疆和中亞加盟共和國安全機構的人員很快就被派遣到這兩個地方。作為規則，安全人員和軍人都是由政府機關選拔出來，並接受過專門的培訓，他們有時還假冒當地人憑偽造的證件前往目的地。但與此同時，不論莫斯科的意圖如何，蘇聯政策與遭受國家、民族、宗教及文化歧視的當地民眾的期盼在某些時候也是一致的。

如果說蘇聯在土耳其的利益就是想成立一個對其友好的政府，獲得通向中東能源資源的通道以及對海灣地區實行共同控制的話，那麼對伊朗北部和中國西部地區，莫斯科則還有其在經濟上對石油及其他自然資源的需求。雖然蘇聯在伊朗阿塞拜疆及東突厥斯坦的邊界擴張政策時常要服從於石油利益，但蘇聯對擴張及石油兩者都很關心。在新疆，除了石油，蘇聯利益還涉及錫、鎢、綠柱石、鈾

等其他礦藏及有色金屬。在戰時及戰後時期，蘇聯想依靠東突厥斯坦滿足自己對貴金屬的需求。[2]

蘇聯在阿納托利亞東部、阿塞拜疆南部及東突厥斯坦方向上的擴張政策，在多大程度上與冷戰的開始有關呢？究竟可不可以把這些地方發生的事件看成是冷戰事件呢？問題是，蘇聯解體之後，在查閱以前秘密檔案文獻的通道打開之後，一些早前以猜測為依據的觀念如今已得到了新的解讀。事實上，早在「冷戰」一詞問世之前，冷戰的特徵就已開始在整個中東和蘇聯南部邊境附近地區出現。當時派駐安卡拉、德黑蘭、大不里士、烏魯木齊、重慶及南京的蘇聯、美國、英國外交官，在與本國的通信、外交備忘錄以至秘密報告中，在描述蘇聯在本地區政策之時，使用了諸如「神經戰」、「心理施壓」、「經濟對抗」、「制度外財政」、「籌劃顛覆」等此類話語，正是這些詞語很快變成了定義冷戰的主要要素。當然，與冷戰初期前線的土耳其及伊朗相比，儘管新疆一直處在西方盟友的視野之外，但戰後世界冷戰的氣息甚至在塔克拉瑪干沙漠及阿爾泰山區都能感受得到。根據弗拉季斯拉夫·祖博克教授 (倫敦政治經濟學院世界史教授，著名的冷戰與蘇俄歷史學家——譯者註) 所言，「二戰後斯大林似乎成功開始了爭奪中國北方地區的鬥爭。」[3] 政治局在1945年6月通過的一份秘密決議就明白地寫道：「幫助伊犁地區起義軍挑選起義戰士組建別動分隊，並將他們派到烏魯木齊、喀什、承化、塔城、阿克蘇等城市實施破壞活動，主要就是消滅中國軍隊的有生力量、毀壞機器設備及通訊。」[4] 美國駐南京大使司徒雷登在1947年5月就蘇聯新疆政策向國務卿報告時寫道，當前讓所有人緊張之極的「神經戰」也是中國面臨蘇聯威脅而感到擔心的主要原因。[5] 1947年夏成立的蘇聯部長會議經濟研究委員會，作為重要的冷戰協調中心機構，建議政治局「向新疆游擊隊提供武器及彈藥援助，並秘密將這些物資從蘇聯境內調運過去」。[6] 而在1948年春，蘇聯駐南京大使還得到了「密切關注美國人的活動……及英國在中國的政策」的指示。[7] 所有這些動作的目的就是

要癱瘓蔣介石政府——此時已變成西方親密盟友——在中國最大省份新疆的活動，並且不讓英美盟友進入與蘇聯接壤的那些地區。這已經是對抗，是包含冷戰所有因素的對抗。

　　三個中亞地區加盟共和國——烏茲別克斯坦、哈薩克斯坦及吉爾吉斯斯坦，在落實蘇聯新疆政策上發揮了積極的作用。在發起新疆穆斯林民族解放運動後，中亞地區幾個加盟共和國的蘇聯領導人就為塑造宗教自由及國家獨立的假象採取了一系列措施。1943年夏，根據蘇聯國家安全部的報告，政治局通過的一份決議提出，「允許組建中亞及哈薩克斯坦穆斯林宗教管理局」，該局今後將用於計劃中的新疆行動。同樣服務於這些目的，還有莫斯科關於在這些共和國成立外交人民委員部的決議。在起草及具體落實蘇聯最高黨政機關有關東突厥斯坦的決議方面，中亞地區加盟共和國的領導人都曾積極參與其中。哈薩克斯坦領導人在1947年2月向莫斯科提出「關於在哈薩克加盟共和國境內成立維吾爾自治州」的問題，其出發點也是出於推動新疆境內穆斯林運動發展的需要。[8]

　　像冷戰時期的伊朗及土耳其章節（情節）一樣，新疆這一節的主要設計者也是約瑟夫·斯大林。蘇聯邊境擴張方案就是他個人確定的，政治局那些含有南部邊境附近領土要求的秘密決議也是在他個人授意下通過的，並直接根據其個人命令執行。儘管無論是在與盟友商討還是在會見中國官方人士的時候，斯大林都鄭重聲明尊重中國的領土完整，但秘密文件卻表明他的意圖是使新疆脫離中國，至少是想把自然資源豐富的新疆北部地區納入蘇聯控制。在思想上鼓勵使東突厥斯坦與中國分離計劃的人也是斯大林。早在1943年5月他就作出了這一決定，而對德國的勝利也使蘇聯能夠在這方面轉而採取具體行動，其顯著表現就是東突厥斯坦共和國的成立、三區民族政府的組建以及民族軍部隊的建立。

　　二十世紀三四十年代蘇聯針對中國新疆省的政策由兩個階段組成。對1931至1934年間席捲整個東突厥斯坦地區的穆斯林運動，蘇

聯直接參與了鎮壓,也正是在蘇聯幫助下,盛世才督辦獨裁政權才得以在新疆建立。三十年代新疆穆斯林民眾所有反對中國政府的活動,都是借助蘇聯軍事援助和紅軍的刺刀鎮壓下去的。盛督辦還認為自己是斯大林在新疆的影子,自己正身處該地區與帝國主義戰鬥的前線。1930年代中期,新疆為蘇聯扮演了中東地區「反帝同盟」橋頭堡的角色。這個同盟的目標包括了從美國、英國、土耳其到日本這些「帝國主義」國家。新疆穆斯林民眾反對中國統治的所有行動,都被解釋為英美帝國主義分子、土耳其泛突厥主義者及日本軍國主義者的陰謀。二戰前夕及期間,蘇聯領導人尤其是國家安全機關,以外部威脅作為蘇聯強化在新疆的影響已成為一個習慣性的理由。以外部威脅可能來自日本為由,莫斯科也阻撓中國領導機構及省政府在新疆加強影響,並為自己強化在東突厥斯坦的影響辯解。1940年秋,在蘇聯哈巴羅夫斯克邊疆區內務人民委員會管理局的一份名為「關於日本情報機構分化滿洲游擊運動的方法」的調查資料講道:「我們當前抓獲的一名日本憲兵署的大間諜黑光浩(音譯,俄文原文為 Xe Гуан Хо ——譯者註)供稱:1940年5月,關東軍總部二課的兩名朝鮮籍間諜崔庚亨及林恩誠(音譯,俄文原文分別為 Цой Ген Хен 和 Лин Ен Сен ——譯者註)曾到過獨山子。在與憲兵隊人員交談期間,兩人稱當年8月在烏魯木齊要開辦短期培訓班以培養高級間諜人員,之後將採用各種方式使這些間諜打入游擊隊擔任指揮政治職務。他們還說,這些間諜要不惜任何代價去蘇聯接受軍事政治訓練。」[9]看來,這就是那種所謂能夠經新疆對蘇聯產生威脅的日本危害。

作為「反帝同盟」的地區領導人,盛世才督辦認為個人專權制度能夠在新疆成為現實,其原因在於莫斯科方面提供的保障。為取得斯大林的信任,他時而提出在省內(邊疆)開始建設共產主義的想法,時而產生要從烏魯木齊啟動中國蘇維埃化的念頭,時而主張推翻蔣介石,時而又以布爾什維克黨人的警覺開始抓捕新疆的托派分子。甚至是在第二次世界大戰開始後,受到蘇聯分裂波蘭及兼併波

羅的海地區的鼓舞，盛督辦於1941年1月向莫斯科提出了新疆作為
第16個蘇維埃共和國加入蘇聯的建議。假若中東地區地緣政治局勢
發生如此巨變，他提出的唯一條件就是斯大林任命他為新疆蘇維埃
共和國人民委員會的主席。但是，由於德軍在1942年秋抵近了斯大
林格勒，蘇聯此時已失去了對盛世才的吸引力，但斯大林沒有原諒
他這種變節行為。1943年5月，政治局通過了關於推翻盛世才督辦
的決議，並於1944年8月付諸執行。但問題並沒有就此停止：正是
在1943年春季，蘇聯對新疆政策發生了根本變化。十年來一直積極
參與打擊邊疆（新疆省）穆斯林的莫斯科，現在變成了維護他們民族
權利、反對中國統治的主要保護者。斯大林的這一冒險，除中間幾
次短暫停止之外，一直持續了五年，直到1949年10月共產黨在中國
執政為止。[10]在中國革命勝利之後，蘇聯領導人把東突厥斯坦穆斯
林的民族利益置於地區共產主義革命的勝利之下。在與中國領導人
會談期間，斯大林曾建議：「佔領新疆不能拖延下去。」[11]他提出此
建議的依據就是中東地區日益蔓延的穆斯林運動，以及擔憂英國人
可能會利用這場運動來反對中國的共產主義。

　　然而，斯大林並不願意與中國共產黨分享自己的那些新疆秘
密。早在1949年1月至2月，斯大林個人特使、政治局委員阿納斯
塔斯‧米高揚在和毛澤東會談時就斷然否認蘇聯以某種形式干預新
疆事務，並聲稱：「我們一直不贊成新疆各民族的獨立運動。」[12]為
了不在中國共產主義革命勝利的前夜於中蘇關係造成問題，一架蘇
聯飛機在距伊爾庫茨克不遠處發生了空難，機上乘載着受毛澤東邀
請和斯大林建議前往北平參加「中國人民政治協商會議」的東突厥斯
坦穆斯林運動的領導人。那些遵照蘇聯指示領導新疆各個地區穆斯
林民族運動的人之命運，就這樣在伊爾庫茨克上空悲劇性地猝然結
束了。而在此兩年之前，伊朗阿塞拜疆地區民族政府領導人、經常
提醒蘇聯領導人要承擔起相關責任的薩伊德‧賈法‧比謝瓦利，也
在蘇聯情報機構策劃的一起「偶然」車禍中身亡。

　　毛澤東認為斯大林在新疆、旅順及滿洲問題上是不真誠的。根據毛澤東「斯大林十個手指頭中有三個是醜惡的」的言論，[13]他指責蘇聯領導人在中國建立半殖民地，「醜惡的手指」影射的就是旅順、滿洲和新疆。他指責蘇聯對中國這些領土有帝國主義的態度。在與斯大林之後的蘇聯領導人尼基塔・赫魯曉夫會談的時候，毛澤東表達了這些想法。赫魯曉夫當時吃驚地問道：「您難道認為我們是紅色帝國主義分子？」對此問題，毛澤東審慎地回答道：「問題並不在於帝國主義分子是紅色的還是白色的。曾經有個名叫斯大林的人佔領了旅順，並把新疆和滿洲變成了半殖民地。」[14]毛澤東說這些話的時候，他對自己的朋友斯大林在新疆採取的行為還知之甚少。要揭露蘇聯在東突厥斯坦政策的各方面，就像偵探小說一樣，只能在蘇聯垮台之後，只有在此時，斯大林的新疆冒險才會成為一種歷史財富。

註 釋

1　〈呈聯共 (布) 中央的報告〉(1947年)，俄羅斯社會政治歷史國家檔案館，全宗17，目錄128，案卷46，頁2–3。

2　〈關於1941年對新疆石油產區進行勘察及開採工作的決議〉(1941年1月8日–6月12日)，俄聯邦國家檔案館，全宗P-5446，目錄25a，案卷1266，第1–59檔；〈關於核准「新疆錫業」公司1941年工作計劃的決議〉(1941年1月4日–3月7日)，俄聯邦國家檔案館，全宗P-5446，目錄25a，案卷2775，頁1–121；〈A・米高揚呈送斯大林的報告〉(1948年12月7日)，俄聯邦對外政策檔案館，全宗0100，目錄41，278欄，案卷58，頁9–10。

3　弗拉季斯拉夫・祖博克：《失敗的帝國：冷戰時期的蘇聯——從斯大林到戈爾巴喬夫》(莫斯科，2011)，頁66。

4　〈聯共 (布) 中央政治局1945年6月22日關於新疆的決議〉，俄羅斯社會政治歷史國家檔案館，全宗17，目錄162，案卷37，頁145。

5　"The Ambassador in China (Stuart) to the Secretary of State" (May 30, 1947), *Foreign Relations of the United States: Diplomatic Papers, 1947, The Far East: China, Volume VII* (Washington: United States Government Printing Office, 1972), p. 556.

6　〈蘇聯部長會議所屬經濟研究委員會基於新疆形勢的建議〉（1947年9月10日），俄羅斯社會政治歷史國家檔案館，全宗17，目錄162，案卷38，頁203。

7　〈聯共（布）中央政治局1948年5月10日「對蘇聯駐中國大使的指示」的決議〉，俄羅斯社會政治歷史國家檔案館，全宗17，目錄162，案卷39，頁57–58。

8　〈哈共（布）中央委員會書記Ж · 沙亞赫麥托夫向聯共（布）中央書記Н · С · 帕托里切夫提交的關於在哈薩克斯坦國內成立維吾爾自治州的報告〉（1947年2月），哈薩克斯坦共和國總統檔案館，全宗708，目錄2，案卷171，頁59。

9　《衛國戰爭時期的蘇聯國家安全部門：文件彙編》，第一部：前夜，上冊（1938年11月–1940年12月）（莫斯科，1995），頁264。

10　關於冷戰前十年中蘇關係更詳細的論述，參見Shen Zhihua and Xia Yafeng, *Mao and the Sino-Soviet Partnership, 1945–1959* (Lanham: Lexington Books, 2015).

11　〈斯大林與中共中央代表團會談記錄〉（1949年6月27日），俄羅斯聯邦總統檔案館，全宗45，目錄1，案卷329，頁5。

12　〈А · 米高揚呈交蘇共中央的陳述書〉（1960年9月22日），俄羅斯聯邦總統檔案館，全宗45，目錄1，案卷331，頁172。

13　〈赫魯曉夫與毛澤東的首次會談〉（1958年7月31日），俄羅斯聯邦總統檔案館，全宗52，目錄1，案卷498，頁60。

14　同上，頁59。

參考資料

I. 檔案

阿塞拜疆共和國總統事務管理局政策文件檔案館,巴庫,阿塞拜疆。
俄羅斯聯邦對外政策檔案館,莫斯科,俄羅斯聯邦。
俄羅斯聯邦總統檔案館,莫斯科,俄羅斯聯邦。
哈薩克斯坦共和國總統檔案館,阿拉木圖,哈薩克斯坦。
俄羅斯聯邦國家檔案館,莫斯科,俄羅斯聯邦。
俄羅斯國家影像文件檔案館,克拉斯諾戈爾斯克,莫斯科州,俄羅斯聯邦。
俄羅斯當代歷史國家檔案館,莫斯科,俄羅斯聯邦。
俄羅斯社會政治歷史國家檔案館,莫斯科,俄羅斯聯邦。
美國國會圖書館館藏檔案,華盛頓特區。
喬治・華盛頓大學國家保密檔案,華盛頓特區。
美國國家檔案及文獻署,大學學院公園,馬里蘭州。

II. 文件

俄語

《蘇聯對外政策文件》,第15卷,莫斯科:政治出版社,1969。
《蘇聯對外政策文件》,第16卷,莫斯科:政治出版社,1970。
《蘇聯對外政策文件》,第17卷,莫斯科:政治出版社,1971。
《蘇聯對外政策文件》,第18卷,莫斯科:政治出版社,1973。
《蘇聯對外政策文件》,第19卷,莫斯科:政治出版社,1974。
《蘇聯對外政策文件》,第20卷,莫斯科:政治出版社,1976。

《蘇聯對外政策文件》，第21卷，莫斯科：政治出版社，1977。

《蘇聯對外政策文件》，第22卷，第1部，莫斯科：國際關係出版社，1992。

《蘇聯對外政策文件》，第22卷，第2部，莫斯科：國際關係出版社，1992。

《蘇聯對外政策文件》，第23卷，第1部，莫斯科：國際關係出版社，1995。

《蘇聯對外政策文件》，第23卷，第2部（上冊），莫斯科：國際關係出版社，1998。

《蘇聯對外政策文件》，第23卷，第2部（下冊），莫斯科：國際關係出版社，1998。

《蘇聯對外政策文件》，第24卷，莫斯科：國際關係出版社，2000。

《1896–1949年新疆與俄國及蘇聯經貿關係歷史檔案資料 》，譯自漢語，烏魯木齊：1994。

《俄共（布）─聯共（布）中央政治局會議議程》，第2卷（1930–1939），莫斯科：2001。

《二十世紀俄中關係》，第4卷（1937–1945），莫斯科：2000。

《二十世紀俄中關係：文件與材料》，第5卷，第1部，莫斯科：2005。

《二十世紀俄中關係：文件與材料》，第5卷，第2部，莫斯科：2005。

《1917–1957年蘇中關係：文件彙編》，莫斯科：1959。

《1949–1951年蘇中關係：文件彙編》，切博克薩雷：2009。

西歐語言

British Documents on Foreign Affairs: Reports and Papers from the Foreign Office Confidential Print. Part II, From the First to the Second World War, Series E: Asia, 1914–1939, vol. 21: China (Bethesda, Maryland: University Publications of America, 1994).

Foreign Relations of the United States: Diplomatic Papers, 1944, China, Volume VI (Washington: United States Government Printing Office, 1967).

Foreign Relations of the United States: Diplomatic Papers, 1945, The Far East: China, Volume VII (Washington: United States Government Printing Office, 1969).

Foreign Relations of the United States: Diplomatic Papers, 1946, The Far East: China, Volume IX (Washington: United States Government Printing Office, 1972).

Foreign Relations of the United States: Diplomatic Papers, 1946, The Far East: China, Volume X (Washington: United States Government Printing Office, 1972).

Foreign Relations of the United States: Diplomatic Papers, 1947, The Far East: China, Volume VII (Washington: United States Government Printing Office, 1972).

Foreign Relations of the United States: Diplomatic Papers, 1948, The Far East: China, Volume VII (Washington: United States Government Printing Office, 1973).

Foreign Relations of the United States: Diplomatic Papers, 1948, The Far East: China, Volume VIII (Washington: United States Government Printing Office, 1973).

Foreign Relations of the United States: Diplomatic Papers, 1949, The Far East: China, Volume VIII (Washington: United States Government Printing Office, 1978).

Foreign Relations of the United States: Diplomatic Papers, 1949, The Far East: China, Volume IX (Washington: United States Government Printing Office, 1974).

III. 文獻

俄語

阿普捷卡里 · П · :〈新疆的青天白日〉,《祖國》,1998年第1期。

阿斯塔法耶夫 · Г · В · :〈蘇聯為創建新疆抗日基地提供的幫助〉,《第一屆「中國與社會主義—中國經濟、政治、歷史及文化研究的現實問題全蘇學術研討會」報告(1990年10月9日至11日)提綱》,第二部分,蘇聯國家檔案館IDV檔案,莫斯科,1990。

巴爾明 · В · А · :《蘇聯與新疆:1918–1941》,巴爾瑙爾,1998。

———:《1941–1949年蘇中關係中的新疆》,巴爾瑙爾,1999。

———:〈選擇的政治:東突厥斯坦共和國解體後蘇聯和新疆的相互關係(1946–1947)〉,《比較政治學》,2011,第4(6)期。

———:〈回民「波拿巴」那些未公開的秘密(關於蘇聯因素在1931–1934年新疆當地民眾暴動運動領導人馬仲英命運中的作用)〉,《歷史學及歷史科學》,第4/2(76)期,巴爾瑙爾,2012。

———:〈1918–1949年大國在新疆的政策:歷史學副博士論文提綱〉,巴爾瑙爾,2005。

別列日科夫‧B‧:《與斯大林在一起》，莫斯科，1999。

貝利亞‧謝爾格:《我的父親貝利亞——在斯大林政權的官場中》，莫斯科，2002。

鮑高斯羅夫斯基‧B‧A‧、莫斯卡列夫‧B‧A‧:《中國的民族問題(1911–1949)》，莫斯科，1984。

加連諾維奇‧Ю‧M‧:《蘇中關係中的「空白點」及「難點」》，兩卷本，莫斯科，1992。

哈桑雷‧賈米里:《蘇聯與伊朗：阿塞拜疆危機與冷戰的開端(1941–1946)》，莫斯科：祖國的英雄出版社，2006。

———:《蘇聯與土耳其：從中立到冷戰(1941–1946)》，莫斯科：宣傳中心出版社，2008。

———:《蘇聯政策中的新疆：斯大林與東突厥斯坦的穆斯林運動(1931–1949)》，莫斯科：弗林塔與科學出版社，2015。

格利欽科‧Я‧:〈這是怎麼回事？論1933–1934年新疆發生的事件〉，《遠東問題研究》，1990年第5期。

關‧Ю‧П‧:〈盛世才政治面目特徵〉，《阿爾泰東方學研究》，巴爾瑙爾，2004年第4期。

達尼洛夫‧A‧A‧、雷日科夫‧A‧B‧:《大國的誕生——戰後初期的蘇聯》，莫斯科，2001。

杜布洛夫斯卡婭‧Д‧B‧:《新疆的命運》，莫斯科，1998。

葉戈洛娃‧H‧И‧:〈解密檔案材料中的1945–1946年「伊朗危機」〉，《近代及現代史》，1994年第3期。

———:〈1944–1945年蘇美在伊朗及土耳其對抗的根源〉，《美國年刊》(莫斯科)，1997年。

祖博克‧弗拉季斯拉夫:《失敗的帝國：冷戰時期的蘇聯——從斯大林到戈爾巴喬夫》，莫斯科，2011。

卡馬羅夫‧阿布萊特:〈在東突厥斯坦的美國外交官：道格拉斯‧塞繆爾‧馬克南(1913–1950)〉，第三屆「俄羅斯、西伯利亞及中亞——各民族與文化的相互關係」國際科學實踐大會材料，巴爾瑙爾，2001。

———:〈關於美國駐烏魯木齊領事包懋勛1947年的伊寧及塔爾巴哈台之行〉，哈薩克斯坦《阿里‧法拉比民族大學學報》，「國際關係及國際法」系列，阿拉木圖，2003，第2(8)期。

———:〈英國外交官論東突厥斯坦共和國〉，網址：http://uighur.narod.ru/book/ablet_kamalov.htm

科米薩洛娃‧E‧H‧：〈1920–1935年間的新疆白衛軍移民：歷史學副博士論文提綱〉，巴爾瑙爾，2004。

柯西金‧H‧B‧：〈蘇聯、英國、美國與1945–1947年的「土耳其危機」〉，《近代及現代史》，2003年第3期。

克拉西里尼科夫‧B‧：《新疆的誘惑：俄羅斯在中國西北——被遺忘的歷史(1850–1950)》，莫斯科，2007。

庫茲涅佐夫‧B‧C‧：〈中國的泛伊斯蘭主義〉，第24屆「中國的社會與國家組織」學術會議報告提綱，第一部，莫斯科，1993。

庫特盧科夫‧M‧：〈1944–1949年新疆民族解放運動是中國人民民主革命的組成部分：歷史學副博士論文提綱〉，塔什干，1963。

列多夫斯基‧A‧M‧：〈1942–1952年在中國的外交工作〉，《近代及現代史》，1993年第6期。

———：〈米高揚前往中國的秘密使命(1949年1月至2月)〉，《遠東問題》，1995年第2–3期。

———：〈中國命運之中的蘇聯和斯大林的角色〉，文件及1937–1952年事件參與者證明材料，莫斯科，1999。

蒙迪庫洛娃‧Г‧M‧：《哈薩克僑胞的歷史命運：淵源及發展》，阿拉木圖，1997。

明古羅夫‧H‧H‧：〈新疆人民民族解放運動(1944–1949)是全中國革命的組成部分〉，《哈薩克社會主義共和國科學院Ч‧Ч‧瓦里漢諾夫歷史、考古及民族學研究所作品集》，第15卷，阿拉木圖，1962。

米羅維茨卡婭‧P‧A‧：《國民黨二十至三十年代戰略中的蘇聯》，莫斯科，1990。

莫伊塞耶夫‧B‧A‧：《蘇中關係中的新疆(1917–1987)》，阿拉木圖，1988。

納澤姆采娃‧E‧H‧：《新疆的俄羅斯移民(二十世紀二十至三十年代)》，巴爾瑙爾，2010。

奧布霍夫‧B‧Г‧：《六個帝國的交鋒——爭奪新疆之戰》，莫斯科，2007。

彼得羅夫‧B‧И‧：《亞洲動蕩的「心臟」：新疆——民族運動簡史及回憶》，莫斯科，2003。

波利卡爾波夫‧И‧A‧：〈1944–1945年新疆的民族解放運動〉，《「中亞的國際關係——歷史及現實」國際學術會議資料》，第2輯，A‧B‧斯塔爾采夫主編，巴爾瑙爾，2010。

———：〈蘇聯對新疆1944–1945年民族解放運動的立場〉，《歷史學及歷史科學》，第4/2 (68) 期，巴爾瑙爾，2010。

———：〈蘇聯針對新疆當地民眾民族解放運動的政策（二十世紀三十至四十年代）：歷史學副博士論文提綱〉，巴爾瑙爾，2012。

波雷寧‧Φ‧Π‧：《履行國際主義義務：在中國的天空上（1937–1940）》，莫斯科，科學出版社，1986。

蓬特沙格‧Э‧К‧：〈關於新疆三十年代評價的問題〉，《中國問題》，1977年4月中國現代歷史國際研討會材料，第一部，莫斯科，1978。

斯拉德科夫斯基‧М‧И‧：《蘇聯和中國經貿關係史（1917–1974）》，莫斯科，1977。

《蘇中關係》，第四卷（1937–1945），第一冊（1937–1944），莫斯科，2000。

索科羅夫‧В‧В‧：〈1942年В‧Г‧傑坎諾佐夫赴烏魯木齊（新疆）的秘密使命〉，《現代及當代歷史》，2011年第3期。

西羅耶日金‧К‧Л‧：《中國民族分裂活動的神話與現實以及中亞的安全》，阿拉木圖，2003。

塔里波夫К‧Т‧：〈二十世紀三十至四十年代東突厥斯坦的泛突厥主義〉，《維吾爾學研究：語言學、歷史、經濟，著名突厥學家Т‧Т‧塔里波夫75壽誕慶致辭》，阿拉木圖，2000。

哈基姆巴耶夫‧А‧А‧：〈新疆1931–1949年的民族解放運動（上篇）〉，《蘇聯科學院東方學研究所專題通報》，莫斯科，1974年，第5（156）期。

———：〈新疆1931–1949年的民族解放運動（下篇）〉，《蘇聯科學院東方學研究所專題通報》，莫斯科，1974年，第5（157）期。

———：〈二十世紀三十、四十年代新疆當地民眾的民族解放運動〉，《蘇聯科學院東方學研究所專題通報》，莫斯科，1971年，第4（120）期。

烏索夫‧У‧：《二十世紀三十年代蘇聯在中國的諜報機關》，莫斯科，2007。

雅科夫列夫‧А‧Г‧：〈論1944–1949年新疆民族的民族解放運動〉，《蘇聯科學院東方學研究所學術論文彙編》，中國選集，第11卷，莫斯科，1955。

土耳其語

阿爾普特金‧艾沙‧優素福：〈鐵幕後的突厥斯坦〉，《人民的突厥斯坦》，1951年，第72–74期。

———：《東突厥斯坦的訴求》，伊斯坦布爾，1973。

———：《東突厥斯坦渴望得到人類的幫助》，伊斯坦布爾，1974。

———：《為被奴役的東突厥斯坦而鬥爭：回憶錄》，伊斯坦布爾：東突厥斯坦出版中心，1985。

安吉江‧阿哈特:《從扎吉德主義走向獨立主義:突厥斯坦在國外的鬥
　　爭》,伊斯坦布爾,2003。

阿納特‧哈吉‧雅庫布:《東突厥斯坦的民族主義運動》,安卡拉,索奈
　　爾‧亞爾金(土耳其知名記者、評論家、作家,此處或指其個人的網絡
　　媒體—譯者註),2005。

巴伊米爾扎‧哈伊特:《突厥斯坦國家的民族鬥爭史》,安卡拉:突厥民族
　　歷史協會出版社,1995。

———:《俄羅斯和中國之間的突厥斯坦》,伊斯坦布爾,1975。

———:〈東突厥斯坦與俄羅斯〉,《人民的突厥斯坦》,1950年第68期。

布格拉‧穆罕默德‧伊敏:《東突厥斯坦:歷史、地理與現狀》,伊斯坦布
　　爾,1952。

———:《東突厥斯坦通史》,安卡拉,1987。

拜孫‧阿卜杜拉:《突厥斯坦的民族鬥爭》,伊斯坦布爾,1945。

嘎列圖拉‧赫澤爾別克:《烏斯滿‧巴圖魯》,伊斯坦布爾,1966。

帕赫塔‧古拉穆丁:〈1933年起義與蘇中在東突厥斯坦的合作〉,《東突厥斯
　　坦之聲》,1990年第28期。

沙德利‧魯斯塔姆:〈東突厥斯坦伊斯蘭共和國〉,《東突厥斯坦之聲》,
　　1986年第9期。

謝韋爾‧艾希古麗:《冷戰之下的土耳其、西方與中東(1945–1958)》,伊斯
　　坦布爾,1997。

賽福鼎‧艾則孜:《生命的史詩》,北京:民族出版社,1991。

〈東突厥斯坦,東突厥斯坦民族災難,第30號決議〉,《突厥斯坦的眼淚》,
　　1935年第71期。

圖蘭‧謝克魯:〈紀念麥斯武德逝世38周年〉,《東突厥斯坦之聲》,1988年
　　第18期。

———:〈阿哈瑪特‧江‧卡謝米〉,《東突厥斯坦之聲》,1988年第20期。

突厥斯坦尼‧穆罕默德‧卡斯木:《東突厥斯坦民族革命史》,伊斯坦布
　　爾—卡拉奇(1391),1971。

西歐語言

Allen S. Whiting and General Sheng Shih-ts'ai. *Sinkiang: Pawn or Pivot?* (East
　　Lansing: Michigan State University Press, 1958.

Athanassopoulou, Ekavi. *Turkey: Anglo-American Security Interests, 1945–1952.*
　　London: Frank Cass Publishers, 1999.

Baymirza, Hayit. *Ost Turkistan: Machtkampt zwischen China und Russland*. Das Parlament, Bonn, B 28, 1963.

Benson, Linda. *The Ili Rebellion: The Moslem Challenge to Chinese Authority in Xinjiang, 1944–1949*. Armonk, NY: East Gate of M. E. Sharpe. 1990.

————. "Uygur Politicians of the 1940s: Mehmet Emin Bugra, Isa Yusuf Alptekin and Mesut Sabri," *Central Asian Survey*, vol. 10, no. 4 (1991): 87–113.

Blake, Kristen. *The U.S.-Soviet Confrontation in Iran, 1945–1962: A Case in the Annals of the Cold War*. Lanham, MD: University Press of American, 2009.

Bräker, Hans. *Sinkiang zwischen der Sowjetunion und China*. Köln, 1969.

————. *Sinkiang im sowjetisch-chinesischen Spannungsfeld*. Das Parlament, 1970, no. 10.

Chan, F. Gilbert. "The Road to Power: Sheng Shih-ts'ai's Early Years in Sinkiang, 1930–1934," *Journal of Oriental Studies*, vol. VII, no. 2 (July 1969).

————. "Regionalism and Central Power: Sheng Shih-ts'ai in Sinkiang, 1933–1944," in F. Gilbert Chan, ed., *China at the Crossroads: Nationalists and Communists, 1927–1949*. Boulder: Westview Press, 1980.

————. "Sheng Shih-ts'ai's Reform Programs in Sinkiang: Idealism or Opportunism?".

Chang, Chih-Yi. "Land Utilization and Settlement Possibilities in Sinkiang," *Geographical Review*, vol. 39, no. 1 (Jan 1949).

Chen, Jack W. *The Sinkiang Stories*. New York and London: Macmillan, 1977.

Dabbs, Jack A. *History of the Discovery and Exploration of Chinese Turkestan*. The Hague: Mouton & Co., 1963.

Dallin, David J. *Soviet Russia and the Far East*. New Haven: Yale University Press, 1948.

Debata, Mahesh Ranjan. *China's Minorities: Ethnic-Religious Separatism in Xinjiang*. New Delhi: Pentagon Press, 2007.

Fawcett, Louise L'Estrange. *Iran and the Cold War: The Azerbaijan Crisis of 1946*. Cambridge: Cambridge University Press, 1992.

Forbes, Andrew D. W. *Warlords and Muslims in Chinese Central Asia: A Political History of Republican Sinkiang 1911–1949*. Cambridge: Cambridge University Press, 1986).

Hamm, Harry. "Moskaus Interesso an Sinkiang," *Frankfurter Allgemeine Zeitung*, 13 December 1967.

Hasanli, Jamil. *At the Dawn of the Cold War: The Soviet-American Crisis over Iranian Azerbaijan, 1941–1946*. Lanham, MD: Rowman & Littlefield, 2006.

———. *Stalin and the Turkish Crisis of the Cold War, 1945–1953*. Lanham, MD: Lexington Books, 2011.

Hasiotis, Arthur C. *Soviet Political, Economic, and Military Involvement in Sinkiang from 1928 to 1949*. New York: Garland, 1987.

Kazak, Fuad. *Osttürkistan zwischen den Grossmächten*. Konigsberg, 1937.

Khan, Ahmed. "Islam and Muslims in Eastern Turkistan," *Central Asia* (University of Peshawar), no. 30 (1992): 55–73.

Kuniholm, Bruce Robellet. *The Origins of the Cold War in the Near East: Great Power Conflict and Diplomacy in Iran, Turkey, and Greece*. Princeton: Princeton University Press, 1980.

Lattimore, Owen. *Pivot of Asia: Sinkiang and the Inner Asian Frontiers of China and Russia*. Boston: Little, Brown and Company, 1950.

Lee, Joy R. "The Islamic Republic of Eastern Turkestan and the Formation of Modern Uyghur Identity in Xinjiang," B.S., United States Air Force Academy, 2005.

Li, Chang. "The Soviet Grip on Sinkiang," *Foreign Affairs*, vol. 32, no. 3 (April 1954).

Mark, Eduard. "The Turkish War Scare of 1946," in Melvyn P. Leffler and David S. Painter, eds., *China's Minorities: Ethnic-Religious Separatism in Xinjiang*. New York: Routledge, 2005.

McMillen, Donald H. *Chinese Communist Power and Policy in Xinjiang, 1949–1977*. Boulder, Colo.: Westview Press, 1979.

Miller, Nathan. *Soviet Imperialism and Sinkiang*. University of Maryland, 1951.

Millward, James A. *Eurasian Crossroads: A History of Xinjiang*. New York: Columbia University Press, 2007.

Morrison, Ian. "Some Notes on the Kazakhs of Sinkiang," *Journal of the Royal Central Asian Society* 36 (1948–49): 67–71.

Moseley, George. "A Sino-Soviet Cultural Frontier: The Ili Kazakh Autonomous Chou," *Harvard East Asian Monographs*, No. 22. East Asian Research Center, Harvard University, 1966.

Newby, Laura. "The Begs of Xinjiang: Between Two Worlds," *Bulletin of the School of Oriental and African Studies*, vol. 61, no. 2 (1998).

Nyman, Lars-Erik. "Sinkiang 1934–1943: Dark Decade for a Pivotal Puppet," *Cahiers du Monde Russe et Soviétque*, vol. 32, issue 1 (1991): 97–105.

Pahta, Ghulamuddin. "Soviet-Chinese Collaboration in Eastern Turkestan: The Case of the 1933 Uprising," *Journal of Muslim Minority Affairs*, vol. 11, issue 2 (1990): 243–53.

Radchenko, Sergey. "Choibalsan's Great Mongolia Dream," *Inner Asia*, vol. 11, no. 2 (2009): 231–58.

Raine, Fernande S. "The Iranian Crisis of 1946 and the Origins of the Cold War," in Melvyn P. Leffler and David S. Painter, eds., *Origins of the Cold War: An International History, Second Edition*. New York, London: Routledge, 2005.

Roberts, Geoffrey. "Moscow's Cold War on the Periphery: Soviet Policy in Greece, Iran, and Turkey, 1943–48," *Journal of Contemporary History* vol. 46, no. 1 (2011): 58–81.

Schwartz, Harry. *Tsars, Mandarins, and Commissars: A History of Chinese-Russian Relations*. Philadelphia and New York: J. B. Lippincott Company, 1964.

Share, Michael. "The Russian Civil War in Chinese Turkestan (Xinjiang), 1918–1921: A Little Known and Explored Front," *Europe-Asia Studies*, issue 62, no. 3 (2010): 389–426.

Shen, Zhihua and Xia Yafeng. *Mao and the Sino-Soviet Patnership, 1945–1959: A New History*. Lanham, Maryland: Lexington Books, 2015.

Shinmen, Yasushi. *The Eastern Turkistan Republic (1933–34) in Historical Perspective*, in Stéphane A. Dudoignon and Komatsu Hisao, eds., *Islam in Politics in Russia and Central Asia (Early Eighteenth to Late Twentieth Centuries)*. London: Kegan Paul, 2001.

Starr, S. Frederick, ed. *Xinjiang: China's Muslim Borderland*. Armonk, NY: M. E. Sharpe, 2004.

Ulunian, Artiom A. "Soviet Cold War Perceptions of Turkey and Greece, 1945–58," *Cold War History*, vol. 3, no.2 (Jan 2003): 35–52.

Wang, David D. "The Xinjiang Question of the 1940s: The Story Behind the Sino-Soviet Treaty of August 1945," *Asian Studies Review*, vol. 21, no. 1 (1997): 83–105.

———. *Under the Soviet Shadow: The Yining Incident, Ethnic Conflicts and International Rivalry in Xinjiang, 1944–1949*. Hong Kong: Chinese University Press, 1999.

Yegorova, Natalia I. "The 'Iran Crisis' of 1945–46: A View from the Russian Archives," *Cold War Internatonal History Project Working Paper No. 15*. Washington D.C., May 1996.